K.-Peter Horndasch

Die notarielle Fachprüfung im Familienrecht

NOTARSKRIPTUM

Die notarielle Fachprüfung im Familienrecht

5. Auflage 2024

von

Rechtsanwalt, Notar a.D.,
Fachanwalt für Familienrecht und Mediator
Dr. K.-Peter Horndasch,
Weyhe

DeutscherNotarVerlag

Hinweis
Die Ausführungen in diesem Werk wurden mit Sorgfalt und nach bestem Wissen erstellt. Sie stellen jedoch lediglich Arbeitshilfen und Anregungen für die Lösung typischer Fallgestaltungen dar. Die Eigenverantwortung für die Formulierung von Verträgen, Verfügungen und Schriftsätzen trägt der Benutzer. Herausgeber, Autoren und Verlag übernehmen keinerlei Haftung für die Richtigkeit und Vollständigkeit der in diesem Buch enthaltenen Ausführungen.

Anregungen und Kritik zu diesem Werk senden Sie bitte an
info@notarverlag.de
Autoren und Verlag freuen sich auf Ihre Rückmeldung.

Umschlaggestaltung: gentura, Holger Neumann, Bochum
Satz: PMGi – Agentur für intelligente Medien GmbH, Hamm
Druck: Hans Soldan Druck GmbH, Essen
ISBN 978-3-95646-289-4

Bibliografische Information der Deutschen Bibliothek
Die Deutsche Bibliothek verzeichnet diese Publikation in der Deutschen Nationalbibliografie; detaillierte bibliografische Daten sind im Internet über
http://dnb.d-nb.de abrufbar.

Vorwort zur 5. Auflage

Die notarielle Fachprüfung zu bestehen erfordert Kenntnisse in allen möglichen Rechtsgebieten. Diese Notwendigkeit gilt in besonderer Weise für das Familienrecht mit seinen ganz eigenen Regeln, die den damit nicht vertrauten Kolleginnen und Kollegen Schwierigkeiten in der Bewältigung der Prüfungsklausur bereiten können.

Es war mir in diesem Zusammenhang ein Bedürfnis, das vorliegende Werk zu verfassen. Im Laufe der Jahre, in denen ich durch Erstellung von Klausuren und durch Dozententätigkeit in der Vorbereitung auf die Prüfung im Bereich des Familienrechts tätig bin, ist mir immer deutlicher geworden, dass es notwendig ist, die Wissensvermittlung an Prüfungskandidaten auf dasjenige zu konzentrieren, was zur Bewältigung der Prüfung erforderlich ist.

Die Fokussierung auf prüfungsrelevantes Wissen und die Vermittlung von Lösungen bei notariellen familienrechtlichen Problemen spiegelt sich in der Überarbeitung zur 5. Auflage wieder. Die Probeklausuren sollen all dasjenige abdecken, was an Grundproblematik in einer familienrechtlichen Klausur auftreten kann.

Der Aktenvortrag und die mündliche Prüfung mit der Auflistung möglicherweise auftretender Problemfelder sollen Ihnen zusätzlich dabei helfen, die nicht einfache Hürde der notariellen Fachprüfung im Bereich des Familienrechts zu überspringen.

Ich hoffe sehr, das vorliegende Buch in der 5. Auflage wird Ihnen dafür eine wichtige Hilfe sein.

Weyhe im April 2024 Dr. K.-Peter Horndasch

Vorwort zur 1. Auflage

Die notarielle Fachprüfung stellt für Rechtsanwältinnen und Rechtsanwälte eine große Herausforderung dar. Viele von uns glaubten, mit dem Bestehen des 2. Staatsexamens nach einer Reihe von Prüfungen ein Leben lang nicht mehr dem Stress des Lernens für Prüfungen, der Ungewissheit über den eigenen Lernstand und der Unsicherheit darüber zu unterliegen, was denn in einer Prüfung erfragt wird. Die Berufung zum Notar stellt jedoch seit einiger Zeit nicht mehr quasi eine Belohnung für langjährige Anwaltstätigkeit dar, verbunden mit dem Nachweis von Mindeststandards. Die Bestellung zum Notar muss hart erarbeitet werden; zu Recht wird sie wie ein 3. Staatsexamen angesehen.

Dieser Herausforderung wird man nur dann genügen können, wenn man sich auch in Fachbereiche einarbeitet, die in der praktischen anwaltlichen Tätigkeit eventuell vernachlässigt worden sind. Hinzu kommt: Die zunehmende Spezialisierung von Rechtsanwälten in Fachbereichen führt dazu, dass es in abweichenden Bereichen im Laufe der Zeit sogar an wichtigen Grundkenntnissen fehlen kann. Wer sich spezialisiert mit Arbeitsrecht oder Baurecht beschäftigt, dem wird der Bezug zum Familienrecht fehlen und umgekehrt.

Das vorliegende Buch soll demjenigen, der sich mit Familienrecht in seiner praktischen Tätigkeit wenig oder gar nicht beschäftigt, einen Überblick über die – prüfungsrelevanten – Grundlagen verschaffen. Die vielen Klausurbeispiele und Hinweise sollen den Sinn dafür schärfen, worauf es in der Fachprüfung, namentlich in der Prüfungsklausur ankommen wird. Für die erfahrenen, praktisch im Familienrecht arbeitenden Kolleginnen und Kollegen soll verdeutlicht werden, worauf es in der Prüfung ankommen wird.

Es ist zu hoffen, dass allen Rechtsanwältinnen und Rechtsanwälten, gleich ob erfahren oder unerfahren, gleich ob spezialisiert oder allgemein tätig, mit dem vorliegenden Werk eine gute Grundlage für die notarielle Fachprüfung gegeben wird.

Eine Garantie für das Bestehen einer Prüfung gibt es naturgemäß nicht. Gleichwohl wird derjenige, der das Buch aufmerksam durcharbeitet, in der Methode und im Umfang des Lernens vieles getan haben, um die notarielle Fachprüfung im Bereich Familienrecht bestehen zu können. Dies sollte den Leser letztlich zu einer inneren Ruhe und Sicherheit führen, die wichtige Voraussetzung für ein erfolgreiches Bestehen der Prüfung ist.

Weyhe im Oktober 2014 Dr. K.-Peter Horndasch

Inhaltsverzeichnis

Der Autor

Dr. Klaus-Peter Horndasch ist nach Studium in Kiel und Göttingen und Promotion im Familienrecht seit 1978 Rechtsanwalt und seit 1980 Notar in Weyhe bei Bremen. Seit 1997 ist er Fachanwalt für Familienrecht und seit 2006 Mediator.

Seit vielen Jahren ist er in der Ausbildung für Fachanwältinnen und Fachanwälte für Familienrecht tätig und Dozent für die Fortbildung sowohl von Fachanwälten als auch von Notaren. Er begleitet die Vorbereitung der angehenden Notarinnen und Notare im Familienrecht durch seine Dozententätigkeit in Vorbereitungskursen sowie durch das Erstellen, das Besprechen und das Korrigieren entsprechender Übungsklausuren.

Dr. Horndasch ist Verfasser verschiedener Fachbücher im Familienrecht, Mitherausgeber der Fachzeitschrift „Familie und Recht – FuR" sowie Verfasser zahlreicher Aufsätze in verschiedenen Fachzeitschriften.

Abkürzungsverzeichnis

a.A.	anderer Auffassung
a.a.O.	am angegebenen Ort
Abs.	Absatz
Abt.	Abteilung
abw.	abweichend
a.E.	am Ende
a.F.	alte Fassung
AfA	Absetzung bzw. Abschreibung für Abnutzung
AG	Aktiengesellschaft; Amtsgericht; Arbeitgeber; Auftraggeber; Ausführungsgesetz
AGB	Allgemeine Geschäftsbedingungen
allg.	allgemein
Alt.	Alternative
a.M.	anderer Meinung
Anh.	Anhang
Anm.	Anmerkung
Aufl.	Auflage
ausdr.	ausdrücklich
BayObLG	Bayerisches Oberstes Landesgericht
Bd.	Band
Beschl.	Beschluss
bestr.	bestritten
BGH	Bundesgerichtshof
Bl	Blatt
BMJ	Bundesministerium der Justiz
BRAK	Bundesrechtsanwaltskammer
bspw.	beispielsweise
BVerfG	Bundesverfassungsgericht
bzgl.	bezüglich
bzw.	beziehungsweise
ca.	circa
DAV	Deutscher Anwaltverein
d.h.	das heißt
ders.	derselbe
Diss.	Dissertation

DNotI	Deutsches Notarinstitut
Drucks	Drucksache
ebd.	ebenda
Einf.	Einführung
einschl.	einschließlich
entspr.	entsprechend
Entw.	Entwurf
etc.	et cetera
EuGH	Europäischer Gerichtshof
EuGHMR	Europäischer Gerichtshof für Menschenrechte
EUR	Euro
e.V.	eingetragener Verein
evtl.	eventuell
f., ff.	folgende, fortfolgende
Fa.	Firma
FA	Finanzamt
FamG	Familiengericht
Fn	Fußnote
FS	Festschrift
G	Gericht, Gesetz, Gesellschaft
GBl	Gesetzblatt
GbR	Gesellschaft des bürgerlichen Rechts
geänd.	geändert
geb.	geboren
gem.	gemäß
ggf.	gegebenenfalls
grds.	grundsätzlich
GVBl	Gesetz- und Verordnungsblatt
Halbs.	Halbsatz
Hinw.	Hinweis(e)
h.L.	herrschende Lehre
h.M.	herrschende Meinung
Hrsg.	Herausgeber
hrsg.	herausgegeben
Hs.	Halbsatz

i.A.	im Auftrag
i.d.F.	in der Fassung
i.d.R.	in der Regel
i.d.S.	in diesem Sinne
i.H.v.	in Höhe von
inkl.	inklusive
insb.	insbesondere
insg.	insgesamt
i.S.d.	im Sinne des
i.S.v.	im Sinne von
i.Ü.	im Übrigen
i.V.	in Vertretung
i.V.m.	in Verbindung mit
i.W.	in Worten
i.w.S.	im weiteren Sinne
Jg.	Jahrgang
Kap.	Kapitel
krit.	kritisch
KV	Kostenverzeichnis
lfd.	laufend
LG	Landgericht
Lit.	Literatur
LS	Leitsatz
MdE	Minderung der Erwerbsfähigkeit
m. Anm.	mit Anmerkung
m.E.	meines Erachtens
mind.	mindestens
Mio.	Million
m.w.N.	mit weiteren Nachweisen
MwSt	Mehrwertsteuer
ne.	nichtehelich
n.F.	neue Fassung
Nr.	Nummer
n.r.	nicht rechtskräftig
n.v.	nicht veröffentlicht

o.a.	oben angegeben/angeführt
o.Ä.	oder Ähnliches
o.g.	oben genannt
OLG	Oberlandesgericht
p.a.	pro anno
PKH	Prozesskostenhilfe
PKV	Prozesskostenvorschuss
RA	Rechtsanwalt
Rdn	Randnummer, intern
RegEntw	Regierungsentwurf
Rn	Randnummer, extern
Rspr.	Rechtsprechung
S.	Satz; Seite
s.	siehe
s.a.	siehe auch
s.o.	siehe oben
sog.	sogenannte/r/s
str.	streitig
st.Rspr.	ständige Rechtsprechung
s.u.	siehe unten
u.a.	unter anderem
u.Ä.	und Ähnliche
urspr.	ursprünglich
Urt.	Urteil
usw.	und so weiter
u.U.	unter Umständen
u.V.m.	und Vieles mehr
Verf.	Verfassung; Verfasser
VerfGH	Verfassungsgerichtshof
Veröff.	Veröffentlichung
Verz.	Verzeichnis
Vfg.	Verfügung
VGrS	Vereinigter Großer Senat
vgl.	vergleiche
VO	Verordnung
VOBl	Verordnungsblatt

Vor	Vorbemerkung
vorl.	vorläufig
VormG	Vormundschaftsgericht
z.B.	zum Beispiel
Ziff.	Ziffer
zit.	zitiert
z.T.	zum Teil
zust.	zustimmend
zzgl.	zuzüglich

Literaturverzeichnis

Bamberger/Roth, Kommentar zum Bürgerlichen Gesetzbuch, 5. Aufl. 2022

Bergschneider, Richterliche Inhaltskontrolle von Eheverträgen und Scheidungsvereinbarungen, 2008

Bergschneider, Verträge in Familiensachen, 7. Aufl. 2022

Bergschneider (Hrsg), Beck'sches Formularbuch Familienrecht, 6. Aufl. 2022

Borgmann/Jungk/Schwaiger, Anwaltshaftung, 6. Aufl. 2020

Borth, Praxis des Unterhaltsrechts: Das UÄndG und seine Folgen, 3. Aufl. 2016

Brambring, Ehevertrag und Vermögenszuordnung unter Ehegatten, 8. Aufl. 2021

Büte/Poppen/Menne, Unterhaltsrecht, 3. Aufl. 2015

Dauner-Lieb/Heidel/Ring, NomosKommentar Bürgerliches Gesetzbuch, Bd. 4, Familienrecht, 4. Aufl. 2019

Eder/Horndasch, Das familienrechtliche Mandat – Unterhaltsrecht, 4. Aufl. 2023

Eder, Familienrechtliches Mandat-Familienvermögensrecht, 2015 (zitiert: FamR-Mandat Familienvermögensrecht)

Geigel, Der Haftpflichtprozess, 29. Aufl. 2024

Gerhardt/von Heintschel-Heinegg/Klein, Handbuch des Fachanwalts Familienrecht, 12. Aufl. 2021

Göppinger/Rakete-Dombek, Vereinbarungen anlässlich der Ehescheidung, 11. Aufl. 2018

Grüneberg (vormals Palandt), Kommentar zum BGB, 83. Aufl. 2024

Grziwotz/Heinemann, BeurKG – Beurkundungsgesetz Kommentar, 3. Aufl. 2018

Hoffmann, Personensorge, 3. Aufl. 2018

Horndasch, Verbundverfahren Scheidung, 2008

Horndasch, AnwaltFormulare Familienrecht, 8. Aufl. 2022

Horndasch, NotarFormulare Ehegattenunterhaltsrecht, 2. Aufl. 2020

Horndasch, NotarFormulare Kindschaftsrecht, 2016

Horndasch/Viefhues, Kommentar zum Familienverfahrensrecht, 3. Aufl. 2014

Johannsen/Henrich, Familienrecht, 7. Aufl. 2020

Kaiser/Schnitzler/Friederici/Schilling, BGB – Familienrecht, Bd. 4, 3. Aufl. 2014

Koch, Handbuch des Unterhaltsrechts, 13. Aufl. 2017

Krenzler/Borth, Anwalts-Handbuch Familienrecht, 2. Aufl. 2012

Lerch, Beurkundungsgesetz, 5. Aufl. 2016

Münchner Kommentar zum Bürgerlichen Gesetzbuch, Bd. 7 – Familienrecht I, 5. Aufl. 2006 ff.

Niesel, Erleben und Bewältigung elterlicher Konflikte durch Kinder, in: Familiendynamik: Systemische Praxis und Forschung Bd. 20, 1995

Prütting/Wegen/Weinreich, BGB, Kommentar, 18. Aufl. 2023 (zitiert: PWW, *Bearbeiter*)

Roßmann, Taktik im familiengerichtlichen Verfahren, 6. Aufl. 2023

Roßmann/Viefhues, Taktik im Unterhaltsrecht, 4. Aufl. 2020

Sarres, Notarielle Urkunden im Familienrecht, 1997

Schippel/Bracker, BNotO – Bundesnotarordnung, 11. Aufl. 2023

Schmidt, Einkommensteuergesetz, 42. Aufl. 2023

Schnitzler (Hrsg.), Münchener Anwaltshandbuch Familienrecht, 5. Aufl. 2020

Scholz/Kleffmann, Praxishandbuch Familienrecht, 43. Aufl. 2023

Schulz/Hauß, Familienrecht, 3. Aufl. 2018

Schwab/Ernst, Handbuch Scheidungsrecht, 8. Aufl. 2019

Soergel, BGB, 14. Aufl. 2023

Staudinger, BGB, Bd. 4 – Familienrecht, 2017

Sternal (vormals Keidel), FamFG, 21. Aufl. 2023

Viefhues, Fehlerquellen im familiengerichtlichen Verfahren, 3. Aufl. 2011

Völker/Clausius, Das familienrechtliche Mandat – Sorge- und Umgangsrecht, 9. Aufl. 2021

Weinreich/Waruschewski, Das familienrechtliche Mandat – Nichteheliche Lebensgemeinschaft, Verlöbnis und Ehe, 2017

Wendl/Dose, Das Unterhaltsrecht in der familienrichterlichen Praxis, 10. Aufl. 2019

Winkler, Beurkundungsgesetz, 21. Aufl. 2023

Zöller, Kommentar zur ZPO, 35. Aufl. 2024

§ 1 Vorbemerkung

Die notarielle Fachprüfung, die abgelegt werden muss, um zum Notar[1] zugelassen zu werden, ist für viele Juristen von ganz erheblicher Bedeutung. Das Ergebnis der Fachprüfung fließt **mit 60 % in die Gesamtnote** ein, die darüber entscheidet, ob die Kandidatin/der Kandidat eine Notarstelle erhält. Das Ergebnis der zweiten juristischen Staatsprüfung wird dagegen mit – nur noch – 40 % berücksichtigt. 1

Dies führt dazu, dass derjenige, der zum Notar zugelassen werden will, sich mit zum Teil für ihn fremden bzw. **fremd gewordenen Fachgebieten** auseinandersetzen muss. Wer z.B. in einer mittleren oder größeren Kanzlei als Rechtsanwältin oder Rechtsanwalt fachlich spezialisiert – fast – ausschließlich im Verkehrsrecht und/oder Strafrecht arbeitet, wird Mühe haben, dasjenige Wissen zu erlangen, das erforderlich ist, die notarielle Fachprüfung im Bereich des Familienrechts erfolgreich zu absolvieren. 2

Dies gilt umso mehr, als das Familienrecht im juristischen Studium für diejenigen eine größere Rolle spielt, die sich Interesse halber damit beschäftigen. Viele Rechtsanwältinnen und Rechtsanwälte werden sogar ihr erstes Staatsexamen abgelegt haben, ohne sich überhaupt näher mit dem Familienrecht auseinander gesetzt zu haben. Schließlich kann man auch während der Referendarzeit das Familienrecht durchaus „meiden", wenn man es möchte, so dass es möglich ist, bisher ohne nähere Kenntnis des Familienrechts anwaltlich tätig zu sein. 3

Um familienrechtliche Klausuren in der notariellen Fachprüfung erfolgreich absolvieren zu können, wird es deshalb in vielen Fällen erforderlich sein, die entsprechenden Kenntnisse entweder „aufzufrischen" oder überhaupt erst zu erlangen. Liegt bei Kandidatinnen und Kandidaten das Studium, namentlich des Familienrechts, und/oder die Gesamtausbildung viele Jahre zurück, wird es umso dringlicher sein, sich die entsprechenden **Rechtskenntnisse** – erneut – anzueignen. 4

Gleichzeitig ist es in der Vorbereitung auf die notarielle Fachprüfung wichtig, ja entscheidend, ganz gezielt die **für die Klausur relevanten Bereiche** eines Fachgebietes in den Mittelpunkt der Vorbereitung zu stellen. 5

Das vorliegende Handbuch soll Entscheidendes leisten:

- Es soll Kandidatinnen und Kandidaten das für die Bewältigung der Klausur notwendige Grundwissen vermitteln und
- jeweils auf Besonderheiten im Aufbau und in der Erstellung der Prüfungsklausur hinweisen.

Wer das Handbuch durcharbeitet, wird für die Prüfung gut gerüstet sein. Darüber hinaus kann es naturgemäß für eine erfolgreiche notarielle Fachprüfung sinnvoll 6

1 Aufgrund der besseren Lesbarkeit wird teilweise im Text das generische Maskulinum verwendet. Gemeint sind jedoch immer alle Geschlechter.

sein, ein über das Studium von Handbüchern wie dem vorliegenden hinaus ein Trainingsprogramm zu absolvieren, in welchem auch und vor allem Übungsklausuren geschrieben werden.

Bereits tätigen Notaren **„über die Schulter zu gucken"**, wird, so sagt die Erfahrung, jedenfalls nicht genügen. Umgekehrt wird mancher Notar/manche Notarin die Tipps und Hinweise aus dem Handbuch für die Arbeit gut gebrauchen können, um Irrtümer und Fehler zu vermeiden, denen wir alle unterliegen können. Wie auch immer: Der Autor hofft, Kandidatinnen und Kandidaten mit dem vorliegenden Handbuch eine gute Grundlage

- zur Bewältigung familienrechtlicher Probleme im Notariat zu bieten und, so ist zu hoffen, maßgeblich
- zur Bewältigung der notariellen Fachprüfung im Familienrecht beizutragen.

§ 2 Allgemeine Grundsätze

A. Einleitung

Sowohl Rechtsanwälte als auch Notare entwerfen Verträge im Bereich des Familienrechts, der Anwalt als Interessenvertreter seiner Partei, der Notar als neutraler Sachwalter, § 14 Abs. 1 S. 2 BNotO. 1

B. Gegenstand

Gegenstände einer Vertragsgestaltung im Familienrecht sind insbesondere 2

- Eheverträge,
- Getrenntlebens- und Scheidungsfolgenvereinbarungen,
- sonstige Vorsorgeverträge.

§ 111 FamFG enthält eine Auflistung der Gegenstände, die Familiensachen sind. 3

Familiensachen sind:

1. Ehesachen (Begriff definiert in § 121 FamFG),
2. Kindschaftssachen,
3. Abstammungssachen,
4. Adoptionssachen,
5. Wohnungszuweisungs- und Hausratssachen,
6. Gewaltschutzsachen,
7. Versorgungsausgleichssachen,
8. Unterhaltssachen,
9. Güterrechtssachen,
10. sonstige Familiensachen,
11. Lebenspartnerschaftssachen.

I. Ehevertrag

Nach § 1408 Abs. 1 BGB können Ehegatten ihre güterrechtlichen Verhältnisse durch Vertrag (Ehevertrag) regeln. Es ist aber allgemein anerkannt, dass auch andere Vereinbarungen zwischen Eheleuten getroffen werden können (Grundsatz der Privatautonomie). Gegenstand eines **Ehevertrages** können z.B. Regelungen sein über: 4

- Güterrecht,
- Versorgungsausgleich,
- Unterhalt,
- Sorgerecht,
- Haushaltssachen,
- Steuerrecht,
- allgemeine Ehewirkungen.

5 Regelungen über allgemeine Ehewirkungen sind z.B. solche über:

- eheliches Zusammenleben, § 1353 BGB,
- Ehe- und Familienname, § 1355 BGB,
- Haushaltsführung und Erwerbstätigkeit, § 1356 BGB,
- Rechtsgeschäfte des täglichen Lebens, § 1357 Abs. 1 BGB,
- Familienunterhalt, § 1360 BGB,
- Vermögensbildung und Altersvorsorge,
- Regelung der Eigentumsvermutung, § 1362 BGB.

6 Die Abgrenzung von **Eheverträgen zu anderen Verträgen** erfolgt dadurch, dass man sich die Frage stellt, ob das Rechtsgeschäft das **Bestehen einer Ehe notwendig** voraussetzt oder ob es **genauso gut zwischen Dritten** vorgenommen werden könnte.

> *Prüfungshinweis 1:*
>
> Kaufen Ehegatten z.B. Grundbesitz in Gesellschaft bürgerlichen Rechts, unterliegt ein BGB-Gesellschaftsvertrag nicht der Formvorschrift für Eheverträge gem. § 1410 BGB.

7

> *Prüfungshinweis 2:*
>
> Auch Zuwendungen unter Ehegatten beeinflussen den Güterstand nicht und unterliegen deshalb nicht der Form des § 1410 BGB.[1]

II. Trennungs-/Scheidungsfolgenvereinbarungen

8 **Eheverträge** werden von **Scheidungsfolgenvereinbarungen** dadurch abgegrenzt, dass ein Vertrag dann ein Ehevertrag ist, wenn er die Eingehung einer Ehe notwendig voraussetzt und nicht auf eine bevorstehende oder eingeleitete Scheidung bezogen ist. Eheverträge werden in einer intakten Ehe geschlossen. Dabei wird aber auch der Fall eines möglichen Scheiterns der Ehe bedacht. Die Scheidungsfolgenvereinbarung wird zum Zweck der einvernehmlichen Abwicklung der gescheiterten Ehe geschlossen.

Die **Trennungsvereinbarung** hat demgegenüber einen eigenen Regelungsbereich, da die Scheidung zu dieser Zeit noch nicht beabsichtigt zu sein braucht. Getrenntlebensvereinbarungen werden aber häufig mit einer Scheidungsfolgenvereinbarung verknüpft.

> *Prüfungshinweis 3:*
>
> Eine Urkunde ist mit einem **Titel** zu versehen, der **so konkret wie möglich** zu fassen ist. Es genügt nicht, statt „Ehevertrag“ die Urkunde als „Vereinbarung“

1 Staudinger/*Thiele*, § 1408 Rn 23.

zu titulieren. Eine Vereinbarung zur Regelung der Trennungs- und Scheidungsfolgen ist demnach auch kein „Ehevertrag“, weil dieser Regeln für die Ehezeit enthält; es ist eine „Trennungs- und Scheidungsfolgenvereinbarung“.

C. Formerfordernisse

I. Ehevertrag

Der Ehevertrag muss bei gleichzeitiger Anwesenheit beider Teile zur Niederschrift eines **Notars** geschlossen werden (§ 1410 BGB). § 1410 BGB hat die Funktion des Schutzes vor Übereilung der Vertragsschließenden, soll diese warnen und den unzweideutigen Beweis der getroffenen Vereinbarung sichern (**Beweisfunktion**), sowie durch Einschaltung des Notars die Gültigkeit der Vereinbarung gewährleisten (**Gültigkeitsgewähr**).[2] 9

Eine Vertretung ist aber möglich. Es gibt keine Pflicht zum persönlichen Handeln. § 1410 BGB verbietet lediglich die **Sukzessivbeurkundung**, also den Abschluss durch Angebot und Annahme.

Prüfungsbeispiel

M und F wollen einen Ehevertrag schließen und haben den Text mit dem Notar vorab erörtert. In der Hochzeitsnacht erkrankt F und lässt sich zur Beurkundung von Ihrer Mutter U durch handschriftlich erteilte Vollmacht vertreten. Ist dies zulässig?

Antwort

Vertretung ist möglich; die handschriftliche Vollmacht reicht aus, da nach § 167 Abs. 2 BGB die Erklärung nicht der Form bedarf, welche für das Rechtsgeschäft bestimmt ist.

Zusätzlicher Hinweis

Gleichwohl hat der Notar die Beratung und Belehrung beider Vertragsteile zu sichern, § 17 BeurkG. Dies hat er im Beispiel durch Vorabbesprechung getan.

Ein Ehevertrag kann auch bereits **vor der Ehe** geschlossen werden. Er kann gem. § 2276 Abs. 2 BGB auch mit einem Erbvertrag verbunden werden. Für den **Erbvertrag** zwischen Ehegatten oder Verlobten, der mit einem Ehevertrag in derselben Urkunde verbunden wird, genügt die für den Ehevertrag vorgeschriebene Form. 10

Prüfungshinweis 4:

Die Wirksamkeit von Eheverträgen zwischen Verlobten tritt mit der Wirksamkeit der Heirat ein.

2 MüKo-BGB/*Kanzleiter*, § 1410 Rn 1 f.; *Sarres*, S. 5 ff.

Bei **beschränkter Geschäftsfähigkeit** eines Beteiligten kann ein Ehevertrag gem. § 1411 Abs. 1 BGB nur mit Zustimmung des gesetzlichen Vertreters geschlossen werden. Bei **Geschäftsunfähigkeit** eines Ehegatten schließt der gesetzliche Vertreter den Vertrag, § 1411 Abs. 2 BGB. Ist der gesetzliche Vertreter Vormund oder Betreuer, ist in ersterem Fall bei Anordnung eines **Einwilligungsvorbehalts** (§ 1903 BGB) und teilweisem oder vollständigem Ausschluss von Zugewinn sowie Vereinbarung oder Aufhebung von Gütergemeinschaft die **Genehmigung des Familiengerichts** erforderlich, § 1411 Abs. 1 S. 3 BGB. Im zweiten Fall ist grundsätzlich die Genehmigung des Betreuungsgerichts/Familiengerichts erforderlich, § 1411 Abs. 2 S. 2 BGB.

II. Trennungs-/Scheidungsfolgenvereinbarung

11 Im Gegensatz zum Ehevertrag ordnet das Gesetz für Trennungs- und Scheidungsfolgenvereinbarung **keine generelle Beurkundungspflicht** an.

Es gibt jedoch **Ausnahmen:**

- Vereinbarungen über den Unterhalt (§ 1585c Abs. 1 S. 2 BGB)
- Vereinbarungen über den Versorgungsausgleich (§ 7 VersAusglG)
- Vereinbarungen über Zugewinnausgleichsregelung im Hinblick auf ein Scheidungsverfahren (§ 1378 Abs. 3 S. 2 BGB) sowie
- Vereinbarungen über die Veräußerung von Grundstücken und Grundstücksteilen im Zusammenhang mit der Ehescheidung (§ 311b BGB).

12 Die vorbezeichneten Ausnahmen werden in der Praxis dadurch **zur Regel** erhoben, dass die Vereinbarungen einer der vorbezeichneten Ausnahmegegenstände zu der **Beurkundungspflicht aller übrigen Vereinbarungen** in diesem Vertrage führt, und zwar unter Berufung auf die Rechtsprechung zu § 125 BGB.[3]

> *Prüfungshinweis 5:*
>
> 1. Die Beurkundungspflicht entfällt auch nicht dadurch, dass die Parteien die Regelungstatbestände auf **zwei verschiedene Verträge** aufteilen, und diesen Umstand dem Notar zur Vermeidung weiterer Notargebühren verschweigen. In einem derartigen Fall sind beide Verträge nichtig.
>
> 2. Die Beurkundungspflicht lässt sich leicht mit den Abkürzungen **U-V-Z** merken.

13

> *Prüfungshinweis 6:*
>
> Auch die Vereinbarung gem. § 7 VersAusglG kann nicht durch die getrennte Beurkundung eines Angebotes und dessen Annahme geschlossen werden. **§ 7 Abs. 3 VerglAusglG verweist auf § 1410 BGB**.

3 BGH FamRZ 2002, 1179.

Ein Verstoß gegen Formvorschriften hat gem. § 125 S. 1 BGB die **Nichtigkeit** zur Folge. Eine **Heilung,** wie etwa nach § 311b S. 2 BGB, ist im Familienrecht **nicht** vorgesehen.

Dazu gilt **im Einzelnen**:[4] 14

- Die Formbedürftigkeit gilt nur für den nachehelichen Unterhalt (nicht für den Trennungsunterhalt und den Verwandtenunterhalt einschl. Kindesunterhalt, auch nicht für den Unterhaltsanspruch des kindererziehenden nichtehelichen Elternteils i.S.v. § 1615l BGB).
- Die Formbedürftigkeit gilt für jede Art von Vereinbarungen, also nicht nur für Verzicht, Befristungen, Abfindungen, sondern auch für Regelungen, die als nachehelicher Unterhalt qualifiziert werden, wie z.B. das begrenzte Realsplitting (Anlage U zur Einkommensteuererklärung).
- Betroffen sind nur Vereinbarungen, die vor Rechtskraft der Scheidung geschlossen werden. Die Formbedürftigkeit gilt damit nicht für erstmals nach der Scheidung getroffene Vereinbarungen, aber auch nicht für die Abänderung notarieller Vereinbarungen nach Rechtskraft der Scheidung.
- Eine Titulierung ist nicht vorgeschrieben.
- Die notarielle Beurkundung wird nach § 127a BGB durch den gerichtlichen Vergleich ersetzt, jedoch nur in einem Verfahren in Ehesachen (§ 121 FamFG).
- Es genügt ein Prozessvergleich nach § 278 Abs. 6 ZPO, nicht jedoch ein Rechtsanwaltsvergleich nach §§ 796a ff. ZPO.
- Bei einem gerichtlichen Vergleich besteht beiderseits Anwaltszwang.

Prüfungshinweis 7: 15

In Klausuren ist häufig die Einhaltung von Formvorschriften zweifelhaft. Bei ausführlicher Sachverhaltsbeschreibung, die zur inhaltlichen Auseinandersetzung einlädt, ist zu vermuten, dass Formvorschriften eingehalten worden sind. Kommt man zum Ergebnis, dass z.B. ein zu beurteilender Ehevertrag aus formellen Gründen nichtig ist und fällt damit – weitgehend – der geschilderte Sachverhalt als irrelevant weg, bietet die – ausnahmsweise – erst nach der materiellen Wirksamkeit vorgenommene Prüfung der formellen Voraussetzungen einen Ausweg. Weniger empfehlenswert ist die Anfertigung eines Hilfsgutachtens. Das wird i.d.R. nur erwartet, wenn ausdrücklich im Text der Aufgabe darauf hingewiesen wird.

Prüfungshinweis 8: 16

Ansonsten gilt: Erst Form, dann Inhalt prüfen, ebenso wie bei Anträgen zunächst die Zulässigkeit und sodann die Begründetheit geprüft wird.

4 Vgl. im Einzelnen *Bergschneider*, FamRZ 2008, 17; Grüneberg/*von Pückler*, § 1585c Rn 4 ff.

III. Die Verantwortungsgemeinschaft

17 Die Bundesregierung plant, neben dem Rechtsinstitut der Ehe und der nichtehelichen Lebensgemeinschaft die **„Verantwortungsgemeinschaft"** rechtlich abzusichern.

Das Ministerium der Justiz erklärt dazu:

> *Ob Alleinerziehende oder Ältere – immer mehr Menschen tun sich zusammen, kümmern sich umeinander und bilden z.B. eine WG. Mit der Einführung der Verantwortungsgemeinschaft wollen wir ermöglichen, Verantwortungsübernahme jenseits von Ehe und Liebesbeziehungen rechtlich abzusichern. Mit der Verantwortungsgemeinschaft soll der Vielfalt der Lebensentwürfe Rechnung getragen werden. Auch jenseits von Ehe und Liebesbeziehungen übernehmen Menschen Verantwortung füreinander, z.B. in engen Freundschaften oder Senioren-WGs. Mit der Verantwortungsgemeinschaft soll den Bürgerinnen und Bürgern ermöglicht werden, solche persönlichen Nähebeziehungen unbürokratisch rechtlich abzusichern.*

Zur Absicherung sollen 4 Module geschaffen werden, die vertraglich zwischen zwei und auch mehr Menschen abgeschlossen werden können. Im Einzelnen handelt es sich um die Module:

- **Auskunft und Vertretung in Gesundheitsangelegenheiten**,
- **Zusammenleben**, betrifft die Haushaltsführung oder auch Wohnungsüberlassung,
- **Pflege und Fürsorge** sowie
- **Zugewinngemeinschaft**, die allerdings lediglich zwischen zwei Personen abgeschlossen werden kann.

Für die notarielle Praxis – und damit für die notarielle Fachprüfung – ist **für den Fall der gesetzlichen Umsetzung** der Vorstellungen der Bundesregierung zu beachten, dass ein *„Vertrag über die Verantwortungsgemeinschaft"* in der **Form der Eheverträge** geschlossen werden muss. Dies bedeutet, dass **persönliche Anwesenheit aller Beteiligten** notwendig, eine Sukzessivbeurkundung durch Angebot und Annahme daher nicht möglich ist.

18 *Beispiel*

5 Personen einer Senioren-WG wünschen die notarielle Beurkundung eines Vertrages über eine Verantwortungsgemeinschaft. Zum Beurkundungstermin erscheinen 3 Personen. Für eine weitere Person wird eine handschriftliche Vollmacht vorgelegt. Die 5. Person wünscht eine Angebotserklärung, die sie annehmen will. Kann der Vertrag geschlossen werden?

Lösung

Die vorgelegte handschriftliche Vollmacht für die 4. Person reicht aus, da die Vollmacht nicht der Form des zugrunde liegenden Rechtsgeschäfts bedarf,

§ 167 Abs. 2 BGB. Die Formvorschriften für den Abschluss eines Ehevertrages gelten jedoch auch für den Abschluss eines Vertrages über eine Verantwortungsgemeinschaft. Dies bedeutet die Notwendigkeit persönlicher Anwesenheit und damit ein Verbot der Sukzessivbeurkundung. Der Vertrag kann nicht geschlossen werden.

D. Der Aufbau einer Urkunde

Der Aufbau einer Urkunde ist von eigener Systematik. In einem einfach gelagerten 19
Fall enthält eine Urkunde im Familienrecht die folgenden Elemente.

▼

Muster 2.1: Unterhaltsverzicht

Verhandelt am

Zu

Vor mir, dem unterzeichnenden Notar im Bezirk des Oberlandesgerichts

erscheinen

1. Herr , geb. am , wohnhaft

2. Frau geb. , geb. am , wohnhaft

ausgewiesen durch .

Die Frage des beurkundenden Notars nach einer Vorbefassung im Sinne von §3 Abs. 1 Nr. 7 BeurkG wurde von den Erschienenen verneint. Der beurkundende Notar erläuterte die vorgenannte Vorschrift.

Die Erschienenen baten den Notar um die Beurkundung eines

Ehevertrages

und erklärten vorab:

§ 1 Ausgangslage

Wir sind beide von Geburt an deutsche Staatsangehörige und werden am in die Ehe miteinander schließen.

Kinder sind aus unserer Verbindung und auch aus jeweils anderen Verbindungen nicht hervorgegangen. Da wir uns in einem fortgeschrittenen Lebensalter befinden, ist biologisch die Geburt gemeinsamer Kinder ausgeschlossen. Adoptionen schließen wir für uns ebenfalls aus.

§ 2 Unterhaltsverzicht

1. Für den Fall der Scheidung unserer Ehe verzichten wir gegenseitig auf die Geltendmachung von nachehelichem Unterhalt in jeder Form und in allen Lebenslagen einschließlich dem Fall der Not und nehmen diesen Verzicht hiermit wechselseitig an. Dieser Verzicht gilt auch für jeden Fall der Änderung der Rechtsprechung oder einer Gesetzesänderung.

2. Der Notar hat uns über die Folgen dieses Unterhaltsverzichts belehrt, insbesondere über das Risiko, dass im Falle der Scheidung jeder für sich selbst für den eigenen Unterhalt zu sorgen hat.

3. Die Beteiligten erklären dazu, durch Kapitaleinkünfte und Pensionen jeweils in ihrer Existenz gesichert zu sein.

§ 3 Hinweise, Durchführung

Der Notar hat die Erschienenen über die Bedeutung, die rechtliche Tragweite, insbesondere die Rechtsfolgen und die Auswirkungen des Unterhaltsverzichts abschließend noch einmal ausführlich belehrt. Beide Erschienenen sind sich der Tragweite der getroffenen Vereinbarungen bewusst und wünschen gleichwohl die Beurkundung der Vereinbarung auch unter Inkaufnahme möglicher zukünftig daraus erwachsener Nachteile.

… (ggf. weitere abschließende Hinweise/Durchführung) …

(Urkundsausgang, Unterschriften)

▲

20 **Zu den einzelnen Teilen der Urkunde:**

(1) Zunächst steht in jeder Urkunde, **wann und wo** sie geschlossen worden ist, also:

Verhandelt am …

zu …

21 (2) Sodann ist in der Urkunde des Notars festzustellen, **wer erschienen** ist. Der Notar muss dabei beachten, dass er die Identität überprüft haben muss. Es ist daher unabdingbar, sich auch dann den Personalausweis zeigen zu lassen und die Daten dazu in der Urkunde festzustellen, wenn man etwa mit der erschienenen Person seit vielen Jahren persönlich befreundet ist.

Vor mir, dem unterzeichnenden Notar im Bezirk des Oberlandesgerichts …

…

erscheinen

1. Herr …, geb. am …, wohnhaft …

2. Frau … geb. …, geb. am …, wohnhaft …

ausgewiesen durch …

Es ist sinnvoll, Kopien der Personalausweise in einem – verschlossen gehaltenen – Ordner festzuhalten, um den Identitätsnachweis führen zu können.

(3) Die Frage der Vorbefassung gehört bei Notaren, die gleichzeitig den Beruf des Rechtsanwalts ausüben, sodann zum notwendigen vorab festzustellenden Rahmen. **22**

Die Frage des beurkundenden Notars nach einer Vorbefassung im Sinne von § 3 Abs. 1 Nr. 7 BeurkG wurde von den Erschienenen verneint. Der beurkundende Notar erläuterte die vorgenannte Vorschrift.

> *Prüfungshinweis 9:*
>
> Für den Fall, dass in der Prüfungsklausur die – **vollständige** – Anfertigung einer Urkunde gefordert wird, lohnt es sich, die vorstehende Formulierung auswendig zu lernen.

(4) Es folgt in der Urkunde die Feststellung dessen, was **Inhalt der Urkunde** sein soll. Hierbei ist im Familienrecht beispielsweise darauf zu achten, einen Ehevertrag nicht mit einer Trennungs- und Scheidungsfolgenvereinbarung zu „verwechseln". Wer eine Trennungs- und Scheidungsfolgenvereinbarung mit dem Titel Ehevertrag überschreibt, zeigt, dass er den Unterschied nicht ausreichend kennt. **23**

Die Erschienenen baten den Notar um die Beurkundung eines

Ehevertrages

und erklärten vorab:

(5) Schließlich folgt, falls sinnvoll, was vor Beurkundung des Willens der Erschienenen zur Erläuterung oder Feststellung von Rahmenbedingungen zu erklären ist. **24**

> *Prüfungshinweis 10:*
>
> Die Ausführungen in der „Ausgangslage" müssen so knapp wie möglich gehalten werden. Sie umfassen in der Praxis in der Regel nicht mehr als maximal 3 bis 4 Sätze.

Entsprechend knapp ist im Beispiel § 1 gefasst.

(6) Nach dem Inhalt der Erklärungen folgen Belehrungen, die ein Notar niemals zu kurzhalten oder gar vergessen darf. Die allgemeine Belehrung kann wie im obigen Beispiel in § 3 formuliert werden. **25**

> *Prüfungshinweis 11:*
>
> Es kann sinnvoll sein, die Formulierung in § 3 auswendig zu lernen.

Die Belehrung kann auch **umfangreicher** gestaltet sein, beispielsweise, wenn auf die **Rechtsprechung zu den Eheverträgen** hingewiesen werden soll:

- *Über die rechtliche Tragweite unserer vorstehenden Erklärungen wurden wir vom Notar eingehend belehrt. Insbesondere wurden wir auf die Bedeutung und das Wesen des vereinbarten Güterstandes auch für das Erbrecht hingewiesen.*
- *Der Notar hat auf die Rechtsprechung des Bundesverfassungsgerichtes zur Inhaltskontrolle von Eheverträgen hingewiesen und erläutert, dass ehevertragliche Regelungen bei einer besonders einseitigen Aufbürdung von vertraglichen Lasten und einer erheblich ungleichen Verhandlungsposition unwirksam sein können.*
- *Die Vertragsteile erklären, dass sie nach einer Vorbesprechung und dem Erhalt eines Vertragsentwurfes die rechtlichen Regelungen dieses Vertrages umfassend erörtert haben und diese Regelungen ihrem gemeinsamen Wunsch nach Gestaltung ihrer ehelichen Verhältnisse entsprechen.*
- *Der Notar hat darauf hingewiesen, dass bei einer Änderung des Ehetyps die Regelungen auch nachträglich unwirksam werden können. Er hat geraten, in diesem Falle den Vertrag der veränderten Situation anzupassen.*

> *Prüfungshinweis 12:*
>
> Falls in einer Urkunde Regelungen zu treffen sind, die eine Problematik hinsichtlich der Grenzen der Vertragsgestaltung berühren, ist sinnvoll, eine wie vorstehend formulierte ausführliche Belehrung einzufügen.

26 (7) Schließlich ist der **Urkundsausgang** zu formulieren. Es ist dabei immer von Vorteil, wenn er korrekt formuliert ist, also z.B. wie folgt:

Das Protokoll ist den Erschienenen vorgelesen, von ihnen genehmigt und eigenhändig, wie folgt, unterschrieben:

Die Formulierung berücksichtigt die Situation, dass manche Notare nicht selbst vorlesen, sondern eine Mitarbeiterin/Mitarbeiter vorlesen lassen. Dies ist erlaubt, legt aber den – vielleicht unberechtigten – Schluss nahe, dass der Notar entweder an dem Vorgang uninteressiert ist oder aber eine gewisse Arroganz zeigt. Beides ist nicht sinnvoll.

> *Prüfungshinweis 13:*
>
> Die vorstehende – abschließende – Formulierung sollte man auswendig können.

§ 3 Die Rolle der Beteiligten

A. Die Rolle des Notars

I. Grundsätze

Grundlage der notariellen Tätigkeit ist § 1 BNotO. Danach ist der Notar ein **unabhängiger Träger eines öffentlichen Amtes**. Der Notar ist gem. § 14 Abs. 1 S. 2 BNotO unabhängiger und unparteiischer Betreuer der Parteien. 1

Wie er seine notarielle Tätigkeit auszuüben hat, zeigt **§ 17 Abs. 1 BeurkG** deutlich auf:

> § 17 Grundsatz
>
> (1) Der Notar soll den Willen der Beteiligten erforschen, den Sachverhalt klären, die Beteiligten über die rechtliche Tragweite des Geschäfts belehren und ihre Erklärungen klar und unzweideutig in der Niederschrift wiedergeben. Dabei soll er darauf achten, dass Irrtümer und Zweifel vermieden sowie unerfahrene und ungewandte Beteiligte nicht benachteiligt werden.

Dies ist gerade in Familiensachen häufig nicht ganz einfach.[1] 2

Der Anwalts-Notar muss beachten, dass er **nicht mehr als Rechtsanwalt** tätig werden darf, wenn einer der in **§ 45 BRAO aufgeführten Versagungsgründe** vorliegt, insbesondere er als Notar eine Urkunde aufgenommen hatte und deren Rechtsbestand und Auslegung streitig geworden ist. Der Anwalts-Notar, der seine Sozietät mit anderen Anwälten ausübt, muss durch organisatorische Maßnahmen sicherstellen, dass in seiner Sozietät kein Mandat übernommen wird, dessen Erfüllung dem Grundsatz der Unparteilichkeit des Notars widerspricht.[2] Nach § 3 Abs. 2 BeurkG ist der Notar verpflichtet, vor der Beurkundung nach einer Vorbefassung gem. § 3 Abs. 1 Nr. 7 BeurkG zu fragen und in der Urkunde die Antwort zu vermerken. Der Wortlaut kann dann wie folgt lauten:

> *Formulierungsbeispiel*
>
> Die Frage des beurkundenden Notars nach einer Vorbefassung im Sinne von § 3 Abs. 1 Nr. 7 BeurkG wurde von den Erschienenen verneint. Der beurkundende Notar erläuterte die vorgenannte Vorschrift.

> *Prüfungshinweis 1:* 3
>
> Der Katalog des § 3 BeurkG, der das Verbot der Mitwirkung als Notar regelt, ist **außerordentlich umfangreich** und umfasst nicht nur ehemalige oder jetzige

1 Zu den Anforderungen zur „Eindeutigkeit des Wortlautes" vgl. z.B. OLG Naumburg FamRZ 2007, 473.

2 BGH DNotZ 1992, 455.

Ehepartner, sondern reicht von früheren Lebenspartnern bis hin zu verschwägerten 2. Grades, auch wenn sie es seit vielen Jahren nicht mehr sind.[3]

II. Sachverhaltsaufklärung

4 Der Notar ist verpflichtet, den **wahren Willen der Parteien zu erforschen** und den Sachverhalt, der dann zu einer Beurkundung der Vereinbarung der Parteien führt, aufzuklären. Er hat den **sichersten und finanziell günstigsten Weg** zu wählen. Zunächst muss er den kostengünstigsten Weg wählen, um die Entstehung unnötiger Kosten zu vermeiden.[4] Ist jedoch ein mit höheren Kosten versehener Weg sicher und/oder sachdienlicher, kann der Notar auch diesen Weg wählen. Ihm ist dabei **ein weiter Entscheidungsspielraum** gegeben.[5]

Prüfungshinweis 2:

Wünschen die Vertragsparteien eine ganz bestimmte Gestaltung, muss der Notar nicht über einen kostengünstigeren Weg belehren, sofern er danach nicht gefragt wird.[6]

5 Nach § 17 Abs. 1 S. 2 BeurkG hat der Notar darauf zu achten, dass **Irrtümer und Zweifel vermieden** sowie unerfahrene und ungewandte Beteiligte nicht benachteiligt werden.[7] Er hat also bei der Beurkundung eines Ehevertrages und einer Scheidungsfolgenvereinbarung, insbesondere, wenn die Parteien in der Beurkundung nicht von Rechtsanwälten begleitet werden, darauf hinzuwirken, dass die unerfahrene und/oder offensichtlich wirtschaftlich schwächere Partei **vor offensichtlichen Nachteilen bewahrt** wird. Dies muss zwar einerseits dem Notar evident sein; andererseits werden aber Kenntnisse des materiellen Rechts vorausgesetzt. Gem. § 4 BeurkG soll der Notar die Beurkundung **ablehnen**, wenn sie mit seinen Amtspflichten nicht vereinbar wäre, insbesondere, wenn seine Mitwirkung bei Handlungen verlangt wird, mit denen **erkennbar unerlaubte oder unredliche Zwecke** verfolgt werden.

6 *Prüfungshinweis 3:*

Voraussetzung für die Beratung und Belehrung ist, dass der Notar den Sachverhalt kennt, den die Beteiligten regeln wollen. Er hat deswegen sorgfältig durch **Befragen** der Beteiligten alle Tatsachen zu ermitteln, die für die Parteien rechtsrelevant sind.

3 *Winkler*, § 3 Rn 71.

4 OLG Saarbrücken DNotZ 1982, 451; sehr weitgehend OLG Celle DNotZ 2004, 196 mit Anm. *Kanzleiter*.

5 BGH NJW 1962, 2107; BayObLG NotBZ 2005, 405; *Winkler*, § 17 Rn 269.

6 BayObLG NotBZ 2000, 382.

7 BGH FamRZ 2014, 1364.

III. Belehrungspflicht

Der Notar hat die Beteiligten gem. § 17 Abs. 1 S. 1 BeurkG über die **rechtliche Tragweite** des Rechtsgeschäftes zu belehren. Grundsätzlich hat er über wirtschaftliche Folgen des beurkundenden Rechtsgeschäfts und auf wirtschaftliche Gefahren nicht hinzuweisen. Erkennt er jedoch, dass eine der Beteiligten in Folge Unkenntnis über die gewählte Rechtskonstruktion ein Schaden droht, muss er auch über wirtschaftliche Folgen belehren (§ 17 Abs. 1 S. 2 BeurkG). Dabei müssen, so der **BGH**, die besonderen Umstände des Einzelfalles es nahe legen, dass eine Schädigung eines Beteiligten eintreten kann und der Notar nicht mit Sicherheit annehmen kann, dass sich der Gefährdete dieser Lage bewusst ist oder eben das Risiko auch bei einer Belehrung auf sich nehmen würde.[8] 7

In der vorgenannten Entscheidung des **BGH** hatte das Gericht den Notar sogar wegen **fortgesetzter Untreue** verurteilt, da er eine Vertragskonstruktion gewählt hatte, die in der Sicherung des wechselseitigen Leistungsaustausches massiv von der üblichen Gestaltung von Grundstückskaufverträgen abwich. Teile eines Kaufpreises sollten danach erst bei Weiterveräußerung von Grundbesitz durch den kaufenden Bauträger fällig werden, ohne dass ein bestimmtes Fälligkeitsdatum genannt worden war. 8

Prüfungsbeispiel

Während des laufenden Scheidungsverfahrens schließen die Eheleute eine notarielle Vereinbarung über die Zahlung von Zugewinnausgleich in Höhe von 100.000 EUR zugunsten der Ehefrau. Nach Verlesung der Urkunde durch den Notar und Unterschriftsleistung durch die Eheleute bittet die Ehefrau den Notar darum, mit seiner Unterschrift noch zu warten. Sie habe es sich anders überlegt und solle einen höheren Zugewinnausgleich erhalten. Der Notar weist darauf hin, dass der Vertrag geschlossen sei und wegen der fehlenden Unterschrift lediglich „schwebend unwirksam" sei. Er könne nicht angewiesen werden, seine Unterschrift nicht zu leisten. Der Ehemann erklärt dazu, er sei jetzt völlig entnervt und wolle eine Lösung. Seine neue Lebensgefährtin sei schwanger. Eine Verzögerung etwa durch gerichtliche Verfahren wolle er nicht. Die Ehefrau verlangt daraufhin 200.000 EUR. Der Ehemann ist einverstanden. Später bereut der Ehemann sein Verhalten und wirft dem Notar vor, er hätte die Neuverhandlung durch schnelle Unterschriftsleistung verhindern müssen, da er ja gesehen habe, dass die Erhöhung völlig unsinnig gewesen sei. Der Notar erwidert, beide Beteiligte hätten doch nachverhandeln wollen. Ob 200.000 EUR berechtigt gewesen seien, habe er im Unwissen über die wirtschaftlichen Verhältnisse nicht wissen können. Stehen dem Ehemann Schadenersatzansprüche gegenüber dem Notar zu?

8 BGH DNotZ 1991, 744.

Lösung

Der Notar hat korrekt belehrt. Der Vertrag war wegen fehlender Unterschrift des Notars keineswegs „nichtig", sondern lediglich schwebend unwirksam.[9] Das Gesetz räumt den Beteiligten nicht die Möglichkeit ein, den Notar anzuweisen, die Vereinbarung zunächst nicht zu unterschreiben. Gleichwohl muss der Notar nicht „hektisch" zur Unterschrift schreiten. Der Notar hat im Rahmen des Beurkundungsvorgangs – zum Abschluss – die Urkunde zu unterzeichnen. Dies schließt nicht aus, dass die Unterschrift des Notars „mit Verzögerung" erfolgt. Hier waren die Beteiligten noch im Gespräch, so dass sich der Notar insoweit korrekt verhalten hat. Das beiderseitige Einverständnis mit einer Änderung des Vertrages führte sodann zu einer korrekten Aufhebung und entsprechendem Neuabschluss. Der Vorwurf an den Notar hinsichtlich der Höhe des Zahlungsbetrages ist nicht richtig. Der Notar hat über die **wirtschaftliche Tragweite** von Rechtsgeschäften nur insoweit zu belehren, als er über entsprechende Kenntnisse verfügt.[10] Dies war hier nicht der Fall. Zu Nachforschungen ist der Notar nicht verpflichtet. Der weitere Hinweis auf die nervliche Situation und die Schwangerschaft gehen fehl. Solange der Eindruck der Geschäfts- und Verhandlungsfähigkeit besteht, besteht für den Notar kein Anlass, Verhandlungen abzubrechen. Die Entscheidung des Ehemannes, schnell geschieden werden zu wollen, ist im persönlichen Entscheidungsbereich anzusiedeln und bietet ebenfalls keinen Anlass, die Verhandlung nicht fortzusetzen. Insgesamt können Ansprüche gegenüber dem Notar nicht geltend gemacht werden.

9 Generell gilt auch der Grundsatz, dass ein **Notar keine Steuerberatungspflicht** hat.[11] Er wird aber hierauf hinweisen, z.B. mit folgendem Wortlaut:

Formulierungsbeispiel

Die Vertragsparteien erklären, dass durch den Notar keinerlei steuerliche Beratung stattgefunden hat. Der Notar hat aber darauf hingewiesen, dass die Vertragsparteien sich in steuerrechtlichen Fragen, die mit dem Inhalt dieser Urkunde in Zusammenhang stehen, durch einen Angehörigen der steuerberatenden Berufe beraten lassen sollten.

Die Vertragsparteien erklären hierzu, keine weitere steuerrechtliche Beratung im Zusammenhang mit der vorliegenden Urkunde zu benötigen und vor Unterzeichnung dieser Urkunde ausreichend Zeit gehabt zu haben, den Urkundsentwurf auch steuerrechtlich prüfen zu lassen.

9 *Winkler*, § 13 Rn 86.

10 BGH FamRZ 2014, 282 mit Anm. *Grziwotz*.

11 BGH VersR 1983, 181.

Prüfungshinweis 4:

Es empfiehlt sich, bestimmte kurze, immer wieder in Urkunden auftauchende Formulierungen auswendig zu lernen, da in der schriftlichen Prüfung manchmal die – vollständige – Anfertigung einer Urkunde gefordert wird.

Der **BGH** hat aber erklärt, dass dann, wenn der Notar vor oder während der Beurkundung davon Kenntnis erhalten hat, dass der Verkäufer das Grundstück **innerhalb der Spekulationsfrist** erworben hat und die Anschaffungskosten unter dem Verkaufspreis liegen, also Spekulationssteuer entsteht, die Haftung des Notars greift. Er muss in diesem Zusammenhang die von den Parteien eingereichten Unterlagen persönlich überprüfen.[12] **10**

Die folgenden **Prüfungsbeispiele** können immer wieder auftauchen: **11**

Formulierungsbeispiel

Im Vertrag steht nichts von einer Belehrung und der Notar hat nichts erklärt:

- Der Notar hat die Belehrung wie den ganzen Vertrag nur vorgelesen und nichts erklärt.
- Der Notar hat falsch belehrt und erklärt, ich hätte bei allen Mängeln des Objekts die Möglichkeit des Schadenersatzes und des Rücktritts.

Wird gegen die Sollvorschrift der Belehrung nach § 17 BeurkG verstoßen, bleibt die Wirksamkeit des Vertrages unberührt. Eine unterlassene oder unrichtige Belehrung macht den Notar aber schadenersatzpflichtig (§ 19 BNotO). Andere Einwendungen führen allerdings nicht zur Schadenersatzpflicht: **12**

Formulierungsbeispiel

- Die Belehrung des Notars habe ich nicht verstanden.

Wer eine Belehrung nicht versteht, kann nachfragen. Ebenso wenig muss Abseitiges erläutert werden: **13**

Formulierungsbeispiel

- Der Notar hat mich nicht darüber belehrt, dass ich nicht innerhalb von 2 Wochen vom Vertrag zurücktreten kann. Ich dachte, das könnte ich immer.

IV. Weitergehende Aufklärung

Im Rahmen von Trennung und Scheidung können erbrechtliche Probleme zu lösen sein. Ein Beispiel für eine Klausurkonstruktion ist ein Gespräch mit einem Notar. Es kann dann um die Notwendigkeit weiterführender Beratung gehen. **14**

12 BGH NJW 1989, 586.

Beispiel

- M. begibt sich nach endgültiger Trennung von F. zum Notar, um die Folgen von Trennung und Scheidung, über die sich die Eheleute geeinigt haben, zu besprechen. Auf letztwillige Verfügungen angesprochen, erklärt M. dem Notar, dass er ein gemeinsames schriftliches Testament mit F. verfasst hat, wonach sie sich beide wechselseitig zu Alleinerben einsetzen und die beiden Kinder S. und T. Schlusserben zu gleichen Anteilen bei Ableben des Längstlebenden sein sollen. M. möchte verhindern, dass F. Alleinerbin wird, wenn ihm etwas zustößt. Er zeigt dem Notar ein Testament, mit welchem er seine bisherige Verfügung widerruft und mit dem er die Kinder S. und T. als Alleinerben einsetzt.
- Was wird der Notar über die Folgen erklären?

Das Einzeltestament, mit welchem M. das gemeinsame Testament widerruft, führt **nicht** zur Unwirksamkeit des gemeinschaftlichen Testaments von M. und F.

Nach § 2271 Abs. 1 S. 2 BGB kann durch eine neue Verfügung von Todeswegen ein Ehegatte bei Lebzeiten des Anderen seine Verfügung **nicht einseitig aufheben**. Ein gemeinschaftliches Testament entfaltet nämlich bereits bei Lebzeiten eine gewisse Bindungswirkung. Diese zeigt sich an einer **erschwerten Form des Widerrufs**. Denn der Widerruf eines Testaments, welches wechselbezügliche Verfügungen enthält, erfolgt bei Lebzeiten der Ehegatten nach der für den Rücktritt von einem Erbvertrag geltenden Vorschrift des § 2296 BGB (§ 2271 Abs. 1 S. 1 BGB). In **§ 2296 Abs. 2 BGB** heißt es, dass der Rücktritt durch Erklärung gegenüber dem anderen Vertragsschließenden erfolgt und die Erklärung der notariellen Beurkundung bedarf.

Die **Erklärung**, mit welcher das gemeinschaftliche Testament widerrufen wird, muss sich **eindeutig an den anderen Ehegatten** richten. (Nur) Diese Erklärung bedarf der **notariellen Beurkundung**.

Die notariell beurkundete Widerrufserklärung muss dem anderen Ehegatten sodann in **Urschrift oder in einer Ausfertigung** zugehen. Die Übermittlung einer Abschrift oder vom Gerichtsvollzieher beglaubigten Abschrift genügt nicht.[13]

Für den Zugang der Erklärung gelten die §§ 130 – 132 BGB. Im Grundsatz ist eine Willenserklärung, die einem anderen Abwesenden gegenüber abzugeben ist, in dem Zeitpunkt wirksam, in welchem sie ihm zugeht. Ob und insbesondere wann der andere Ehegatte von dem Widerruf Kenntnis genommen hat, ist für die rechtliche Bedeutung irrelevant. Aus praktischen Erwägungen wird der Notar zum Beweis der Übermittlung die **Zustellung über den Gerichtsvollzieher** wählen (§§ 132, Abs. 1 S. 1 BGB, 166 ff. ZPO).

13 BGHZ 31, 5 = NJW 1960, 33; BGHZ 36, 201, 203 = NJW 1962, 736.

Der Widerruf wird übrigens auch dann wirksam, wenn er dem anderen Ehegatten erst zu einem Zeitpunkt zugeht, in welchem der **widerrufende Ehegatte bereits gestorben** ist. Der Verstorbene muss alles getan haben, was geschehen muss, damit der Zugang alsbald erfolgt. Die Willenserklärung muss sich daher beim Tod des Erklärenden „auf dem Wege zum Adressaten befinden".[14]

Lösung

Der Notar im obigen Beispiel wird M erklären, dass das **einseitige Widerrufstestament unwirksam** ist und nicht die gewünschte Folge hat, sich vom gemeinschaftlichen Testament zu lösen.

Die Erklärung des Widerrufs nach § 2271 Abs. 1 S. 1 BGB wird deshalb in notarieller Form abgegeben werden. Der Notar wird dann der Ehefrau die Urschrift oder die Ausfertigung durch den **Gerichtsvollzieher zustellen** lassen, um über einen amtlichen Nachweis des Zugangs zu verfügen. Erst dann ist das gemeinschaftliche Testament unwirksam und M. kann jetzt neu testieren.

Prüfungshinweis 5: 15

Sowohl in der Prüfungsklausur als auch in der mündlichen Prüfung kann gewünscht sein, in einer weiteren Schrift (den M.) über die **gesetzliche Erbfolge und das Pflichtteilsrecht des Ehegatten** aufzuklären.

Auch wenn der Notar von sich aus **nicht verpflichtet ist, weitergehende, anderweitige Fragen** anzusprechen, kann es wichtig sein, gerade in familienrechtlichen Fällen auch erbrechtliche Folgen von Trennung und Scheidung nicht zu vergessen. Dies gilt umso mehr, wenn Beteiligte in Beispielen dem Notar erklären, mit dem Abschluss der familienrechtlichen Vereinbarung endgültig in allen Fragen „auseinander" sein zu wollen.

In solchen Fällen ist die Frage nach einem **gemeinsamen Testament** der Eheleute zu stellen und ggf. auch die Frage nach vorhandenen **Vorsorgevollmachten** oder sonstigen **Vollmachten** zu erörtern.

Hinweis

Zu Form und Inhalt einer **Widerrufserklärung für Vollmachten**:

Der Widerruf ist nicht formgebunden.

Das wichtigste praktische Problem liegt darin, dass **gutgläubige Dritte** in ihrem 16
Vertrauen auf das Bestehen einer Vollmacht so lange geschützt sind, wie ihnen das **Original oder eine Ausfertigung der Vollmacht** vorgelegt wird. Der Vollmacht-

14 BGHZ 48, 374.

geber muss daher dafür sorgen, dass Originale und Ausfertigungen „eingezogen" werden.[15] Gegebenenfalls muss die Vollmacht – in einem allerdings recht komplizierten Verfahren – **gemäß § 176 BGB für kraftlos erklärt** werden. Der Notar sollte, wenn nach den Widerrufsmöglichkeiten gefragt wird, sicherstellen, dass die Belehrungen über die Gefahren des möglichen Missbrauchs von noch im Umlauf befindlichen Ausfertigungen, dokumentiert werden. Werden bereits erteilte Ausfertigungen nach einem Widerruf zurückgegeben, können sie vernichtet werden. Das sollte auf jeden Fall auf dem „Vermerkblatt" der Urschrift festgehalten werden.

Der Notar muss sicherstellen, dass von einer (soweit das bekannt wird) widerrufenen Vollmacht nicht durch ein Büroversehen später noch eine weitere Ausfertigung erteilt wird. Das geschieht am besten durch einen deutlich sichtbaren **Vermerk auf der Urschrift** der Urkunde. Wurde die Vollmacht beim **Zentralen Vorsorgeregister** erfasst, sollte diesem der Widerruf unbedingt mitgeteilt werden.

V. Ausländisches Recht

17 Bestehen Zweifel darüber, ob ausländisches Recht zur Anwendung kommt, soll der Notar die Beteiligten darauf hinweisen und dies vermerken. Zur Belehrung über den Inhalt ausländischer Rechtsordnung ist er allerdings **nicht verpflichtet** (§ 17 Abs. 3 BeurkG). Tut er dies gleichwohl, muss die Belehrung richtig sein; sonst haftet er. Das im Einführungsgesetz zum BGB geregelte Kollisionsrecht ist deutsches Recht, das der Notar kennen muss. So muss er z.B. gem. Art. 14 EGBGB prüfen, in welchem Güterstand die Parteien leben, sofern ein ausländischer Staatsangehöriger an der Beurkundung beteiligt ist. Bei der Anwendung ausländischen Rechts besteht jedoch gem. Art. 4 EGBGB die Möglichkeit der Rückverweisung auf deutsches Recht. Hinzuweisen ist auf die am 24.6.2016 erfolgte Verabschiedung der europäischen Güterrechtsverordnungen.[16]

18 Seit dem 1.2.2019 regeln die Verordnungen die internationale Zuständigkeit, das anwendbare Recht sowie die Anerkennung und Vollstreckung ausländischer Entscheidungen im Bereich der ehelichen Güterstände bzw. der Güterstände eingetragener Partnerschaften. Die Verordnungen sind in allen ihren Teilen verbindlich und gelten unmittelbar in allen teilnehmenden Mitgliedstaaten. Derzeit nehmen 18 Mitgliedstaaten teil, darunter auch Deutschland.[17]

15 Vgl. DNotI-Report 2003, 33,35.

16 Verordnung (EU) 2016/1103 vom 24.6.2016 zur Durchführung einer verstärkten Zusammenarbeit im Bereich der Zuständigkeit, des anzuwendenden Rechts und der Anerkennung und Vollstreckung von Entscheidungen in Fragen des ehelichen Güterrechts (EuGüVO) sowie Verordnung (EU) 2016/1104 vom 24.6.2006. bezüglich eingetragener Partnerschaften (EuPartVO).

17 Weitere teilnehmende Länder sind: Belgien, Bulgarien, Tschechien, Griechenland, Spanien, Frankreich, Kroatien, Italien, Zypern, Luxemburg, Malta, Niederlande, Österreich, Portugal, Slowenien, Finnland und Schweden.

Nach Art. 32 der EuGüVO wird nicht mehr im Wege des Gesamtverweises auf das Kollisionsrecht eines Staates verwiesen, sondern nur auf das materielle Recht. Die Verordnung verdrängt damit Art. 5 EGBGB sowie auch die §§ 97 ff. in ihrem sachlichen Anwendungsbereich. Nach Art. 21 der EuGüVO gibt es keinen Sondergüterstand z.B. für Grundbesitz mehr. Es gilt dann das Primat der Einheit des Güterrechtsstatuts. Eine Rechtswahl ist nach Art. 22 der EuGüVO zulässig.[18]

Bei Anwendung ausländischen Rechts soll der Notar allerdings auch auf die Möglichkeit hinweisen, ein Rechtsgutachten z.B. des Max-Planck-Instituts für ausländisches und internationales Privatrecht in Hamburg (Mittelweg 187, 20148 Hamburg) einzuholen.

Hinsichtlich der Kenntnis der deutschen Sprache im Hinblick auf einen ausländischen Staatsangehörigen etwa folgende Formulierung aufgenommen werden: 19

> *Formulierungsbeispiel*
>
> Der Erschienene zu (…) ist seiner Erklärung nach und zur Überzeugung des Notars der deutschen Sprache hinreichend kundig.

Im Zweifel sollte aber immer ein Dolmetscher hinzugezogen werden. § 17 BeurkG verpflichtet den Notar auch, sich zu vergewissern, dass die Belehrungen und Hinweise von den Beteiligten verstanden worden sind. Im vorstehenden Prüfungsbeispiel bedarf es einer Übersetzung der in Aussicht genommenen Urkunde, die mit dem Urkundsentwurf zu übersenden ist. Sodann ist ein Dolmetscher zur Beurkundung hinzuzuziehen, der die Erläuterungen des Notars übersetzt. 20

VI. Nachweis von Belehrungen

Es ist zweckmäßig, den Beweis einer erteilten Belehrung durch einen Vermerk in der Urkunde sicherzustellen. 21

> *Prüfungshinweis 6:*
>
> Unterbleibt ein Belehrungsvermerk in der Niederschrift, so hat der Notar die gleichwohl **erteilte Belehrung zu beweisen**.

Die Nichterfüllung der anderen Belehrungspflichten hat dagegen der behauptende Anspruchsteller zu beweisen.[19] Beispiel für eine Belehrung (Ausschluss des Versorgungsausgleichs): 22

> *Formulierungsbeispiel*
>
> Wir sind auf das Wesen und die Bedeutung sowie die rechtliche Tragweite des Ausschlusses des Versorgungsausgleichs hingewiesen worden, insbesondere da-

18 Vgl. *Kohler/Pintens*, FamRZ 2016,1509; *Dutta*, FamRZ 2016, 19 1070.

19 *Winkler*, § 17 Rn 124 m.w.N.

rauf, dass im Falle einer Scheidung keiner von uns einen Anspruch auf die Anwartschaften oder Aussicht auf eine Versorgung wegen des Alters oder Berufs- oder Erwerbsunfähigkeit des anderen Ehegatten hat, jeder von uns im Alter oder im Falle der Berufs- oder Erwerbsunfähigkeit also ungesichert ist, sofern er keine eigenen Anwartschaften oder Aussichten begründet hat.

VII. Notargebühren

23 Eine **Hinweispflicht** oder Belehrungspflicht hinsichtlich der **entstehenden Kosten und Gebühren** trifft den Notar **nicht**. Jedermann weiß, dass die Tätigkeit eines Notars die gesetzliche Gebührenpflicht auslöst. Die Höhe der Gebühren ist gesetzlich festgelegt. **Ungefragt** muss der Notar daher Beteiligte weder auf die Höhe noch auf ihre Kostentragungspflicht als Veranlassungsschuldner gem. § 29 Ziff. 1 GNotKG hinweisen.[20]

Prüfungshinweis 7:

Für den Fall, dass eine **Beurkundung nicht notwendig** ist und das Rechtsgeschäft auch ohne Mitwirkung eines Notars durch eigenhändiges Aufsetzen möglich ist, muss der Notar ausnahmsweise auf die Kosten hinweisen.[21]

Prüfungshinweis 8:

Hinsichtlich der Kosten eines Vertrages muss jedoch immer auf die **gesamtschuldnerische Kostenhaftung gem. §§ 30, 32 GNotKG** hingewiesen werden.

24 Die Urkunde **muss zwar nicht**, **sollte aber** auch die Regelung enthalten, wer die Kosten trägt. Sinnvoll ist es auch, in Scheidungsfolgevereinbarungen festzuhalten, wie die Kosten von Rechtsanwalt und Gericht im Falle der Scheidung verteilt werden. Folgende Formulierung bietet sich an:

Formulierungsbeispiel

Jede Partei trägt die Kosten ihres Rechtsanwalts selbst. Die Gerichtskosten im Zusammenhang mit der Scheidung trägt (…). Die Notargebühren für die Beurkundung dieser Niederschrift trägt (…).

20 KG DNotZ 2012, 290; *Winkler*, § 17 Rn 268.

21 OLG Naumburg DNotZ 2012, 512 mit Anm. *Fackelmann*.

B. Die Rolle des Rechtsanwalts

I. Die Grundsätze der Haftung

25 Der BGH hatte zu den grundsätzlichen Pflichten des Rechtsanwalts und demgemäß zum Rahmen seiner Haftung 1968[22] – und später immer wieder[23] – erklärt:

> *Nach fester Rechtsprechung ist der Rechtsanwalt, soweit sein Auftraggeber nicht unzweideutig zu erkennen gibt, dass er des Rates nur in einer bestimmten Richtung bedarf, zur allgemeinen, umfassenden und möglichst erschöpfenden Belehrung des Auftraggebers verpflichtet. ... Der Anwalt muss dem Mandanten auch – anders als der Notar – über mögliche wirtschaftliche Gefahren des beabsichtigten Geschäfts belehren.*

26 Aber nicht nur die **„umfassende Belehrung“**[24] wurde (und wird) vom BGH gefordert;[25] bis das **Bundesverfassungsgericht 2002** den Anforderungen des BGH entgegengetreten ist, musste der Rechtsanwalt sogar in geeigneten Fällen die **Verantwortung für fehlerhafte Urteile** der Gerichte übernehmen. Sodann hat aber das BVerfG erklärt, dass *„Rechtsanwälte nicht ersatzweise für Fehler der Rechtsprechung (haften), nur weil sie haftpflichtversichert sind.“*[26]

27 Im Falle der Mitwirkung eines Rechtsanwalts am Zustandekommen notarieller Vereinbarungen ist die Befreiung von der Haftung des Notars für den Inhalt der Urkunde durch vorrangige Haftung des Rechtsanwalts möglich:

> *Prüfungshinweis 9:*
>
> Der Rechtsanwalt, der bei dem Zustandekommen eines Ehevertrages mitwirkt, haftet (!) für eine vollständige und richtige Niederlegung des Willens seines Mandanten und für einen möglichst eindeutigen und nicht erst der Auslegung bedürftigen Wortlaut.[27] Der Notar haftet in diesen Fällen zunächst nicht, weil sich seine Haftung auf diejenigen Fälle beschränkt, in denen „keine anderweitige Ersatzmöglichkeit“ gegeben ist, **Subsidiaritätsprinzip, § 19 Abs. 1 S. 2 BNotO**.[28]

28 Der Rechtsanwalt verbleibt daher auch bei notarieller Beurkundung bei seiner eigenen Haftung, die sich ausweitet auf den gesamten Text der (notariellen) Verein-

22 Urt. des BGH v. 18.6.68, DNotZ 1970, 48.

23 BGH NJW 1992, 1159; 1994, 1211; 1995, 449.

24 Beachte: Für das Wort ‚umfassend' gibt es keine Steigerungsform.

25 Vgl. dazu den Fall der versäumten Belehrung über die Verjährungsfrist von Zugewinnausgleichsansprüchen, OLG Zweibrücken FuR 2023, 45 mit Anm. *Viefhues.*

26 Dagegen *Ganter*, stellv. Vors. des für die Anwaltshaftung zuständigen IX. Zivilsenats des BGH in AnwBl 2007, 181 ff., 186: Die Tatsache, dass Rechtsanwälte haftpflichtversichert sind, spiele *„von jeher ... für den Haftungssenat des BGH nicht die geringste Rolle“*.

27 BGH NJW 2002, 1048.

28 Vgl. BGH NJW 2002, 1048; *Horndasch*, FuR 2007, 289 und FuR 2013, 610.

barung. Dies führt dazu, dass in jedem Fall von Vereinbarungen die **unbeschränkte Haftung des beratenden Rechtsanwalts** eintritt.

Prüfungsbeispiel

Der zur Beurkundung vorgesehene Notar entwirft einen Ehevertrag, mit dessen Wortlaut der beratende Anwalt nicht einverstanden ist und weigert sich, eine Änderung vorzunehmen („Das haben wir immer so gemacht"). Nimmt der Rechtsanwalt dies hin, haftet er für etwaige Folgen.

II. Die Pflichten aus dem Anwaltsvertrag

29 Voraussetzung für das Einsetzen eines Haftungstatbestandes ist selbstverständlich zunächst, dass ein Vertrag mit dem Mandanten geschlossen worden ist. Fraglich kann vor allem bei **Freundschafts- und/oder Gefälligkeitsverhältnissen** sein, ob – ggf. konkludent – ein Anwaltsvertrag zustande gekommen ist.[29] Dies ist jeweils im Einzelfall zu prüfen. Gegen einen Vertragsschluss kann ein **Gespräch bei geselligem Anlass** sprechen, anders allerdings, wenn der Ratsuchende ausdrücklich erklärt, den – gesellschaftlichen – Anlass zu einem Rat in einer bestimmten Sache nutzen zu wollen und der Anwalt sich hierauf einlässt.[30]

Typisches Beispiel

Gut, dass Du kommst; ich wollte Dich mal fragen, (...).

30 Kommt ein Anwaltsvertrag zustande, sind die Anforderungen des BGH weit gezogen. Hauptpflicht ist selbstverständlich die **Klärung des Sachverhalts**. Informationen dürfen nicht hingenommen, sie müssen herausgefordert werden. So dürfte man sich z.B. nicht damit begnügen, das Versäumnisurteil sei „letzte Woche" zugestellt worden.[31] Hinsichtlich der **Gesetzeskenntnis** wird die Beachtung der für das Mandat einschlägigen Gesetze und Vorschriften bis ins Detail gefordert.[32] Dies betrifft auch abgelegene Rechtsgebiete.[33]

31 Der BGH verlangt darüber hinaus, dass der Anwalt, liest er von **künftigen Gesetzesvorhaben** in der Tagespresse, verpflichtet ist, sich aus allgemein zugänglichen Quellen über den Verfahrensstand zu unterrichten[34] und die Entwicklung in seine Beratung einzubeziehen.[35]

29 Vgl. dazu *Neuhofer*, Haftungsrisiko „Gefälligkeit", AnwBl 2005, 576.
30 Vgl. dazu ausführlich *Borgmann/Jungk/Grams* III, Rn 62 ff., 66.
31 BGH NJW-RR 1995, 825 ff., 826.
32 Vgl. dazu den Fall BGH NJW 2000, 2433.
33 BGH NJW 1961, 601.
34 BGH NJW 2004, 3487.
35 Vgl. dazu *Fischer*, AnwBl 2006, 227.

Der BGH verlangt weiter die **Kenntnis der Judikatur**. Hinsichtlich der **Aufsatzliteratur** gilt dies jedoch, wie der BGH erklärt hat, nur *„in begrenztem Maße"*.[36]

Die Beratung soll dem Mandanten die eigene **Entscheidung über das Vorgehen in der Sache** ermöglichen. Dies bedeutet aber, ihn *„vor übereilten Erklärungen zu warnen, spontane Angebote zu verhindern und ein überrumpeln zu vermeiden"*.[37] 32

Der **BGH** hat dazu erklärt, dass der **Anwalt beweispflichtig** dafür ist, dass ihm „keine Möglichkeit blieb, dem Mandanten zu einem überlegteren Vorgehen zu raten".[38]

Prüfungsbeispiel (Abwandlung zum Prüfungsbeispiel zur Belehrungspflicht des Notars, Rdn 8)

Während des laufenden Scheidungsverfahrens schließen die Eheleute eine notarielle Vereinbarung über die Zahlung von Zugewinnausgleich in Höhe von 100.000 EUR zugunsten der Ehefrau. Zur Beurkundung werden die Beteiligten von ihren Rechtsanwälten begleitet, mit deren Hilfe die vorgesehene notarielle Vereinbarung ausgearbeitet worden ist. Nach Verlesung der Urkunde durch den Notar und Unterschriftsleistung durch die Eheleute bittet die Ehefrau gemeinsam mit ihrem Anwalt den Notar darum, mit seiner Unterschrift noch zu warten. Sie habe es sich anders überlegt und solle einen höheren Zugewinnausgleich erhalten. Der Notar weist darauf hin, dass der Vertrag geschlossen sei und wegen seiner fehlenden Unterschrift lediglich „schwebend unwirksam" sei. Er könne nicht angewiesen werden, seine Unterschrift nicht zu leisten. Der Ehemann erklärt dazu, er sei jetzt völlig entnervt und wolle eine Lösung. Seine neue Lebensgefährtin sei schwanger. Eine Verzögerung etwa durch gerichtliche Verfahren wolle er nicht. Die Ehefrau verlangt daraufhin 200.000 EUR. Der Ehemann ist einverstanden. Der Rechtsanwalt des Ehemannes hält sich mit Äußerungen zurück, um den Abschluss nicht zu gefährden, wie er später erklärt. Am nächsten Tag bereut der Ehemann sein Verhalten und wirft dem Notar vor, er hätte die Neuverhandlung durch schnelle Unterschriftsleistung verhindern müssen, da er ja gesehen habe, dass die Erhöhung völlig unsinnig gewesen sei. Außerdem sei er nervlich völlig am Ende gewesen und habe nicht mehr klar denken können. Das hätte der Notar bemerken müssen. Der Notar erwidert, beide Beteiligte hätten doch nachverhandeln wollen. Ob 200.000 EUR berechtigt gewesen seien, habe er im Unwissen über die wirtschaftlichen Verhältnisse nicht wissen können. Außerdem sei er, der Ehemann anwaltlich vertreten gewesen. Dieser hätte ja etwas sagen können. Stehen dem Ehemann Schadenersatzansprüche gegenüber dem Notar und/oder seinem Rechtsanwalt zu?

36 BGH AnwBl 2001, 118.

37 BGH AnwBl 2001, 62.

38 BGH a.a.O.

Lösung

Der **Notar** hat korrekt belehrt. Der Vertrag war wegen fehlender Unterschrift des Notars keineswegs „nichtig“, sondern lediglich schwebend unwirksam.[39] Das Gesetz räumt den Beteiligten nicht die Möglichkeit ein, den Notar anzuweisen, die Vereinbarung zunächst nicht zu unterschreiben. Gleichwohl muss der Notar nicht „hektisch“ zur Unterschrift schreiten. Der Notar hat im Rahmen des Beurkundungsvorgangs – zum Abschluss – die Urkunde zu unterzeichnen. Dies schließt nicht aus, dass die Unterschrift des Notars „mit Verzögerung“ erfolgt. Hier waren die Beteiligten und die Rechtsanwälte noch im Gespräch, so dass sich der Notar insoweit korrekt verhalten hat. Das beiderseitige Einverständnis mit einer Änderung des Vertrages führte sodann zu einer korrekten Aufhebung und entsprechendem Neuabschluss. Der Vorwurf an den Notar hinsichtlich der Höhe des Zahlungsbetrages ist nicht richtig. Der Notar hat über die wirtschaftliche Tragweite von Rechtsgeschäften nur insoweit zu belehren, als er über entsprechende Kenntnisse verfügt. Dies war hier nicht der Fall. Zu Nachforschungen ist der Notar nicht verpflichtet. Der weitere Hinweis auf die nervliche Situation und die Schwangerschaft gehen fehl. Solange der Eindruck der Geschäfts- und Verhandlungsfähigkeit besteht, besteht für den Notar kein Anlass, Verhandlungen abzubrechen. Die Entscheidung des Ehemannes, schnell geschieden werden zu wollen, ist im persönlichen Entscheidungsbereich anzusiedeln und bietet ebenfalls keinen Anlass, die Verhandlung nicht fortzusetzen. Insgesamt können Ansprüche gegenüber dem Notar nicht geltend gemacht werden. Wohl aber können Ansprüche gegenüber dem Rechtsanwalt des Ehemannes entstanden sein. Der Rechtsanwalt ist zur umfassenden auch wirtschaftlichen Beratung verpflichtet und hat überdies nach feststehender Rechtsprechung des BGH seinen Mandanten vor übereilten Entscheidungen nicht nur abzuraten, sondern auch zu bewahren. Mit seiner Zurückhaltung während der Beurkundung („um den Abschluss nicht zu gefährden“) hat der Rechtsanwalt genau das Gegenteil getan. Er hätte auf Unterschriftsleistung durch den Notar bestehen müssen. Ihm drohen entsprechende Schadenersatzansprüche seines Mandanten.

33 Hinsichtlich der grundsätzlichen Beweislast hat der **BGH** deutlich erklärt, dass derjenige, der einen Rechtsanwalt auf Leistung von Schadenersatz in Anspruch nimmt, weil dieser seine Pflichten nicht gehörig erfüllt habe, die Beweislast für die Pflichtverletzung trägt.[40] Dies gilt auch für ein **Unterlassen**, obwohl dem Mandanten damit der Beweis einer negativen Tatsache aufgebürdet wird.[41]

39 *Winkler*, § 13 Rn 86.

40 BGH NJW 1985, 264; AnwBl 2005, 789.

41 BGH NJW 1987, 1322.

Wie allerdings den natürlich bestehenden Schwierigkeiten, Negatives zu beweisen, zu begegnen ist, hat der **BGH** in derselben Entscheidung wie folgt erläutert:[42]

> *Die Anforderungen an die Substantiierungspflicht des wegen unzureichender oder unrichtiger Belehrung in Anspruch genommenen Anwaltes werden durch die Umstände des Einzelfalls bestimmt. Keinesfalls kann sich der Anwalt damit begnügen, eine Pflichtverletzung zu bestreiten oder ganz allgemein zu behaupten, er habe den Mandanten ausreichend unterrichtet. Vielmehr muss er den Gang der Besprechung im Einzelnen schildern, insbesondere konkrete Angaben darüber machen, welche Belehrungen und Ratschläge er erteilt und wie darauf der Mandant reagiert hat.*

Letztlich: Fehler werden nie zu vermeiden sein. Eigentlich sollte gelten, was *Lessing* einmal gesagt hat: *„Fehler schließen Vorsatz und Tücke aus; daher müssen alle Fehler allen zu verzeihen sein."*[43] Es gibt aber nur einen einzigen Fehler, den man als anwaltlich unbedingt vermeiden sollte: **nicht oder nicht ausreichend haftpflichtversichert zu sein**. 34

C. Die Rolle der Vertragsparteien

I. Die Tätigkeitsbeschränkungen des Notars

Nicht jeder Notar darf einen Vertrag für jedwede Person beurkunden. Das Beurkundungsgesetz sieht ein abgestuftes System der **Tätigkeitsbeschränkungen eines Notars** vor:[44] 35

- **Absolute Ausschließungsgründe**, §§ 6, 7 BeurkG, die eine Unwirksamkeit der Beurkundung nach sich ziehen.
- **Mitwirkungsverbote**, § 3 Abs. 1 BeurkG, die nicht als Muss-, sondern als Sollvorschrift ausgestaltet sind.
- **Ablehnungsrechte der Beteiligten**, § 3 Abs. 2, 3 BeurkG, die ausnahmsweise eine Beurkundung mit Einverständnis der Beteiligten zulassen.
- Die **Selbstablehnung des Notars** wegen Befangenheit, § 16 Abs. 2 BNotO, z.B. aufgrund persönlicher Beziehungen oder Vorbehalten wegen Unparteilichkeit.[45]

> *Prüfungshinweis 1 zu § 6 BeurkG:*
>
> Handelt ein Ehegatte, Lebenspartner oder ein in gerader Linie Verwandter gem. § 6 BeurkG als Beteiligter, ist die Beurkundung unwirksam. Der Begriff der Beteiligung ist dabei **im formellen Sinne** zu verstehen. Ist derjenige, der das zu

42 BGH a.a.O. S. 1323.

43 *Lessing*, Briefe antiquarischen Inhalts, 1.

44 Dazu OLG Frankfurt/M. FamRZ 2016, 2017.

45 Vgl. dazu *Miehm*, DNotZ 1999, 8; *Harborth/Lau*, DNotZ 2002, 412.

beurkundende Rechtsgeschäft abschließt, durch einen Dritten vertreten, ist **der Vertreter formell beteiligt**.[46]

36 *Prüfungshinweis 2 zu § 6 BeurkG:*

Ist nur eine Nebenvereinbarung im Vertrag enthalten, z.B. eine Maklerlohnklausel, ist die Partei der Nebenvereinbarung, also z.B. der Makler, in der Regel nicht Beteiligter i.S.d. § 6 Abs. 2 BeurkG.[47]

37 *Prüfungshinweis 3 zu § 3 BeurkG:*

Im Gegensatz zu § 6 BeurkG geht § 3 BeurkG vom **materiellen Beteiligungsbegriff** aus; daher ist in § 3 BeurkG nicht von „Person“, sondern von „Angelegenheit“ die Rede.[48]

38 *Prüfungsbeispiel*

Bei einseitigen empfangsbedürftigen Willenserklärungen (z.B. Angebot oder Vollmacht) ist nach § 6 Abs. 2 BeurkG nur der Erklärende beteiligt, während § 3 BeurkG (und § 7 BeurkG) auch den Empfänger der Willenserklärung erfassen. Ist der Notar mit dem Erklärenden verwandt, wäre die Beurkundung nach § 6 BeurkG unwirksam. Ist der Notar mit dem Empfänger der Willenserklärung (also z.B. dem Angebotsempfänger oder dem Bevollmächtigten) verwandt, ist die Beurkundung unwirksam, soweit § 7 BeurkG (Verschaffung eines rechtlichen Vorteils) greift oder aber die Beurkundung ist grundsätzlich wirksam, verletzt aber die Sollvorschrift des § 3 BeurkG.

II. Verwandtschaft und Schwägerschaft

39 Namentlich für die Frage der Ausschließung des Notars nach §§ 6, 7 BeurkG und die Frage des Mitwirkungsverbots nach § 3 BeurkG spielt häufig der Grad der Verwandtschaft des Notars mit Beteiligten eine Rolle. Wer mit wem, mit welchem Grad und in welcher Linie verwandt oder verschwägert ist, wird manchmal nicht so einfach zu beantworten sein.

1. Verwandtschaft durch Abstammung

40 Verwandtschaft nach § 1598 BGB **entsteht durch Abstammung** im Rechtssinn. Auf die genetische Abstammung kommt es nur dort an, wo diese vom Zweck der Vorschrift her maßgeblich ist (Beischlaf unter Verwandten, § 173 StGB, Eheverbot, § 1307 BGB).

46 *Winkler*, § 6 Rn 5.
47 BGH NJW-RR 1991, 820.
48 *Winkler*, § 3 Rn 2.

Beispiel

F hat durch Samenspende eine Tochter T empfangen und zur Welt gebracht. Als deren Vater gilt der Ehemann der F. Die Samenspende hat ein guter Freund des Ehepaares vorgenommen. Dieser will Jahre später die T heiraten.

Diese **Eheschließung ist untersagt**.[49] Ebenso wenig dürfte nach dem Tod der Ehefrau im vorgenannten Beispiel der Ehemann, dessen Vaterschaft nicht angefochten wurde, die Tochter trotz fehlender Blutsverwandtschaft ehelichen, weil die rechtliche und die genetische Verwandtschaft für § 1307 BGB gleichstehen.[50] 41

Verwandtschaft im Rechtssinne kann **auch ohne jegliche genetische Beziehung** entstehen, beispielsweise durch die Bestimmung des § 1592 Nr. 1 BGB, ein unrichtiges Vaterschaftsanerkenntnis oder eine unrichtige gerichtliche Feststellung der Vaterschaft. Ebenso ist es für die Frage der Verwandtschaft im Regelfall unerheblich, ob ein Kind innerhalb oder außerhalb der Ehe geboren wird. Zu beachten sind aber Unterschiede z.B. beim Sorgerecht, §§ 1626 ff. BGB oder Namensrecht (§ 1617a BGB). 42

Verwandtschaft in gerader Linie

Personen, von denen eine – unmittelbar oder mittelbar – von der anderen abstammt, sind Verwandte in gerader Linie, § 1589 S. 1 BGB. Verwandtschaft in gerader Linie besteht also zwischen Eltern und ihren Kindern ebenso wie zwischen Großeltern und Enkeln.

Verwandtschaft in der Seitenlinie 43

Stammen zwei nicht in gerade Linie miteinander verwandte Personen von derselben dritten Person ab, so sind sie in der Seitenlinie miteinander verwandt. Die gilt für Vollgeschwister ebenso wie für Halbgeschwister.

Der Grad der Verwandtschaft bestimmt sich nach der **Zahl der sie vermittelnden Geburten**, § 1589 S. 3 BGB. Maßgeblich ist mithin die Zahl der Personen, die im Abstammungsgefüge die Verbindung zwischen den betroffenen Verwandten herstellen, wobei der Abstammende selbst nicht mitgezählt wird.[51] Verwandte in der Seitenlinie ersten Grades gibt es nicht.

Beispiele 44

Sohn und Vater sind Verwandte in gerade Linie ersten Grades, **Enkel und Großvater** Verwandte in gerade Linie zweiten Grades. **Nichte und Tante** sind

49 Grüneberg/*Siede*, § 1307 Rn 3.

50 Grüneberg/*Siede*, § 1307 Rn 5.

51 Grüneberg/*Siede*, § 1589 Rn 1.

Verwandte in der Seitenlinie dritten Grades, **Bruder und Schwester** Verwandte in der Seitenlinie zweiten Grades.

2. Schwägerschaft

45 Schwägerschaft ist das Rechtsverhältnis zwischen einem **Ehegatten/Lebenspartner und den Verwandten des anderen Ehegatten/Lebenspartners**, § 1590 Abs. 1 S. 1 BGB, § 11 Abs. 2 LPartG. Verschwägert ist eine Person also mit den Ehegatten/Lebenspartnern der eigenen Verwandten und den Verwandten des eigenen Ehegatten/Lebenspartners.

Linie und Grad:

Die Linie und der Grad bestimmen sich nach der Linie und dem Grad der sie vermittelnden Verwandtschaft, § 1590 Abs. 1 S. 2 BGB. Mit anderen Worten: Ein Ehegatte ist mit den Verwandten des anderen Ehegatten in demjenigen Grad verschwägert, wie letzterer mit ihnen verwandt ist.

46 *Prüfungsbeispiel*

Frank und Lisa sind verheiratet. Frank hat einen Bruder Karl, Lisa aus erster Ehe eine Tochter Eva. Lisas Mutter Maria lebt noch, Karl ist mit Evelin verheiratet. Es besteht keine Verwandtschaft oder Schwägerschaft zwischen den Eheleuten Frank und Lisa.

Lösung

Frank ist mit seinem Bruder Karl in der Seitenlinie im zweiten Grad verwandt, Lisa daher mit Karl im zweiten Grad verschwägert. Zwischen Lisa und Evelin besteht weder Verwandtschaft noch Schwägerschaft (Volksmund: Schwippschwägerin). Lisa ist mit ihrer Mutter in aufsteigender Linie im ersten Grad verwandt, mit ihrer Tochter Eva in absteigender Linie. Frank ist deshalb mit Eva in absteigender Linie im ersten Grad verschwägert, mit Maria in aufsteigender Linie im ersten Grad. Maria und Eva sind mit Karl nicht verschwägert.

Eine Schwägerschaft bleibt bestehen, auch wenn die sie begründende Ehe aufgelöst wurde, § 1590 Abs. 2 BGB. Ob die Auflösung durch Tod eines Ehegatten oder durch Scheidung/Eheaufhebung erfolgt, ist gleichgültig. Dagegen kann eine Schwägerschaft nach Auflösung der Ehe nicht mehr begründet werden.

47 *Abwandlung des vorstehenden Beispiels*

Frank und Lisa lassen sich scheiden. Nach Rechtskraft der Scheidung bringt Lisa den weiteren Sohn Jan zur Welt. Für Lisa bleibt nach § 1590 Abs. 2 BGB die Schwägerschaft zu Karl unberührt. Gleiches gilt für die Schwägerschaft von Frank zu Maria und Eva. Mit Jan besteht dagegen keine Schwägerschaft, weil dieser erst nach Auflösung der Ehe Franks mit Lisa geboren wurde.

III. Anwesenheit der Beteiligten bei Beurkundung

48 Unterschiedliche Sachverhalte, die zur Beurkundung anstehen, verlangen unterschiedliche Formen der Beurkundung.

1. Güterrecht

49 Die Vorschrift des § 1410 BGB erfordert die **gleichzeitige Anwesenheit beider Teile** zur Niederschrift des Notars. Die Vorschrift gilt für den Ehevertrag ebenso wie für den Vorvertrag[52] und auch für die Verpflichtung gegenüber Dritten zum Abschluss eines Ehevertrages.[53] Eine **Vertretung** ist möglich. Es gibt keine Pflicht zum persönlichen Handeln. § 1410 BGB verbietet lediglich die **Sukzessivbeurkundung**, also den Abschluss des Vertrages durch getrenntes Angebot und getrennte Annahme. Hinsichtlich der Form der Vollmacht kommt es darauf an, ob es sich um eine **widerrufliche Vollmacht** handelt oder nicht. Das Formerfordernis des § 1410 BGB gilt danach nur für die unwiderrufliche oder sonst mit gleicher rechtlicher oder tatsächlicher Bindung erteilte Vollmacht. Die widerrufliche Vollmacht ist dagegen formfrei wirksam, § 167 Abs. 2 BGB.[54]

50 *Prüfungsbeispiel*

Unmittelbar vor Abschluss des – mit dem Notar vorab beratenen und besprochenen (§ 17 BeurkG) – Ehevertrages erkrankt der Ehemann. Er erteilt seiner bei ihm weilenden Mutter eine handschriftliche Vollmacht zum Abschluss des Ehevertrages. Diese beurkundet sodann – wirksam – mit der Ehefrau bei dem Notar den vorgesehenen Ehevertrag, § 167 Abs. 2 BGB.

Hinweis zum Beispiel

Der Notar hat das Beurkundungsverfahren so auszugestalten, dass die Beratung und Belehrung beider Vertragsteile gewährleistet ist, § 17 BeurkG. Dies ist durch Vorabbesprechung geschehen.

2. Unterhalt

51 **Unterhaltsvereinbarungen für die Zeit nach der Scheidung** bedürfen, soweit sie vor Rechtskraft des Scheidungsverfahrens getroffen werden, der **notariellen Beurkundung.** Die Beurkundungspflicht (§ 128 BGB) für vor Rechtskraft der Scheidung geschlossene Vereinbarungen über den nachehelichen Unterhalt soll – durch die Mitwirkung des fachkundigen und unabhängigen Notars – die Beteiligten vor übereilten Erklärungen bewahren.[55]

52 BGH FamRZ 1966, 492.
53 Grüneberg/*Siede*, § 1410 Rn 1; MüKo-BGB/*Kanzleiter*, § 1410 Rn 3.
54 BGH FamRZ 1998, 902.
55 BT-Drucks 16/1830 S. 22; Grüneberg/*von Pückler*, § 1585c Rn 4.

Prüfungshinweis 10:

Vereinbarungen gem. § 1585c BGB sind daher notariell durch Angebot und Annahme möglich, § 128 BGB.

Nach der Scheidung geschlossene Vereinbarungen sind dagegen formfrei möglich.[56]

3. Versorgungsausgleich

52 Vereinbarungen über den Versorgungsausgleich gem. § 6 VersAusglG bedürfen besonderer formeller Wirksamkeitsvoraussetzungen, § 7 VersAusglG. Für eine Vereinbarung im Rahmen eines Ehevertrages gilt die Vorschrift des **§ 1410 BGB**, § 7 Abs. 3 VersAusglG. Dies bedeutet, dass gleichzeitige Anwesenheit entsprechend den Regelungen des Güterrechts notwendig ist.

Prüfungshinweis 11:

Eine Sukzessivbeurkundung – durch Angebot und Annahme – ist daher im Versorgungsausgleich ausgeschlossen.

Prüfungshinweis 12:

Bitte unbedingt merken: Von den drei Bereichen **Güterrecht, nachehelicher Unterhalt und Versorgungsausgleich** sind **zwei**, nämlich **Güterrecht und Versorgungsausgleich** bei gleichzeitiger Anwesenheit der Beteiligten zu beurkunden (Verbot der Sukzessivbeurkundung). Nachehelicher Unterhalt, der vor Rechtskraft einer Scheidung geregelt werden soll, ist dagegen mit „milderer Stärke" zu beurkunden, eben durch Angebot und Annahme möglich.

4. Sonstige Regelungen

53 Bis auf Regelungen im Kindschaftsrecht (z.B. Vaterschaftsanerkennung, Sorgeerklärung etc.) sind sonstige Regelungen, die häufig im Rahmen eines Ehevertrages, einer Trennungs- und/oder Scheidungsfolgenvereinbarung abgeschlossen werden, **formfrei** möglich.

Prüfungshinweis 13:

Soweit gleichzeitig beurkundungspflichtige und nicht beurkundungspflichtige Vertragsteile zusammentreffen, erstreckt sich die Beurkundungspflicht auf alle Vertragsteile. Der Vertrag wird im Ganzen von der Formbedürftigkeit erfasst, **§ 125 BGB**.[57]

56 Kritisch dazu *Borth*, UÄndG Rn 237.

57 Grüneberg/*Ellenberger*, § 125 Rn 9.

IV. Auslandsbezug

Für alle Scheidungsverfahren, die nach dem 21.6.2012 eingeleitet werden, gilt für Ehescheidungen mit Auslandsbezug hinsichtlich des anzuwendenden Rechts die Verordnung (EU) Nr. 1259/2010 (Rom III-VO). Diese verdrängt Art. 17 Abs. 1 EGBGB für Ehescheidungen und Trennungen ohne Auflösung des Ehebandes in denjenigen Fällen, die eine Verbindung zum Recht verschiedener Staaten aufweisen.[58] **54**

Gemäß **Art. 5 Rom III-VO** kann durch Vereinbarung das Recht des Staates bestimmt werden,

- in dem die Ehegatten bei der Rechtswahl ihren gewöhnlichen Aufenthalt haben,
- in dem die Ehegatten zuletzt ihren gewöhnlichen Aufenthalt hatten, sofern einer von ihnen zum Zeitpunkt der Rechtswahl dort noch seinen gewöhnlichen Aufenthalt hat,
- dessen Staatsangehörigkeit einer der Ehegatten zum Zeitpunkt der Rechtswahl besitzt oder
- des angerufenen Gerichts.

Nach **Art. 8 Rom III-VO** ist primärer Anknüpfungspunkt der gewöhnliche Aufenthalt der Eheleute im Zeitpunkt der Anrufung des Gerichts. Daher hat selbst für deutsche Ehen die Frage der Rechtswahlvereinbarung erheblich an Bedeutung gewonnen. Planen z.B. beiderseits deutsche Eheleute einen längeren gemeinsamen Auslandsaufenthalt, ist zu einer Rechtswahlvereinbarung zu raten. Fehlt eine solche Vereinbarung, kommt nach Art. 8 lit. a Rom III-VO völlig unabhängig von der Staatsangehörigkeit das ausländische Recht des Aufenthaltsorts zur Anwendung. **55**

Es empfiehlt sich daher in vielen Fällen nicht nur der Beteiligung eines Ehepartners mit ausländischer Staatsangehörigkeit, sondern auch im Falle beiderseits deutscher Staatsangehörigkeit eine Rechtswahlvereinbarung.

Der Kernsatz einer **notariellen Rechtswahlvereinbarung** lautet wie folgt: **56**

> *Formulierungsbeispiel*
>
> (Urkundseingang)
>
> Wir bestimmen, dass gem. Art. 5 Abs. 1 lit.a Rom III-VO im Falle einer Ehescheidung
>
> **deutsches Recht**
>
> zur Anwendung kommen soll.
>
> (Urkundsausgang)

58 *Haußleiter*, NJW-Spezial 2013, 4.

§ 4 Die Grenzen der Vertragsgestaltung

A. Schutz vor unangemessener Benachteiligung

Vereinbarungen über den **Ausschluss** bestimmter gesetzlicher Regelungen im Rahmen der Ehe, der Trennung und Scheidung sind **grundsätzlich zulässig**, unterliegen jedoch namentlich seit der **Entscheidung des Bundesverfassungsgerichts vom 6.2.2001**[1] engen Grenzen. In dieser Entscheidung und noch einmal ganz konkrete in dem **Beschluss des Bundesverfassungsgerichts vom 29.3.2001**[2] ist deutlich erklärt worden, dass in Eheverträgen der **Schutz vor unangemessener Benachteiligung** beachtet werden muss. Ein Ehevertrag darf die Unterlegenheitsposition einer Partei nicht durch ihre einseitige vertragliche Belastung und die unangemessene Berücksichtigung der Interessen der anderen Partei ausdrücken. Das **Bundesverfassungsgericht** hat deutlich festgelegt: 1

Ein Verzicht auf gesetzliche Ansprüche bedeutet insbesondere für den Ehegatten eine Benachteiligung, der sich unter Aufgabe einer Berufstätigkeit der Betreuung des Kindes und der Arbeit im Hause widmen soll. Je mehr im Ehevertrag gesetzliche Rechte abbedungen werden, desto mehr kann sich der Effekt einseitiger Benachteiligung verstärken.[3]

Das **BVerfG** verlangt für die Frage der Korrekturbedürftigkeit eines Ehevertrages eine **„Gesamtschau" der persönlichen, wirtschaftlichen und sozialen Verhältnisse** der Parteien im Zeitpunkt des Vertragsschlusses und im Zeitpunkt der Scheidung.[4] 2

Zu den **Risikofaktoren bei Eheverträgen**[5] kann die folgende **Checkliste** als Hilfestellung dienen: 3

1 Vgl. FamRZ 2001, 343.

2 FamRZ 2001, 985; vgl. dazu auch BGH FamRZ 2005, 26; BGH FamRZ 2005, 185; BGH FamRZ 2005, 691; BGH FamRZ 2005 1444; BGH FamRZ 2006, 1097; BGH FamRZ 2006, 1359; BGH FamRZ 2007, 1310; BGH FamRZ 2008, 2011; BGH FamRZ 2009, 198; BGH FamRZ 2009, 1041; BGH FamRZ 2010, 1633; BGH FamRZ 2011, 713; BGH FamRZ 2012, 1482; BGH FamRZ 2013, 195 m. Anm. *Bergschneider*, S. 201; BGH FamRZ 2013, 269 m. Anm. *Bergschneider*, S. 273; BGH FamRZ 2014, 652; dazu *Münch*, FamRZ 2014, 805; BGH FamRZ 2014, 652; BGH FamRZ 2015, 1375; BGH FamRZ 2017, 884; BGH NZFam 2017, 408 m. Anm. *Graba*; BGH FamRZ 2018, 577.

3 So BVerfG FamRZ 2001, 985; OLG München FamRZ 2003, 35 mit Anmerkung *Bergschneider*, FamRZ 2003, 38.

4 BVerfG a.a.O.; zur richterlichen Kontrolle von Unterhaltsverzichten vgl. *Goebel*, FamRZ 2003, 1513.

5 BGH BeckRS 2019, 7139; vgl. zur „Inhaltskontrolle von Eheverträgen" *Münch*, FamRZ 2005, 570 und FamRZ 2014, 805.

Risikofaktoren ja:

- Vertragsschluss in einer Zwangssituation (Terminsnot, Schwangerschaft, wirtschaftliche Abhängigkeit, Drohung, Täuschung).
- Für einen Vertragsteil werden **sämtliche Rechte abbedungen**.
- Gemäß der **Gesamtschau** der Verhältnisse wurde ein wesentliches Teilrecht abbedungen.
- Die **notarielle Belehrung** (§ 17 BeurkG) war unterblieben oder mangelhaft, so dass der oder die Beteiligten die Tragweite des Geschäfts **nicht verstanden** haben (oder haben wollen).

Risikofaktoren nein:

- Nur ein unwesentliches Teilrecht abbedungen.
- Vertrag von jungen Leuten mit stabiler Einkommenssituation geschlossen.
- Beim Globalverzicht wurden ausreichende, gleichwertige Kompensationsleistungen vereinbart (Lebensversicherungen, Grundstücksübereignung, Geldanlage).
- Ehepartner wollen beide freiberuflich tätig sein und haben daher aus Risikogründen Teilhaberrechte abbedungen.
- Ehepartner haben keinen Kinderwunsch, feste und zukunftssichere Einkünfte und schließen sämtliche Teilhaberechte aus.
- Beide Ehepartner haben unbelastete Immobilien, bereits ausreichende Rentenanwartschaften und verfügen über Ausbildungen in krisensicheren Berufen (Idealfall).
- Junge Ehepartner haben bei Vertragsschluss sichere Einkommensquellen, akademische Ausbildungen, Berufserfahrung, dauerhafte Chancen auf dem Arbeitsmarkt, kein eigenes unbewegliches Vermögen, Absicherung durch Elternvermögen und einen Globalverzicht vereinbart.

4 *Prüfungshinweis 1:*

Ein gerichtlicher Antrag mit dem Ziel der Feststellung der Nichtigkeit eines Ehevertrages ist **mangels Feststellungsinteresses unzulässig**, solange kein Scheidungsantrag gestellt und auch sonst offen ist, ob es zur Scheidung der Parteien kommt.[6]

5 *Prüfungshinweis 2:*

Die Nichtigkeit eines Ehevertrages kann gemäß § 139 BGB nicht aus einer Bestimmung hergeleitet werden, die bei der Vertragsdurchführung bedeutungslos geblieben ist.[7]

6 OLG Frankfurt FamRZ 2005, 457.

7 Vgl. OLG Thüringen FamRZ 2010, 1252.

B. Die Kernbereichslehre des BGH

I. Die Grundentscheidung des BGH

Der Bundesgerichtshof hat in seinem Urt. v. 11.2.2004[8] das Spannungsverhältnis zwischen der grundsätzlichen Disponibilität der Scheidungsfolgen einerseits und dem nicht akzeptablen unterlaufen des Schutzzweckes der gesetzlichen Regelungen durch vertragliche Vereinbarungen andererseits aufgezeigt. Eine unzumutbare Lastenverteilung sei umso eher gegeben, je mehr die vertragliche Abbedingung der gesetzlichen Regelungen in den Kernbereich des Scheidungsfolgenrechts eingreife. 6

Zu diesem Kernbereich gehört in erster Linie der Betreuungsunterhalt, danach aber – in abgestufter Wertigkeit – auch Krankheitsunterhalt (§ 1572 BGB) und Unterhalt wegen Alters (§ 1571 BGB). Die Unterhaltspflicht wegen Erwerbslosigkeit (§ 1573 BGB) ist demgegenüber nachrangig, da „das Gesetz das Arbeitsplatzrisiko ohnehin auf den Berechtigten verlagert, sobald dieser einen nachhaltig gesicherten Arbeitsplatz gefunden hat", so der BGH.[9] Ihr folgen Krankenvorsorge- und Altersvorsorgeunterhalt. Am ehesten verzichtbar sind Ansprüche auf Aufstockungs- und Ausbildungsunterhalt, „da diese Unterhaltspflichten vom Gesetz am schwächsten ausgestaltet und nicht nur der Höhe (vgl. § 1578 Abs. 1 S. 2 BGB), sondern auch dem Grunde nach zeitlich begrenzbar" seien.[10]

Der **BGH** nimmt damit eine **Rangabstufung bereits innerhalb der nachehelichen Unterhaltstatbestände** vor und baut damit eine Prüfungsreihenfolge auf, die im Anschluss eine Gesamtschau ermöglichen soll.[11] 7

II. Zur Stufenprüfung (Kernbereichslehre) im Einzelnen

- 1. Stufe: Unterhalt wegen **Kindesbetreuung** gem. § 1570 BGB; grundsätzlich unverzichtbar;[12] 8
- 2. Stufe: Versorgungsausgleich;[13] eingeschränkte Disponibilität: vollständiger Ausschluss erfordert eine Kompensation;[14]
- 3. Stufe: **Alters- und Krankheitsunterhalt** gem. §§ 1571, 1572 BGB sowie als vorweggenommener Altersunterhalt der Versorgungsausgleich: ebenfalls hochrangige Einstufung, aber vertraglichen Regelungen zugänglich, besonders bei Ehe- und Vertragsschluss von Ehegatten in fortgeschrittenem Alter mit gesi-

8 FamRZ 2004, 601; vgl. dazu BGH FamRZ 2013, 195; BGH FamRZ 2014, 652; BGH FamRZ 2019, 577; *Münch*, FamRZ 2014, 805.

9 BGH FamRZ 2004, 605.

10 BGH a.a.O.

11 So *Haußleiter/Schiebel*, NJW-Spezial 2004, 7.

12 Ausführlich FamRMandat-Unterhaltsrecht/*Horndasch*, § 3 Rn 2013 ff.

13 Zur Regelungsmöglichkeit vgl. *Hahne*, FamRZ 2009, 2041; OLG Köln FamRZ 2010, 34.

14 BGH NZFam 2014, 450.

cherter Lebensstellung, bei einer Ehe von kurzer Dauer zwischen wirtschaftlich eigenständigen jüngeren Eheleuten oder dann, wenn die Krankheit bereits bei Eheschließung vorhanden war;[15] grundsätzlich daher disponibel;

- 4. Stufe: Unterhalt wegen **Erwerbslosigkeit** nach § 1573 Abs. 1, 4 BGB; disponibel, weil schon § 1573 Abs. 4 BGB das Risiko der Erwerbslosigkeit auf den Berechtigten verlagert;
- 5. Stufe: **Krankenvorsorge- und Altersvorsorgeunterhalt**: disponibel; Ausnahme: Zuordnung zum Ausgleich ehebedingter Nachteile;[16]
- 6. Stufe: Die **übrigen Unterhaltstatbestände** wie Ausbildungs- (§ 1575 BGB) und Aufstockungsunterhalt (§ 1573 Abs. 2 BGB): am ehesten verzichtbar;[17]
- 7. Stufe: Volle Vertragsfreiheit bei der Wahl des Güterstandes (Ausschluss des **Zugewinnausgleichs**), Kontrolle über § 242 BGB aber in Sonderfällen (mangelnde „eheliche Solidarität“ insbesondere: fehlende Auffangfunktion des Unterhalts) nicht ausgeschlossen.[18]

III. Wirksamkeits- und Ausübungskontrolle von Eheverträgen

9 Bei der Prüfung der Wirksamkeit von Eheverträgen sind **zwei Prüfungskomplexe** voneinander zu unterscheiden:

- die Prüfung der Wirksamkeit des Vertrages bei **Vertragsschluss (Wirksamkeitskontrolle)** und
- die Prüfung der Wirksamkeit des Vertrages bei **Scheidung (Ausübungskontrolle)**.

Zunächst ist die **Prüfung zum Zeitpunkt des Vertragsschlusses** vorzunehmen. Ergibt sich danach eine unzumutbare Lastenverteilung zum damaligen Zeitpunkt (die bei Scheidung nicht oder nicht mehr vorhanden sein muss), so ist der Vertrag sittenwidrig. Damit treten dann die gesetzlichen Scheidungsfolgen an deren Stelle.[19]

> *Prüfungsbeispiel*
>
> Haben die Parteien den **Betreuungsunterhalt im Ehevertrag ausgeschlossen** oder unzumutbar begrenzt, so ist der Vertrag auch dann sittenwidrig, wenn das gemeinsame **Kind der Parteien** zum Zeitpunkt der Scheidung bereits **erwachsen** ist.[20]

15 So *Kilger/Pfeil*, in: Göppinger/Börger, S. 252; zur Befristung vgl. OLG Bremen FamRZ 2009, 1912 und OLG Düsseldorf FamRZ 2009, 1914.

16 BGH FamRZ 2005, 1449.

17 Vgl. dazu ausf. *Viefhues*, ZFE 2010, 4.

18 OLG Köln FamRZ 2010, 29 m. Anm. *Bergschneider*, a.a.O. S. 32.

19 Vgl. dazu ausf. *Reinecke*, ZFE 2009, 168.

20 Vgl. OLG Celle FamRZ 2004, 1489 mit Anm. *Bergschneider*; aufgehoben durch Urt. des BGH v. 28.3.2007 FamRZ 2007, 1310 ff. mit Anm. *Bergschneider*, a.a.O. S. 1312.

Umgekehrt ergibt sich aus dem weitgehenden Ausschluss des Betreuungsunterhalts dann keine unzumutbare Lastenverteilung, wenn der Ehefrau **auch dann kein Anspruch** auf Betreuungsunterhalt zustünde, wenn sie den Ehevertrag nicht abgeschlossen hätte.[21] 10

Unbedenklich ist aber ein Ausschluss von Risiken eines Partners, die dieser bereits **vor der Ehe** hatte. Dies betrifft vorhandene **Erkrankungen** ebenso wie eine **Ausbildung**, für die keine Beschäftigungschance besteht, oder ein **Alter**, ab dem eine Erwerbstätigkeit nicht mehr verlangt werden kann.[22] **Anderes gilt** – im Gegensatz hierzu – für Risiken, die **der andere mit zu verantworten** hat, typischerweise im Falle der Schwangerschaft.[23]

Die Prüfung des Ehevertrages bei Scheidung erfolgt in der Weise, dass zu fragen ist, ob ein Ehegatte die ihm durch Vertrag eingeräumte Rechtsmacht dadurch missbraucht, dass er sich auf den Ausschluss oder die Einschränkung der gesetzlichen Scheidungsfolge beruft (Ausübungskontrolle).[24] 11

Prüfungsbeispiele

- Haben Eheleute Unterhalt wegen Krankheit und Alters ausgeschlossen, weil sie gemeinsam von beiderseitigem Einkommen und Berufstätigkeit ausgegangen sind und gehen aus der Ehe Kinder hervor, weswegen die Ehefrau ihre Berufstätigkeit aufgibt (und später noch erwerbsunfähig krank wird), ist eine Berufung auf den Ausschluss des Unterhalts gem. § 1572 BGB nicht möglich.
- Dasselbe gilt, wenn die Ehegatten sich wegen einer gut dotierten Stelle des Ehemannes ins Ausland begeben, wo die Ehefrau keine oder nur eine geringfügig dotierte Stelle findet.

Maßstab der Prüfung ist **§ 242 BGB (Ausübungskontrolle)**.[25] Dies bedeutet gleichzeitig, dass eine **Anpassung an die Gegebenheiten des Einzelfalles** erfolgt, eine Anpassung, die den berechtigten Belangen beider Parteien in der nunmehr zu beurteilenden Situation in ausgewogener Weise Rechnung trägt. Je stärker allerdings in den **Kernbereich** des gesetzlichen Scheidungsfolgenrechts eingegriffen wird, desto eher wird die **gesetzliche Folge** zu wählen sein.[26] Ist ein **Scheidungsantrag noch nicht gestellt**, ist nach richtiger Auffassung des **OLG Frankfurt/M.** 12

21 OLG Thüringen FamRZ 2010, 1252.
22 So *Soyka*, FK 2004, 75.
23 Allerdings nicht, wenn ein Dritter dafür verantwortlich ist, vgl. *Soyka*, a.a.O.
24 Vgl. OLG Karlsruhe FamRZ 2004, 1789.
25 Vgl. BGH FamRZ 2004, 601.
26 *Soyka*, a.a.O. S. 82.

mangels Feststellungsinteresses ein gerichtlicher Antrag auf Feststellung der Nichtigkeit eines Ehevertrages **unzulässig**.[27]

13 Für die Gestaltung von Eheverträgen ist die folgende Checkliste[28] zu empfehlen:

Checkliste

- **Präambel**: Beweggründe und Motive sollten aufgenommen werden, die den Abschluss des Ehevertrages veranlassen, namentlich den belasteten Ehegatten dazu bewegen, auf die ihm im Falle der Scheidung zustehenden Rechte zu verzichten. Die Einkommens- und Vermögensverhältnisse sollten erwähnt werden; gegebenenfalls bestehende Lebensrisiken (z.B. Erkrankungen) sind zu erwähnen.
- **Betreuungsunterhalt, § 1570 BGB**: Dieser betrifft den Kernbereich des Scheidungsfolgenrechts. Eingriffe sind nur in Ausnahmefällen möglich.
- **Unterhalt wegen Alters und Krankheit**: Auch diese Ansprüche gehören zum Kernbereich der Scheidungsfolgen.
- **Versorgungsausgleich**: Auch der VA gehört zum Kernbereich. Sein Ausschluss ist möglich, wenn im Gegenzug andere – äquivalente – Vorteile zugebilligt werden (gleichwertige Altersversorgung). Er ist aber durch §§ 6–8 VersAusglG erleichtert worden.
- **Unterhalt wegen Erwerbslosigkeit, Aufstockungs-, Billigkeits-, Ausbildungsunterhalt sowie Vereinbarung der Gütertrennung**: Diese Ausschlüsse rechtfertigen in der Regel die Annahme einer Sittenwidrigkeit nicht.
- **Altersvorsorgeunterhalt**: Der Anspruch ist gegenüber dem Elementarunterhalt subsidiär, so dass ein Ausschluss zulässig sein dürfte.
- **Krankenvorsorgeunterhalt**: Der BGH stellt diesen Unterhalt mit dem Altersvorsorgeunterhalt gleich. Bedenken ergeben sich jedoch daraus, dass dieser Teil des Unterhalts ein wichtiger Bestandteil des gegenwärtigen Unterhaltsbedarfs sein kann, zumal dann, wenn damit zu rechnen ist, dass häufig ärztliche Betreuung notwendig sein wird.[29]
- **Weitere Hinweise**: Es ist darauf hinzuweisen, dass die Vereinbarungen bei Scheitern der Ehe der Ausübungskontrolle unterliegen und möglicherweise keinen Bestand haben, wenn die ehelichen Lebensverhältnisse von der Lebensplanung abweichen, also ehebedingte Nachteile entstanden sind.

27 So OLG Frankfurt/M. FamRZ 2005, 457; a.A. *Herr*, in einer Anm. zu OLG Karlsruhe in FamRZ 2005, 458.

28 Vgl. *Soyka*, FK 2004, 86.

29 Vgl. BGH FamRZ 1989, 483.

C. Die neuere Entwicklung der Rechtsprechung des BGH

Im Laufe der Entwicklung seit dem Urteil des **BGH** zur Kernbereichslehre im Jahre 2004 betont der BGH tendenziell mehr und mehr die **Anpassung des Ehevertrages an die gegenwärtigen Verhältnisse** und damit den Ausgleich entstandener ehebedingter Nachteile.[30] 14

Schließlich hat der **BGH** auch in seinen neuesten Entscheidungen die Vertragsfreiheit betont und seinen Standpunkt verdeutlicht, dass namentlich der **Zugewinnausgleich** einer ehevertraglichen Disposition am weitesten zugänglich und ein Ausschluss des gesetzlichen Güterstandes **regelmäßig nicht sittenwidrig**, also im Wege der Bestandskontrolle nicht zu beanstanden sei.[31] Es gilt mehr denn je, dass die Ehegatten mit dem Ausschluss des Güterstandes der Zugewinngemeinschaft lediglich von einer **im Gesetz eröffneten Gestaltungsmöglichkeit** Gebrauch machen.

Die **Ehevertragsfreiheit** hat weiterhin Bestand, wenn auch mit Einschränkungen, die sich aber ausschließlich auf den **Kernbereich** der Scheidungsfolgen beziehen.[32] Die Vertragsfreiheit ist schon deshalb erforderlich, weil das Scheidungsfolgenrecht keinen zu lebenden Ehetypus vorschreibt. So, wie Eheleute frei darin sind, ihre Ehe inhaltlich zu gestalten, sind sie auch frei darin, die Folgen des Scheiterns ihrer Ehe zu regeln. 15

Die Grenze der Freiheit zur Regelung der Folgen eines Scheiterns der Ehe kann nur in der Verletzung des **zwingenden Schutzzwecks der gesetzlichen Regelung**[33] liegen.

Dieser Schutzzweck ist nach Auffassung des **BGH** unterlaufen, wenn eine

- evident einseitige Lastenverteilung nicht
- durch eine individuelle Gestaltung der Ehe gerechtfertigt sein kann und
- die Lastenverteilung für einen Ehegatten unzumutbar ist.[34]

Unzumutbar ist eine Lastenverteilung nach Auffassung des BGH vor allem dann, wenn die Vereinbarung **unter unfairen Bedingungen** zustande gekommen ist.

Der **BGH** erklärt, dass eine Beanstandung sich insbesondere aus **Umständen außerhalb der Vertragsurkunde** ergeben kann, die eine ***subjektive Imparität*** insbesondere infolge der Ausnutzung einer Zwangslage, einer sozialen oder wirt- 16

30 BGH FamRZ 2013, 195; BGH FamRZ 2011, 1377; KG FamRZ 2012, 1947.

31 BGH FamRZ 2013, 269.

32 So ausdrücklich schon BGH NJW 2004, 930.

33 BGH NJW 2004, 930.

34 BGH FamRZ 2013, 1543; *Münch*, Ehebezogene Rechtsgeschäfte, Rn 870.

schaftlichen Abhängigkeit oder einer intellektuellen Unterlegenheit beweisen.[35] Insofern relativiert der BGH die Rangabstufung im Rahmen der Kernbereichslehre des Scheidungsfolgenrechts unter Heranziehung subjektiver Maßstäbe.[36]

17 Insgesamt bedeutet dies, dass es **verstärkt auf die subjektive Seite** ankommt. Im ersten Leitsatz des Urteils des **BGH vom 31.10.2012**[37] heißt es:

> *Ein Ehevertrag kann sich in einer Gesamtwürdigung nur dann als sittenwidrig und daher als insgesamt nichtig erweisen, wenn konkrete Feststellungen zu einer unterlegenen Verhandlungsposition des benachteiligten Ehegatten getroffen worden sind. Allein aus der Unausgewogenheit des Vertragsinhaltes ergibt sich die Sittenwidrigkeit des gesamten Ehevertrages regelmäßig noch nicht.*

Kommt aber zur Unausgewogenheit hinzu, dass zum Zeitpunkt der Beurkundung beispielsweise eine **Krankheitssituation** vorgelegen hat, die zu einem großen persönlichen Druck der belasteten Partei führte, ist die **Sittenwidrigkeit zu bejahen**.[38]

Eine **bevorstehende Operation** indiziert eine solche Drucksituation jedoch nicht.[39]

18 Die **Feststellungen zur unterlegenen Verhandlungsposition**, zu einer Situation bei Beurkundung des Ehevertrages, die durch intellektuelle Unterlegenheit, Abhängigkeit oder eine Notsituation ohne zumutbaren Ausweg zu Lasten eines Ehegatten[40] geprägt war, korrespondieren mit der **Belehrung** durch den beurkundenden Notar.

Zwar ist nach der Rechtsprechung des BGH nicht schon deshalb eine subjektive Imparität zu verneinen, weil der **Notar ordnungsgemäß belehrt** hat.[41] Der **Verfahrensablauf** kann jedoch dazu führen, dass eine **subjektive Imparität zu verneinen** ist.

Dies ist dann der Fall, wenn sich der betroffene Ehegatte etwa lange und mit **Vorbesprechungen bei dem Notar** über die Regelungen Gedanken macht und sie für sich abwägen konnte. Ergibt sich entsprechendes aus den Hinweisen zu den Belehrungen des Notars in der Urkunde, wird man regelmäßig nach der Rechtsprechung

35 Zu weiteren Beispielen hierzu vgl. *Bergschneider*, Richterliche Inhaltskontrolle von Eheverträgen und Scheidungsvereinbarungen, S. 79 ff.

36 „Rangabstufung … für den Berechtigten in seiner jeweiligen Lage", BGH FamRZ 2013, 269.

37 BGH FamRZ 2013, 195; so auch OLG Düsseldorf NJW-RR 2013, 966; OLG Brandenburg FamFR 2013, 191; OLG Hamm FamFR 2013, 310.

38 So bei Alkoholkrankheit, vgl. OLG Koblenz FamRZ 2006, 428 m. zust. Anm. *Bergschneider.*

39 OLG Brandenburg FamRZ 2003, 764.

40 BGH FamRZ 2013, 195.

41 BGH NJW 2008, 3426 = FamRZ 2008, 2011.

des BGH eine subjektive Imparität und deshalb eine **Sittenwidrigkeit des Vertrages verneinen** müssen.[42]

Neben **umfangreichen Belehrungen** können auch **lange andauernde Verhandlungen** dazu führen, eine subjektive Imparität zu verneinen. 19

> *Prüfungshinweis 3:*
>
> Ist im Sachverhalt der Prüfungsklausur von lang andauernden Verhandlungen die Rede, ist hierauf in der Abwägung zur Sittenwidrigkeit besonders zu achten.

So hat der **BGH**[43] das Vorliegen einer subjektiven Imparität trotz erheblicher entsprechender objektiver Anhaltspunkte im Vertrag verneint, weil die Beteiligten **monatelang** unter Einschaltung beratender Rechtsanwälte mit Entwurf und Gegenentwurf über den Inhalt der Urkunde verhandelt hatten.[44] Umgekehrt kann die **fehlende Übersendung eines Vertragsentwurfs**[45] etwa wegen **Überrumpelung**[46] für subjektive Imparität sprechen. Dies wird in der Praxis aber eher die Ausnahme sein.

Eheverträge werden nach der Entwicklung der Rechtsprechung in Richtung größerer Vertragsfreiheit zukünftig weniger leicht angreifbar sein, auch wenn der Grundsatz gleichmäßigen Profitierens am Ergebnis einer Ehe nicht eingehalten wird. Das Prinzip der **Halbteilung ist nicht Maßstab der Inhaltskontrolle** einer Vereinbarung.[47]

> *Prüfungshinweis 4:*
>
> In der Klausur wird es selten möglich sein, überzeugend eine für die Annahme der Unwirksamkeit eines Ehevertrages notwendige „subjektive Imparität" darzulegen. Es wird deshalb in vielen Fällen darauf ankommen, im Wege der Ausübungskontrolle bei Trennung und Scheidung einer Ehe die ehebedingten Nachteile des betroffenen Ehegatten so konkret und exakt wie möglich darzulegen, um die „Schieflage" zumindest insoweit zu korrigieren.

42 BGH FamRZ 2008, 2011 m. Anm. *Bergschneider*; BGH FamRZ 2013, 195.

43 BGH NJW 2014, 1101; *Münch* Rn 768 ff.

44 Vgl. dazu *Bergschneider,* FamRZ 2014, 727.

45 OLG Dresden ZFE 2006, 275.

46 OLG Hamm FamFR 2013, 310.

47 BGH NJW 2009, 842.

§ 5 Kindschaftsrecht

A. Allgemeines

In der notariellen Praxis spielen in erster Linie Fragen der Vaterschaft und der elterlichen Sorge eine Rolle. 1

B. Vaterschaft

I. Vaterschaft aufgrund Gesetzes

Gemäß § 1592 BGB ist Vater eines Kindes der Mann, wenn 2

- er zum Zeitpunkt der Geburt mit der Mutter des Kindes verheiratet ist
- der die Vaterschaft anerkannt hat oder
- dessen Vaterschaft nach § 1600d BGB oder § 182 Abs. 2 FamFG gerichtlich festgestellt ist.[1]

Durch die Anerkennung der Vaterschaft werden die Fälle erfasst, in denen die Eltern des Kindes nicht miteinander verheiratet sind. Diese Fälle haben in der Praxis stark zugenommen.

Der Grund liegt in einer Änderung des § 1626a BGB. Der Europäische Gerichtshof hatte kritisiert, dass nach deutschem Recht die gemeinsame elterliche Sorge gegen den Willen der Kindesmutter nicht möglich war.

Nach Auffassung des **BVerfG** im Beschl. v. 29.1.2003 war dies verfassungsgemäß.[2] Die gegen den Willen des betroffenen Elternteils **erzwungene gemeinsame Sorge** sei regelmäßig mit **mehr Nachteilen als Vorteilen für das Kind** verbunden, so dass in diesen Fällen **keine Vermutung für eine Kindeswohldienlichkeit** bestehe.[3] 3

Der **EuGHMR** hat dagegen mit Urt. v. 3.12.2009[4] entschieden, dass die Unmöglichkeit der Teilhabe des leiblichen Vaters an der elterlichen Sorge gegen den Willen der Kindesmutter in diesen Fällen eine Verletzung von **Art. 14 EMRK** (Diskriminierungsverbot) i.V.m. **Art. 8 EMRK** (Anspruch auf Achtung des Familienlebens) darstellt. Der Gerichtshof teilte die Einschätzung des Bundesverfassungsgerichts[5] nicht, wonach ein gemeinsames Sorgerecht gegen den Willen der Kindesmutter grundsätzlich dem Wohl des Kindes zuwiderlaufe.

1 Ausführlich dazu *Horndasch,* NotF Kindschaftsrecht § 4 Rn 22 ff.

2 BVerfG FamRZ 2003, 285 und 1447; BGH FamRZ 2008, 251 m. Anm. *Luthin*, S. 258 und *Kemper*, S. 707; OLG Thüringen FamRZ 2010, 384.

3 BVerfG FamRZ 2003, 285289.

4 FamRZ 2010, 103.

5 FamRZ 2003, 1447.

Dies hat zur Neuordnung des Sorgerechts des leiblichen Vaters gegen den Willen der Kindesmutter geführt.

4 Danach muss der leibliche Vater zunächst seine Vaterschaft feststellen lassen. Gibt die Kindesmutter anschließend keine gemeinsame Sorgeerklärung ab, überträgt das Familiengericht ihm auf Antrag die elterliche Sorge (gemeinsam mit der Mutter), wenn die Übertragung dem **Kindeswohl nicht widerspricht**.[6] Dies alles kann natürlich auch freiwillig/einvernehmlich vorgenommen werden.

5 Die **Vaterschaftsanerkennung** (§ 1592 Ziff. 2 BGB) ist danach im Kernsatz wie folgt zu fassen:

> *Formulierungsbeispiel*
>
> Ich bin am (…) in (…) geboren und ausschließlich deutscher Staatsangehöriger. Ich erkenne an, der Vater des am (…) geborenen Kindes (…) zu sein.

Anerkennung und Zustimmung sind höchstpersönlich abzugeben. Sie können nicht durch einen Bevollmächtigten erklärt werden, § 1596 Abs. 4 BGB.

6 Die **Zustimmung der Mutter** (1595 Abs. 1 BGB) lautet wie folgt:

> *Formulierungsbeispiel*
>
> Herr (…) hat am (…) zur Urkunde des Notars (…) (UR-Nr. (…)) die Vaterschaft für das von mir geborene Kind (…) (Standesamt (…) Reg. Nr. (…)) anerkannt. Als Mutter meines vorgenannten Kindes stimme ich hiermit dieser Anerkennung der Vaterschaft zu.
>
> Der Notar hat mich über die Auswirkungen dieser Zustimmung ausführlich belehrt.

7 Ist zum Zeitpunkt der Geburt des Kindes die Mutter (noch) verheiratet, gilt der Ehemann gem. § 1592 Ziff. 1 BGB als rechtlicher Vater, auch wenn er nicht leiblicher Vater ist. Nach früherem Recht musste in solchen Fällen ein aufwändiger Anfechtungsprozess geführt werden, in dem (teure) Gutachten einzuholen waren. Dem hat eine **Gesetzesänderung** Rechnung getragen, wonach gem. § 1599 Abs. 2 BGB ein Vaterschaftsanerkenntnis bis spätestens ein Jahr nach Rechtskraft des dem Scheidungsantrag stattgebenden Beschlusses möglich ist.

8 Die **Vaterschaftsanerkennung mit Zustimmung der noch verheirateten Mutter** (§ 1599 Abs. 2 BGB) könnte wie folgt lauten:

> *Formulierungsbeispiel*
>
> § 1
>
> Die Erschienene zu 1 ist mit Herrn (…) verheiratet. Der Antrag auf Scheidung der Ehe ist beim Familiengericht (…) mit dem Az. (…) anhängig. Die Erschie-

6 Vgl. *Horndasch*, NotF Kindschaftsrecht, § 6 Rn 226 ff.

nene zu 1 hat nach Anhängigkeit des Scheidungsantrags am (…) das Kind (…) geboren (Standesamt (…) Reg. Nr. (…)).

§ 2

Der Erschienene zu 2 erkennt hiermit die Vaterschaft für das vorgenannte Kind an.

Als Mutter stimmt hiermit die Erschienene zu 1 dieser Vaterschaftsanerkennung zu.

Die Zustimmung des Mannes, der im Zeitpunkt der Geburt mit der Mutter des Kindes verheiratet gewesen ist, soll außerhalb dieser Urkunde erteilt werden.

§ 3

Der Notar hat uns über die Auswirkungen des Vaterschaftsanerkenntnisses eingehend belehrt. Uns ist bekannt, dass die Anerkennung der Vaterschaft frühestens mit Rechtskraft des dem Scheidungsantrag stattgebenden Beschlusses wirksam wird.

Die **Zustimmung des Ehemannes** lautet im Kernsatz wie folgt: 9

Formulierungsbeispiel

Ich stimme hiermit als Ehemann, der im Zeitpunkt der Geburt mit der Mutter des Kindes verheiratet war, der (vorbezeichneten) Anerkennung der Vaterschaft zu.

II. Vereinbarungen zur Vaterschaft

1. Vertragliche Vereinbarung zur Vaterschaft

In den Fällen **heterologer künstlicher Befruchtung** einer Frau wird ein Partner, 10
mit dem das gemeinsame Ziel der Mutterschaft/Vaterstellung verfolgt wird, nicht quasi automatisch zu einem rechtlichen Vater. Grundsätzlich besteht bei heterologer künstlicher Befruchtung **keine Pflicht des Partners**, für den Unterhalt des Kindes wie ein rechtlicher Vater einzustehen. Bei der heterologen Insemination wird mithilfe von Fremdsperma versucht, eine Schwangerschaft der betroffenen Frau herbeizuführen.

Häufig wird dies jedoch nicht nur mit **Zustimmung**, sondern auch mit tätiger Mithilfe des jeweiligen Partners durchgeführt. Fremdsperma wird dann zur Hilfe genommen, weil der Partner selbst zeugungsunfähig ist.

Hinsichtlich der zur (Schein-)Vaterschaft des Ehemannes ergangenen Rechtspre- 11
chung des **BGH** enthält eine Vereinbarung zwischen Eheleuten, mit welcher der Ehemann sein **Einverständnis zu einer heterologen Insemination** erteilt, regelmäßig zugleich einen von familienrechtlichen Besonderheiten geprägten berichtigenden **Vertrag zugunsten des aus der heterologen Insemination hervorgehen-**

den Kindes. Aus diesem ergibt sich für den Ehemann dem Kind gegenüber die Pflicht, für dessen Unterhalt wie ein ehelicher Vater zu sorgen.[7]

12 Zu beachten ist allerdings, dass die Zustimmung des Mannes bis zu der zur Schwangerschaft führenden künstlichen Befruchtung **frei widerruflich** ist. Im Anschluss ist allerdings ein Widerruf nicht mehr möglich.[8]

13 Eine solche Vereinbarung kann wie folgt formuliert werden:

▼

Muster 5.1: Vertragliche Vereinbarung zur Vaterschaft

Verhandelt am

Zu

Vor mir, dem unterzeichnenden Notar im Bezirk des Oberlandesgerichts

erscheinen

1. Herr , geb. am , wohnhaft

2. Frau , geb. , geb. am , wohnhaft ebenda

ausgewiesen durch .

Die Frage des beurkundenden Notars nach einer Vorbefassung im Sinne von § 3 Abs. 1 Nr. 7 BeurkG wurde von den Erschienenen verneint. Der beurkundende Notar erläuterte die vorgenannte Vorschrift.

Die Erschienenen baten den Notar um die Beurkundung einer

familienrechtlichen Vereinbarung

und erklärten vorab:

§ 1 Ausgangslage

Wir sind beide von Geburt an deutsche Staatsangehörige und leben seit (vor 5 Jahren) in nichtehelicher Lebensgemeinschaft zusammen. Aus unserer Verbindung sind Kinder nicht hervorgegangen, da ich, der Ersch. zu 1 durch fachärztliche Feststellung zeugungsunfähig bin.

Wir planen die Durchführung einer heterologen Insemination.

Im Hinblick auf diese Ausgangssituation vereinbaren die Beteiligten, was folgt.

7 BGH FamRZ 1995, 861.

8 BGH FamRZ 1995, 861, 863; BGH FamRZ 1995, 1272, 1273.

§2 Einwilligung zur Insemination

1. Ich, der Ersch. zu 1, willige in eine heterologe Insemination, also einer künstlichen Befruchtung der Ersch. zu 2 mit Hilfe von Fremdsperma, ein und werde nach meinen Möglichkeiten daran mitwirken, dass es durch die künstliche Befruchtung zu einer Schwangerschaft der Ersch. zu 2 kommt.
2. Den Erschienen ist bekannt, dass die Einwilligung des Ersch. zu 1 bis zur Durchführung der zur Schwangerschaft führenden künstlichen Befruchtung frei widerruflich ist. Im Anschluss ist eine einseitige Loslösung von den damit übernommenen Verpflichtungen nicht mehr möglich.

§3 Übernahme der Elternschaft

Der Ersch. zu 1 erklärt seine Bereitschaft zur Übernahme der Elternschaft ausdrücklich. Er verpflichtet sich zur Übernahme der Verantwortung gegenüber dem Kind und der Ersch. zu 2 sowohl in persönlicher als auch in unterhaltsrechtlicher Hinsicht und wird hierfür wie ein rechtlicher Vater einstehen.

§4 Kindesunterhalt

Für den Fall, dass die heterologe Insemination erfolgreich sein wird, vereinbaren wir für den Fall der Geburt des Kindes bereits vorab:

1. Der Ersch. zu 1 verpflichtet sich, für das derzeit noch nicht geborene Kind der Ersch. zu 2 einen monatlichen, monatlich im Voraus bis zum 1. eines jeden Monats fälligen Kindesunterhalt in Höhe von % des Mindestbedarfs der jeweils gültigen Düsseldorfer Tabelle gemäß der jeweiligen Altersstufe des Kindes zu bezahlen. Hierauf ist die Hälfte des gesetzlichen Kindergeldes, derzeit 125 EUR[9] bedarfsdeckend anzurechnen, so dass sich ein monatlicher Unterhaltsbetrag in Höhe von EUR ergibt.
2. Die Festsetzung des Unterhalts erfolgt auf der Grundlage eines anrechenbaren Nettoeinkommens des Ersch. zu 1 in Höhe von derzeit .

§5 Vollstreckungsunterwerfung

Wegen der in §3 der Vereinbarung eingegangenen Verpflichtung zur Zahlung von Kindesunterhalt unterwerfe ich, der Ersch. zu 1, mich der

sofortigen Zwangsvollstreckung

aus dieser Urkunde in mein Vermögen.

Die Ersch. zu 2 ist berechtigt, sich jederzeit auf einseitigen Antrag auf Kosten des Ersch. zu 1. eine vollstreckbare Ausfertigung dieser Urkunde erteilen zu lassen, ohne dass es hierzu des Nachweises der Fälligkeit oder sonstiger die Vollstreckung begründender Tatsachen bedarf.

9 Stand 1.1.2024.

§ 6 Hinweise, Durchführung

Der Notar hat die Erschienenen über die Bedeutung, die rechtliche Tragweite, insbesondere die Rechtsfolgen und die Auswirkungen der Vereinbarung zur Vaterschaft und der Unterhaltsvereinbarung abschließend noch einmal ausführlich belehrt. Beide Erschienenen sind sich der Tragweite der getroffenen Vereinbarungen bewusst und wünschen gleichwohl die Beurkundung der Vereinbarung auch unter Inkaufnahme möglicher zukünftig daraus erwachsener Nachteile.

... (ggf. weitere abschließende Hinweise/Durchführung) ...

(Urkundsausgang, Unterschriften)

▲

2. Vereinbarung zum Vaterschaftsanerkenntnis

14 Wie bei der Festlegung der Vaterschaft nach § 1591 Nr. 1 BGB kommt es auch bei dem Fall des (einvernehmlichen) Anerkenntnisses nach § 1591 Nr. 2 BGB hinsichtlich der Festlegung der rechtlichen Vaterschaft grundsätzlich nicht darauf an, ob der anerkennende Mann der biologische Vater ist.

Es ist also durchaus **möglich**, dass – etwa im **Zusammenwirken zwischen Mann und Frau** – eine bewusst unrichtige Vaterschaftsanerkenntnis vorliegt. Auch hier gilt zunächst, dass eine Klage auf Feststellung der Vaterschaft des (angeblichen) biologischen Vaters nicht zulässig ist, wenn durch Anerkennung die Vaterschaft eines anderen Mannes besteht – § 1600d BGB.[10]

Haben Eheleute auf diese Weise zusammengewirkt und trennen sie sich später voneinander, wird es häufig **Streit über Fragen der Zuordnung** in der Abstammung geben und zu Auseinandersetzungen über Unterhaltsfragen kommen können.

Ein solcher Streit über die Vaterschaft könnte wie folgt geregelt werden.

15 ▼

Muster 5.2: Vereinbarung über Berichtigung eines Vaterschaftsanerkenntnisses

Verhandelt am

Zu

Vor mir, dem unterzeichnenden Notar im Bezirk des Oberlandesgerichts

erscheinen

1. Herr , geb. am , wohnhaft

10 OLG Köln FamRZ 2002, 480 f. = NJW-RR 2002, 4 f.

2. Frau …, geb. …, geb. am …, wohnhaft …

3. Herr …, geb. am …, wohnhaft ebenda

ausgewiesen durch …

Die Frage des beurkundenden Notars nach einer Vorbefassung im Sinne von §3 Abs. 1 Nr. 7 BeurkG wurde von den Erschienenen verneint. Der beurkundende Notar erläuterte die vorgenannte Vorschrift.

Die Erschienenen baten den Notar um die Beurkundung einer

familienrechtlichen Vereinbarung

und erklärten vorab:

§ 1 Ausgangslage

Wir, die Ersch. zu 1 und 2, haben seit rund 5 Jahren in nichtehelicher Lebensgemeinschaft zusammengelebt. Wir haben uns am …, mithin vor rund 4 Wochen, voneinander getrennt und leben seit dem … in verschiedenen Wohnungen.

Ich, die Ersch. zu 2, habe am … (vor 2 Jahren) das Kind A geboren. Der Ersch. zu 1 hat die Vaterschaft anerkannt. Dem Ersch. zu 1 war allerdings bekannt, dass er möglicherweise nicht leiblicher Vater des Kindes ist. Um der gemeinsamen Lebensführung willen haben wir, die Ersch. zu 1 und 2 im Zusammenwirken die Vaterschaftsanerkennung des Ersch. zu 1 durchgeführt. Die Anerkennung ist am … (vor 15 Monaten) wirksam geworden.

Durch ein eingeholtes Abstammungsgutachten ist festgestellt, dass der Ersch. zu 3 leiblicher Vater des Kindes A ist.

Dies vorausgeschickt vereinbaren wir, was folgt.

§ 2 Vaterschaftsanfechtung

Der Ersch. zu 1 wird unverzüglich ein Vaterschaftsanfechtungsverfahren nach §§ 1599 ff. BGB einleiten.

Die Ersch. zu 2 und 3 erklären, dass sie an der Durchführung des Verfahrens mitwirken werden. Insbesondere wird der Ersch. zu 3 alle Erklärungen abgeben, die zur Feststellung seiner Vaterschaft führen.

§ 3 Elterliche Sorge und Umgang

Um das Wohl des Kindes A, geb. am …, zu gewährleisten, vereinbaren wir:

1. Die elterliche Sorge für das Kind A steht derzeit allein der Ersch. zu 2 zu. Der Erschienene zu 3 erkennt hiermit die Vaterschaft für das vorgenannte Kind an. Als Mutter stimmt hiermit die Erschienene zu 2 dieser Vaterschaftsanerkennung zu. Der Ersch. zu 1 erteilt hierzu seine Zustimmung.

2. Die Ersch. zu 2 und 3 erklären nunmehr: Wir wollen die elterliche Sorge für das Kind A, geb. am , gemeinsam übernehmen.
3. Wir vereinbaren den Umgang zwischen dem Ersch. zu 1 und dem Kind A wie folgt: Der Ersch. zu 1 wird alle 14 Tage das Kind von Freitag 18 Uhr bis Samstag 18 Uhr zu sich nehmen und es zu diesem Zweck bei der Ersch. zu 2 abholen und entsprechend zurückbringen.
4. Die Umgangsregelung gemäß Ziff. 3 wird zunächst bis zum Ende des laufenden Kalenderjahres getroffen. Über eine Umgangsregelung unter Beachtung des Kindeswohls für das folgende Kalenderjahr werden wir uns rechtzeitig, spätestens Anfang Dezember diesen Jahres einigen.

§ 4 Erstattung von Kosten

Wir verzichten wechselseitig auf die Erstattung von Kosten, die jeweils im Rahmen der Versorgung und Betreuung des Kindes entstanden sind und nehmen den Verzicht gegenseitig an. Insbesondere verzichtet der Ersch. zu 1 auf jedweden Ersatz von Kosten für Versorgung und Betreuung des Kindes gegenüber dem Ersch. zu 3. Dieser nimmt den Verzicht ausdrücklich an.

§ 5 Hinweise, Durchführung

… (ggf. weitere abschließende Hinweise/Durchführung) …

(Urkundsausgang, Unterschriften)

▲

16 *Prüfungshinweis 1:*

Der Verzicht in § 4 für die Vergangenheit ist möglich. Nicht verzichtet werden kann für die Zukunft auf Kindesunterhalt, Familienunterhalt, Trennungsunterhalt und auf Betreuungsunterhalt nach Scheidung der Ehe.[11]

C. Elterliche Sorge

I. Von der alleinigen zur gemeinsamen elterlichen Sorge

17 Sind die Eltern bei der Geburt des Kindes nicht miteinander verheiratet, so können sie durch **Sorgeerklärung** die gemeinsame elterliche Sorge herbeiführen (§ 1626a Abs. 1 Nr. 1 BGB).[12]

11 Vgl. § 6 Rdn 125 ff.

12 Text einer notariellen Urkunde, vgl. auch: Scholz/Kleffmann/*Bredthauer*, Teil T Rn 95.

Die gemeinsame elterliche Sorge mit der Kindesmutter kann vom Kindesvater allerdings auch erstritten werden.[13]

In geeigneten Fällen ist es jedoch sinnvoll, eine einvernehmliche Regelung zu treffen, zumal das Familiengericht an eine Einigung der Eltern gebunden ist, ohne dass es noch eine eigenständige Kindeswohlprüfung anzustellen hätte.[14]

Der Kern einer (notariellen) Sorgeerklärung lautet wie folgt: 18

> *Formulierungsbeispiel*
>
> Ich, der Ersch. zu 2, habe mit Zustimmung der Ersch. zu 1 am (...) die Vaterschaft für das gemeinsame Kind A, geb. am (...), anerkannt. Wir erklären, dass wir die elterliche Sorge für das Kind A, geb. am (...), gemeinsam übernehmen wollen.

Die übereinstimmende Sorgeerklärung hat **unmittelbar rechtsgestaltende Wirkung**[15] ohne präventive staatliche Kontrolle. Solange der andere Elternteil seine Sorgeerklärung noch nicht wirksam abgegeben hat, kann die entsprechende – erste – Sorgeerklärung vom jeweiligen Elternteil widerrufen werden, allerdings in derselben Form, die für eine Sorgeerklärung selbst erforderlich ist.[16] 19

Sorgeerklärungen sind **höchstpersönliche Willenserklärungen** der Eltern, § 1626c Abs. 1 BGB, die der **öffentlichen Beurkundung** bedürfen, § 1626d Abs. 1 BGB. Zuständig hierfür sind gemäß § 20 Abs. 1BNotO **Notare sowie Jugendämter** gem. § 59 Abs. 1 Nr. 8 SGB VIII. 20

Die Sorgeerklärung kann aber **weder** unter **Bedingungen** noch **befristet** abgegeben werden – § 1626b Abs. 1 BGB.

> *Prüfungsbeispiel 1*
>
> Der nicht mit der Mutter verheiratete Kindesvater (V) wünscht die gemeinsame elterliche Sorge betr. das gemeinsame 2 Jahre alte Kind (K). Die Kindesmutter (M) erklärt sich nur für den Fall dazu bereit, dass der Kindesvater eine notarielle Verpflichtungserklärung mit Zwangsvollstreckungsunterwerfung zur Zahlung von Kindesunterhalt in Höhe der höchsten Einkommensstufe der Düsseldorfer Tabelle unterschreibt. V verdient monatsdurchschnittlich netto 1.600 EUR, erklärt sich aber zur Vermeidung eines gerichtlichen Verfahrens zur Erlangung

13 Dazu OLG Brandenburg FuR 2016, 417 m. Anm. *Onstein*; OLG Hamm FuR 2016, 722 m. Anm. *Kleinwegener.*

14 EuGH FamRZ 2019, 594; BGH FamRZ 2019, 181; OLG Frankfurt/M. FamRZ 2019, 1244; zum Vorliegen eines triftigen Grundes zur Abänderung einer Umgangsvereinbarung vgl. OLG Bamberg FuR 2023, 490 mit Anm. *Viefhues.*

15 Zum Beispiel des Familiennamens eines Kindes bei nachträglicher Begründung gemeinsamer Sorge vgl. BGH NJW 2020, 470.

16 BGH FamRZ 2004, 802, 803.

der gemeinsamen elterlichen Sorge dazu bereit. Ist die notarielle Vereinbarung wirksam, die gleichzeitig die gemeinsame elterliche Sorge und den Zahlungsanspruch für K enthält?

Lösung

Grundsätzlich ist das Kindeswohl für die Frage gemeinsamer elterlicher Sorge entscheidend. Dass sich M von anderen Motiven leiten lässt, führt aber nicht zu einer Unwirksamkeit der notariellen Vereinbarung. Die Verknüpfung mit der Zahlung von Kindesunterhalt ist für sich gesehen nicht sittenwidrig, weil V zur Zahlung von Unterhalt für K verpflichtet ist. Der Höhe nach liefert die Düsseldorfer Tabelle nur Leitlinien, von denen Beteiligte durch Vereinbarung – vor allem nach oben – abweichen können. Die Grenze zur Sittenwidrigkeit ist nur dann überschritten, wenn dem V aufgrund der Vereinbarung zum Kindesunterhalt nicht das Existenzminimum verbleibt.

Praxistipp

Das ist vorliegend nicht der Fall (Existenzminimum: 1.280 EUR, Zahlbetrag Kindesunterhalt nach Einkommensstufe 15 der Düsseldorfer Tabelle: Zahlbetrag 835 EUR (960 EUR – 1/2 Kindergeld 125 EUR)).[17]

21 *Prüfungsbeispiel 2*

Der Kindesvater (K) verlangt von der Kindesmutter (M) einen notariellen Verzicht auf Kindesunterhalt für das gemeinsame Kind (K) gegen Verzicht seinerseits auf die Beantragung gemeinsamer elterlicher Sorge. M erklärt die Bereitschaft, weil sie V für einen verantwortungslosen, Arbeit scheuenden Alkoholiker hält, der ihr gegenüber aggressiv ist und deshalb nach ihrer Ansicht auf keinen Fall Träger elterlicher Sorge für das Kind sein sollte. Sie fürchtet aber, dass V in einem gerichtlichen Verfahren zur Erlangung der gemeinsamen elterlichen Sorge „obsiegen" könnte, da er sich nach ihrer Auffassung gut verstellen kann und rhetorisch geschickt ist, wie sie dem Notar erläutert. Darf der Notar den Unterhaltsverzicht beurkunden?

Lösung

Der Notar muss die Beurkundung ablehnen, da mit ihr „unredliche Zwecke" im Sinne des § 4 BeurkG verfolgt werden. Ist eine Vereinbarung nach Überzeugung des Notars sittenwidrig[18] oder verstößt sie sonst gegen gesetzliche Vorschriften,[19] darf die Beurkundung nicht erfolgen. Aufgabe des Notars ist es, materiell-rechtlich wirksame Beurkundungen vorzunehmen.[20] Der Unterhaltsver-

17 Düsseldorfer Tabelle Stand 1.1.2024.

18 Schippel/Bracker/*Kanzleiter*, § 14 BNotO Rn 11.

19 Soergel/*Harder*, § 4 BeurkG Rn 3.

20 *Winkler*, § 4 Rn 8.

zicht verstößt gegen § 1614 BGB, wonach für die Zukunft auf die Zahlung von Kindesunterhalt nicht verzichtet werden kann.

Prüfungsbeispiel 3 22

Der Kindesvater (V) erklärt sich zur Zahlung des Mindestunterhalts nach der Düsseldorfer Tabelle und zu einem Verzicht auf die Beantragung der gemeinsamen elterlichen Sorge für das gemeinsame Kind (K) gegenüber der mit ihm nicht verheirateten Kindesmutter (M) bereit. Diese wünscht ihre alleinige elterliche Sorge und stimmt zu, obwohl V über ein monatliches Nettoeinkommen von rd. 10.000 EUR verfügt. Es wird nur die Unterhaltsvereinbarung beurkundet. Handschriftlich war – ohne Wissen des Notars – auf die gemeinsame elterliche Sorge durch V verzichtet worden. Das Schriftstück wird der Kindesmutter von V unmittelbar vor Unterschrift unter die verlesene Urkunde überreicht. Der Notar erfährt dabei die Höhe des Einkommens des V und erkennt den Zusammenhang. Darf/muss er die Unterschrift der Beteiligten verhindern?

Lösung

Der Notar darf die Beurkundung nicht weiterführen und muss daher die Unterschrift der Beteiligten verhindern. Der Verzicht auf die Forderung von Kindesunterhalt ist rechtlich nicht möglich, § 1614 BGB. Dies betrifft nicht nur den vollständigen Verzicht, sondern nach ständiger Rechtsprechung[21] darüber hinaus auch die Unterschreitung des gesetzlich geschuldeten Unterhalts um mehr als 1/3. Der Unterschied zwischen dem zu zahlenden Kindesunterhalt nach der 1. Einkommensstufe der Düsseldorfer Tabelle und der zutreffenden Höchststufe 15 beträgt mehr als 50 %.

Abwandlung 1 zu Prüfungsbeispiel 3 23

Die Unterschriften der Beteiligten erfolgen, bevor der Notar reagieren kann. Darf/muss der Notar unterschreiben?

Lösung

Der Notar muss die Beurkundung abbrechen, da ein gesetzlicher Verstoß vereinbart worden ist.

Abwandlung 2 Prüfungsbeispiel 3 24

Die Beteiligten nehmen die von ihnen unterzeichnete Urkunde an sich und geben sie nicht an den Notar heraus. Ist die Urkunde privatschriftlich wirksam?

Lösung

Gesetzwidrige Vereinbarungen sind grundsätzlich unwirksam, und zwar unabhängig von der formellen Einbindung in eine notarielle Urkunde.

21 KG FamRZ 1997, 627; OLG Hamm FamRZ 2001, 1023; Grüneberg/*von Pückler*, § 1614 Rn 1.

25 *Prüfungshinweis 2:*

Anderes gilt im Falle einer Beurkundung, deren Unwirksamkeit darin begründet liegt, dass sie unter Mitwirkung einer ausgeschlossenen Person nach § 6 BeurkG erfolgt ist. Dann kann die Urkunde als Privaturkunde aufrecht erhalten bleiben, sofern sie nicht aus sonstigen Gründen unwirksam ist.[22]

II. Die Ausgestaltung gemeinsamer elterlicher Sorge

26 Die (künftigen) Eheleute und (künftigen) Eltern können auch in Teilbereichen elterlicher Sorge Vereinbarungen über die Ausgestaltung treffen oder Vollmachten erteilen.[23]

1. Vereinbarung in Teilbereichen

27 Ein typisches und nicht ungewöhnliches Beispiel ist die **religiöse Kindererziehung** bei unterschiedlichen Glaubensrichtungen der Eheleute/Eltern.[24]

Formulierungsbeispiel

Wir, (die Eheleute) A. und H.M., wollen am (…) in (…) heiraten. Wir wollen Kinder haben. Für unsere Kinder legen wir uns in dieser Vereinbarung auf eine kirchlich ausgerichtete und kirchlich begleitete Erziehung fest, über die im Einzelnen der Ehemann bestimmen soll, Herr H.M., Mitglied der römisch-katholischen Kirche. Die Ehefrau erteilt schon jetzt die dazu erforderlichen Vollmachten und erklärt, dass sie ihren Mann und die Kinder in ihrer religiösen Entwicklung nicht behindern oder stören oder eigene Befugnisse (störend) geltend machen wird. Sie trägt die Vorstellungen ihres Mannes in vollem Umfang mit.

28 *Formulierungsbeispiel: Variante*

A. will Hussein heiraten, tunesischer Staatsangehöriger und Muslim. In ihrem Ehevertrag halten beide Eheleute fest, dass Kinder aus ihrer Ehe im „christlichen Bekenntnis katholischen Glaubens“ erzogen werden sollen. Ausdrücklich sollen die Absprachen, die sie treffen, auch für eine Trennung oder Scheidung ihrer Ehe gelten.

Ähnliche Vereinbarungen sind denkbar namentlich im Bereich schulischer Entwicklung oder hinsichtlich ärztlicher Heileingriffe.[25]

22 *Lerch*, § 6 BeurkG Rn 3; *Winkler*, § 6 Rn 8.

23 Dazu ausführlich *Völker/Clausius*, § 1 Rn 313 ff.

24 Zu diesem und den folgenden Beispielen im Bereich des Sorgerechts vgl. die verschiedenen Formulierungsvorschläge von *Bergschneider*, in: Beck'sches Formularbuch Familienrecht, Ziff. E.I.

25 OLG Schleswig NZFam 2019, 882.

2. Vollmacht

Für den Fall, dass einer der sorgeberechtigten Eltern sich etwa beruflich langfristig anderweitig aufhält (Seeleute/Auslandseinsatz Bundeswehr etc.), werden häufig **Vollmachten** erteilt, um dem verbleibenden Elternteil die jederzeit aktuell notwendigen Entscheidungen zu ermöglichen. 29

Ein **Beispiel** für die **unbeschränkte Vollmacht**:[26]

> *Formulierungsbeispiel*
>
> Hiermit bevollmächtige ich meine Ehefrau/meinen Ehemann (…), in allen Angelegenheiten betreffend die elterliche Sorge, die wir sonst gemeinsam ausüben, für unser Kind Anne geb. (…) insbesondere in/bei (folgt Aufzählung der einzelnen Bereiche) für mich zu handeln und für das Kind Anne verbindlich tätig zu werden. Diese Vollmacht umfasst ausdrücklich nicht die Befugnis (des Bevollmächtigten), mich, Herrn (…)/Frau (…), aus eingegangenen Verbindlichkeiten rechtsgeschäftlich zu verpflichten (Variante: (…) mich nur in folgenden Zusammenhängen rechtlich zu verpflichten, folgt die Aufzählung einzelner Geschäftsbereiche/ Geschäftsarten etc.).

Auch **beschränkt** kann die Vollmacht erteilt werden, z.B. bei bevorstehendem medizinischem Eingriff, Anmeldung zur Schule etc. 30

Eine Vollmacht wird häufig im Falle streitiger Auseinandersetzungen um das Sorgerecht angeboten, um für den Vollmachtgeber die gerichtlich angeordnete Übertragung der elterlichen Sorge zu vermeiden. Im Einzelfall ist zu überlegen, ob eine solche Vollmacht ausreicht, da sie jederzeit frei widerruflich ist.[27]

III. Von der gemeinsamen zur alleinigen elterlichen Sorge

Im Falle von Trennung und Scheidung wird häufig der Wunsch nach einer Vereinbarung zum Sorgerecht geäußert. Dies gilt umso mehr, als die gerichtliche Übertragung der elterlichen Sorge auf einen Elternteil nur in Ausnahmefällen erfolgt, in denen es massiv an der Fähigkeit oder Bereitschaft zur Kooperation in Fragen des Kindeswohls fehlt.[28] 31

26 Ausführlich zur Vollmacht im Rahmen gemeinsamer elterlicher Sorge *Hoffmann*, S. 66 ff.

27 Vgl. dazu OLG Saarbrücken FamRZ 2019, 985; OLG Koblenz FamRZ 2019, 298.

28 OLG Braunschweig FuR 2022, 632 mit Anm. *Faber*; OLG Frankfurt/M. FamRZ 2019, 1244; OLG Hamm FamRZ 1999, 1600.

Grundvoraussetzung zur Aufrechterhaltung des gemeinsamen Sorgerechts ist:[29]

- die Kooperationsfähigkeit[30] der Eltern, also die Eignung beider Eltern zur Pflege und Erziehung des Kindes,[31]
- die Kooperationsbereitschaft, d.h. der gemeinsame Wille, die Verantwortung auch nach der Scheidung gemeinsam zu tragen,[32]

sowie ein fehlendes Gebot im Interesse des Kindeswohls, das Sorgerecht einem Elternteil allein zu übertragen.[33]

Im Konfliktfall ist häufig nicht zu entscheiden, ob es den Eltern an der – objektiven – Kooperationsfähigkeit oder der – subjektiven – Kooperationsbereitschaft fehlt. Darauf kommt es letztlich jedoch nicht an.[34]

32 Kooperationsfähigkeit und -bereitschaft setzen eine **bestehende Kommunikationsbasis der Eltern** voraus, die eine Zurückstellung der Partnerprobleme zum Wohle des Kindes beinhaltet.[35]

> *Prüfungsbeispiel 4*
>
> So hat das OLG Celle[36] z.B. aufgrund der religiös motivierten Verweigerung jeglicher direkter Kommunikation mit dem Vater durch die zum Islam übergetretene Mutter die gemeinsame Sorge aufgehoben und das Sorgerecht auf den Vater allein übertragen.

Wann dies noch der Fall ist, wird jedoch von der Rechtsprechung sehr unterschiedlich beantwortet.[37] Zum Teil wird die Aufrechterhaltung der gemeinsamen elterli-

29 Dazu ausführlich *Horndasch,* AnwF FamR § 2 Rn 224 ff.

30 Zur mangelnden Erziehungseignung vgl. OLG Celle FuR 2023, 492 mit Anm. *Faber.*

31 Daran fehlt es nach Auffassung des OLG Frankfurt, wenn ein Elternteil den anderen in ehrverletzender Weise beschuldigt (hier: Missbrauchsvorwurf), FamRZ 2008, 633; vgl. dazu auch OLG Celle FamRZ 2008, 637.

32 BGH FamRZ 2008, 592; OLG Köln FamRZ 2009, 62; OLG Celle FamRZ 2008, 637; Nach Auffassung des OLG Köln fehlt es an dieser Bereitschaft, wenn ein Elternteil seine Vermögensverhältnisse verschleiert, um sich seiner Unterhaltspflicht gegenüber dem Kind zu entziehen. Das darin zum Ausdruck kommende mangelnde Verantwortungsbewusstsein begründen den Entzug des ihm zustehenden Teil des Sorgerechts, so OLG Köln FamRZ 2008, 636; vgl. auch OLG Bamberg FamRZ 1999, 805; KG FamRZ 1999, 616.

33 BGH FuR 2023, 84 mit Anm. *Soyka*

34 Vgl. dazu BGH FamRZ 2008, 592.

35 OLG Köln, Beschl. v. 16.2.2010 – 4 UF 168/09 – BeckRS 2010, 12727; OLG Frankfurt FamRZ 1999, 392; OLG Köln FamRZ 2005, 1275.

36 FamRZ 2004, 1667.

37 Vgl. OLG Köln NJW 2019, 2705; OLG Koblenz FamRZ 2019, 362; OLG Karlsruhe FamRZ 2019, 1429.

chen Sorge **außerordentlich hoch angesiedelt** und nahezu um jeden Preis beibehalten.[38] Andererseits erscheint es problematisch, z.B. das einseitige „Sabotageverhalten" eines Elternteils dadurch zu belohnen, dass ihm das alleinige Sorgerecht übertragen wird[39] oder grundsätzlich angesichts lediglich aktueller Konflikte das gemeinsame elterliche Sorgerecht aufzulösen.[40]

Zum Teil außerordentlich **unterschiedlich hohe Eingriffsschwellen finden** sich in vielen gerichtlichen Entscheidungen, lediglich **beispielhaft** wie folgt: 33

- *Spannungen zwischen den Eltern*

  OLG Hamm (einerseits): Erst wenn die Auffassungen der Eltern über die zukünftige Gestaltung des Lebens der Kinder, etwa bezüglich schulischer Belange, derart auseinander gehen, dass mit **einvernehmlichen** und dem Interesse der Kinder dienenden **Entscheidungen nicht gerechnet werden kann**, ist die gemeinsame elterliche Sorge aufzuheben.

  KG (andererseits): Entscheidend gegen eine Aufrechterhaltung der gemeinsamen elterliche Sorge spricht, dass die **Mutter,** die das Kind betreut und bei der es lebt, sich **entschieden gegen die Beibehaltung der gemeinsamen elterlichen Sorge der Eltern wendet**, obwohl es den Eltern mittlerweile wieder gelingt, sich im Interesse des Kindes zu verständigen und zusammenzuarbeiten.

- *Geringe Kommunikation, Provokationen*

  OLG Frankfurt (einerseits): Vom gemeinsamen elterlichen Sorgerecht soll nur abgewichen werden, wenn dies für das Kindeswohl **unbedingt erforderlich** ist. Ein solcher Ausnahmefall liegt nicht allein bei unbeherrschtem Verhalten und mangelnder Kooperationsbereitschaft eines Elternteils vor, wenn die Kinder zu diesem noch eine emotionale Bindung haben.

  OLG Düsseldorf (andererseits): Bereits **mangelnde Kooperationsbereitschaft** der Eltern führt zur Aufhebung der gemeinsamen elterlichen Sorge

- *Räumliche Entfernung*

  BVerfG (einerseits): Der Aufenthalt der Eltern in **Spanien** und in **Deutschland** steht nicht grundsätzlich der Ausübung der gemeinsamen Sorge entgegen. Es kann nicht ohne Abwägung der konkreten Umstände des Einzelfalles auf die **weite Entfernung** verwiesen werden.

  KG (andererseits): Eltern haben in der Vergangenheit Belange der Kinder in deren wohlverstandenem Interesse einvernehmlich geregelt. Wegen der (jetzt) **weiten Entfernung** – Mutter in **Bayern**, Vater in **Berlin** – wird das **Abstimmen**

38 Vgl. *Born*, Anm. zu BGH FamRZ 1999, 1646 in FamRZ 2000 S. 396, 399: Verordnete Harmonie; *Weil*, FamRZ 2002, 188; OLG Köln FamRZ 2005, 2087.

39 Einerseits OLG Karlsruhe FamRZ 2000, 1041 (mit Anm. *Luthin*) und OLG Hamm FamRZ 2001, 182 (gemeinsame elterliche Sorge), andererseits OLG Dresden FamRZ 2000, 109 (alleiniges Sorgerecht).

40 OLG Oldenburg FamRZ 1998, 1464; OLG Bamberg FamRZ 1999, 803 und FamRZ 1999, 1005 f. 1006; OLG Karlsruhe FamRZ 2000, 111, 112.

regelungsbedürftiger Fragen **unpraktikabel**. Es kann von dem Fortbestehen einer Kompromissbereitschaft nicht mehr ausgegangen werden.

Eltern werden – auch um des Kindeswohls willen – versuchen, ein im Ergebnis unsicheres gerichtliches Verfahren zu vermeiden.

34 Sie können – und sollten in gegebenen Fällen auch – die **Übertragung des alleinigen Sorgerechts** auf einen der beiden Elternteile miteinander **vereinbaren**.

Eine **Vereinbarung** ist etwa in der folgenden – **nicht notwendig notariellen** – Form möglich:

Formulierungsbeispiel

Wir, die Eheleute A. haben am (…) geheiratet. Aus unserer Ehe sind die Kinder B, geboren am (…) und C, geboren am (…), hervorgegangen, die seit unserer Trennung (vor (…) Monaten) bei der Mutter leben und von ihr versorgt werden. Wir haben uns verständigt, dass Frau A. für die weitere Trennungszeit und nach der Ehescheidung alleinige Sorgebefugnisse für B und C haben soll. Im Scheidungsverfahren wird sie entsprechende Regelungsanträge stellen. Herr A. wird sich ihrer Antragstellung anschließen bzw. sie unterstützen. (Gründe werden aufgeführt) Frau A. sichert ihrem Mann andererseits zu, ihn bei wichtigen Fragen für die Erziehung der Kinder (folgt Aufzählung) zu beteiligen, insbesondere ihn nach seinen Vorstellungen zu fragen und diese in angemessener Form zu berücksichtigen, selbst wenn er nicht sorgeberechtigt ist.

Die Zustimmung eines Elternteils im Verfahren zu Regelungsanträgen der anderen Seite bindet das Gericht im Rahmen von § 1671 Abs. 2 BGB.

35 Andererseits ist die **Zustimmung** bis zum Abschluss und bis zur endgültigen gerichtlichen Entscheidung **frei widerruflich**.[41] Dem Familiengericht stehen insoweit **weder inhaltliche Kontrollbefugnisse noch ein Auswahlermessen** zu, es sei denn, das Kindeswohl erfordert eine abweichende Regelung.[42] Ohne im Übrigen durch vorherige Zustimmung gehindert oder in anderer Form festgelegt worden zu sein, kann der betroffene Elternteil gegen eine Gerichtsentscheidung **Rechtsmittel** einlegen oder später **Abänderung** nach § 296 BGB und § 166 FamFG beantragen, soweit die Voraussetzungen vorliegen.

Prüfungshinweis 3:

Im Rahmen notarieller Beurkundung muss auf die freie Widerruflichkeit solcher Vereinbarungen hingewiesen werden.

41 Vgl. *Schwab*, FamRZ 1998, 457, MüKo-BGB/*Finger*, § 1671 Rn 62 f. m.w.N.

42 *Horndasch*, NotF Kindschaftsrecht, § 6 Rn 170.

Möglich ist natürlich auch die Vereinbarung (Beibehaltung) **gemeinsamer elterlicher Sorge mit eigener Regelung für einzelne Sorgebefugnisse**.[43] 36

Beispiel

Wir, die Eheleute A., sind uns darüber einig, nach unserer Trennung und einer späteren Scheidung die elterliche Sorge für unsere beiden Kinder B, geboren am (...) und C, geboren am (...), weiterhin gemeinsam auszuüben. Für Angelegenheiten der medizinischen Betreuung soll dem Vater ein vorrangiges Entscheidungsrecht zustehen, ohne dass wir unsere gemeinsamen Elternbefugnisse und -verantwortlichkeiten sonst verändern wollen. Frau A. soll alle Schulfragen und alle Fragen, die damit in unmittelbarem Zusammenhang stehen, ebenso vorrangig entscheiden dürfen, wobei wir beide uns zusagen, wenn das möglich ist, den anderen vor unseren Entschlüssen für die Kinder jeweils zu unterrichten.

Als **Variante** ist möglich, dass die Eltern für die angesprochenen Teilbereiche allein zuständig sein und Sorgebefugnisse begründen sollen und sich jeweils verpflichten, entsprechende Regelungsanträge abgestimmt bei dem Gericht zu stellen bzw. zu unterstützen.[44] 37

Prüfungshinweis 4:

Auf diese Weise wird grundsätzlich die gemeinsame elterliche Sorgen beibehalten und jeweils **ausgegliederte, alleinige Zuständigkeiten** für verschiedene Teile begründet.

Möglich ist es aber ebenso, einem der Elternteile die alleinige elterliche Sorge zu übertragen und dem anderen Elternteil **in bestimmten Ausschnitten Befugnisse** einzuräumen.[45] 38

Ein Beispiel für die **alleinige elterliche Sorge mit gemeinsamen Befugnissen betreffend Aufenthaltsbestimmungsrecht**:

Formulierungsbeispiel

Wir, die Eheleute A., sind uns darüber einig, dass nach unserer Trennung und einer späteren Scheidung unsere Kinder B, geboren am (...) und C, geboren am (...), bei der Mutter bleiben und von ihr allein versorgt werden sollen (Gründe werden ausgeführt). Frau A. wird schon jetzt entsprechende Regelungsanträge beim zuständigen Familiengericht stellen. Herr A wird diese Anträge unterstüt-

43 Entsprechend gerichtlich übertragener Teilbereiche, vgl. BVerfG FamRZ 2019, 802; Grüneberg/*Götz*, § 1671 Rn 25, 55; zu den möglichen Komplikationen solcher Teilentscheidungen vgl. *Schwab*, FamRZ 1998, 457 f., 465.

44 Beispiel in *Horndasch*, NotF Kindschaftsrecht, § 6 Rn 171.

45 *Horndasch*, NotF Kindschaftsrecht, § 6 Rn 177 ff.

zen/befürworten. Die elterliche Sorge der Mutter soll sich auf alle Angelegenheiten beziehen. Einigkeit besteht zwischen uns aber auch, dass das Aufenthaltsbestimmungsrecht für beide Kinder weiterhin uns beiden als Eltern zustehen soll und (nur) gemeinsam von uns ausgeübt werden kann, obwohl der Lebensmittelpunkt der Kinder bei der Mutter liegen soll.

Als **Variante** ist es natürlich auch möglich, das Aufenthaltsbestimmungsrecht für die Kinder beim Vater anzulegen.[46]

Prüfungshinweis 5:

Noch einmal: Auf die mangelnde Bindungswirkung im Streitfall ist im Rahmen notarieller Gesamtvereinbarung unbedingt hinzuweisen.

D. Umgang

I. Die konkrete Umgangsvereinbarung

39 Zum Umgang zwischen einem Kind uns seinem mit ihm nicht zusammenlebenden Elternteilbeschreibt die zentrale Vorschrift des § 1684 Abs. 1 **drei Bereiche**, und zwar in der folgenden Reihenfolge:[47]

- das Recht des Kindes auf Umgang mit jedem Elternteil,
- die Pflicht der Eltern zum Umgang mit ihrem Kind,
- das Recht der Eltern auf Umgang mit dem Kind.

Mit dieser Reihenfolge werden **Elterninteressen** zurückgestellt (an die dritte Stelle),[48] **Kindesinteressen,** und damit das Kindeswohl,[49] **in den Mittelpunkt** gerückt (an die erste Stelle), **Elternpflichten** in den Blickpunkt gestellt (an die zweite Stelle).[50]

40 Der **BGH**[51] weist auf den Charakter des Umgangs als Pflichtrecht hin, welches nicht der vertraglichen Disposition der Eltern unterliegt. Daher kann auf das Besuchsrecht nicht verzichtet werden.

„Wenn Du um etwas streitest, streite so, dass Du nicht das versehrst, worum ihr streitet“, heißt es.[52] Dieser kluge Satz wird immer wieder missachtet, wenn es um den Umgang eines Kindes mit seinem nicht mit ihm zusammen lebenden Elternteil

46 Vgl. BVerfG FamRZ 2019, 802; BGH FamRZ 2019, 598.

47 Ausführlich dazu *Horndasch*, Verbundverfahren Scheidung, Rn 282 ff.

48 BGH FamRZ 2005, 705, *Büte*, FK 2005, 133.

49 Vgl. OLG Koblenz FuR 2023, 341: Das Kindeswohl ist der alleinige Maßstab für die Umgangsregelung.

50 Vgl. dazu BVerfG FamRZ 2005, 173 ff. (einstw. Anordnung betr. den Umgang mit dem nichtehelichen Vater).

51 BGH FamRZ 2005, 1471.

52 *Leopold Schefer*, Laienbrevier, Mai, XXII.

geht. Dabei soll Umgang dem Kindeswohl dienen, ihm nicht abträglich sein. Streit der Eltern um die Ausgestaltung des Umgangs mit dem Kind bewirkt das Gegenteil.

Generell stellen **Konflikte** zwischen Mutter und Vater einen entscheidenden **Risikofaktor für die Entwicklung eines Kindes** dar.[53] Dies gilt für zusammenlebende Familien ebenso wie für Trennungsfamilien. Mit der Trennung der Eltern ist aber regelmäßig ein – nicht zu bewältigender – Konflikt zwischen den Eltern verbunden, der zwar mit dem Kind nicht zusammenhängt, aber häufig genug über das Kind ausgetragen wird oder mindestens auf ihn ausstrahlt. Elterliche Konflikte werden fortgesetzt und leider häufig über Fragen des Umgangs ausgetragen.[54] **41**

Ein **Eckpunktepapier des Bundesministeriums der Justiz zur Reform des Kindschaftsrechts** sieht vor, die Rechte von Kindern im Umgang zu stärken und ihnen ein **uneingeschränktes Recht auf Umgang** z.B. mit Großeltern, Geschwistern sowie leiblichen und nichtrechtlichen Elternteilen einzuräumen. Es bleibt abzuwarten, ob die Vorstellungen gesetzlich umgesetzt werden.

Die Möglichkeiten des Streits zu Lasten des Kindes werden **umso größer sein, je weniger konkret** das Umgangsrecht des Kindes mit dem mit ihm nicht zusammenlebenden Elternteil ausgestaltet und vereinbart ist. Umgekehrt wird aber auch eine sehr dezidiert gestaltete Umgangsregelung nicht verhindern können, dass Streit um den Einzelfall entbrennt. So hatte das **OLG Brandenburg**[55] eine alle denkbare Einzelheiten umfassende Regelung zwischen streitenden Eltern getroffen, die sogar „Umfang zu besonderen Anlässen, nämlich Geburtstag der Kinder, Geburtstag des Vaters und wichtige Ereignisse für die Kinder, an denen üblicherweise die Eltern teilnehmen, wie z.B. musikalische Aufführungen, Schulfeiern, Sportwettkämpfe" einbezog. Bei diesen Ereignissen sei der Vater zur Umgangsausübung berechtigt. Eine vom Vater gewünschte weitere Ausdehnung auf zusätzliche „besondere Ereignisse" lehnte das OLG Brandenburg sodann allerdings mit der – resignierenden – Begründung ab, dies hätte „voraussichtlich nur zu erneuten Auseinandersetzungen geführt".[56] **42**

Die Frage, wie weit die konkrete Ausgestaltung des Umgangs reichen sollte, wird aber bereits vom **Alter des Kindes** abhängig sein. So wird eine Laissez-Faire-Haltung, das Kind entscheiden zu lassen, wann und ob es den mit ihm nicht zusammenlebenden Elternteil sehen will, bei einem 16-jährigen Kind möglich sein, nicht aber im Alter von 6 Jahren. So wird umgekehrt eine exakte Bestimmung der Umgangs- **43**

53 *Niesel*, Erleben und Bewältigung elterlicher Konflikte durch Kinder, in: Familiendynamik: Systemische Praxis und Forschung Bd. 20, 1995, S. 155.

54 *Völker/Clausius*, § 2 Rn 16: Eltern fallen „in ein pubertäres Stadium" zurück.

55 FamRB 2007, 40 m. Anm. *Giers*.

56 *Giers*, a.a.O.

zeiten für ein ganzes Kalenderjahr[57] bei Sechsjährigen angemessen sein, nicht aber bei Sechzehnjährigen.

Es wird letztlich im **Einzelfall** zu bedenken sein, wie mit besonderen Anlässen und Ereignissen zu verfahren ist, um dem möglichen Streitpotential zu begegnen.

44 Die Möglichkeiten des Streits von Eltern zu Lasten des Kindes sind zwar niemals vollständig auszuschließen, wohl aber zu minimieren. Dazu ist es erforderlich, Umgangsregelungen **konkret auszugestalten**.[58] Gerade bei streitenden Eltern reicht es nicht aus, eine Umgangsregelung zu treffen, die lediglich allgemeine Grundsätze festlegt und Einzelheiten der Gestaltung den Eltern in eigener Verantwortung überlässt.[59] Zudem liegt dann keine abschließende Entscheidung, sondern nur ein unzulässige Teilentscheidung vor, wenn ein Umgang nicht **konkret, vollständig und vollstreckbar** nach **Art, Ort und Zeit** des Umgangs geregelt wird.[60] Eine Umgangsregelung muss deshalb „den Umgang nach Tagen, Uhrzeit, Ort, Häufigkeit, Abholung und ggf. weiterer konkreter Modalitäten präzise“[61] regeln, um vollstreckungsfähig zu sein.[62]

45 Sinnvoll ist es, gerade bei streitenden Eltern und spannungsgeladenen Situationen die Umgangsregelungen **so präzise wie möglich** zu regeln, auch wenn dies manchmal **kurzsichtig** (Wohnortwechsel), manchmal **lückenhaft** (Übergabeperson wird krank) oder auch **gegen das Kindeswohl** gerichtet sein kann (Kind möchte dem Vater sein Zimmer zeigen; Übergabe ist an der Wohnungstür bestimmt).[63]

Die Zeit, die vorzugeben ist, muss sich an einer **exakten Uhrzeit** ablesen lassen. **Der Ort ist konkret** zu beschreiben (z.B. an der Wohnungstür) und die **Häufigkeit** ist exakt zu bestimmen. Formulierungen wie „zweimal monatlich“ genügen nicht, da die Anzahl der Wochen nicht durch zwei teilbar ist, in sieben von 12 Monaten nicht einmal die Anzahl der Tage durch zwei teilbar sind.[64]

46 Häufig werden (gerade in Scheidungsfolgenvereinbarungen) **elterliche Sorge und Umgangsrecht** auch gemeinsam geregelt.

> *Beispiel*
>
> Die Vertragsschließenden sind sich darüber einig, dem Familiengericht übereinstimmend vorzuschlagen, die elterliche Sorge für die gemeinsamen Kinder der

57 Vgl. den Umgangskalender unter www.famrb.de/Muster und Formulare.

58 OLG Oldenburg FamRZ 2010, 44; *Spangenberg*, FamRZ 2011, 1704.

59 OLG Brandenburg FamRB 2007, 40.

60 OLG Saarbrücken FamRZ 2014, 402.

61 So OLG Köln FamRZ 2011, 827.

62 BGH FamRZ 1994, 158.

63 Dazu ausführlich *Spangenberg*, FamRZ 2011, 1704.

64 Dazu OLG Karlsruhe FuR 2023, 448: „Eine Umgangsregelung „...von Freitag nach der Schule...“ ist jedenfalls für die Tage nicht vollstreckbar, an denen keine Schule stattfindet.“ Mit Anm. *Viefhues* a.a.O. S. 449.

> Ehefrau/dem Ehemann zu übertragen. Den Beteiligten ist bekannt, dass das Gericht eine andere Regelung treffen kann. Der Ehemann/die Ehefrau ist berechtigt, die Kinder jedes zweite Wochenende zu sich zu nehmen (Freitag 18:00 Uhr bis Sonntag 18:00 Uhr) und mit den Kindern in den Schulferien einen dreiwöchigen zusammenhängenden Urlaub zu verbringen, und zwar in den letzten drei Wochen der Schulsommerferien. Der Umgangsberechtigte ist verpflichtet, die Kinder jeweils abzuholen und wieder nach Hause zu bringen. Zu den Feiertagen Ostern, Pfingsten und Weihnachten ist der Umgangsberechtigte berechtigt, die Kinder am zweiten Feiertag zu sich zu nehmen.[65]

Die Regelungen sind von den Beteiligten bzw. den anwaltlich Bevollmächtigten bei Antragstellung gegenüber dem Familiengericht zu erläutern, um dem Gericht die Prüfung der Kindeswohltauglichkeit der vorgeschlagenen Regelung zu ermöglichen. Selbstverständlich kann der Umgang auch **stark ausgeweitet miteinander vereinbart** werden. So ist die Umgangsverantwortung in anderen europäischen Ländern, z.B. in den Niederlanden für den mit dem Kind nicht ständig zusammenlebenden Elternteil erheblich weiter gefasst. **47**

Ähnliches kann vereinbart werden, ja wurde im nachstehenden Text sogar gerichtlich vom **OLG Saarbrücken**[66] **angeordnet**:

> *Formulierungsbeispiel*
>
> Jeweils Donnerstag nachmittags bis Freitag morgens zum Beginn des Kindergartens beziehungsweise der Schule sowie alle 14 Tage von Donnertag nachmittags bis zum Beginn des Kindergartens beziehungsweise der Schule am darauffolgenden Montagmorgen.
>
> Während der Sommerferien über einen zusammenhängenden Zeitraum von 3 Wochen in der ersten Ferienhälfte.
>
> In jedem ungeraden Jahr über die Osterfeiertage von Donnerstagnachmittag bis Ostermontag 10.00 Uhr und in jedem geraden Jahr von Ostermontag 10.00 Uhr bis zum Beginn des Kindergartens am darauffolgenden Dienstag; soweit die Kinder eingeschult sind, in jedem ungeraden Jahr von Beginn der Osterferien bis Ostermontag 10.00 Uhr und in jedem geraden Jahr von Ostermontag 10.00 Uhr bis zum Beginn der Schule.
>
> Soweit die Kinder eingeschult sind, während der Herbstferien über einen zusammenhängenden Zeitraum von 1 Woche in der ersten Ferienhälfte.
>
> Von Beginn der Weihnachtsferien bis 25.12. 10.00 Uhr sowie zusätzlich in jedem ungeraden Jahr ab 1.1. bis zum Beginn des Kindergartens beziehungsweise

65 Scholz/Kleffmann/*Bredthauer*, Teil T Rn 146.

66 OLG Koblenz, Beschl. v. 12.1.2010, Az. 11 UF 251/09.

der Schule; in jedem geraden Jahr ab 31.12. 12.00 Uhr bis zum Beginn des Kindergartens beziehungsweise der Schule.

II. Beschränkung des Umgangs

1. Vereinbarungen zum begleiteten Umgang

48 Häufig verhindert **eskalierender Streit der Eltern**, dass das **Kindeswohl gewahrt** bleibt.

Haben die Spannungen ein Maß erreicht, bei dem ein Elternteil den unbegleiteten Umgang des anderen Beteiligten ablehnt, wird dieser sein vermeintliches „Recht“ durchzusetzen versuchen. Beides, sowohl die Verweigerung ungestörten Umgangs als auch der Versuch zwangsweiser Durchsetzung des Umgangs können, ja werden in der Regel, **dem Kindeswohl erheblich schaden.**

Um dies zu verhindern, ist es notwendig, den Versuch zu unternehmen, sich auch in der **Streitfrage „begleiteter Umgang“** zu einigen.[67]

Für das betroffene Kind ist der Satz der Eltern **„Wir haben uns geeinigt“** geradezu der **Schlüsselsatz zur Vermeidung seelischer Wunden des Kindes**.

Wird in Streitfällen nicht eindeutig sein, ob nach ständiger obergerichtlicher Rechtsprechung begleiteter Umgang angeordnet wird, sollte eine Einigung der Eltern möglich sein.

49 Diese kann in entsprechender Fallgestaltung in der Klausur wie folgt formuliert werden.

▼

Muster 5.3: Vereinbarung begleiteten Umgangs

Verhandelt am

Zu

Vor mir, dem unterzeichnenden Notar im Bezirk des Oberlandesgerichts

erscheinen

1. Herr , geb. am , wohnhaft

2. Frau , geb. , geb. am , wohnhaft

ausgewiesen durch .

67 Vgl. OLG Frankfurt FuR 2023, 36 mit Anm. *Viefhues*.

Die Frage des beurkundenden Notars nach einer Vorbefassung im Sinne von § 3 Abs. 1 Nr. 7 BeurkG wurde von den Erschienenen verneint. Der beurkundende Notar erläuterte die vorgenannte Vorschrift.

Die Erschienenen baten den Notar um die Beurkundung einer

Trennungs- und Unterhaltsvereinbarung

und erklärten vorab:

§ 1 Ausgangslage

Wir sind beide von Geburt an deutsche Staatsangehörige und haben am in die Ehe geschlossen. Aus unserer Ehe ist das am geborene, derzeit also 4 Jahre alte Kind K. hervorgegangen. Es behält einvernehmlich seinen Lebensmittelpunkt bei der Kindesmutter. Kinder aus anderen Verbindungen sind nicht vorhanden.

Wir leben seit dem in verschiedenen Wohnungen voneinander getrennt.

Ich, der Ersch. zu 1, habe wegen eines einjährigen Auslandsaufenthaltes an einem der Ersch. zu 2 nicht bekannten Ort unser Kind K seit (13 Monate) nicht gesehen.

Im Hinblick auf diese Situation vereinbaren wir, was folgt.

§ 2 Ehegattenunterhalt

§ 3 Kindesunterhalt

§ 4 Vollstreckungsunterwerfung

§ 5 Elterliche Sorge

§ 6 Umgang

Wir vereinbaren den Umgang des Ersch. zu 1 mit K wie folgt:

1. Zunächst jeweils alle 14 Tage samstagnachmittags von 15 Uhr bis 17 Uhr, beginnend mit dem , mithin in rund zwei Wochen in den Räumen der Patentante von K, Frau , wohnhaft , in deren Anwesenheit. Diese hat sich zum begleiteten Umgang bereit erklärt.
2. Ab dem , mithin in rund 3 Monaten, wird der Umgang unbegleitet im gleichen Zeitraum fortgesetzt, und zwar in der Wohnung des Ersch. zu 1.

3. Ab dem , mithin in rund 6 Monaten, soll der Umgang wie folgt festgelegt werden: Jeweils alle 14 Tage freitagnachmittags von 15 Uhr bis 18 Uhr sowie in der darauf folgenden Woche alle 14 Tage von Samstag 9 Uhr bis Sonntag 18 Uhr.
4. Der Ersch. zu 1 holt das Kind zu Beginn der festgelegten Umgangskontakte zu Ziff. 2 und 3 an der Wohnung der Ersch. zu 2 ab und bringt sie zum Ende der Umgangskontakte zur Wohnung der Ersch. zu 2 zurück.
5. Eine Regelung für Ferienzeiten, Feier- und Festtage werden wir später gesondert treffen.
6. Die Erschienenen sind darüber einig, dass sie das positive Bild, dass das Kind von jedem seiner beiden Eltern hat, aufrecht zu erhalten ist. Sie werden ihr Verhalten zum Wohle des Kindes hiernach ausrichten.
7. Die Erschienenen behalten sich vor, eine gerichtliche Entscheidung über den Umgang herbei zu führen, falls die Vereinbarung zu Ziff. 1 bis 3 nicht eingehalten wird.

§ 7 Hinweise, Durchführung

Der Notar hat die Erschienenen über die Bedeutung, die rechtliche Tragweite, insbesondere die Rechtsfolgen und die Auswirkungen der Unterhaltsvereinbarung und der Vereinbarung zur elterlichen Sorge und den Umgang abschließend noch einmal ausführlich belehrt. Beide Erschienenen sind sich der Tragweite der getroffenen Vereinbarungen bewusst und wünschen gleichwohl die Beurkundung der Vereinbarung auch unter Inkaufnahme möglicher zukünftig daraus erwachsener Nachteile.

…(ggf. weitere abschließende Hinweise/Durchführung)…

(Urkundsausgang, Unterschriften)

▲

2. Vereinbarungen zum Ausschluss des Umgangs

50 Es wird wenige Fälle geben, in denen bei gewolltem oder gerichtlich bereits beantragtem Ausschluss des Umgangskontaktes eine Einigung der Eltern möglich ist.[68]

Die günstigste „Einigungsprognose" ist wohl in solchen Fällen zu sehen, in denen sich die beteiligten Eltern auf einen **begleiteten Umgang statt auf eine Aussetzung** des Umgangs einigen.

68 Zu den Anforderungen des vollständigen Umgangsausschlusses vgl. BVerfG, Beschl. v. 20.1.2023 – 1 BvR 2345/22 – OLG München FuR 2023, 293 mit Anm. *Soyka;* KG FuR 2023, 143 mit Anm. *Faber.*

Eine Aussetzung wird man regelmäßig nur in denjenigen Fällen als Vereinbarung treffen können, in denen **das Kind selbst Probleme** hat, die es zunächst zu prüfen und zu behandeln gilt.

In entsprechenden Fallgestaltungen könnte in der Klausur wie folgt formuliert wer- 51
den.

▼

Muster 5.4: Vereinbarung befristeter Aussetzung des Umgangs

Verhandelt am …

Zu …

Vor mir, dem unterzeichnenden Notar im Bezirk des Oberlandesgerichts …

…

erscheinen

1. Herr …, geb. am …, wohnhaft …

2. Frau …, geb. …, geb. am …, wohnhaft …

ausgewiesen durch ….

Die Frage des beurkundenden Notars nach einer Vorbefassung im Sinne von §3 Abs. 1 Nr. 7 BeurkG wurde von den Erschienenen verneint. Der beurkundende Notar erläuterte die vorgenannte Vorschrift.

Die Erschienenen baten den Notar um die Beurkundung einer

Trennungs- und Unterhaltsvereinbarung

und erklärten vorab:

§1 Ausgangslage

Wir sind beide von Geburt an deutsche Staatsangehörige und haben am … in … die Ehe geschlossen. Aus unserer Ehe ist das am … geborene, derzeit also 12 Jahre alte Kind K. hervorgegangen. Es behält einvernehmlich seinen Lebensmittelpunkt bei der Kindesmutter. Kinder aus anderen Verbindungen sind nicht vorhanden.

Wir leben seit dem … in verschiedenen Wohnungen voneinander getrennt.

Ich, der Ersch. zu 1, habe wegen eines einjährigen Auslandsaufenthaltes an einem der Ersch. zu 2 nicht bekannten Ort unser Kind K seit … (13 Monate) nicht gesehen.

In der Zeit des Auslandsaufenthalts des Ersch. zu 1 hatte K einen Suizidversuch unternommen und wurde für 3 Monate stationär behandelt. Die ambulante psychotherapeutische Behandlung hält noch an.

K lehnt derzeit jeden Kontakt zum Ersch. zu 1 ab.

Im Hinblick auf diese Situation vereinbaren wir, was folgt.

§ 2 Ehegattenunterhalt

§ 3 Kindesunterhalt

§ 4 Vollstreckungsunterwerfung

§ 5 Elterliche Sorge

§ 6 Umgang

Zum Umgang des Ersch. zu 1 mit K vereinbaren wir:

1. Der Umgang wird aus Gründen medizinischer Behandlung und persönlicher Ablehnung durch K für zunächst 6 Monate ausgesetzt.
2. Die Ersch. zu 2 bemüht sich darum, auf K im Sinne der Wiederaufnahme persönlichen Kontaktes zu dem Ersch. zu 1 einzuwirken. Die Beteiligten werden die Situation nach Ablauf von 6 Monaten miteinander erörtern und eine Folgeentscheidung zum Umgang unter Berücksichtigung des Kindeswohls treffen. Sie werden dabei den Willen des Kindes angemessen berücksichtigen.
3. Die Ersch. zu 2 wird dem Ersch. zu 1 im Abstand von 2 Monaten Auskunft über das Befinden und die gesundheitliche Entwicklung von K Auskunft erteilen.
4. Die Erschienenen behalten sich vor, eine gerichtliche Entscheidung über den Umgang herbei zu führen, falls die Vereinbarung zu Ziff. 1 bis 3 nicht eingehalten wird.

§ 7 Hinweise, Durchführung

…(ggf. weitere abschließende Hinweise/Durchführung)…

(Urkundsausgang, Unterschriften)

▲

E. Das Wechselmodell

52 Das Alternativmodell zum Lebensmittelpunkt und zum überwiegenden Zusammenleben mit einem Elternteil bildet das sog. Wechselmodell. Die Eltern teilen sich die Betreuungszeiten für das Kind, indem z.B. ein wöchentlich wechselnder Aufenthalt bei den jeweiligen Elternteilen praktiziert wird.

Um ein Wechselmodell anzunehmen, bedarf es nach Auffassung des BGH **der exakten hälftigen Aufteilung** der Betreuungszeiten, im Bereich etwa zwischen 48 % und 52 % an Betreuungsanteilen.[69]

> *Prüfungshinweis 6:* 53
>
> Die Einordnung als Wechselmodell hat erhebliche Auswirkungen auf die Berechnung des Kindesunterhalts. Liegt die Betreuung schwerpunktmäßig bei einem Elternteil, befindet sich das Kind in seiner Obhut mit der Folge, dass der Barbedarf des Kindes allein am Einkommen des anderen Elternteils auszurichten und von diesem zu zahlen ist.[70]

Es ist nicht mehr streitig, ob ein Wechselmodell grundsätzlich mit dem Kindeswohl vereinbar ist. Abschließende entwicklungspsychologische Erkenntnisse über die Auswirkungen des Wechselmodells auf das Kindeswohl liegen allerdings nicht vor.[71]

Es ist anerkannt, dass mit dem regelmäßigen Wechsel des Kindes zwischen zwei 54
Haushalten Vorteile für das Kind und für die Eltern verbunden sind. Die **enge Eltern-Kind-Beziehung zwischen dem Kind und beiden Elternteilen** wird aufrechterhalten. Das Kind erlebt den Alltag mit beiden Eltern. Beide Elternteile bleiben in der Verantwortung für ihre Kinder und werden durch das Wechselmodell von der Mehrfachbelastung, die bei einem alleinerziehenden Elternteil besteht, entlastet.

Gleichwohl stehen diesen Vorteilen auch Gefahren und **Nachteile** gegenüber. Mit 55
dem regelmäßigen Wechsel sind Belastungen für das Kind verbunden, die ein **hohes Maß an Kooperation, Kommunikation und Kompromissbereitschaft der Eltern** und auch der Kinder erfordern. Im Schrifttum und in der Rechtsprechung besteht daher Einigkeit darüber, dass das Wechselmodell nur dann eine Alternative darstellt, wenn die Eltern in der Lage sind, ihre Konflikte einzudämmen, sie beide, so das **OLG Koblenz** in einem Beschl. v. 12.1.2010, „hochmotiviert und an den Bedürfnissen des Kindes ausgerichtet" sind,[72] sie kontinuierlich kommunizieren und kooperieren können.[73]

Unverzichtbare Voraussetzung, so heißt es richtig in vielen Entscheidungen weiter, 56
ist ein **Konsens** zur Durchführung der wechselseitigen Betreuung und ein gemein-

69 So BGH v. 1.2.2017, FamRZ 2017, 603; OLG München FamRZ 2008, 1103; zur Berechnung von Kindesunterhalt im Residenzmodell und im Wechselmodell vgl. § 8 Rdn 12.

70 BGH a.a.O. und FamRZ 2007, 707; vgl. dazu auch *Soyka*, FK 2007, 145.

71 Vgl. Überblick bei *Kostka*, FPR 2006, 271; *Fichtner/Salzgeber*, FPR 2006, 278.

72 OLG Koblenz FamRZ 2010, 738.

73 *Motzer*, FamRB 2010, 138.

samer Kooperationswille.[74] Der Wille zur Kooperation um des Kindeswohls willen ist allerdings nicht gleichzusetzen mit dem Willen zur Praxis des Wechselmodells.[75]

Die Beibehaltung, aber auch die Einrichtung eines Wechselmodells ist **gegen den Willen** eines Elternteils möglich.[76] Entscheidend, so der BGH, ist ausschließlich die Frage des Kindeswohls, nicht die Frage gemeinsamen Elternwillens.[77]

57 **Notarielle** Beurkundung ist **nicht erforderlich**. Eingebettet werden kann die **Vereinbarung eines Wechselmodells aber auch in die Unterhaltsvereinbarung**, die auch beim Wechselmodell regelmäßig notwendig, mindestens sinnvoll sein wird.

▼

Muster 5.5: Vereinbarung von Wechselmodell und Unterhalt

Verhandelt am

Zu

Vor mir, dem unterzeichnenden Notar im Bezirk des Oberlandesgerichts

erscheinen

1. Herr , geb. am , wohnhaft

2. Frau , geb. , geb. am , wohnhaft

ausgewiesen durch .

Die Frage des beurkundenden Notars nach einer Vorbefassung im Sinne von § 3 Abs. 1 Nr. 7 BeurkG wurde von den Erschienenen verneint. Der beurkundende Notar erläuterte die vorgenannte Vorschrift.

Die Erschienenen baten den Notar um die Beurkundung einer

Trennungs- und Unterhaltsvereinbarung
sowie Vereinbarung eines Wechselmodells

und erklärten vorab:

74 OLG Stuttgart FamRZ 2018, 35; OLG Bamberg FamRZ 2017, 1757; OLG Stuttgart FamRZ 2007, 1266; OLG München FamRZ 2007, 723; OLG Dresden FamRZ 2005, 125; *Schwab*, FamRZ 1998, 457; *Kostka*, FPR 2006, 271; *Fichtner/Salzgeber*, a.a.O.

75 AG Duisburg FamRZ 2015, 1305.

76 AG Hannover FamRZ 2014,1212: Auch hohes Konfliktpotential der Eltern verhindert die Einrichtung des Wechselmodells nicht.

77 BGH FamRZ 2017, 532 m. Anm. *Schwonberg*; zur Barunterhaltspflicht bei Wechselmodell vgl. BGH FamRZ 2017, 437.

§1 Ausgangslage

Wir sind beide von Geburt an deutsche Staatsangehörige und haben am in die Ehe geschlossen. Aus unserer Ehe sind die am geborene, derzeit also 7 Jahre alte K. sowie der am geborene, also 12 Jahre alte L. hervorgegangen. Kinder aus anderen Verbindungen sind nicht vorhanden.

Wir leben seit dem in verschiedenen Wohnungen voneinander getrennt.

§2 Vereinbarung des Wechselmodells

1. Auch nach der Trennung und einer anschließenden Scheidung unserer Ehe wollen wir die elterliche Sorge für K., geb. , und L., geb. , weiterhin gemeinsam ausüben. Bei unseren Entscheidungen für unsere Kinder werden wir uns allein am Kindeswohl ausrichten. Sämtliche Einzelheiten für sie werden wir im gegenseitigen Einvernehmen regeln.
2. Für die Schulferien der Kinder werden wir jeweils im Jahreswechsel besondere Abreden treffen, um möglichst gleiche Zeiten für jeden Elternteil festzulegen, die er dann mit den Kindern zusammen sein und verbringen kann. In gleicher Form werden wir uns über die Verteilung der Feiertage übers Jahr (Ostern, Pfingsten, Weihnachten, Silvester und Neujahr, Eltern- und Kindergeburtstage, Geburtstage von Großeltern, Jubiläumsfeiern u.Ä.) verständigen.
3. Im Übrigen sind wir uns darüber einig, dass die Kinder in diesem Kalenderjahr jeweils in den ungeraden Wochen des Jahres die Zeit von Montagmorgen bis zum folgenden Montagmorgen vom Vater, sowie in den geraden Wochen des Jahres von der Mutter betreut werden. Im folgenden Kalenderjahr werden die Kinder die geraden Wochen beim Kindesvater und die ungeraden Wochen bei der Kindesmutter verbringen. Übergabezeiten und sonstige Einzelheiten der Aufenthaltszeiten werden wir von Fall zu Fall festlegen.

§3 Kindesunterhalt

1. Wir vereinbaren im Hinblick auf die Einrichtung des Wechselmodells unter Berücksichtigung des oben festgestellten Einkommens, dass der Ersch. zu 1 zur Ausgleichung gegenseitiger Ansprüche wegen wechselnder Betreuung der Kinder eine monatliche Ausgleichszahlung für Kindesunterhalt in Höhe von EUR vornimmt, jeweils im Voraus bis zum 1. eines Monats zu zahlen.
2. Von weitergehenden Unterhaltsansprüchen hinsichtlich der Kinder stellen wir uns wechselseitig frei.

§4 Vollstreckungsunterwerfung

Wegen der in §3 der Vereinbarung eingegangenen Verpflichtung zur Zahlung von Kindesunterhalt unterwerfe ich, der Ersch. zu 1, mich der

sofortigen Zwangsvollstreckung

aus dieser Urkunde in mein Vermögen.

Die Ersch. zu 2 ist berechtigt, sich jederzeit auf einseitigen Antrag auf Kosten des Ersch. zu 1. eine vollstreckbare Ausfertigung dieser Urkunde erteilen zu lassen, ohne dass es hierzu des Nachweises der Fälligkeit oder sonstiger die Vollstreckung begründender Tatsachen bedarf.

§ 5 Hinweise, Durchführung

Der Notar hat die Erschienenen über die Bedeutung, die rechtliche Tragweite, insbesondere die Rechtsfolgen und die Auswirkungen der Unterhaltsvereinbarung und der Vereinbarung zum Wechselmodell abschließend noch einmal ausführlich belehrt. Beide Erschienenen sind sich der Tragweite der getroffenen Vereinbarungen bewusst und wünschen gleichwohl die Beurkundung der Vereinbarung auch unter Inkaufnahme möglicher zukünftig daraus erwachsener Nachteile.

...(ggf. weitere abschließende Hinweise/Durchführung)...

(Urkundsausgang, Unterschriften)

▲

58 Erreicht der Betreuungszeitraum nicht den gleichen Anteil für beide Eltern, mithin jeweils zwischen 48 % und 52 %, liegt ein Wechselmodell nach bisheriger Rechtslage nicht vor.

Ein **Residenzmodell** liegt vor, wenn die Betreuungsanteile eines Elternteils unter 30 % liegen.

Bei höheren Betreuungsanteilen eines der Elternteile handelt es sich um einen umfangreichen Umgang, der nach derzeitiger Rechtsprechung im Einzelfall monetär auszugleichen ist, z.B. durch Herabsetzung einer Einkommensstufe der Düsseldorfer Tabelle zur Zahlung von Kindesunterhalt.[78]

Das Bundesministerium der Justiz hat demgegenüber in einem Eckpunktepapier vorgeschlagen, diesen Betreuungsbereich als **„asymmetrisches Wechselmodell“** zu bezeichnen. Er bildet den Gegensatz zum bisherigen „symmetrischen Wechselmodell“.

Im Eckpunktepapier wird zur Berechnung der Betreuungsquoten vorgeschlagen, auf die Anzahl der Nächte, die das Kind bei jedem Elternteil verbringt, abzustellen. Im Ergebnis liegt ein asymmetrisches Wechselmodell danach vor, wenn der mitbetreuende Elternteil das Kind im größeren Umfang als jedes zweite Wochenende von Freitag bis Montag sowie in der dazwischenliegenden Woche eine weitere Nacht betreut und die Schulferien hälftig geteilt werden.

78 BGH a.a.O.

Das Eckpunktepapier enthält ein Rechenmodell zur **Ermittlung des Kindesunterhalts** beim asymmetrischen Wechselmodell bestehend aus **6 Schritten**. 59

- **Schritt 1**: Der Bedarf des Kindes wird auf Basis der Einkommen beider Eltern anhand der Düsseldorfer Tabelle errechnet.
- **Schritt 2**: Für die wesentliche Mitbetreuung ist ein Abschlag beim Bedarf des Kindes in Höhe von 15 % vorgesehen, da ein Teil des Kindesbedarfs im Haushalt des mitbetreuenden Elternteils gedeckt wird.
- **Schritt 3**: Die Haftungsanteile werden in Ansehung der Leistungsfähigkeit des jeweiligen Elternteils ermittelt.
- **Schritt 4**: Der Haftungsanteil und ein Betreuungsanteil, welcher pauschaliert in Höhe von einem Drittel angesetzt wird, werden kombiniert, um die erhöhten Kosten des mitbetreuenden Elternteils abzubilden.
- **Schritt 5**: Der modifizierte Haftungsanteil wird mit dem modifizierten Kindesbedarf multipliziert und so ein konkreter Geldbedarf ermittelt.
- **Schritt 6**: Schließlich wird das Kindergeld entsprechend (hälftig) vom Haftungsanteil in Abzug gebracht.

Es wird abgewartet werden müssen, ob aus dem Eckpunktepapier rechtliche Regelungen folgen werden.

§ 6 Vereinbarungen zum Ehegattenunterhalt

A. Familienunterhalt

I. Grundlagen

Ebenso wie die Eheleute frei in der Gestaltung ihrer Ehe und dem Lebenszuschnitt im Bereich des Familienunterhalts sind, können die Beteiligten naturgemäß **Vereinbarungen über alle Bereiche des Ehelebens** treffen. Die Möglichkeit einer familienrechtlichen Vereinbarung reicht von der Frage der häuslichen Gemeinschaft[1] sowie der Geschlechtsgemeinschaft[2] zur Frage, ob und wenn ja, mit welcher religiösen Grundausrichtung die Eheleute die etwaigen gemeinsamen Kinder erziehen werden, über das Namensrecht und andere Einzelheiten ihrer Ehe bis zu Vereinbarungen über das Güterrecht und das Unterhaltsrecht.[3] 1

Eine der wesentlichen Verpflichtungen von miteinander zusammenlebenden Eheleuten besteht darin, die **Familie angemessen zu unterhalten**. Mit diesem Familienunterhalt soll der Lebensunterhalt beider Ehegatten und etwaiger Kinder bei bestehender Lebensgemeinschaft gesichert werden.[4] Dieser Anspruch eines jeden Ehegatten ist allerdings **nicht auf die Zahlung einer laufenden Geldrente** gerichtet. Vielmehr hat jeder Ehegatte nach §§ 1360, 1360 a BGB seinen Beitrag zum Familienunterhalt entsprechend seiner **nach dem individuellen Ehebild übernommenen Funktion** zu leisten.[5] 2

Nach dem Grundverständnis der ehelichen Lebensgemeinschaft nach § 1353 BGB und der **Freiheit der Eheleute, Haushaltsführung und Erwerbstätigkeit nach § 1356 BGB frei zu regeln**, obliegt es der Freiheit der Ehepartner, beispielsweise auch die Frage der Lebensgestaltung und Rollenverteilung einverständlich zu regeln. Ob solche Vereinbarungen, jedenfalls im Bereich ehelicher Lebensgemeinschaft, Lebensplanung und Rollenverteilung gegen den – späteren – geänderten Willen des Ehepartners wirklich durchsetzbar sind, muss dahinstehen. Hat aber ein Ehegatte beispielsweise im Vertrauen auf die vereinbarte Regelungen Dispositionen getroffen, die bei Scheitern zu einem Nachteil oder Schaden führen, kann dies auch **unterhaltsrechtliche Konsequenzen** haben. **Darüber ist notariell zu belehren!** 3

Der Familienunterhalt umfasst den **gesamten Bedarf der Familie** unter Einschluss der Kinder. Der Anspruch auf Familienunterhalt steht aber nur dem **Ehegatten**, 4

1 BGH FamRZ 1980, 127; PWW/*Weinreich*, BGB, § 1353 Rn 6.

2 Horndasch/Viefhues/*Roßmann*, FamFG, § 120 Rn 8; zur fehlenden Geschlechtsgemeinschaft als Aufhebungsgrund der Ehe vgl. OLG Zweibrücken FamRZ 2006, 1201.

3 Zur Verletzung der Familienunterhaltspflicht vgl. OLG Düsseldorf FamRZ 2019, 1134.

4 OLG Düsseldorf FamRZ 1992, 943; NJW 2002, 1353.

5 BGH FamRZ 1995, 537.

nicht dem Kind zu.[6] Das Kind kann seinen Unterhaltsanspruch immer nur auf § 1601 BGB stützen.

Diese Verhältnisse können sich naturgemäß je nach Entwicklung der ehelichen **Lebensverhältnisse laufend ändern**, beispielsweise durch berufliche Weiterentwicklung, durch – vorläufige – Beendigung einer Arbeitstätigkeit aufgrund Betreuung von Kindern oder aufgrund von Erkrankung, durch (Wieder-) Aufnahme einer Arbeitstätigkeit nach Beendigung von Kindesbetreuung oder durch Gesundung. Die **Aufnahme von Schulden** z.B. für den Erwerb einer gemeinsamen Wohnung oder eines Hauses beeinflussen das – noch – zur Verfügung stehende Familieneinkommen ebenso. Entscheidend für die Bemessung des Familienunterhalts ist der **konkrete Unterhaltszeitraum**.

II. Regelung der Erwerbstätigkeit

5 Nach dem Grundverständnis der ehelichen Lebensgemeinschaft nach § 1353 BGB und der Freiheit der Eheleute, Haushaltsführung und Erwerbstätigkeit nach § 1356 BGB frei zu regeln, ist es Sache der Ehepartner, die Frage der Lebensgestaltung und Rollenverteilung einverständlich zu regeln. Ob solche Vereinbarungen, jedenfalls im Bereich **eheliche Lebensgemeinschaft, Lebensplanung und Rollenverteilung** gegen den – späteren – geänderten Willen des Ehepartners wirklich durchsetzbar sind, muss dahinstehen. Hat aber ein Ehegatte beispielsweise im Vertrauen auf die vereinbarte Regelungen Dispositionen getroffen, die bei Scheitern zu einem Nachteil oder Schaden führen, kann dies auch unterhaltsrechtliche Konsequenzen haben.

Das – selbstverständliche – Recht der Ehepartner gem. § 1356 Abs. 2 S. 1 BGB, eine **Arbeitstätigkeit aufzunehmen oder fortzuführen**, kann grundsätzlich nicht wirksam ausgeschlossen werden. Das Recht steht aber unter dem **Gebot der Rücksichtnahme** auf die Belange des anderen Ehepartners und der Familie, § 1365 Abs. 2 S. 2 BGB. Insoweit sind Konkretisierungen dieser Vorgaben möglich.[7]

III. Vereinbarung über Familienunterhalt

6 Der Anspruch auf Zahlung von Getrenntlebensunterhalt, § 1361 BGB, und der Anspruch auf nachehelichen Unterhalt, §§ 1569 ff. BGB, sind auf die **Zahlung einer Geldrente** gerichtet. **Familienunterhalt,** den die Eheleute gegenseitig schulden, ist letztlich eine **Kombination** von gegenseitigen Geldleistungen (Wirtschaftsgeld, Taschengeld) und Naturalleistungen (Haushaltsführung). Beides steht gleichwertig nebeneinander.[8]

6 FA-FamR/*Maier*, 6. Kap. Rn 417.

7 Vgl. das Beispiel in: *Horndasch*, a.a.O., Rn 37 ff.

8 BGH FamRZ 1985, 576; BGH FamRZ 1995, 537.

Prüfungshinweis 1:

Der Kern der gesetzlichen Regelungen ist zwingend, so dass ein Verzicht auf Familienunterhalt für die Zukunft gemäß §§ 1360a Abs. 3, 1614 Abs. 1 BGB unwirksam ist.

Eine Ausgestaltung der gesetzlichen Regelungen ist gleichwohl möglich.[9] Dies könnte wie folgt geschehen:[10] **7**

Formulierungsbeispiel

(…)

und

(…)

schließen folgende Vereinbarung:

In Ausgestaltung der gesetzlichen Verpflichtungen nach §§ 1360, 1360a BGB kommen wir wie folgt überein:

(1) Im Hinblick auf die deutlich stärkere zeitliche Belastung des Ehemannes durch seine Berufstätigkeit wird den Haushalt überwiegend die Ehefrau führen. Wir sind einig, dass der Ehemann auch weiterhin in dem bisherigen zeitlichen Rahmen seiner selbstständigen beruflichen Tätigkeit nachgeht, solange er dies selbst wünscht und als zumutbar empfindet.

(2) Wir verfügen bisher monatsdurchschnittlich über folgende Nettoeinkünfte:
(…)

Wir gehen davon aus, dass dies in etwa so bleiben wird.

(3) Wir sind uns einig, dass der Ehemann künftig mindestens 50 v.H. seines Nettoeinkommens zur Vermögensbildung einsetzt, und dass die Ehefrau keine Beträge zur Vermögensbildung einsetzt. Das Nettoeinkommen der Ehefrau kann diese für eigene Bedürfnisse verwenden. Die Kosten des gemeinsamen Lebensunterhalts werden aus dem Einkommen des Ehemannes bestritten.

(4) Jeder von uns kann für die Zukunft eine Änderung dieser von uns derzeit als angemessen erachteten Regelung verlangen, wenn diese unbillig ist oder wird oder wenn sich die Verhältnisse wesentlich ändern oder wenn unsere zugrunde gelegten Annahmen sich als unzutreffend oder unvollständig herausstellen.

(…)

(Unterschriften der Beteiligten)

9 Zur Verletzung der Familienunterhaltspflicht vgl. OLG Düsseldorf FamRZ 2019, 1134.

10 Nach *Horndasch*, a.a.O., Rn 45.

8 Eine solche Vereinbarung erscheint im Beispiel sinnvoll, weil die Ehefrau von der **Belastung der Haushaltsführung befreit** wird und ihre Bereitschaft besteht, dies materiell zu vergelten. Die **wirtschaftlichen Grundlagen** sollten bei solchen Vereinbarungen unbedingt angegeben werden, um eine spätere Abänderung/Angleichung zu ermöglichen.

> *Prüfungshinweis 2:*
>
> Geregelt werden kann naturgemäß, was die Eheleute für Familienunterhalt einzusetzen gedenken und welche **Anteile sie für Vermögensbildung, für eigene Zwecke etc.** verwenden wollen.

IV. Studium und Erwerbstätigkeit

9 **Studiert ein Ehepartner**, während der andere durch Erwerbstätigkeit für das Familieneinkommen sorgt, kann das Bedürfnis bestehen, für den Fall des Scheiterns der Ehe nach Abschluss des Studiums Vorsorge zu treffen.

Der Erwerbstätige hat aus seiner Sicht dem Ehegatten das Studium und die damit später verbundenen **erhöhten Erwerbschancen ermöglicht**, während er selbst sowohl auf Fortbildung oder weiterer Ausbildung verzichtet hat, mindestens aber durch Finanzierung des anderen keine Vermögensbildung in entsprechender Höhe betreiben konnte.

Eine – notarielle – Vereinbarung zur Studienfinanzierung kann dann zu einem **Ausgleich** verhelfen.

> *Formulierungsbeispiel: Darlehen zur Studienfinanzierung*
>
> Herr (…)
>
> und
>
> Frau (…)
>
> schließen folgende Vereinbarung und erklären zunächst:
>
> 1. Wir sind seit dem … miteinander verheiratete Eheleute. Ich, der Ehemann, werde ab dem … nach Kündigung meines bisherigen Arbeitsverhältnisses ein weiterführendes Studium aufnehmen. Ich, die Ehefrau, werde ab Aufnahme des Studiums allein für den Familienunterhalt sorgen. Ich kann daher von diesem Zeitpunkt an nicht, wie bisher, in Höhe von 500 EUR für Vermögensbildung sorgen.
>
> 2. Wir vereinbaren, dass ich, Frau …, meinem Ehemann, Herrn …, monatlich 500 EUR ab dem … als Darlehen zur Verfügung stelle. Das Darlehen ist mit jährlich 2 % über dem Basiszins der Bundesbank zu verzinsen. Die monatliche Darlehenszahlung endet, sobald Herr … nach Beendigung seines Studiums einer Erwerbstätigkeit nachgeht, die ein Einkommen mindestens in Höhe meines dann erzielten Einkommens liegt.

3. Die Rückzahlung des Darlehens hat in noch zu vereinbarenden Raten zu erfolgen, die der Höhe nach die beiderseitig in gleicher Weise zu erbringenden Aufwendungen für Familienunterhalt berücksichtigt.

V. Vereinbarung über Taschengeld

10 Der vollständige Verzicht auf Taschengeld ist unwirksam, §§ 1360a Abs. 3, 1614 Abs. 1 BGB. Die durch gemeinsame sonstige Dispositionen und/oder Anschaffungen gemeinsam vereinbarte Herabsetzung des Taschengeldes erscheint dagegen **unbedenklich.**[11]

Formulierungsbeispiel

(…)

und

(…)

schließen folgende Vereinbarung:

Wir sind uns beide darüber einig, dass unser gemeinsames Ziel des Erwerbs einer gemeinsamen Eigentumswohnung beiderseitigen Konsumverzicht auf anderen Bereichen erfordert. Deshalb sind wir uns darüber einig, dass nach der derzeitigen beiderseitigen Einkommenssituation jeder von uns lediglich (…) EUR jährlich, somit monatlich durchschnittlich (…) EUR als Taschengeld für persönliche Bedürfnisse verwendet.

(…)

(Unterschriften der Beteiligten)

VI. Steuerliche Regelungen

11 Es steht den Eheleuten frei, über die **Wahl von Steuerklassen** und/oder die Wahl der Veranlagung als **Zusammenveranlagung oder getrennte Veranlagung** die Höhe ihrer konkreten Einkünfte zu beeinflussen. Bei der **Wahl der Steuerklassen** kann es z.B. bei beiderseitigem Arbeitslohn darum gehen, dass Eheleute den Lohnsteuerabzug als Vorauszahlung auf die Einkommensteuerschuld dadurch mindern wollen, dass sie nicht beide in die Steuerklasse IV, sondern in Steuerklasse III (der Besserverdienende) und Steuerklasse V (der Geringerverdienende) eingeordnet werden.

12 Die Wahl der Steuerklassen IV/IV führt bei unterschiedlich hohen Einkünften in der Regel zu **Überzahlungen**. Die Lohnsteuertabellen nach Klassen III/V führen bei einem Einkommensverhältnis 60 : 40 zu annähernd zutreffenden Zahlungen.

11 Nach *Horndasch*, a.a.O., Rn 89.

Eine höhere Differenz führt ebenfalls zu mutmaßlichen Überzahlungen, jedoch in geringerem Umfang als bei anderer Steuerklassenwahl.[12]

Formulierungsbeispiel Steuerklassenwahl

(…)

und

(…)

schließen folgende Vereinbarung:

Wir sind uns darüber einig, bei der Stadt (…) eine Änderung der Eintragungen auf unseren Lohnsteuerkarten zum nächstmöglichen Zeitpunkt zu beantragen, wonach der Ehemann in die Steuerklasse III, die Ehefrau demzufolge in die Steuerklasse V eingereiht wird. Bei einer wesentlichen Änderung der Verhältnisse, insbesondere einer deutlichen Verringerung des Einkommensunterschiedes, ist ggf. wieder die Einreichung in Steuerklasse IV/IV zu beantragen. Eine sich aufgrund der Steuerklassenwahl ergebende Nachzahlung hat in jedem Fall die Ehefrau zu tragen.

Das Faktorverfahren gemäß § 39f EStG wählen wir derzeit nicht. Auf jederzeit mögliches Verlangen eines von uns werden wir jedoch einen Antrag hierauf stellen.

(…)

(Unterschriften der Beteiligten)

13 Ehegatten, die unbeschränkt einkommensteuerpflichtig sind, können gemeinsam wählen, ob sie die **getrennte oder die gemeinsame Veranlagung** vornehmen, § 26 Abs. 1 S. 1 EStG. Für die getrennte Veranlagung genügt allerdings nach § 26 Abs. 2 S. 1 EStG die Wahl durch einen Ehegatten. Jeder Ehegatte ist aber nach § 1353 Abs. 1 S. 2 BGB verpflichtet, bei der **Zusammenveranlagung mitzuwirken**, wenn der Ehegatte, der diese Veranlagungsart wünscht, den anderen Ehegatten von den im ggf. daraus erwachsenen finanziellen Nachteilen freistellt.[13]

Prüfungshinweis 3:

Die Auszahlung des etwaigen Erstattungsbetrages hat durch das Finanzamt grundsätzlich im Verhältnis der geleisteten Zahlungen zu erfolgen, § 37 Abs. 2 AO. Die Zahlung an **einen** Ehegatten wirkt jedoch für und gegen beide Ehegatten, § 36 Abs. 4 S. 3 EStG.

12 So *Horndasch*, NotF Ehegattenunterhalt, § 2 Rn 117; vgl. auch Schmidt/*Krüger*, EStG § 39 Rn 7; Bergschneider/*Kössinger*, Beck'sches Formularbuch Familienrecht, D.III.1.

13 BGH FamRZ 2010, 269; OLG Köln FamRZ 1993, 806; ausführlich dazu Grüneberg/*Siede*, § 1353 Rn 12 ff.

Eine Vereinbarung über die Zusammenveranlagung und damit ebenfalls über die Höhe des Familienunterhalts wäre beispielsweise wie folgt möglich:[14] 14

> *Formulierungsbeispiel Zusammenveranlagung*
>
> (...)
>
> und
>
> (...)
>
> schließen folgende Vereinbarung:
>
> Die Ehepartner sind sich darüber einig, ab dem laufenden Veranlagungszeitraum die Zusammenveranlagung (§ 26b EStG) vorzunehmen. Die Ehepartner verpflichten sich gegenseitig, die dem anderen Ehepartner daraus ggf. erwachsenen finanziellen Nachteile auszugleichen.
>
> (...)
>
> (Unterschriften der Beteiligten)

B. Trennungsunterhalt

Mit der Trennung der Ehegatten wird die zwischen den Ehepartnern abgestimmte **Rollenverteilung** (z.B. die Übernahme der Haushaltsführung) **gegenstandslos**. Beiträge für den gemeinsamen Haushalt wie **Wirtschaftsgeld**[15] **und Taschengeld**[16] können nicht mehr beansprucht werden. Vielmehr konkretisiert sich der Anspruch des bedürftigen Ehegatten nunmehr auf einen **einheitlichen Zahlungsanspruch**, der monatlich im Voraus geschuldet wird. 15

> *Prüfungshinweis 4:*
>
> Man sollte in einer Urkunde nicht formulieren, dass Unterhalt „bis zum 3. eines jeden Monats" zu zahlen ist. Miete pp muss auch **vor** dem 3. bezahlt werden. Besser daher: „... bis zum 1. eines jeden Monats ...".

I. Grundlagen

Das Unterhaltsrecht ist bekanntlich geprägt von einigen wichtigen Grundsätzen, die wie folgt zusammengefasst werden können: 16

Allein die **familiären Verhältnisse**, wie die Ehe oder die Verwandtschaft in gerader Linie, begründen noch **keine Unterhaltspflichten**. Unterhaltspflichten sind noch

14 *Horndasch*, NotF Ehegattenunterhaltsrecht, § 2 Rn 120.

15 Vgl. dazu OLG Bamberg FamRZ 1999, 849.

16 Der Anspruch besteht während der Führung der Ehe in Höhe von 5 % bis 7 % des bereinigten Nettoeinkommens, BGH FamRZ 1998, 608; OLG Celle FamRZ 1999, 162 m.w.N.

von weiteren Tatbestandsvoraussetzungen abhängig. Unterhaltsansprüche können sich dementsprechend auch im Bereich des Ehegattenunterhalts nur ergeben, wenn ein bestimmter **Unterhaltstatbestand** erfüllt ist.[17]

Abgesehen von den speziellen Voraussetzungen einzelner Unterhaltstatbestände existieren einige **Strukturelemente**, die bei **allen Unterhaltstatbeständen** gegeben sein müssen. Das sind der Bedarf und die Unterhaltsbedürftigkeit der Berechtigten sowie die Leistungsfähigkeit des Verpflichteten und das Nichtvorliegen von Ausschlusstatbeständen (wie z.B. Begrenzung, Befristung, Verwirkung).

17 Die Vorgehensweise bei der Berechnung von Ehegattenunterhaltsansprüchen folgt einer im Wesentlichen übereinstimmenden Grundstruktur. Dabei ist die nachfolgende Prüfungsreihenfolge bei der Ermittlung des Ehegattenunterhalts stets einzuhalten:

- Unterhaltstatbestand
- Bedarf nach ehelichen Lebensverhältnissen; ehelicher Lebensstandard als Maßstab und Höchstgrenze des Unterhalts
- Bedürftigkeit des Berechtigten
- Leistungsfähigkeit des Verpflichteten
- Ausschlussgründe; Befristung, Begrenzung, Verwirkung, Vergleich, Verzicht.

18 Dabei gehören die **Bedürftigkeit** des Berechtigten und die **Leistungsfähigkeit** des Verpflichteten insofern zueinander, als aus dem **Gleichbehandlungsgrundsatz**[18] die Möglichkeit der beiderseitigen Bedarfsdeckung folgt. Nach diesem, vom **BGH** als „**Waffengleichheit**" beschriebenen Prinzip hat u.a. die Anrechnung von Vorteilen, Erträgnissen und von fiktiven Einkünften aus zumutbarer Arbeit beim Berechtigten in gleicher Weise zu bestehen wie beim Verpflichteten.[19]

II. Abgrenzung Familien-, Trennungs- und Geschiedenenunterhalt

19 Mit Trennung der Eheleute[20] tritt die Verpflichtung zur Zahlung von **Trennungsunterhalt an die Stelle des Familienunterhalts**.[21] Trennungsunterhalt ist ebenso wenig identisch mit Familienunterhalt wie schließlich nachehelicher Unterhalt mit Trennungsunterhalt identisch ist. Letzteres betrifft ebenso die Voraussetzungen wie die Höhe des Unterhalts, die Laufzeit des Anspruchs ebenso wie die Abänderbarkeit von Entscheidungen.

17 OLG Karlsruhe NJW-FER 2000, 98.

18 BGH FamRZ 1983, 146, 149; Waffengleichheit zwischen Unterhaltsgläubiger und Unterhaltsschuldner.

19 BGH a.a.O.; Staudinger/*Verschraegen*, § 1581 Rn 9.

20 Zum – bejahten – Trennungsunterhaltsanspruch bei bloß beabsichtigter Lebensgemeinschaft vgl. OLG Frankfurt/M. NZFam 2019, 881 mit Anm. *Lange*; Erman/*Kroll-Ludwigs*, § 1361 Rn 9.

21 OLG Celle FamRZ 2016, 824.

Trennungsunterhalt und nachehelicher Unterhalt weisen allerdings **wesentliche Unterschiede** auf. Nur soweit die nachstehenden Besonderheiten beachtet werden, kann die Unterhaltsbemessung für Trennungsunterhalt und nachehelichen Unterhalt **nach einheitlichen Grundsätzen** vorgenommen werden: 20

- Während des Trennungszeitraums gewährt der Gesetzgeber eine **umfassende Bedürfnissicherung** entsprechend den ehelichen Lebensverhältnissen. Der Trennungsunterhaltsanspruch ist anders als der nacheheliche Unterhalt nicht in bestimmte Unterhaltstatbestände aufgespalten und auch nicht von den – bedeutsamen – Einsatzzeitpunkten abhängig.[22]
- Der bedürftige Ehegatte nimmt während der Trennung grundsätzlich an **Veränderungen** der ehelichen Lebensverhältnisse teil. Eine Begrenzung oder Befristung des Bedarfs nach § 1578b BGB ist nicht vorgesehen.
- **Altersvorsorgeunterhalt** entsteht nicht schon mit der Trennung, sondern erst mit der Rechtshängigkeit des Scheidungsverfahrens, § 1361 Abs. 1 S. 2 BGB. Dies folgt aus dem Ehezeitende beim Versorgungsausgleich gem. § 3 Abs. 1 VersAusglG.
- Trennungsunterhaltsansprüche sollen nicht zu einer Zerschlagung der wirtschaftlichen Grundlagen der Ehe und zu einer **Verfestigung der Trennung** führen. Die Erwerbsobliegenheit des bedürftigen, getrenntlebenden Ehegatten ist weniger streng ausgeprägt als nach endgültigem Scheitern oder nach Scheidung der Ehe.[23]
- Weniger streng sind auch die Anforderungen an die Verwertung des **Vermögensstamms** oder beim Ansatz von Wohnvorteilen.
- Weniger streng ist auch die Beurteilung der **Erwerbsobliegenheit** bei Kindesbetreuung.[24]
- Der in Trennung lebende verpflichtete Ehegatte kann sich nur unter erschwerten Voraussetzungen auf **fehlende Leistungsfähigkeit** berufen.
- Auf Trennungsunterhalt kann nur unter engen Voraussetzungen **verzichtet** werden (§§ 1361 Abs. 4 S. 4, 1360a Abs. 3, 1614 BGB).[25]
- Der getrenntlebende, nicht jedoch der geschiedene Ehegatte kann **Verfahrenskostenvorschuss vom Ehegatten** verlangen, §§ 1361 Abs. 4 S. 4, 1360a Abs. 4 BGB.[26]

22 Zum Trennungsunterhalt bei langjähriger Trennung vgl. OLG Frankfurt/M. FamRZ 2020, 97.

23 1 Jahr nach Trennung: OLG Bremen NJW-FER 2000, 74; OLG Koblenz NJW 2003, 1816; OLG Hamm FamRZ 2004, 1208 m.w.N.

24 BGH NJW 1981, 449.

25 Während eine **Unterschreitung** des Trennungsunterhalts von **20 %** noch für zulässig gehalten wird, OLG Düsseldorf FamRZ 2001, 1148, hält das OLG Hamm eine Unterschreitung von 1/3 **für nicht mehr zulässig**, vgl. OLG Hamm OLGR 2000, 70; vgl. dazu *Horndasch*, NotF Ehegattenunterhaltsrecht, § 3 Rn 76 ff.

26 Der Antrag ist bis zur Beendigung der ersten Instanz zu stellen und kann später weiterverfolgt werden, OLG Karlsruhe FamRZ 2000, 431.

- Die **Betreuung nicht aus der Ehe stammender Kinder** kann beim Trennungsunterhalt eine Erwerbsobliegenheit ausschließen und Unterhaltsansprüche begründen.
- Der Trennungsunterhalt kann **nicht** im Scheidungsverbund anhängig gemacht werden, §§ 137 FamFG, 623 ff. ZPO.[27] Folgesachen stehen im Eventualverhältnis zur Ehescheidung, sind nur hilfsweise für den Fall der Ehescheidung gestellt.[28]
- Trennungsunterhalt und Familienunterhalt sind nicht identisch.[29] Deshalb löst ein Verzug mit Familienunterhalt keinen Verzug mit Trennungsunterhalt aus. Die Inverzugsetzung ist separat erforderlich.[30]

21 *Prüfungshinweis 5:*

Der berechtigte Ehegatte hat häufig kein Interesse an einer beschleunigten Scheidung. Er kann während des Trennungsunterhaltszeitraums Ehegattenunterhaltsansprüche regelmäßig sowohl dem Grunde als auch der Höhe nach unter erleichterten Voraussetzungen geltend machen. Erst mit der Einleitung des Scheidungsverfahrens verliert er überdies die Teilhabe an der Altersversorgung (Versorgungsausgleich) sowie am Vermögen (Zugewinnausgleich) des Verpflichteten.

22 Der **berechtigte Ehegatte** lässt nicht selten zur Vermeidung der Rechtskraft des Scheidungsbeschlusses **Beschwerde** einlegen, um für den Zeitraum des Beschwerdeverfahrens den Trennungsunterhaltsanspruch aufrecht zu erhalten. Dagegen hat **der Verpflichtete** ein Interesse daran, den Scheidungsantrag möglichst kurzfristig einzureichen, um z.B. den Anspruchszeitraum wegen Trennungsunterhalt abzukürzen.

Hinweis:

1. Der **beratende Anwalt** wird beachten, dass die Unterhaltsansprüche für Trennungs- und nachehelichen Unterhalt nicht identisch sind und eine gesonderte Geltendmachung und Titulierung entsprechender Ansprüche notwendig ist.

2. Der **beurkundende Notar** wird beachten, dass Trennungsunterhalt und nachehelicher Unterhalt in einer Urkunde in der Regel gesondert auszuweisen und zu titulieren ist.

27 Horndasch/Viefhues/*Roßmann*, § 137 Rn 17.

28 Keidel/*Weber*, § 137 Rn 5.

29 OLG Düsseldorf FamRZ 1992, 943; OLG Hamm FamRZ 1999, 30.

30 OLG Dresden NZFam 2020, 86; OLG Brandenburg FamRZ 2016, 658; *Horndasch*, NotF Ehegattenunterhaltsrecht, § 3 Rn 7.

III. Umfang des Unterhalts

23 Um den Trennungsunterhalt in einer Vereinbarung fassen zu können, ist es erforderlich, die Höhe berechnen zu können. Hierzu gelten die folgenden Grundsätze. Trennungsunterhalt umfasst den **vollen Unterhalt**, den gesamten Lebensbedarf des bedürftigen Ehegatten also für Wohnen, Verpflegung, Kleidung, Freizeitgestaltung, Erholung, Gesundheitsfürsorge sowie für sonstige persönliche und gesellschaftliche Bedürfnisse.[31] Die dafür erforderlichen Mittel beinhalten den Elementarunterhalt, § 1361 Abs. 1 S. 1 BGB.

1. Quotenunterhalt

24 Der Unterhalt wird in der Regel als **Quotenunterhalt,** als hälftiger Teil des Gesamteinkommens als gemeinsamer Lebensstandard geschuldet. Dieser Hälftebetrag stellt den so genannten **vollen Bedarf nach den ehelichen Lebensverhältnissen** dar, der grundsätzlich die Obergrenze von Unterhaltsansprüchen bildet.[32] Die Rechtsprechung billigt jedoch dem Arbeitenden einen so genannten Erwerbsbonus in Höhe von 1/10 zu.[33]

25 *Prüfungsbeispiel*

Ehebezogenes Erwerbseinkommen M 2.800 EUR, ehebezogenes Erwerbseinkommen F 1.400 EUR.

Lösung

1/10 -Bonus:

2.800 EUR – 1.400 EUR × 45 % = 630 EUR

Bei den **Methoden der Unterhaltsberechnung** wird danach unterschieden, welche Einkünfte die ehelichen Lebensverhältnisse geprägt haben. Grundsätzlich unterscheiden sich die Methoden lediglich im Berechnungsweg, **nicht jedoch im Ergebnis**. Es wird im Wesentlichen unterschieden zwischen der **Quotenmethode**, der **Differenzmethode** sowie der **Additionsmethode**.

26 Die **Quotenmethode** kommt zur Anwendung, wenn lediglich der Schuldner über Erwerbseinkünfte verfügt hat (**Alleinverdienerehe**). Der Unterhalt errechnet sich mit 45 % des bereinigten Nettoeinkommens, sofern der Berechtigte nach Trennung keine Tätigkeit aufgenommen hat und ihm eine solche auch nicht zumutbar ist.

Prüfungsbeispiel

Ehemann anrechenbar 2.800 EUR, Ehefrau 0 EUR; Anspruch Ehefrau: 2.800 EUR × 45 % = 1.260 EUR.

31 Wendl/Dose/*Bömelburg*, § 4 Rn 66.

32 BGH FamRZ 2010, 1637; BGH FamRZ 2012, 947; OLG Frankfurt/M. FamRZ 2015, 1900.

33 Vgl. Ziff. 15.2 der jeweiligen Leitlinien.

27 Haben beide Ehegatten gearbeitet und haben sich die Verhältnisse nicht geändert (**Doppelverdienerehe**) errechnet sich der Unterhalt mit 45 % der Differenz der Einkünfte zwischen den Eheleuten (**Differenzmethode**).

Prüfungsbeispiel

Ehemann 2.800 EUR, Ehefrau 1.400 EUR; Anspruch Ehefrau: 2.800 EUR ./. 1.400 EUR × 45 % = 630 EUR.

28 In allen anderen Fällen erscheint die Wahl der **Additionsmethode** sinnvoll. Die Methodenwahl ist jedoch „Geschmacksache". Viele Juristen bevorzugen grundsätzlich die Anwendung der Differenzmethode als „einfachere Rechenart". Bei der Additionsmethode wird **zweistufig** vorgegangen, zunächst der **Bedarf des Berechtigten** nach den ehelichen Lebensverhältnissen festgestellt (**Additionsstufe**). Sodann wird auf der **Anrechnungsstufe** die **konkrete Unterhaltshöhe** bestimmt. Die Ermittlung des **Bedarfs des Berechtigten** erfolgt in der Weise, dass zunächst die Erwerbseinkünfte lediglich mit $^6/_7$ ($^1/_7$-Bonus), die sonstigen Einkünfte voll berücksichtigt und die Summe durch zwei geteilt wird.

Prüfungshinweis 6:

Auf eine mathematische Formel gebracht errechnet sich auf der **Additionsstufe** der **Bedarf des Berechtigten** nach den ehelichen Lebensverhältnissen wie folgt:

- 90 % der prägenden Erwerbseinkünfte des Pflichtigen plus
- 100 % prägender sonstiger Einkünfte des Pflichtigen plus
- 90 % der prägenden Erwerbseinkünfte des Berechtigten plus
- 100 % der prägenden sonstigen Einkünfte des Berechtigten,
- geteilt durch 2.

Auf der **Anrechnungsstufe** wird die **konkrete Unterhaltshöhe** durch Anrechnung sämtlicher Einkünfte des Berechtigten, gleichgültig ob prägend oder nicht prägend, bestimmt.

Prüfungsbeispiel

- Ehemann (Unterhaltspflichtiger) prägendes Erwerbseinkommen 2.100 EUR; prägende Zinseinnahmen 350 EUR; nicht prägende Erwerbseinkünfte 700 EUR.
- Ehefrau (Unterhaltsberechtigte): prägendes Erwerbseinkommen 700 EUR; prägende Zinseinnahmen 100 EUR; nicht prägendes Erwerbseinkommen 350 EUR.

Additionsstufe (= Errechnung der Ehegattenquote/Bedarf):

(2.100 EUR × 90 %) + 350 EUR+ (700 EUR × 90 %) + 100 EUR geteilt durch 2 = 1.485 EUR

Anrechnungsstufe (=Errechnung der Anspruchshöhe/Bedürftigkeit):

ehelicher Bedarf	1.485,00 EUR
Auf diesen sind alle Einkünfte anzurechnen wie folgt:	
90 % des prägenden Erwerbseinkommens (90 % × 700 EUR) =	630,00 EUR
90 % des nicht prägenden Erwerbseinkommens 90 % × 350 EUR) =	315,00 EUR
100 % der sonstigen Einkünfte (Zinsen)	100,00 EUR
Zwischensumme	1.045,00 EUR
ungedeckter Restbedarf (Anspruchshöhe)	440,00 EUR

Teilweise wird eine weitere Methode, die sog. **Quotenbedarfsmethode**[34] verwendet. Nach dieser Methode berechnet sich der Bedarf des Berechtigten aus 55 % des eigenen Erwerbseinkommens, 45 % des Erwerbseinkommens des Ehegatten und $^1/_2$ der sonstigen beiderseitigen Einkünfte. Auf diesen Bedarf sind nicht bedarfsbestimmende Erwerbseinkünfte nur zu 90 % anzurechnen, bedarfsbestimmende Erwerbseinkünfte dagegen in voller Höhe. 29

In der **Gegenüberstellung von Differenzmethode, Additionsmethode und Quotenbedarfsmethode** führt dies unter Berücksichtigung der jeweiligen Höhe des Erwerbsbonus zum folgenden identischen Ergebnis: 30

Prüfungsbeispiel

Ehebezogenes Erwerbseinkommen M 2.800 EUR, ehebezogenes Erwerbseinkommen F 1.400 EUR; ehebezogener Wohnwert F 500 EUR

Lösung Differenzmethode

$^1/_{10}$ **-Bonus:**

(2.800 EUR – 1.400 EUR) × 45 % =	630,00 EUR
Wohnwert F 500 EUR =	– 250,00 EUR
	380,00 EUR

Lösung Additionsmethode

$^1/_{10}$ **-Bonus:**

($^9/_{10}$ × 2.800 EUR + $^9/_{10}$ × 1.400 EUR + 500 EUR) × $^1/_2$ – $^9/_{10}$ × 1.400 EUR = 380 EUR

Lösung Quotenbedarfsmethode

$^1/_{10}$ **-Bonus:**

2.800 EUR × 45 % =	1.260,00 EUR
1.400 EUR × 55 % =	770,00 EUR

34 Nach *Scholz*, FamRZ 1990, 1088.

500 EUR × $^1/_2$ =	250,00 EUR
Bedarf:	2.280,00 EUR

Unterhaltsberechnung: 2.280 EUR – 1.400 EUR – 500 EUR = 380 EUR

31 Kann – wegen ehebezogenen Erwerbseinkommens nur eines Ehegatten – auch die **Anrechnungsmethode** zur Anwendung kommen, ergibt sich in der Gegenüberstellung folgende Unterhaltsberechnung:

Prüfungsbeispiel

Ehebezogenes Erwerbseinkommen M 2.800 EUR, nicht ehebezogenes Zinseinkommen F 400 EUR

Lösung Anrechnungsmethode

$^1/_{10}$ -Bonus:

2.800 EUR × 45 % =	1.260,00 EUR
1.260 EUR – 400 EUR =	860,00 EUR

Lösung Additionsmethode

$^1/_{10}$ -Bonus:

90 % × 2.800 EUR × $^1/_2$ =	1.260,00 EUR
1.260 EUR – 400 EUR =	860,00 EUR

Lösung Quotenbedarfsmethode

$^1/_{10}$ -Bonus:

2.800 EUR × 45 % =	1.260,00 EUR
1.260 EUR – 400 EUR =	860,00 EUR

2. Konkrete Bedarfsberechnung

32 Bei außergewöhnlich guten Einkommensverhältnissen bedarf es jedoch einer **konkreten Bemessung** des eheangemessenen Unterhalts.[35] Von einer bestimmten Einkommenshöhe an ist die Wahrscheinlichkeit gegeben, dass die Eheleute das zur Verfügung stehende Einkommen nicht vollständig dem Konsum widmen, sondern Vermögensbildung betreiben.[36] Da die Höhe des dem Konsum zugeführten Einkommens individuell sehr unterschiedlich sein kann, ist **ab einer bestimmten Größenordnung eine konkrete Bedarfsberechnung**, orientiert an den ehelichen Lebensverhältnissen, durchzuführen. Der Unterhaltsberechtigte muss seinen Bedarf

35 Vgl. dazu im Einzelnen BGH FuR 2023, 39 mit Anm. *Soyka*.

36 OLG Zweibrücken FamRZ 2008, 1655.

im Einzelnen darlegen.[37] **Unterschiedliche Auffassungen** bestehen in der Rechtsprechung und in der Orientierung der unterhaltsrechtlichen Leitlinien der Oberlandesgerichte darüber, **ab wann eine konkrete Bedarfsberechnung** vorgenommen werden sollte.[38]

Prüfungshinweis 7: 33

Der BGH orientiert sich dazu an der jeweils gültigen Düsseldorfer Tabelle.[39] Der jeweils geltende Höchstbetrag, viele Jahre 5.500 EUR (nunmehr 11.200 EUR), stellte nach einer **früheren Entscheidung** des BGH von 2010 mit seinem **Anteil** von 45 %, mithin 2.475 EUR, die Grenze zur konkreten Bedarfsberechnung dar.[40] Dies gilt nicht mehr!

Der **BGH** hat es in einer Entscheidung aus dem Jahr 2017[41] gebilligt, eine konkrete Bemessung des Unterhaltsbedarfs erst dann zu verlangen, wenn dieser den Bedarf der Eheleute auf der Grundlage des Einkommens nach der höchsten Stufe der Düsseldorfer Tabelle **um das Doppelte übersteigt**. Dies war immer dann der Fall, wenn der **Gesamtbedarf des Berechtigten den Betrag von 4.950 EUR (45 % von 11.000 EUR) übersteigt**.[42] In Konsequenz ist die Düsseldorfer Tabelle auf den doppelten Betrag angehoben worden, zunächst auf 11.000 EUR, derzeit **11.200 EUR**.[43] Der Grenzbetrag des Gesamtbedarfs beläuft sich daher derzeit auf **5.040 EUR**. 34

Bei einer konkreten Bedarfsbemessung sind alle zur Aufrechterhaltung des bisherigen Lebensstandards benötigten **Lebenshaltungskosten konkret zu ermitteln**.[44] Dazu zählen u.a. die Aufwendungen für das

- Haushaltsgeld,
- Wohnen,
- Kleidung,
- Geschenke,
- Putzhilfe,
- Reisen,

37 OLG Zweibrücken FamRZ 2014, 216.

38 Vgl. die jeweiligen Leitlinien der Oberlandesgerichte Ziff. 15.3.

39 BGH FamRZ 2010, 1637.

40 OLG Hamm FamRZ 2005, 719; OLG Brandenburg NZFam 2014, 140; Kleffmann/Soyka/*Kleffmann*, Kap. 4 Rn 69; so auch die Leitlinien Nr. 15. 3 z.B. OLG Hamm, OLG Oldenburg; OLG Celle: Bei sehr guten Einkommensverhältnissen des Pflichtigen kommt eine konkrete Bedarfsberechnung in Betracht.

41 BGH FamRZ 2018, 262 unter teilweiser Aufgabe des Senatsbeschlusses vom 11.8.2010, FamRZ 2010, 1637.

42 Vgl. *Born*, NJW 2019, 3555.

43 Vgl. Ziff. A der Düsseldorfer Tabelle vom 1.1.2024

44 Dazu ausf. *Büte*, FK 2003 S. 104 ff.

- Urlaub,
- sportliche Aktivitäten,
- kulturelle Bedürfnisse,
- Pkw-Nutzung,
- Vorsorgeaufwendungen,
- Versicherungen und
- sonstige notwendige Lebenshaltungskosten.[45]

35 Ein **Rückschluss von den Gesamtausgaben** für die Familie während des ehelichen Zusammenlebens auf den konkreten Bedarf der Ehefrau ist nur begrenzt auf allgemeine Ausgabenpositionen möglich (z.B. Pos. I. Essen und Trinken). Im Übrigen ist **individuell auf die Bedürfnisse** des Unterhaltsgläubigers bezogen darzulegen und exemplarisch nachzuweisen, in welcher Höhe Ausgaben vorhanden sind.

Prüfungsbeispiel für eine konkrete Unterhaltsberechnung

Art		Euro	Bemerkungen
Wohnbedarf		800	
Strom	65		
Gas/Heizung	125		
Abfall	25		
Abwasser	60		
Wasser	15		
GEZ	15		
Telekom	40		
Kabel	15	360	
Allg. Lebensbedarf[46]		1.200	
Zeitung/Bücher[47]		100	
Handy[48]		50	
Sport[49]		100	
Friseur/Kosmetik[50]		200	

45 BGH FamRZ 1990 S. 280; OLG Hamm FamRZ 1999 S. 723; *Born* hat zur Bestimmung konkreter Aufwendungen eine sehr ausführliche, 52 Punkte umfassende **Checkliste** vorgeschlagen, FamRZ 2013, 1613, 1618.

46 OLG Düsseldorf FamRZ 1991, 77; OLG Köln FamRZ 1992, 323.

47 OLG Köln FamRZ 1992, 322.

48 OLG Hamm FamRZ 1992, 1175.

49 OLG Koblenz FamRZ1985, 479.

50 OLG Köln FamRZ 1993, 64.

Art		Euro	Bemerkungen
Bekleidung[51]		850	
Urlaub[52]		500	
Kultur/Theater[53]		100	
Restaurant/Einladungen[54]		150	
Kfz[55]		500	Golf lt. ADAC-Tabelle
Tanken[56]		120	
Haushaltshilfe[57]		100	
Gärtner (seit 1998)[58]		60	
Fensterputzer[59]		40	
Haus-/Gebäudevers.		15	
Hausratversicherung		15	
Haftpflichtversicherung		10	
Lebensversicherung[60]		40	
Sonst. Kleinkosten[61]		110	
Summe		5.420	

Prüfungshinweis 8: 36

Nach Summierung der Einzelbedürfnisse muss bei konkreter Unterhaltsberechnung festgestellt werden, ob das Gesamtergebnis aus objektiver Sicht noch angemessen erscheint.

3. Mehrbedarf

Regelmäßiger Mehrbedarf des unterhaltsbedürftigen Ehegatten kann aufgrund **besonderer Umstände, z.B. krankheits- oder ausbildungsbedingt**, in Betracht 37

51 OLG Köln FamRZ 1992, 322.
52 OLG Hamm FamRZ 1992, 1175; OLG Köln FamRZ 1992, 322.
53 OLG Koblenz FamRZ 1985, 479.
54 OLG Köln FamRZ 1993, 64.
55 OLG Düsseldorf FamRZ 1991, 77.
56 OLG Köln FamRZ 1993, 64.
57 OLG Hamm FamRZ 1992, 1175.
58 OLG Bamberg FamRZ 1999, 513.
59 OLG Bamberg FamRZ 1999, 513.
60 Die Altersvorsorge ist nicht begrenzt auf den Höchstbetrag in der gesetzlichen Rentenversicherung (+ 4 % nach BGH), vgl. OLG Bamberg FamRZ 1999, 513.
61 OLG Köln FamRZ 1992, 322.

kommen. Als unselbstständiger Unterhaltsteil ist der Mehrbedarf vor Berechnung des Quotenunterhalts vom Nettoeinkommen des Pflichtigen abzuziehen.

38 *Prüfungsbeispiel*

Bereinigtes Einkommen Verpflichteter 3.200 EUR, Berechtigter 0 EUR, ausbildungsbedingter Mehrbedarf 200 EUR

Einkommen Verpflichteter	3.200,00 EUR
abzüglich ausbildungsbed. Kosten	200,00 EUR
Verbleib	3.000,00 EUR
Hiervon 45% Unterhalt	1.350,00 EUR
Gesamtanspruch:	
Ausbildungskosten	200,00 EUR
Unterhalt	1.350,00 EUR
Insgesamt:	**1.550,00 EUR**

39 Ergibt sich aus gesundheitlichen bzw. Altersgründen beim Unterhaltsberechtigten ein Mehrbedarf, kann dieser geltend gemacht werden, sofern er konkret dargelegt und bewiesen wird. Zuerkannt wird aber ausschließlich, was „**medizinisch notwendig**" ist.

Prüfungsbeispiel

Bei Erkrankung an Diabetes unterscheiden Gerichte bei der Verwendung von Nahrungsmitteln danach, ob diese wirklich medizinisch notwendig sind. So sei z.B. die Verwendung von Reformhausprodukten dem „Lifestyle" zuzurechnen.[62] Im genannten Fall hatte das **OLG Düsseldorf** den krankheitsbedingten Mehrbedarf auf 75 EUR monatlich festgesetzt.

4. Sonderbedarf

40 **Voraussetzung** für eine Feststellung des Bedarfs als Sonderbedarf ist, dass es sich um einen

- unregelmäßigen
- außergewöhnlich hohen Bedarf handelt, wobei
- eine angemessene Lastenverteilung zwischen dem Verpflichteten und Berechtigten gewahrt bleiben muss.

Regelmäßig außergewöhnlich hoher Bedarf, z.B. wegen Behinderung und unregelmäßiger, nicht außergewöhnlich hoher Bedarf, beispielsweise für Unterrichtsmaterialien zum Schuljahresbeginn, gehören **nicht** dazu.

62 OLG Düsseldorf FamRZ 2002, 751.

Nach Rechtsprechung des **BGH**[63] muss ein solcher Bedarf überraschend auftreten und der Höhe nach nicht abschätzbar sein. An den **überraschenden Auftritt und die fehlende Abschätzbarkeit** dürfen allerdings nicht zu hohe Anforderungen gestellt werden.[64] 41

Prüfungshinweis 9:

Sonderbedarf ist danach die

- in einem konkreten Einzelfall auftretende Bedarfserhöhung,
- die von der sonstigen Bemessung des laufenden Unterhalts nicht erfasst wird.

Im **Einzelfall** ist zu entscheiden, **ob und in welcher Höhe** dem Berechtigten zugemutet werden kann, den Sonderbedarf selbst zu bestreiten.[65]

Sonderbedarf stellen daher beispielhaft folgende Fälle dar: 42

- von der Krankenkasse nicht übernommene Kosten der stationären Behandlung;[66]
- Kosten einer Kur;[67]
- Erstausstattung des Säuglings;[68]
- Verfahrenskostenvorschuss.

Keinen **Sonderbedarf** stellen dar:

- Rezeptgebühr;
- Diätkosten;
- Konfirmationskosten.[69]

Zu den einzelnen Voraussetzungen: 43

a) **Unregelmäßig** ist ein plötzlich auftretender und nicht hinreichend voraussehbarer Bedarf, bei dem für die Beteiligten eine **vorausschauende Bedarfsplanung** nicht möglich war.

Entscheidend wird darauf abgestellt werden müssen, ob aus Sicht der Beteiligten bei objektiver Betrachtungsweise **solche Ausgaben hätten einkalkuliert** werden können.[70] Eine Umlegung auf einen längeren Zeitraum ist dann nicht möglich, wenn der Sonderbedarf einmalig anfällt und dann fällig ist.[71]

63 BGH FamRZ 1982, 145; BGH FamRZ 2006, 612 m. Anm. *Luthin*.
64 Vgl. Johannsen/Henrich/*Graba*, § 1613 Rn 12.
65 BGH FamRZ 1982, 145.
66 BGH FamRZ 1982, 145.
67 OLG Köln FamRZ 1986, 593.
68 BVerfG FamRZ 1999, 1342.
69 BGH FamRZ 2006, 612 m. Anm. *Luthin*.
70 OLG Karlsruhe NJW-RR 1998, 1226.
71 BGH FamRZ 1982, 145.

b) **Außergewöhnlich hoch** ist ein Bedarf, wenn er nicht in zumutbarer Weise aus dem laufenden Unterhalt gezahlt werden kann. Es muss sich dabei um einen nicht unwesentlichen Prozentsatz des laufenden Monatseinkommens handeln.[72]

c) Bei der Zubilligung des Sonderbedarfs ist eine **angemessene Lastenverteilung** zu prüfen.[73]

Es kann daher die Situation eintreten, dass sich sowohl der **Verpflichtete als auch der Berechtigte anteilig** an den Kosten zu beteiligen haben.

Da es sich bei Sonderbedarf um plötzlich auftretenden und nicht voraussichtlichen Bedarf handelt, ist der Berechtigte verpflichtet, den Unterhaltspflichtigen **unverzüglich zu informieren**. Der Berechtigte läuft ansonsten Gefahr, dass der Pflichtige zu Recht einwendet, anderweitige Dispositionen getroffen zu haben bzw. nicht in der Lage gewesen zu sein, Rücklagen zu bilden.[74]

IV. Der Selbstbehalt des Unterhaltspflichtigen

44 Unabhängig von jedem Rang ist Unterhalt in Höhe des bestehenden Bedarfs nur dann und soweit geschuldet, wie die **Leistungsfähigkeit des Verpflichteten** reicht. Ist er nicht in vollem Umfange leistungsfähig, besteht ein Mangelfall, der zu einer Verminderung des Unterhaltes unterhalb des Unterhaltsbedarfs führt.

> *Hinweis:*
>
> Das bedeutet zugleich, dass dem Verpflichteten ein **bestimmter Betrag verbleiben** muss, sein Eigenbedarf oder Selbstbehalt.

Der **Selbstbehalt** ist derjenige Betrag, der dem Verpflichteten gegenüber einem Berechtigten auf jeden Fall als unterste Opfergrenze verbleiben muss. Seine Unterhaltsverpflichtung setzt erst oberhalb solcher Selbstbehaltsgrenzen ein. Bis zur Höhe des Selbstbehaltes benötigt der Verpflichtete die Einkünfte zur Deckung seines eigenen Lebensbedarfs.[75] Die Selbstbehaltsgrenzen für den Verpflichteten hat die Rechtsprechung im Rahmen des § 1603 BGB entwickelt. Die Konzeption eines **gleitenden (eheangemessenen) Selbstbehalts**[76] hatte der BGH zunächst selbst entwickelt,[77] danach aber aufgegeben,[78] um das Unterhaltsrecht zu vereinfachen.

72 OLG Hamm FamRZ 1993, 995; Johannsen/Henrich/*Büttner*, § 1361 Rn 123: Jedenfalls mehr als 10 %.

73 BGH FamRZ 1982, 145, 147.

74 OLG Hamm FamRZ 1994, 1281.

75 BGH FamRZ 1987, 472.

76 Vgl. Wendl/Dose/*Gutdeutsch*, § 5 Rn 1.

77 BGH FamRZ 1990, 260, 262.

78 BGH FamRZ 2006, 683.

Dem hat das **Bundesverfassungsgericht** jedoch durch seine Entscheidung vom 25.1.2011[79] widersprochen. Der Versuch des BGH, die Halbteilung im Wege der Bedarfsbestimmung zu sichern, musste deshalb aufgegeben werden.

Nunmehr muss wieder zwischen einem sogenannten **relativen Mangelfall**, bei welchem der Bedarf der Berechtigten des Verpflichteten gekürzt wird und dem **absoluten Mangelfall**, bei dem nur noch der Unterhalt der Berechtigten gekürzt wird, unterschieden werden. Der **Selbstbehalt** ist allerdings für jedes Unterhaltsrechtsverhältnis selbstständig zu bestimmen und ist gegenüber verschiedenen Unterhaltsgläubigern ggf. auch **unterschiedlich hoch**. 45

Prüfungshinweis 10:

Absolut ist ein Selbstbehalt, der als **unterste Grenze der Inanspruchnahme** durch jeden Unterhaltsgläubiger anerkannt ist. Er wird als „notwendiger Selbstbehalt" bezeichnet.

Die **Höhe des jeweiligen Selbstbehaltes** bestimmen die Oberlandesgerichte in ihren **unterhaltsrechtlichen Leitlinien** jeweils unter Nr. 21. Bezogen auf den absoluten Mangelfall[80] hängt die Höhe des Selbstbehalts mit der Rangordnung der Berechtigten nach § 1609 BGB zusammen. Der Selbstbehalt gegenüber einem nachrangigen Unterhaltsberechtigten kann nur höher oder gleich demjenigen gegenüber dem vorrangigen Unterhaltsberechtigten sein. Der Selbstbehalt spiegelt deshalb das Rangverhältnis wieder. Dies schließt ein, dass es auch **gleichrangige Unterhaltsberechtigte** auf der Grundlage unterschiedlicher Unterhaltsansprüche geben kann, z.B. Elternteile, die ein Kind betreuen einerseits und geschiedene Ehegatten bei einer Ehe von langer Dauer andererseits, § 1609 Abs. 2 BGB. 46

Im Einzelnen gelten die **folgenden Selbstbehalte**: 47

1. Der **notwendige Selbstbehalt** ist die unterste Grenze der Inanspruchnahme des Unterhaltspflichtigen.

Er beträgt seit dem 1.1.2024: 1.450 EUR für erwerbstätige und 1.200 EUR für nicht erwerbstätige Unterhaltspflichtige und ist maßgebend für die Ansprüche von Minderjährigen und die ihnen nach § 1603 Abs. 2 S. 2 BGB gleichgestellten volljährigen Kinder gegenüber ihren Eltern.[81] Eine Ausnahme gilt dann, wenn ein anderer leistungsfähiger Unterhaltspflichtiger vorhanden ist. Dann gilt nach § 1603 Abs. 2 S. 3 BGB der angemessene Selbstbehalt.

2. Der **angemessene Selbstbehalt** gilt gegenüber volljährigen Kindern, die sich in der Ausbildung befinden als **unterste Opfergrenze** für den Verpflichteten. 48

79 FamRZ 2011, 437.

80 BGH FamRZ 2006, 683.

81 Düsseldorfer Tabelle Anm. A.5.

Er beträgt seit dem 1.1.2024 in der Regel 1.750 EUR. Als sogenannter bedingter Selbstbehalt gilt er auch gegenüber Minderjährigen und ihnen nach § 1603 Abs. 2 S. 3 BGB gleichgestellten Kindern, wenn ein nachrangig haftender leistungsfähiger Unterhaltsverpflichteter vorhanden ist.

49 3. Der Ehegattenselbstbehalt gilt gegenüber Ansprüchen von Ehegatten und liegt zwischen dem notwendigen und dem angemessenen Selbstbehalt.

Er wird seit dem 1.1.2024 mit 1.600 EUR bemessen, bei fehlender Erwerbstätigkeit 1.475 EUR.[82] In gleicher Höhe befindet sich der Selbstbehalt gegenüber dem Unterhaltsanspruch der nicht ehelichen Mutter/Vater nach § 1615l BGB. In einigen Leitlinien wird in diesem Zusammenhang vom „eheangemessenen Selbstbehalt" gesprochen. In der Rechtsprechung wird dafür häufig der Begriff „Ehegatten-Selbstbehalt" verwendet.

Aus der Notwendigkeit der Halbteilung des verfügbaren Einkommens ergibt sich jedoch neben dem **Ehegattenmindestselbstbehalt** die Notwendigkeit der Betrachtung eines individuellen eheangemessenen Selbstbehalts, der die Halbteilung wieder spiegelt. Damit sind beim Ehegattenunterhalt zum einen der auf dem Grundsatz der Halbteilung beruhende individuelle eheangemessene Selbstbehalt und als Untergrenze der allgemein gültige Ehegatten-Mindestselbstbehalt zu unterscheiden.

50 *Prüfungsbeispiel*

Nettoeinkommen M: 3.000 EUR;

Unterhalt für den erwerbsunfähigen geschiedenen Ehegatten F:

Bedarf: 3.000 EUR × 45 % Anteil = 1.350 EUR

Eheangemessener Bedarf M: 3.000 EUR × 55 % = 1.650 EUR

Verbleib für M: 3.000 EUR – 1.350 EUR = **1.650 EUR, kein Mangelfall**

Abwandlung

Einkommen M 1.800 EUR

Bedarf F: 1.800 EUR × 45 % = 810 EUR

Eheangemessener Bedarf M: 1.800 EUR × 55 % = 990 EUR

Verschärfter Mangelfall,

da der Selbstbehalt des M von 1.600 EUR nicht gewahrt ist;

Anspruch F: **200 EUR**

In besonderen Einzelfällen ist der Ehegattenselbstbehalt auf seine **Angemessenheit** zu prüfen. Dies ergibt sich im Fall eines kinderbetreuenden früheren Ehegatten dann, wenn diesem weniger als sein Existenzminimum verbleibt, der Unterhaltspflichtige und seine neue Familie aber ein gutes Auskommen haben. Dann ist ggf.

82 Dazu BGH FamRZ 2006, 683.

der Selbstbehalt nochmals herabzusetzen, um ein ausgewogenes Ergebnis zu erzielen.[83]

4. Der **Selbstbehalt gegenüber Eltern** beträgt nunmehr 2.500 EUR, in welchem eine Warmmiete in Höhe von 700 EUR enthalten ist.[84] 51

Dieser Betrag erhöht sich noch um **einen Anteil** an darüberhinausgehendem Einkommen, **in der Regel in Höhe von 50 %.**[85]

5. Derselbe Selbstbehalt gilt gegenüber Enkeln bzw. Großeltern.[86] 52

6. Der Begriff des **Bedarfskontrollbetrages** der Düsseldorfer Tabelle ist schließlich eine reine Rechengröße. 53

Er ist nicht identisch mit dem Eigenbedarf oder dem Selbstbehalt des Unterhaltspflichtigen. Er soll eine ausgewogene Verteilung des Einkommens zwischen dem Unterhaltspflichtigen und unterhaltsberechtigten Kindern gewährleisten.

V. Getrenntleben

Voraussetzung für die Verpflichtung zur Zahlung von Trennungsunterhalt ist ein **Getrenntleben der Eheleute**. Ein Getrenntleben liegt vor, wenn zwischen den Ehegatten **keine häusliche Gemeinschaft** (mehr) besteht und ein Ehegatte sie erkennbar nicht herstellen will, weil er die eheliche Lebensgemeinschaft ablehnt, § 1567 BGB.[87] Auf die Gründe, die zum Getrenntleben geführt haben, kommt es nicht an, ebenso wenig darauf, ob ein Ehegatte ein Recht zum Getrenntleben hat, § 1353 Abs. 2 BGB. 54

1. Tatsächliches Getrenntleben

Objektiv liegt ein Getrenntleben vor, wenn **keine häusliche Gemeinschaft** besteht und die Eheleute ihre Gemeinsamkeiten aufgehoben haben. Die Trennung ist verwirklicht, wenn Eheleute, die bisher eine gemeinsame Ehewohnung bewohnt haben,[88] durch Auszug mindestens eines Ehegatten nunmehr verschiedene Wohnungen bewohnen oder in der gemeinsamen Ehewohnung eine getrennte Lebensführung stattfindet.[89] 55

Während des vorangegangenen Zusammenlebens muss es aber nicht zu einer **wirtschaftlichen Verflechtung** zwischen den Ehegatten gekommen sein. Hat allerdings

83 So die Motive des Gesetzgebers BT-Drucks 16/183024.

84 Düsseldorfer Tabelle D. 1.

85 BGH FamRZ 2002, 1698.

86 BGH FamRZ 2006, 26; BGH FamRZ 2007, 375.

87 OLG Koblenz FamRZ 2018, 42; OLG Bremen FamRZ 2016, 828.

88 Zum Trennungsunterhalt bei lediglich beabsichtigter Lebensgemeinschaft vgl. OLG Frankfurt/M. FamRZ 2019, 881.

89 BGH FamRZ 2017, 1914; OLG Brandenburg FuR 2023, 384 mit Anm. *Viefhues*.

die Unterhaltsbedürftigkeit nicht ihre Ursache im vorangegangenen Zusammenleben der Eheleute, wird eine Herabsetzung oder die Versagung von Unterhaltsansprüchen in Betracht kommen, **§ 1579 Nr. 8 BGB**. Ein Ehegatte nach Kundgabe seines Trennungswillens nach Auffassung des BGH wirtschaftlich nicht bessergestellt werden, als er vorher stand.[90]

56 Der Anspruch auf Trennungsunterhalt ist sowohl dem Grunde als auch der Höhe nach nicht davon abhängig, wie **die beiderseitigen Einkünfte** während der Zeit der gemeinsamen Lebensführung **verwendet** worden sind.[91] Dies gilt auch bei **„moralischen Schieflagen“**, also dann, wenn einer der Eheleute schlicht **auf Kosten des anderen Ehegatten** gelebt und seine eigenen Einkünfte beiseite geschafft hatte oder wenn die Ehepartner streng getrennt gewirtschaftet hatten.

57 Der Anspruch auf Trennungsunterhalt setzt nicht einmal voraus, dass die Eheleute **überhaupt einmal zusammengelebt** haben.[92] Eine objektive häusliche Trennung im Sinne des § 1361 BGB liegt auch vor, wenn

Prüfungshinweis 11:

- die Eheleute von Anfang an getrennt gelebt haben, weil
- sie von Anfang an eine Ehe in getrennten Wohnungen führen wollten, etwa wegen des Bedürfnisses nach Beibehaltung restlicher Selbstständigkeiten,
- ein Ehepartner sich während der Ehezeit ständig in Strafhaft befunden hat,
- weit entfernten beruflichen Standorten mit Wohnungen an den unterschiedlichen Orten,
- es zu einem geplanten Einzug in eine gemeinsame eheliche Wohnung nicht (mehr) gekommen ist oder
- auch dann, wenn die Ehepartner sich (erst) später aus beruflichen oder ähnlich gelagerten Gründen getrennte Wohnungen genommen haben.

Bei einer Trennung **innerhalb der ehelichen Wohnung**, muss sich dies in allen Lebensbereichen dokumentieren. Derjenige, der die Trennung innerhalb der Ehewohnung herbeiführen will, muss sich daher in allen wesentlichen Bereichen von einer konkreten Führung eines Familienhaushalts absondern.

58 **Es ist zu trennen:**

- Essen,
- Schlafen,
- Versorgung des Haushalts incl. des Waschens der eigenen Wäsche etc.,
- Gestaltung der Freizeit.

90 BGH FamRZ 1994, 558.

91 BGH FamRZ 1985, 376, 378; BGH FamRZ 1989, 838.

92 Zum – bejahten – Trennungsunterhalt bei lediglich beabsichtigter Lebensgemeinschaft vgl. OLG Frankfurt/M. NZFam 2019, 881 mit Anm. *Lange* a.a.O.; dazu Erman/*Kroll-Ludwigs*, BGB § 1361 Rn 9.

Wohn- und Schlafbereiche müssen aufgeteilt sein. Wird etwa das Schlafzimmer weiter genutzt, liegt auch dann keine Trennung vor, wenn es zwischen den Eheleuten keinerlei körperlichen Kontakt gibt.[93]

Im Falle der **Hilfsbedürftigkeit** eines Ehegatten darf das Maß der Hilfeleistung notwendige Maßnahmen nicht übersteigen.[94]

Gemeinsames Zusammentreffen muss als lediglich aufgrund räumlicher Nähe nicht vermeidbare Gemeinsamkeiten anzusehen sein. Ein Getrenntleben ist deshalb nicht zu verneinen, weil es nur ein Badezimmer und eine Küche in der Ehewohnung gibt, die zu teilen sind.[95] Eine getrennte Nutzung von Küche, Bad, WC ist grundsätzlich ein Zeichen der Trennung.

Untergeordnete Gemeinsamkeiten, etwa wegen Kindesbetreuung, sind unerheblich.[96]

Aufgedrängtes Putzen der Wohnung und Waschen der Wäsche, stehen der Annahme des Getrenntlebens nicht entgegen, wenn sie sich in einer Gesamtwürdigung als unwesentlich darstellen.[97]

> *Prüfungshinweis 12:* **59**
>
> Wer sich darauf beruft, getrennt zu leben, hat die Tatsache der Trennung zu beweisen. Beim Bewohnen einer gemeinsamen Ehewohnung wird ein solcher Beweis schwerlich gelingen.

Streiten Eheleute über den **Zeitpunkt oder das Vorliegen einer Trennung**, kann durch **(Zwischen-) Feststellungsantrag** erreicht werden, dass das Gericht den Trennungszeitpunkt mit Rechtskraftwirkung feststellt.[98] Auf diese Weise kann der **Gefahr widersprüchlicher Entscheidungen** in anderen Verfahren begegnet werden, die ebenfalls an den Trennungszeitpunkt anknüpfen wie z.B. Verfahren nach §§ 1361, 1361a, 1361b, 1375 Abs. 2, 1566 BGB.

2. Subjektiver Trennungswille

Subjektiv muss der Ehegatte, der mit dem anderen nicht mehr zusammenleben will, einen Trennungswillen haben und diesen auch äußern. Weder führt der Umstand, dass ein Ehegatte in einem Pflegeheim aufgenommen wird zu einer Tren- **60**

93 OLG Hamm FamRZ 1999, 723.

94 BGH FamRZ 1979, 469.

95 OLG München FamRZ 2001, 1457, 1458.

96 OLG Stuttgart FamRZ 1992, 1435; OLG München FamRZ 2001, 1457; OLG Köln FamRZ 2002, 1341.

97 OLG München FamRZ 1998, 826; OLG Zweibrücken NJW-RR 2000, 1388; OLG Jena FamRZ 2002, 99.

98 Vgl. OLG Brandenburg NZFam 2014, 86 m. Anm. *Heinemann*; OLG Celle BeckRS 2013, 13090 m. Anm. *Hoppenz*, in: FamFR 2013, 417.

nung im Sinne des § 1567 BGB, noch führt die Weltreise eines Ehegatten auf einem Segelschiff zu einer Trennung im Sinne des Gesetzes. Ebenso wenig führt die Strafhaft eines Ehepartners zur Trennung, auch dann nicht, wenn der verbleibende Ehegatte den anderen Ehegatten nicht (mehr) besucht.[99] Zusätzlich ist die **Äußerung des subjektiven Trennungswillens** notwendig, und zwar sowohl gegenüber dem Häftling, als auch gegenüber dem Weltumsegler oder dem im Pflegeheim[100] aufgenommenen Ehegatten.

61 Ein Anspruch auf Trennungsunterhalt setzt ein vorheriges Zusammenleben in häuslicher Gemeinschaft nicht voraus.

Prüfungsbeispiele

- Strafhaft eines Ehepartners bei Eheschließung
- weit entfernte berufliche Standorte
- lange Reise eines Ehegatten unmittelbar nach Eheschließung.

In allen Fällen entsteht der Anspruch auf Trennungsunterhalt erst dann, wenn der **Trennungswillen erkennbar nach außen** in Erscheinung getreten ist.[101] Es genügt, wenn der andere Ehegatte auch nur **mittelbar Kenntnis** vom subjektiven Trennungswillen erlangt. Eine solche Kenntnis ist z.B. anzunehmen durch Erteilung einer Verfahrensvollmacht zur Einleitung eines Scheidungsverfahrens oder durch **Schreiben an einen Dritten**, von dem der Betroffene Kenntnis erlangt.[102]

3. Einigung über Getrenntleben

62 Getrenntleben ist ein tatsächlicher Zustand; er entzieht sich deshalb einer Vereinbarung.

Eheleute können zwar einvernehmlich feststellen, seit wann sie voneinander getrennt leben. Sie können den Trennungszeitpunkt jedoch nicht willkürlich, abweichend von der tatsächlichen Situation feststellen.

Eheleute müssen im Regelfall mindestens ein Jahr voneinander getrennt leben, um sich sodann scheiden lassen zu können.

Den Grund sieht der Gesetzgeber darin, dass **Eheleute verpflichtet sind, das Scheitern ihrer Ehe nachzuweisen**. Die mindestens einjährige Trennung soll diesen Nachweis ersetzen.[103]

Ein Notar darf in diesem Zusammenhang nicht dabei mitwirken, die Trennungszeit zu verändern, etwa zu verkürzen.

99 OLG Düsseldorf NJW-RR 1995, 963.
100 OLG Köln FamRZ 2010, 2076.
101 KG NJW 1982, 112.
102 BGHZ 38, 266; OLG Bamberg FamRZ 1981, 52.
103 So die Begründung des Gesetzgebers in BT-Drucks 7/4361, S. 11.

Prüfungsbeispiel 63

Eheleute leben seit 4 Monaten voneinander getrennt und vereinbaren u.a.: „Wir vereinbaren, dass die Trennung zwischen uns vor 12 Monaten stattgefunden hat, um die Scheidung durchführen zu können." Sie bitten den Notar unter Darlegung des wahren Sachverhalts, den unrichtigen Zeitpunkt in eine notarielle Urkunde aufzunehmen, um anschließend die Scheidung durchführen zu können.

Der Notar hat eine Beurkundung abzulehnen, mit der „erkennbar unerlaubte oder unredliche Zwecke verfolgt werden", so § 4 BeurkG, ebenso § 14 BNotO. Er darf daher den willkürlich vereinbarten Trennungszeitpunkt nicht beurkunden, weil der Sachverhalt so nicht richtig ist.

Prüfungshinweis 13: 64

Der Notar darf an einer Veränderung des Trennungszeitpunkts niemals mitwirken, weder um für die Beteiligten die Trennungszeit zu verkürzen noch aus steuerlichen Erwägungen der Betroffenen, § 4 BeurkG, § 14 BNotO. Der Notar kann sich sogar damit strafbar machen und auch sein Amt verlieren.

VI. Einigung über Trennungsunterhalt

Trennungsgründe und **Trennungsverschulden** sind für die Zahlung von Trennungsunterhalt grundsätzlich **unerheblich**.[104] Die konkrete Höhe des Unterhaltsanspruchs richtet sich nach den **ehelichen Lebensverhältnissen**.[105] 65

Einigen sich die Parteien zunächst nicht, steht es dem Unterhaltsschuldner zur **Konfliktvermeidung** und auch zur **Kostenersparnis** selbstverständlich frei, den nach seiner Auffassung **unstreitigen Betrag in einer notariellen Urkunde** titulieren zu lassen.

Einigen sich die Parteien **insgesamt** über den zu zahlenden Unterhalt, bedarf auch diese Vereinbarung **keiner besonderen Form**. Hierfür sind lediglich Angebot und Annahme erforderlich, §§ 145 ff. BGB.[106] 66

Prüfungshinweis 14:

Die Rechtsprechung neigt dazu, die Erklärungen der Beteiligten „restriktiv" auszulegen, im Zweifel also keine Vereinbarung anzunehmen.[107]

104 BGH FamRZ 1979, 569.

105 BGH NJW 2000, 284.

106 OLG Brandenburg FamRZ 2002, 960.

107 Vgl. z.B. OLG Brandenburg a.a.O.

Beachte:

Wer sich auf eine – ggf. mündlich geschlossene – Unterhaltsvereinbarung beruft, hat diese vollumfänglich zu beweisen.

1. Unzulässiger Verzicht

67 Ein **unzulässiger Verzicht bzw. Teilverzicht** ist in einer Vereinbarung unbedingt zu vermeiden.

§ 1614 BGB ist beim Trennungsunterhalt über §§ 1361 Abs. 4 S. 4, Abs. 3, 1360a Abs. 3 BGB anwendbar, so dass auf Trennungsunterhalt **für die Zukunft nicht verzichtet** werden kann. Es ist daher darauf zu achten, dass es im Rahmen von Unterhaltsvergleichen nicht zum unzulässigen Teilverzicht kommt. Während eine **Unterschreitung** des Trennungsunterhalts von **20 %** noch für zulässig gehalten wird,[108] hält das OLG Hamm eine Unterschreitung von 1/3 **für nicht mehr zulässig.**[109]

Auch eine Vereinbarung zwischen getrenntlebenden Eheleuten, Trennungsunterhalt **für die Zukunft pauschal** abzugelten, ist unwirksam.[110]

Die Nichtgeltendmachung ist demgegenüber jedoch kein Verzicht.[111]

Prüfungshinweis 15:

Beim Nachscheidungsunterhalt ist ein Verzicht nach § 1585c BGB in den Schranken des § 138 BGB möglich. In diesen Fällen ist jedoch zur Vermeidung einer Haftung stets zu prüfen, ob zeitliche Begrenzungen möglich sind.

68 Soll die **Unterhaltsvereinbarung** – wie ein gerichtlicher Beschluss – **vollstreckbar** sein, bedarf sie allerdings einer **notariellen „Unterwerfungsklausel"** zur Zwangsvollstreckung in das Vermögen des Verpflichteten **(§ 800 ZPO)**.

Wenn auch ein **Verzicht auf die Zahlung von Trennungsunterhalt** nicht möglich ist, können sich die Parteien im Rahmen unterschiedlicher Auffassungen über die Höhe eines zu zahlenden Trennungsunterhalts selbstverständlich verständigen. **Steht jedoch die Höhe** des zu zahlenden Trennungsunterhalts **fest**, darf eine Einigung nach ständiger Rechtsprechung die Zahlung von 4/5 **des Betrages nicht unterschreiten.**[112] Ein vollständiger **Verzicht für die Zukunft** scheitert an §§ 1361 Abs. 4 S. 3, 1360a Abs. 3, 1614 Abs. 1 BGB.[113] Selbst gegen **Abfindung** ist ein Verzicht nicht möglich.[114] Auch eine **Vereinbarung über die Nichtgeltendma-**

108 OLG Düsseldorf FamRZ 2001, 1148.
109 OLG Hamm OLGR 2000, 70.
110 AG Detmold FuR 2023, 332 mit Anm. *Kleinwegener.*
111 Grüneberg/*von Pückler*, § 1361 Rn 71.
112 OLG Bremen FamRZ 2009, 1415.
113 *Roßmann/Viefhues*, Rn 370; BeckFormB FamR/Hamm Form. F.III.5.3. (Anm. 3).
114 *Johannsen/Graba*, § 1614 Rn 2.

chung des Trennungsunterhalts mit der Sanktion, dass die vereinbarte Gegenleistung für die Nichtgeltendmachung entfällt, wenn dennoch der gesetzliche Trennungsunterhalt verlangt wird, verstößt gegen § 1614 BGB.[115]

Soll Trennungsunterhalt nicht geltend gemacht werden, weil der Unterhaltsschuldner **gemeinsame Verbindlichkeiten** allein abträgt, liegt hierin nach Auffassung des **BGH** nicht unbedingt ein unwirksamer Verzicht.[116]

Prüfungshinweis 16: 69

Möglich ist aber die vertragliche Vereinbarung einer **Konkretisierung des Zeitpunktes der Erwerbsobliegenheit** des Berechtigten im Sinne von § 1361 Abs. 2 BGB. Eine solche Vereinbarung kann mit einer zeitlichen Befristung und mit der Verpflichtung des Ehegatten zum Nachweis von Erwerbsbemühungen kombiniert werden.[117]

Insgesamt sind folgende Verzichtsvereinbarungen unzulässig:[118] 70

- Verzicht auf Trennungsunterhalt auch bei – aktuell – **fehlender Bedürftigkeit**;
- Verzicht auf Trennungsunterhalt **wegen eigener Einkünfte** des Berechtigten, aber höheren Einkünften des anderen Ehegatten;
- Verzicht auf Trennungsunterhalt, weil der Berechtigte durch den anderen Ehegatten im Innenverhältnis von der **Erfüllung einer Verbindlichkeit** (z.B. Darlehen für die Ehewohnung) **freigestellt** wird;
- **Abfindung des Unterhaltsanspruchs für die Zukunft**; § 1614 Abs. 1 BGB gilt auch für den Fall eines entgeltlichen Verzichts.[119] Vereinbaren die Beteiligten, dass zur Abgeltung aller Unterhaltsansprüche sowohl für die Trennungszeit als auch nach Scheidung der Ehe eine einmalige Abfindungssumme gezahlt wird, bleibt derjenige Teil der Vereinbarung unwirksam, der den Trennungsunterhalt betrifft. Das Recht zur Geltendmachung von Trennungsunterhaltsansprüchen ist auch dann gegeben, wenn die Abfindungssumme bereits bezahlt ist.[120]

Prüfungshinweis 17:

Der **Rückzahlungsanspruch** hinsichtlich bereits gezahlter Beträge sollte in diesen Fällen vertraglich festgehalten und evtl. abgesichert werden.[121]

115 *Horndasch*, NotF Ehegattenunterhaltsrecht, § 3 Rn 80.
116 BGH FamRZ 2005, 1236.
117 Göppinger/Börger/*Kilger/Pfeil*, S. 265.
118 *Horndasch*, NotF Ehegattenunterhaltsrecht, § 3 Rn 79.
119 Kleffmann/Soyka/*Kleffmann*, PraxisHbUnterhR, Kap. 10 Rn 34.
120 Göppinger/Börger/*Kilger/Pfeil*, S. 262.
121 *Schwackenberg*, FPR 2001, 107.

- Verzicht auf Trennungsunterhalt **„für die Gegenwart“**, also für einen kürzeren Zeitraum z.B. eine evtl. nur kurze Zeit bis zur Rechtskraft der Scheidung;
- **Erschwerung** der Möglichkeit, eine **Erhöhung des Unterhalts** nach §§ 238, 239 FamFG zu verlangen;
- Ausschluss der **gerichtlichen Geltendmachung** von Unterhalt;[122]
- nicht unwesentliche **Stundung** des Trennungsunterhaltsanspruchs;[123]
- Verpflichtung, Trennungsunterhalt nicht geltend zu machen (**pactum de non petendo**).

2. Zulässige Vereinbarungen

71 Zu unterscheiden ist gleichwohl der **Verzicht** von der **Nichtgeltendmachung**. Die Nichtgeltendmachung kann dann vereinbart werden, wenn eine nachvollziehbare Begründung vorhanden ist, die in der Urkunde aber konkret aufzunehmen ist.[124]

> *Formulierungsbeispiel*
>
> Beide Ehegatten sind sich darüber einig, dass derzeit kein Anspruch auf Trennungsunterhalt besteht. Beide Ehegatten sind vollschichtig berufstätig. Nach Abzug berufsbedingter Aufwendungen beträgt das monatliche Nettoeinkommen des Ehemannes 2.100 EUR und das Einkommen der Ehefrau 1.200 EUR. Die monatliche Rate für das gemeinsame Darlehen bei der (...)-Bank in Höhe von 500 EUR wird vom Ehemann getragen. Die Ehegatten sind sich insoweit darüber einig, dass kein Anspruch auf Gesamtschuldnerausgleich besteht. Die gemeinsame Eigentumswohnung wird seit der Trennung von der Ehefrau allein bewohnt. Hierdurch erspart sie sich Mietkosten für eine angemessene Ersatzwohnung von mindestens 350 EUR. Zwischen den Ehegatten besteht somit kein nennenswerter Einkommensunterschied.

Rechtswirksam ist ebenfalls eine Vereinbarung über **abweichende Fälligkeitszeitpunkte** oder über die **Art** des zu erbringenden Trennungsunterhalts. Die Vereinbarung darf keine wesentliche Verkürzung oder einen Verzicht beinhalten.[125] Der Verpflichtete kann dem Berechtigten durch Vereinbarung beispielsweise einen **Pkw** zur Verfügung stellen,[126] ihm eine **Wohnung** überlassen[127] oder zahlt die **Miete** der von der Restfamilie bewohnten Ehewohnung.[128] Auch eine solche Vereinbarung kann **formlos oder stillschweigend** getroffen werden.

122 OLG Karlsruhe FamRZ 1980, 1117.
123 BGH FamRZ 2009, 198, 203 mit Anm. *Bergschneider*.
124 Göppinger/Börger/*Kilger/Pfeil*, 5. Teil Rn 155.
125 BGH FamRZ 1997, 486.
126 BGH FamRZ 1965, 125.
127 BGH NJW 1964, 765.
128 OLG Hamm FamRZ 1984, 790.

Insgesamt sind folgende Vereinbarungen zulässig:[129] 72

Prüfungshinweis 18:

- Unterschreitung einer **Minderungsquote von maximal 20 %**; zwischen 20 % und 1/3 ist die Frage der Zulässigkeit nach den Umständen des Einzelfalls zu bestimmen; bei Unterschreitung von 1/3 und mehr ist die absolute Grenze verletzt; die Vereinbarung ist in diesen Fällen stets unzulässig;
- Konkretisierung des Zeitpunkts für den **Beginn der Erwerbsobliegenheit** unter Berücksichtigung ggf. der Zeitschranke des Alters von 3 Jahren eines Kindes gem. § 1570 BGB im Falle der Kindesbetreuung;
- geringfügige Abweichung von der **Fälligkeitsregel** des § 1361 Abs. 4 S. 2 BGB;[130]
- Vereinbarung des Trennungsunterhalts **als Mindestunterhalt** des Inhalts, dass ein sich nach dem Gesetz evtl. höherer Anspruch unberührt bleibt;
- Verzicht auf **Unterhalt für die Vergangenheit**, soweit die Ansprüche nicht auf einen Dritten (z.B. Sozialleistungsträger) übergegangen sind;
- **Verzicht auf „quasi-nachehelichen" Unterhalt**, §§ 1933 S. 3, 1586b BGB. Der Verzicht empfiehlt sich, wenn Ehegatten im Rahmen einer Trennungs- und Scheidungsfolgenvereinbarung einen Erb- und Pflichtteilsverzicht erklären, um bereits während der Trennung die volle erbrechtliche Verfügungsfreiheit zu erlangen.

Ein **fehlgeschlagener Versöhnungsversuch** unterbricht die Trennung nicht. Eine 73
Vereinbarung bleibt, wie auch sonstige Unterhaltstitel, wirksam. Anderes gilt bei **Aufhebung der Trennung** durch erfolgreiche Versöhnung. Eine Versöhnung ist anzunehmen, wenn die Beteiligten etwa **drei Monate** wieder zusammenleben.[131] Sonstige wieder aufgenommene Gemeinsamkeiten, etwa auch zeitweise Geschlechtsverkehr, unterbricht das Getrenntleben nicht.[132] Ein Titel über Trennungsunterhalt wird ebenso wie die (freiwillige) Vereinbarung unwirksam.

Prüfungshinweis 19:

Soll das Erlöschen des Unterhaltstitels/der Vereinbarung verhindert werden, müssen die Beteiligten ausdrücklich zuvor vereinbaren, dass die Vereinbarung für den Fall der Versöhnung und Wiederaufnahme der ehelichen Lebensgemeinschaft auch bei späterer Trennung gelten soll.

Soll verhindert werden, dass mit Rechtskraft der Scheidung ein unterhaltsrechtlich 74
ungeklärter Zustand besteht, muss grundsätzlich entweder im **Scheidungsverbund**

129 *Horndasch*, NotF Ehegattenunterhaltsrecht, § 3 Rn 78.

130 LG Dortmund FamRZ 1992, 99, 102.

131 OLG Saarbrücken FamRZ 2010, 469; Grüneberg/*Siede*, § 1567 Rn 8.

132 OLG Celle FamRZ 1996, 804; OLG Köln FamRZ 2002, 239.

ein Antrag auf Zahlung nachehelichen Unterhalts gestellt sein oder aber es muss zum Zeitpunkt der Rechtskraft der Scheidung bereits eine – ggf. vollstreckbare – **Vereinbarung** vorliegen. Wollen sich die Beteiligten in gleicher Weise wie zum Trennungsunterhalt auch zum nachehelichen Unterhalt einigen, müssen sie dies wegen der Nichtidentität von Trennungsunterhalt und Nachscheidungsunterhalt in die Vereinbarung aufnehmen.[133]

3. Fortgeltung für den nachehelichen Unterhalt

75 Die Fortgeltung für den nachehelichen Unterhalt kann wie folgt formuliert werden:[134]

> *Formulierungsbeispiel*
>
> Diese Regelung soll auch für den nachehelichen Unterhalt Bestand haben. Der nacheheliche Unterhalt ist erstmals fällig mit dem Tag der Rechtskraft der Ehescheidung, ohne dass es einer Mahnung bedarf. Mit diesem Tag endet der Trennungsunterhaltsanspruch.

76 Soll die Regelung nicht übernommen werden, sondern eine neue Regelung erarbeitet werden, können die Beteiligten den eventuellen Zeitdruck für eine Einigung dadurch nehmen, dass sie die **Geltungsdauer bis zu einem abweichenden Titel** herausschieben.

Die Formulierung kann wie folgt lauten:[135]

> *Formulierungsbeispiel*
>
> Besteht am Tag der Rechtskraft der Ehescheidung kein rechtskräftiger Titel auf nachehelichen Unterhalt, soll die Regelung bis zum Inkrafttreten einer anderweitigen Regelung zum nachehelichen Unterhalt gelten.

4. Freistellungserklärungen

77 Zu **warnen** ist vor Formulierungen, die eine **Freistellung ohne jede Begründung** enthalten.[136]

133 BGH NJW 1987, 651; BGH NJW 1997, 2176.

134 Zur Vereinbarung von Trennungsunterhalt und nachehelichem Unterhalt vgl. *Horndasch*, NotF Ehegattenunterhaltsrecht, § 3 Rn 201.

135 Göppinger/Börger/*Kilger/Pfeil*, 5. Teil Rn 170.

136 Wendl/Dose/*Wönne*, § 6 Rn 611.

Häufig wird formuliert:

> *Hinweis:*
>
> Für die Trennungszeit stellen wir uns gegenseitig von sämtlichen Ehegattenunterhaltsansprüchen frei. Dies betrifft auch etwaige Forderungen Dritter.
>
> Der Notar wies darauf hin, dass ein Verzicht auf die Geltendmachung von Trennungsunterhalt unwirksam ist.
>
> Die Erschienenen erklärten daraufhin: Wir möchten uns auch in Kenntnis dieser Rechtslage gegenseitig versprechen, uns auch von Ansprüchen Dritter freizuhalten.

Diese Verpflichtung, **Trennungsunterhalt nicht geltend** zu machen (**pactum de non petendo**), stellt einen **unwirksamen Unterhaltsverzicht** dar.[137] Sie stellt ein jederzeit zu brechendes Versprechen dar, ohne dass dies irgendwelche Folgen hätte.[138] 78

> *Prüfungshinweis 20:*
>
> Eine Verpflichtung zur Nichtgeltendmachung von Ansprüchen auf Trennungsunterhalt ist als **Umgehungsgeschäft** anzusehen.[139]

Auch eine **Vereinbarung über die Nichtgeltendmachung des Trennungsunterhalts** mit der **Sanktion**, dass die vereinbarte Gegenleistung für die Nichtgeltendmachung entfällt, wenn dennoch der gesetzliche Trennungsunterhalt verlangt wird, verstößt in gleicher Weise gegen § 1614 BGB.[140]

VII. Versöhnung der Eheleute

Ein für den Trennungsunterhalt errichteter **Unterhaltstitel erlischt**, wenn die Ehegatten aufgrund einer Versöhnung wieder über einen längeren Zeitraum zusammenleben. Das Zusammenleben darf aber **nicht nur über kürzere Zeit** verlaufen. Kurzfristige Versöhnungsversuche unterbrechen oder hemmen aufgrund § 1567 Abs. 2 BGB die Trennung nicht.[141] Von einer endgültigen Versöhnung kann in der Regel erst nach einem Versöhnungsversuch von etwa **drei Monaten** die Rede sein, ggf. aber auch bei vollständigem Wiedereinzug des zuvor ausgezogenen Ehegatten und Wiederaufnahme des ehelichen Lebens.[142] 79

137 BGH FamRZ 2014, 727 mit Anm. *Borth*.

138 *Münch*, NZFam 2015, 243, 246: "… sie gefährden den gesamten Vertrag."; vgl. auch *Born*, NJW 2014, 1484.

139 So auch *Roßmann*, FuR 2016, 440; *Horndasch*, FuR 2016, 154.

140 *Kleffmann*, FuR 2016, 76.

141 FA-FamR/*von Heintschel-Heinegg*, Kap. 2 Rn 71.

142 OLG Düsseldorf FamRZ 1995, 96; OLG Saarbrücken FamRZ 2010, 469 m.w.N.

Eine Versöhnung findet auch nicht statt durch einmaligen, auch nicht durch **mehrmaligen Geschlechtsverkehr**, wenn ansonsten keine hinreichenden Anhaltspunkte für eine Versöhnung vorhanden sind.[143] Deshalb reicht auch „regelmäßiger Geschlechtsverkehr" ohne Wiederherstellung der ehelichen Lebensgemeinschaft nicht zum Nachweis einer erfolgreichen Versöhnung aus.[144]

80 *Prüfungshinweis 21:*

Haben sich die Eheleute allerdings versöhnt und leben sie wieder vollständig durch Wiederaufnahme des ehelichen Lebens miteinander zusammen, wird ein **Unterhaltstitel unwirksam**.

Leben die Beteiligten dann wieder voneinander getrennt, kann aus dem früheren Unterhaltstitel **nicht vollstreckt** werden. Der dann aktuelle Trennungsunterhaltsanspruch muss durch einen erneuten Leistungsantrag geltend gemacht werden. Auf den ursprünglichen Unterhaltstitel kann nicht mehr zurückgegriffen werden.[145]

81 Auch eine Weitergeltung des Vollstreckungstitels kann **vertraglich nicht vereinbart** werden.

Prüfungshinweis 22:

Wurde einem oder beiden Ehegatten ein **vertragliches Rücktrittsrecht vorbehalten**, kann der Rücktritt ausschließlich in notarieller Form, § 2296 Abs. 2 S. 2 BGB, ausgeübt werden, wenn die Vereinbarung **zugleich erbvertragliche Regelungen** enthält.[146]

C. Nachscheidungsunterhalt

I. Grundsätze

1. Der Charakter der Vereinbarung

a) Modifizierende Vereinbarung

82 Ehegatten können den nachehelichen Unterhalt im Rahmen einer **Vereinbarung nach § 1585c BGB** auf der Grundlage der gesetzlichen Vorschriften der §§ 1569 ff. BGB ausgestalten und modifizieren, vor rechtskräftiger Scheidung der Ehe in notarieller Form, § 1585c S. 2 BGB. Dabei behält der nacheheliche Unterhaltsanspruch seinen **gesetzlichen Charakter** bei. Dies gilt auch, wenn die Vereinbarungen einen Abänderungsausschluss oder Einschränkungen der Abänderungsmöglichkeit nach

143 OLG Celle FamRZ 1996, 804.

144 OLG Köln FamRZ 2002, 239.

145 OLG Düsseldorf FamRZ 1992, 943; OLG Hamm FamRZ 2011, 1234; Koch/*Kamm*, Rn 7084.

146 OLG Hamm DNotI-Report 1998, 74; Göppinger/Börger/*Kilger/Pfeil*, 5. Teil Rn 171.

§ 239 FamFG enthalten. Die Rechtsnatur des Unterhaltsanspruchs wird dadurch nicht geändert.[147]

Prüfungshinweis 23:

Bei einer Vereinbarung über den nachehelichen Unterhaltsanspruch ist deshalb in der Regel davon auszugehen, dass die Eheleute eine **modifizierende Vereinbarung** treffen wollen.[148]

Dies sollte zu Beginn der Vereinbarung klargestellt werden, wie folgt:[149] **83**

Formulierungsbeispiel

In Ausgestaltung und Modifizierung des gesetzlichen nachehelichen Unterhaltsrechts treffen wir folgende Unterhaltsvereinbarung (…)

b) Novierende Vereinbarung

Allerdings steht Ehegatten auch frei, den nachehelichen Unterhalt trotz gegebenen gesetzlichen Unterhaltsanspruchs unabhängig von den gesetzlichen Regelungen der §§ 1569 ff. BGB auf eine **eigene vertragliche Grundlage** zu stellen (**novierende Vereinbarung**). Eine solche vertragliche Vereinbarung kann aber nur bei Vorliegen besonderer Anhaltspunkte angenommen werden, wenn beispielsweise ein anderer Regelungsgrund oder ein den Einkommensverhältnissen nicht entsprechender (hoher) Unterhalt festgelegt wird.[150] Soll tatsächlich – ausnahmsweise – ein rein vertraglicher Anspruch begründet werden, ist dies **unbedingt in der Urkunde aufzunehmen**, da die Folgen erheblich sein können. So erlischt beispielsweise ein ausschließlich vertraglich begründeter Unterhalt bei einer **Wiederheirat** des Berechtigten nicht.[151] **84**

Vorteile einer novierenden Unterhaltsvereinbarung:[152] **85**

- Der Berechtigte erhält eine **Sicherheit,** für die vereinbarte Dauer (etwa einer Leibrente) den vereinbarten Betrag zu erhalten;
- der Verpflichtete ist sicher, beispielsweise lediglich eine **zeitlich befristete Hilfe** zum Übergang zu leisten;
- für beide Beteiligte kann vorteilhaft sein, dass die Unterhaltsvereinbarung eine **Gegenleistung für ein Entgegenkommen** des Ehegatten beim Zugewinnaus-

147 BGH FamRZ 1988, 933, 935; BGH FamRZ 1991, 673, 674.

148 Johannsen/Henrich/*Büttner*, § 1585c Rn 11; *Horndasch*, NotF Ehegattenunterhaltsrecht, § 4 Rn 39.

149 *Horndasch*, a.a.O.

150 BGH FamRZ 1991, 673; BGH FamRZ 1997, 544.

151 Vgl. z.B. OLG Koblenz FamRZ 2002, 1040 bei Vereinbarung einer Leibrente.

152 Vgl. dazu *Horndasch*, NotF Ehegattenunterhaltsrecht, § 4 Rn 40 ff.

gleich oder Versorgungsausgleich darstellt und sodann unter Vermeidung des Abzugsverbots des § 12 Abs. 2 EStG als entgeltliche Verpflichtung steuerlich abzugsfähig gestaltet werden kann.

Die Nachteile einer novierenden Unterhaltsvereinbarung:

- Die Sicherheit einer solchen Vereinbarung wird begrenzt durch eine mögliche **Sittenwidrigkeit der Abrede**. Hiervon ist auszugehen,[153] wenn durch die Unterhaltsabrede bewirkt wird, dass der über den gesetzlichen Unterhalt hinaus zahlungspflichtige Ehegatte finanziell nicht mehr in der Lage ist, seine eigene Existenz zu sichern und deshalb ergänzender Sozialleistungen bedarf.

2. Befristeter Unterhalt

86 Nachdem der BGH in zahlreichen Entscheidungen verdeutlicht hat, wann die Verpflichtung zur Arbeitsaufnahme der getrennt lebenden und/oder geschiedenen Ehepartner beginnt und in welchem Umfang sie zu leisten ist, haben (künftige) Eheleute hierauf reagiert, weil die erheblichen Belastungen, die zugemutet werden, Einzelnen nicht angemessen erscheint.

So hatte ja der BGH bereits in seinem **Urt. v. 12.4.2006** grundsätzlich klargestellt, dass die lange Ehedauer

> *einer Befristung regelmäßig nur dann entgegen(steht), wenn und soweit es für den* ***bedürftigen Ehegatten – namentlich unter Berücksichtigung seines Alters im Scheidungszeitpunkt***[154] ***– unzumutbar*** *ist, sich dauerhaft auf den niedrigeren Lebensstandard, der seinen eigenen beruflichen Möglichkeiten entspricht, einzurichten.*[155]

87 Ganz deutlich ist dies geworden **im Urt. des BGH v. 15.9.2010** betr. Betreuungsunterhalts:[156]

> *Im Rahmen der Billigkeitsentscheidung über eine Verlängerung des Betreuungsunterhalts aus Kind bezogenen Gründen nach § 1570 Abs. 1 S. 2 und 3 BGB ist stets zunächst der individuelle Umstand zu prüfen, ob und in welchem Umfang die Kindesbetreuung auf andere Weise gesichert ist oder in kindgerechten Betreuungseinrichtungen gesichert werden könnte. Denn mit der Neugestaltung des nachehelichen Betreuungsunterhalts in § 1570 BGB hat der Gesetzgeber für Kinder ab Vollendung des dritten Lebensjahres den Vorrang der persönlichen Betreuung aufgegeben.*

153 BGH FamRZ 2009, 198.

154 OLG Hamm FamRZ 2019, 593.

155 BGH FamRZ 2006, 1006 ff. m. Anm. *Born*, S. 1008.

156 Az XII ZR 20/09 FamRZ 2010, 1880; BGH FamRZ 2009, 1477.

Der BGH hatte ja dem früheren Altersphasenmodell eine eindeutige Absage erteilt. Das Modell wurde auch „0–8-15-Modell“ genannt wegen der Verpflichtung zur Halbtagstätigkeit ab einem Alter des jüngsten Kindes von 8 Jahren und der Vollzeittätigkeit ab Erreichen des 15. Lebensjahres des jüngsten Kindes.[157] 88

3. Unbefristeter Unterhalt

In bestimmten Fallkonstellationen (ehebedingter Nachteil pp) ist bekanntlich nach wie vor **unbefristet Unterhalt** zu zahlen. Der Gesetzgeber weist seit dem 1.3.2013 darüber hinaus durch eine Änderung des § 1578b BGB der **Ehedauer eine besondere Bedeutung** zu, die sie nach Inkrafttreten der Unterhaltsrechtsreform 2008[158] verloren zu haben schien. 89

Im Rahmen des neu eingeführten § 1578b BGB hat die Rechtsprechung seitdem in der Folge zunächst geprüft, ob ehebedingte Nachteile vorliegen. Entstehen durch eine entsprechende Rollenübernahme während der Ehe Erwerbsnachteile, wird in diesem Umfang grundsätzlich nicht befristet. Liegen solche Nachteile nicht vor, ist in einer **Billigkeitsprüfung** festzustellen, ob Grundsätze nachehelicher Solidarität einen unbefristeten Unterhalt erfordern. Dies ist z.B. bei einer aus verschiedenen Gründen eingetretenen starken Verflechtung der Einkommens- und Vermögensverhältnisse der Fall. Zu diesen Gründen gehört neben anderen Kriterien auch die Länge der Ehezeit. 90

4. Beginn und Ende des Unterhaltsanspruchs

Der nacheheliche Unterhaltsanspruch beginnt **mit dem Tag der Rechtskraft der Ehescheidung**, und zwar mit dem **Tagesbeginn**, an dem die Rechtskraft des Scheidungsbeschlusses eintritt.[159] Der Anspruch auf nachehelichen Unterhalt erlischt, wenn beim Berechtigten die **Voraussetzungen für einen Anspruchstatbestand entfallen** sind und es an den Voraussetzungen für einen Anschlussunterhalt nach einer anderen Unterhaltsvorschrift fehlt. Dies ist der Fall, wenn der Berechtigte **heiratet oder stirbt** (§ 1586 Abs. 1 BGB). Ansprüche für die Vergangenheit bleiben allerdings bestehen und können vom Berechtigten oder im Falle von dessen Tod auch von seinen Erben weiterverfolgt werden. 91

Der Unterhaltsanspruch erlischt ebenso, wenn auf nachehelichen Unterhalt – wirksam – **verzichtet** worden ist, oder der Unterhalt z.B. durch eine **Kapitalabfindung** abgegolten worden war (§ 1585 Abs. 2 BGB). 92

157 BGH FamRZ 2009, 1477; Aufhebung von OLG Düsseldorf FamRZ 2009, 338; vgl. auch BGH FamRZ 2015, 824; BGH FamRZ 2015, 1694.

158 Unterhaltsrechtsänderungsgesetz v. 21.12.2007, in Kraft getreten am 1.1.2008, BGBl I S. 3189.

159 So ausdrücklich BGH FamRZ 1988, 370, 372.

Prüfungshinweis 24:

Der Unterhaltsanspruch erlischt[160] mit Abschluss der Vereinbarung. Es besteht dann ausschließlich ein **Zahlungsanspruch**, nicht mehr ein Unterhaltsanspruch.[161]

93 In solchen Fällen kann ein Unterhaltsanspruch auch **nicht wiederaufleben**. Eine **Anpassung an veränderte Umstände** z.B. wegen einer nicht bedachten Notsituation des Berechtigten einerseits, wegen Wiederverheiratung des Berechtigten andererseits oder schließlich wegen nachträglichen Wegfalls seiner Bedürftigkeit **scheidet dann aus**.[162]

Die **Endgültigkeit der Abfindung ist Vertragsinhalt**, nicht nur Geschäftsgrundlage der Regelung. Das Risiko unrichtiger Berechnung und unsicherer Prognosen tragen beide Vertragspartner im jeweiligen Bereich. Auch wenn eine Abfindung nicht in einer Summe zu zahlen war, sondern in einer festgelegten **Anzahl von Raten**, ändert dies an der rechtlichen Situation nichts. Heiratet beispielsweise der Berechtigte während der Zeit der Ratenzahlung oder entfällt seine Bedürftigkeit nachträglich, kann sich der Verpflichtete hinsichtlich der noch nicht fälligen Raten nicht auf den Wegfall der gemeinsamen Geschäftsgrundlage berufen, wenn, wie regelmäßig, eine endgültige Regelung gewollt war.[163]

94 Der **Unterhaltsanspruch erlischt weiter**, wenn er durch Vereinbarung oder im gerichtlichen Verfahren nach § 1578b Abs. 2 BGB zeitlich begrenzt wurde und die Zeitgrenze erreicht ist.

Auch die **Verwirkung nach § 1579 BGB** kann zu einem endgültigen Verlust des Anspruchs führen.

Prüfungshinweis 25:

Ausgenommen von den in § 1579 Nr. 1 bis 8 BGB aufgeführten Gründen ist allerdings die Beschränkung oder Versagung des Unterhalts wegen Zusammenlebens in einer verfestigten Lebensgemeinschaft durch den Berechtigten gem. § 1579 Nr. 2 BGB.

95 Nach Beendigung der nicht ehelichen Lebensgemeinschaft ist eine **neue Billigkeitsentscheidung** gem. § 1579 BGB zu treffen. Nur dann, wenn die Inanspruchnahme des Verpflichteten grob unbillig wäre, bleibt es bei der Versagung des Unterhaltsanspruchs. Bei dieser Billigkeitsentscheidung werden der zwischenzeitliche **Zeitablauf** und die damit zwischenzeitlichen **Dispositionen des Verpflichteten**

160 BGH FamRZ 2005, 1662, 1663.

161 Johannsen/Henrich/*Büttner*, § 1585 Rn 12 m.w.N.

162 BGH FamRZ 2005, 1662.

163 OLG Frankfurt FamRZ 2005, 1253; so auch Wendl/Dose/*Wönne*, § 6 Rn 627.

eine Rolle spielen.[164] Ein **Wiederaufleben des Unterhaltsanspruchs** ist möglich, wenn der Unterhaltsanspruch wegen Leistungsunfähigkeit des Verpflichteten versagt worden war und der Verpflichtete ganz oder teilweise wieder leistungsfähig geworden ist. **Zeitweise entfallen** kann der Unterhaltsanspruch, wenn der Berechtigte seinen eheangemessenen Unterhalt durch eigene Einkünfte decken kann, er aber erneut bedürftig wird. Dann lebt der Unterhaltsanspruch wieder auf, soweit die Voraussetzungen des Tatbestandes zu diesem Zeitpunkt noch vorliegen und der Unterhalt durch die eigenen Einkünfte noch nicht nachhaltig gesichert war.

Ein infolge Wiederverheiratung oder Begründung einer Lebenspartnerschaft erlo- **96**
schener Unterhaltsanspruch lebt nach § 1586a BGB als Anspruch gem. § 1570 BGB wieder auf, wenn die **neue Ehe oder die Lebenspartnerschaft aufgelöst** wird und der Berechtigte zu diesem Zeitpunkt oder danach ein Kind aus der alten Ehe zu pflegen und zu erziehen hat. **Auflösungsgründe** sind sowohl Scheidung oder Aufhebung der Ehe als auch der Tod des neuen Ehegatten.[165] Voraussetzung für das Wiederaufleben ist, dass der Berechtigte in Folge der Kindesbetreuung im Sinne von § 1570 BGB an einer angemessenen Erwerbstätigkeit gehindert ist. Dieser **Tatbestand der Kindesbetreuung** muss zum Zeitpunkt der Eheauflösung nicht vorliegen, da der Unterhaltsanspruch keinen Einsatzzeitpunkt voraussetzt. Der Unterhaltsanspruch lebt daher auch dann wieder auf, wenn ein gemeinsames Kind der Beteiligten erst später in einer Weise erkrankt, die eine Betreuung durch den unterhaltsberechtigten früheren Ehegatten erforderlich macht. Dies ist namentlich in folgenden Konstellationen der Fall:

Prüfungsbeispiel **97**

- Das Kind ist – z.B. durch späteren Unfall – behindert und deshalb besonders betreuungsbedürftig;[166]
- das Kind erkrankt dauerhaft[167] oder ist in einer Weise krankheitsgefährdet, die regelmäßige pflegerische prophylaktische Maßnahmen notwendig macht;[168]
- das Kind ist schwer in seiner Entwicklung gestört,[169] z.B. infolge einer strafbaren Handlung gegenüber dem Kind und es ist deshalb auf weitere Betreuung durch ein Elternteil angewiesen;[170]

164 BGH FamRZ 1987, 689; BGH FamRZ 1987, 1238.
165 OLG Saarbrücken FamRZ 1987, 1046.
166 So ausdrücklich das Beispiel in der Begründung BT-Drucks 13/4899, S. 980 und BT-Drucks 13/8511, S. 71.
167 OLG Hamm NJW 2005, 297.
168 Vgl. die Beispiele in Wendl/Dose/*Bömelburg*, § 4 Rn 174.
169 OLG Hamm FamRZ 2008, 1937.
170 BGH FamRZ 2006, 1362, 1367.

- das Kind ist psychisch labil infolge einer Gewalterfahrung ihm oder Dritten gegenüber;[171]
- das Kind ist straffällig geworden und bedarf deshalb einer persönlichen Betreuung zumindest nach Ende der täglichen Schulzeit.[172]

5. Kapitalabfindung statt Unterhalt, § 1585 Abs. 2 BGB

98 Eine Kapitalabfindung statt laufender Zahlung einer Unterhaltsrente kann zwischen den – früheren – Eheleuten in den Grenzen der §§ 134, 138 BGB **frei vereinbart** werden.

Prüfungshinweis 26:

Der Unterhaltsberechtigte kann allerdings bei Vorliegen eines wichtigen Grundes und für den Fall, dass der Unterhaltsverpflichtete dadurch nicht „unbillig belastet" wird, gem. **§ 1585 Abs. 2 BGB eine Abfindung in Kapital verlangen**.

a) Kapitalabfindung als Recht des Berechtigten

99 Dieses Recht steht ausschließlich dem **Unterhaltsberechtigten** zu,[173] da die Art der Unterhaltsgewährung in Kapital aufgrund besonderer wichtiger Umstände für den Berechtigten notwendig werden kann.[174] Voraussetzung ist allerdings, dass der Verpflichtete dadurch nicht unbillig belastet wird. Der Vorteil einer solchen Lösung besteht häufig darin, auch die **wirtschaftliche Verbindung zum geschiedenen Ehegatten zügig lösen** zu können. Die Betroffenen können neue, eigene Dispositionen für ihren zukünftigen Lebensweg treffen, ohne von „Altlasten" beschwert zu sein.

100 Voraussetzung für ein **berechtigtes Verlangen** auf Zahlung einer Abfindung in Kapital ist das Vorliegen eines wichtigen Grundes auf Seiten des Unterhaltsberechtigten. Beispiele für die Notwendigkeit, Kapital zu erhalten, sind

- geplante Existenzgründung des Berechtigten,
- geplante Auswanderung,
- geplante oder durchgeführte Ausbildung gem. § 1575 BGB mit dem Entstehen entsprechender Ausbildungskosten.

171 BGH FamRZ 1984, 769; *Peschel-Gutzeit*, FPR 2008, 24, 25.

172 OLG Hamm FamRZ 2009, 976.

173 BGH NJW 1993, 2105.

174 Dazu ausführlich *Horndasch*, NotF Ehegattenunterhaltsrecht, § 4 Rn 131 ff.

Prüfungshinweis 27:

Gleichzeitig muss auf Seiten des Verpflichteten ein Verhalten vorliegen, das durch die konkreten Umstände die Dauer der Erfüllung des Unterhaltsanspruchs als Rentenzahlung gefährdet erscheinen lässt.[175]

Kann der Verpflichtete in begründeten Fällen Sicherheit nicht leisten, kommt eben- **101**
falls die Zahlung eines Kapitalbetrages nach § 1585 Abs. 2 BGB in Betracht.[176] Auch die drohende Leistungsunfähigkeit des Verpflichteten wegen **Vermögensverschwendung** seinerseits kann einen Grund für ein Verlangen nach § 1585 Abs. 2 BGB darstellen.[177]

Die Abfindung darf den Unterhaltsverpflichteten allerdings nicht unbillig belasten. Dies bedeutet, dass sie für ihn nicht zu einer **Gefährdung** des eigenen angemessenen Unterhalts und seiner sonstigen Verpflichtungen führen darf.[178] Er darf nicht zu **verlustreichen Veräußerungen** von Vermögenswerten gezwungen werden.[179] Mit der Festsetzung der **Abfindung erlischt der Unterhaltsanspruch**, sodass im Anschluss lediglich der Zahlungsanspruch selbst besteht.[180] Entscheidend für den Zeitpunkt ist der **Abschluss des Abfindungsvertrages**, bei einer gerichtlich zuerkannten Kapitalabfindung die Rechtskraft des Beschlusses.

Prüfungshinweis 28:

Eine **Anfechtung nach § 123 BGB** wegen arglistiger Täuschung, z.B. bei einer bevorstehenden Heirat, bleibt möglich, ebenso ein Schadenersatzanspruch aus § 826 BGB (Erschleichung eines Urteils).[181]

Der **Unterhaltsberechtigte** hat die **Voraussetzungen eines wichtigen Grundes** darzulegen und zu beweisen, ebenso die Voraussetzungen im Verhalten des Verpflichteten darzulegen. Den **Verpflichteten** trifft die Beweislast für das Vorliegen einer unbilligen Belastung.

b) Steuerliche Konsequenz der Kapitalabfindung

Kapitalabfindungen sind regelmäßig mit **steuerlichen Nachteilen** verbunden. Wird **102**
eine Einmalzahlung vereinbart, entfällt das begrenzte Realsplitting nach § 10 Abs. 1 Nr. 1 EStG, das für das Jahr der Zahlung noch möglich ist, für die Folgejahre. Abfindungen für Unterhaltsleistungen an den geschiedenen oder den getrennt-

175 Büte/Poppen/Menne/*Büte*, § 1585 Rn 6.
176 MüKo-BGB/*Maurer*, § 1585 Rn 9.
177 Grüneberg/*von Pückler*, § 1585 Rn 6.
178 Johannsen/Henrich/*Büttner*, § 1585 Rn 9.
179 Grüneberg/*von Pückler*, § 1585 Rn 7.
180 BGH NJW 2004, 3282.
181 Büte/Poppen/Menne/*Büte*, § 1585 Rn 8.

lebenden Ehegatten sind **nur im Rahmen des § 33a Abs. 1 EStG abzugsfähig.**[182] Die danach gegebene Abzugsfähigkeit begrenzter Unterhaltsleistungen scheidet dann schon aus, wenn der Unterhaltsberechtigte ein nicht nur geringes Vermögen besitzt. Darüber hinaus ist in **§ 33a Abs. 1 EStG ein geringer Höchstbetrag** gesetzt, auf den eigene Einkünfte des Unterhaltsberechtigten angerechnet werden.[183]

103 Die Vorschrift des **§ 33 EStG gilt dagegen nur für atypischen Unterhaltsbedarf**, was sich nach Anlass und Zweckbestimmung richtet und regelmäßig bei einer Kapitalabfindung nicht vorliegt, weil sie keine Erfüllung eines außergewöhnlichen oder atypischen Bedarfs darstellt.[184] Für die Bemessung der Kapitalabfindung sind alle diejenigen Gesichtspunkte zu beachten, die für spätere Änderungen oder den Wegfall eines Unterhaltsanspruchs von Bedeutung sein können,[185] also

- die voraussichtliche Zeitdauer der Unterhaltsrente,
- die Lebenserwartung der Beteiligten,
- die Aussicht auf eine Wiederverheiratung des Berechtigten,
- die Berufsaussichten des Berechtigten,
- die Entwicklung der Bedürftigkeit des Berechtigten,
- die künftige Leistungsfähigkeit des Pflichtigen.[186]

II. Die unterhaltsverstärkende Vereinbarung

1. Vereinbarung des Altersphasenmodells

104 Es ist allerdings selbstverständlich möglich, miteinander ein **Altersphasenmodell zu vereinbaren**, welcher Art auch immer. Dieses Modell, nach den Entscheidungen des BGH etwas respektlos **0–8-15-Modell** genannt, ging davon aus, dass es für das Kind in unterschiedlichen Altersphasen mehr oder eben weniger stark erforderlich ist, von dem mit ihm zusammenlebenden Elternteil persönlich betreut zu werden. Nach der Rechtsprechung des **BGH** sollte deshalb ab dem Alter von 8 Jahren des Kindes zumutbar sein, halbtags zu arbeiten,[187] ab 15 Jahren vollzeitlich.[188] Von dieser Richtlinie waren die Oberlandesgerichte zum Teil ganz erheblich abgewichen.[189]

So galt beispielsweise für den Bereich des **OLG Celle**, dass die Aufnahme von Arbeitstätigkeit (halbtags) erst nach Beendigung der Grundschule des Kindes zumutbar war. Im Bereich des **OLG Bremen** erschien dies bereits mit Beginn des 3.

182 BFH NJW 2009, 623.
183 *De Hesselle*, in: Scholz/Kleffmann Teil S 170.
184 BFH FamRZ 2008, 2024.
185 MüKo-BGB/*Maurer*, § 1585 Rn 11.
186 Wendl/Dose/*Wönne*, § 6 Rn 629.
187 BGH FamRZ 1983, 146; 1988, 145; 1989, 487; 1997, 671.
188 BGH FamRZ 1988, 56; 1997, 671.
189 Vgl. die früheren Leitlinien Ziff. 17.1.1., FamRZ 2005, 1365.

Schuljahres möglich. Das **OLG Oldenburg** war – bei mehr als einem Kind – sogar der Auffassung, dass das jüngste Kind das 13. Lebensjahr vollendet haben müsse, bevor eine halbtägige Arbeitstätigkeit zumutbar war.[190]

Grundsätzlich galt immerhin gemeinsam, dass **kleinere Kinder in stärkerem Umfang der persönlichen Betreuung** bedurften und deshalb bei kleineren Kindern eine geringere Zumutbarkeit hinsichtlich einer Erwerbstätigkeit des betreuenden Elternteils gegeben war. Dieser Auffassung sind viele – potentielle – Eltern auch heute. Deshalb wird gerade im Hinblick auf Betreuungsunterhalt eine – verstärkende – Vereinbarung im Ehevertrag und/oder der Trennungs- und Scheidungsfolgenvereinbarung gesucht werden. 105

Entscheidend für den vertraglich geregelten Inhalt ist ausschließlich, ob der Vertrag eine nicht hinnehmbare Gewichtung zu Lasten des potentiell Unterhaltsberechtigten enthält. Dies ist zu den beiden Zeitpunkten **Abschluss des Vertrages (Inhaltskontrolle)** und **Geltendmachung der Rechte aus dem Vertrag (Ausübungskontrolle)** zu prüfen.

Grundsätzlich wirken die Regeln des sog. **Altersphasenmodells zugunsten** des betreuenden Ehegatten. Der BGH hatte im Vergleich zu den Regelungen des Altersphasenmodells die Möglichkeit der häuslichen Betreuung durch einen der Elternteile gerade eingeschränkt. Er hatte den Vorrang persönlicher Betreuung mit der Begründung aufgegeben, dass die außerhäusliche Erziehung des Kindes durch weitere soziale Kontakte für seine Entwicklung ab einem Lebensalter von etwa drei Jahren förderlich sei und der betreuende Elternteil während der daraus resultierenden Abwesenheit des Kindes arbeiten könne.[191] Wird daher ein Altersphasenmodell vereinbart, begegnet dies keinen inhaltlichen Bedenken.

2. Der unbefristete Festbetrag

Eine andere Möglichkeit der Unterhaltsverstärkung unabhängig von Betreuung ist z.B. die **Vereinbarung eines unbefristeten Festbetrages (ggf. mit Wertsicherungsklausel)** unabhängig davon, ob der/dem Unterhaltsberechtigten nach gegebener Rechtsprechung ein solcher Anspruch – unbefristet – zustünde:[192] 106

Formulierungsbeispiel

- Der Ehemann verpflichtet sich, an die Ehefrau einen monatlichen, monatlich im Voraus fälligen nachehelichen Unterhalt in Höhe von (…) EUR zu bezahlen.

190 Vgl. die früheren Leitlinien a.a.O.

191 Vgl. die Begründung im Regierungsentwurf BR-Drucks 253/06, 26, 58.

192 *Horndasch,* NotF Ehegattenunterhaltsrecht, § 4 Rn 81.

- Die Eheleute sind sich darüber einig, dass in diesem Betrag die Kosten für die Altersvorsorge und Krankenversicherung mit enthalten sind. Über diesen Betrag hinaus wird kein Unterhalt an die Ehefrau geschuldet.
- Der Betrag von (…) EUR monatlich wird als Festbetrag festgelegt und deshalb wertgesichert. Wir vereinbaren, dass sich der Festbetrag nach oben oder unten im gleichen prozentualen Verhältnis verändert, wie sich der vom statistischen Bundesamt festgestellte Preisindex für die Lebenshaltung aller privaten Haushalte nach oben oder unten verändert. Die erste Anpassung erfolgt bei Rechtskraft der Ehescheidung durch den Vergleich des heute festgestellten Preisindex mit dem dann geltenden Preisindex. Jede weitere Anpassung erfolgt dann im zweijährigen Abstand bei Veröffentlichung des neuen Preisindex durch das statistische Bundesamt.
- Eigenes Einkommen der Ehefrau ist grundsätzlich beim Unterhalt zu berücksichtigen und führt zu einer Abänderung dieser Vereinbarung. Es besteht jedoch Einigkeit darüber, dass ihr ein Betrag von monatlich netto (…) EUR anrechnungsfrei verbleibt. Der anrechnungsfreie Betrag unterliegt ebenfalls der Anpassung an den Lebenshaltungsindex.
- Darüber hinaus ist die Unterhaltsvereinbarung abänderbar, wenn der Ehemann in den Ruhestand geht. Im Falle der Abänderung ist der Unterhalt neu nach den dann gegebenen tatsächlichen gesetzlichen Grundlagen zu ermitteln. Im Hinblick auf die lange Ehedauer wird von einer zeitlichen Begrenzung des Unterhalts ausdrücklich Abstand genommen.

107 Der **vorletzte Absatz** der vorstehenden Vereinbarung kann – naturgemäß – zu **Streitigkeiten** über die Höhe des zu zahlenden Unterhalts im Falle eigenen Einkommens der Ehefrau führen:

- In welcher Weise ist das eigene Einkommen zu berücksichtigen?
- Ab welchem Einkommensbetrag (auch bei 10 EUR?) in welchem Zeitraum ist die Möglichkeit der Abänderung gegeben?
- Schließlich und von erheblicher Bedeutung: Wie hoch ist das Einkommen des Verpflichteten zum Zeitpunkt der Vereinbarung?

Unbedingt erforderlich ist es zur Vermeidung von Auseinandersetzungen in vielen Fällen, die **Einkommensgrundlagen** in die Vereinbarung mit aufzunehmen, ebenso die **Grenzen der Abänderungsmöglichkeit** zu beschreiben und schließlich zumindest den **Abänderungsweg** (Berufung auf Gesetz?) darzustellen. Anderenfalls droht dem beratenden Rechtsanwalt ein **Haftungsfall**, da er Unklarheit und Zweideutigkeit zu vermeiden und sehr leicht für Irrtümer Beteiligter jeder Art einzustehen hat.

Die Probleme des vorletzten Absatzes sind nicht vorhanden, wenn sich die Beteiligten auf **andere Weise einigen** würden, beispielsweise:

- Die Ehefrau ist nicht zur Arbeitstätigkeit verpflichtet. Gleichwohl erzieltes etwaiges Erwerbseinkommen wird hälftig auf den Unterhaltsanspruch angerechnet, sonstige Einkünfte in voller Höhe. Eigene Einkünfte erzielt die Ehefrau derzeit nicht.

Die **Alternative** zum letzten Satz:

- Die derzeit erzielten eigenen Einkünfte der Ehefrau aus (...) in Höhe von monatlich (...) EUR verbleiben anrechnungsfrei.

Problematisch kann eine solche Vereinbarung vor allem aus zwei Gründen gleichwohl sein: 108

a) Überschreitet der Zahlbetrag (ggf. einschließlich eines Zuverdienstes des Berechtigten) die **Halbteilungsgrenze**, führt dies zu einer einseitigen Lastenverteilung gegenüber dem Unterhaltsverpflichteten mit der Konsequenz, dass die **Inhaltskontrolle (Wirksamkeitsprüfung)** des Vertrages bereits die Unwirksamkeit zur Folge hat.

b) Falls es im Laufe der Zeit unvorhergesehene Einkommenseinbußen des Verpflichteten gibt, kann eine Ausübungskontrolle zur Folge haben, dass der Vertrag zwar zum Zeitpunkt seines Abschlusses nicht zu beanstanden war, dem Berechtigten die Berufung auf den Inhalt jedoch nach § 242 BGB zu verwehren ist (**Ausübungskontrolle**).

So hat das **OLG Karlsruhe**[193] die Verpflichtung zur Zahlung einer **Leibrente** als sittenwidrig eingestuft, weil es die Regelung von vornherein als nicht akzeptabel für den Verpflichteten angesehen hat. Diesem blieb nach Zahlung nicht einmal der Selbstbehalt.

3. Kranken- und Altersvorsorge

Der Unterhaltsbedarf umfasst neben dem **Elementarunterhalt** auch den **Krankenversorgungsunterhalt** sowie **Altersvorsorgeunterhalt** (und einen eventuellen **Mehrbedarf**). Es handelt sich insoweit um unselbstständige Teile des Gesamtunterhalts. 109

a) Grundsätze

Während Beteiligte miteinander verheiratet sind, bleibt grundsätzlich die **Mitversicherung der Ehegatten** erhalten. Gleichwohl kann es sinnvoll sein, sich hinsichtlich des Vorsorgeunterhalts wegen Krankheit und Pflege **auch während der Trennungszeit zu einigen**. In einer Vereinbarung ist dann **klarzustellen, ob und aus welchem Grund** ein Anspruch des unterhaltsberechtigten Ehegatten auf Vorsorgeunterhalt wegen Krankheit und Pflege besteht. Die Kosten sind konkret zu beziffern und gesondert auszuweisen.[194] Scheidet der Unterhaltspflichtige jedoch aus 110

193 FamRZ 2007, 477 m. Anm. *Bergschneider*, S. 479.

194 *Horndasch*, NotF Ehegattenunterhaltsrecht, § 4 Rn 549.

der Versicherung im Hinblick auf das **Erlöschen der Familienversicherung** aus, sollte Vorsorge durch eine Vereinbarung getroffen werden.[195]

111 Wird die Zahlung von **Vorsorgeunterhalt wegen Krankheit und Pflege** vereinbart, ist es sinnvoll, **die folgenden Verpflichtungen** mit aufzunehmen:

Prüfungshinweise 29:

- Sicherung zweckentsprechender Verwendung.
- Zur Sicherung tatsächlicher Verwendung des Vorsorgeunterhalts in zweckentsprechender Weise kann vereinbart werden, dem Berechtigen aufzuerlegen, dies dem Verpflichteten gegenüber durch Vorlage von Belegen in entsprechenden zeitlichen Abständen, z.B. alle sechs Monate, nachzuweisen. Alternativ kann zur Entlastung des Berechtigten, laufende Nachweise erbringen zu müssen, vereinbart werden, dass der Verpflichtete zur Einholung entsprechender Auskünfte beim Versicherer berechtigt ist.
- Zahlung direkt an Versicherer.
- Die Beteiligten sollten eventualiter vereinbaren, dass sich der Verpflichtete für den Fall einer nicht zweckentsprechenden Verwendung des Vorsorgeunterhalts durch den Berechtigten das Recht vorbehalten kann, den Vorsorgeunterhalt mit befreiender Wirkung direkt an den Versicherer zu zahlen. Alternativ kann von vornherein die direkte Zahlung an einen Versicherer vereinbart werden.

Um Schwierigkeiten bei der Abwicklung von Versicherungsleistungen oder ggf. Beihilfeleistungen für Aufwendungen des mit versicherten Ehegatten während des Getrenntlebens zu vermeiden, kommen folgende Vereinbarungen in Betracht:[196]

- **Verpflichtung** des Versicherungsnehmers, die an ihn ausgezahlten Versicherungsleistungen und erstatteten Beihilfeleistungen an den getrenntlebenden Ehegatten **weiterzugeben**;[197]
- **Verzicht** des Ehegatten gegenüber dem Versicherer auf Widerspruch gegen die **Auszahlung** von Versicherungsleistungen unmittelbar an den getrenntlebenden Ehegatten;
- **Vollmacht** des beihilfeberechtigten Ehegatten zur **Beantragung** der Beihilfe verbunden mit der Einwilligung zur Erstattung der entsprechenden Beihilfeleistungen unmittelbar an den getrenntlebenden Ehegatten.

195 OLG Köln FamRZ 1985, 926.

196 Göppinger/Börger/*Kilger/Pfeil*, 5. Teil Rn 182 ff.

197 OLG Düsseldorf NJW 1991, 970.

Prüfungshinweis 30: 112

Bei Bestehen einer Beihilfeversicherung kann eine Einwilligung gegenüber dem Versicherer zur Auszahlung der Versicherungsleistungen unmittelbar an den getrenntlebenden Ehegatten erteilt werden.[198]

- Verpflichtung zur Bezahlung von Rechnungen aus ärztlicher Behandlung für den bedürftigen Ehegatten (**Erfüllungsübernahme gem. § 329 BGB**);[199]
- Teilung des Vertrages über Krankheit und Pflege und **Umwandlung in eine Einzelversicherung**.

Prüfungshinweis 31: 113

Der Unterhaltspflichtige ist zur **Mitwirkung an einer Umwandlung verpflichtet**, da er durch die Umwandlung keine Nachteile hat.[200]

b) Geltendmachung und Zweckbestimmung des Vorsorgeunterhalts

Vorsorgeunterhalt ist **nicht Teil des Elementarunterhalts oder des Quotenunterhalts**. Er ist daher immer gesondert geltend zu machen. 114

Prüfungshinweis 32:

Wird Quotenunterhalt oder Elementarunterhalt verlangt, beinhaltet dies nicht gleichzeitig das Verlangen nach Vorsorgeunterhalt.[201] **Vorsorgeunterhalt** ist daher **besonders und konkret** zu verlangen.

Hat der Berechtigte allerdings Auskunft zum Zwecke der Unterhaltsberechnung verlangt, muss er **nicht gleichzeitig darauf hingewiesen** haben, dass er auch Vorsorgeunterhalt verlangt. Dies kann nach Auskunft konkretisiert werden.[202] Wurde in einem Erstverfahren lediglich Elementarunterhalt verlangt, weil der Berechtigte beispielsweise an die Möglichkeit des Vorsorgeunterhalts nicht gedacht hat oder die Voraussetzungen zur Forderung von Altersvorsorge noch nicht vorlagen, kann im Wege des **Abänderungsverfahrens**, § 323 ZPO, auch erstmals Vorsorgeunterhalt verlangt werden.[203]

Der Berechtigte muss im Verfahren **keine Angaben** über die beabsichtigte konkrete Form der Vorsorge machen. Er kann sich auf die Geltendmachung des Betrages beschränken, um ihn dann zur Begründung eines **selbst gewählten Weges der Vorsorge** zu verwenden. Der Verpflichtete kann deshalb auch nicht verlangen, dass **er** 115

198 Göppinger/Börger/*Kilger/Pfeil*, 5. Teil Rn 184.
199 OLG Düsseldorf NJW 1991, 2970 = FamRZ 1991, 437.
200 *Husheer*, FamRZ 1991, 264.
201 BGH FamRZ 1985, 690.
202 BGH FamRZ 2007, 193.
203 BGH FamRZ 1985, 690.

selbst den Vorsorgebetrag an einen Versicherungsträger bezahlt.[204] Anders ist dies nur, wenn ein **begründeter Verdacht auf zweckwidrige Verwendung** des Vorsorgeunterhalts besteht.[205]

116 Der Zweck des Vorsorgeunterhalts besteht darin, dem Berechtigten zu ermöglichen, seine Altersabsicherung angemessen erhöhen zu können. Deshalb unterliegt der Vorsorgeunterhalt einer besonderen Zweckbindung. Bei **nicht zweckgemäßer Verwendung des Vorsorgebetrages** für den laufenden Unterhalt, also beispielsweise im Falle des Verbrauchs des Berechtigten, handelt der Berechtigte **treuwidrig**. Der Verpflichtete kann im Fall von Treuwidrigkeit des Berechtigten mittels **Abänderungsantrag** erreichen, dass die Zahlung **direkt** an einen vom Berechtigten benannten Versicherungsträger erfolgt.

Der Berechtigte hat dann einen **geeigneten Versicherungsträger zu benennen** und darzulegen, dass die – zukünftigen – Zahlungen an diesen zu einem geeigneten Versicherungsschutz führen. Trägt die Unterhaltsberechtigte dies nicht vor, ist der Anspruch auf Vorsorgeunterhalt **nicht schlüssig dargetan** und deshalb abzuweisen.[206] Der bezahlte Vorsorgeunterhalt kann allerdings nicht nach § 812 BGB zurückverlangt werden. Es handelt sich um eine „fehlgeschlagene Prognose" hinsichtlich der bestimmungsgemäßen Verwendung des Altersvorsorgeunterhalts. Diese Prognose bleibt bis zur Rechtshängigkeit des Abänderungsantrags unberührt.[207]

Prüfungshinweis 33:

Verwirkung des Anspruchs kann nach § 1579 Nr. 4 BGB vorliegen. Dies setzt **mutwilliges Verhalten** voraus.

Zweifelhaft kann sein, ob mutwilliges Verhalten bei Vorliegen einer **finanziellen Notlage** oder bei Gesamteinkünften des Berechtigten **unterhalb des notwendigen Selbstbehalts** vorliegt.[208] Liegt **mutwilliges Verhalten** vor, wird der Berechtigte so behandelt, als **hätte er** eine mit dem Vorsorgeunterhalt erreichbare Altersabsicherung **tatsächlich erreicht**. Ihm ist dann **vorwerfbar**, sich **zumindest leichtfertig über erkannte nachteilige Folgen** für seine spätere Bedürftigkeit hinweg gesetzt zu haben.[209]

204 BGH FamRZ 1983, 152.
205 BGH FamRZ 1987, 684, 686.
206 BGH FamRZ 1982, 1187; BGH FamRZ 1987, 684, 686.
207 BGH FamRZ 1987, 684, 686; Wendl/Dose/*Gutdeutsch*, § 4 Rn 869.
208 BGH FamRZ 1987, 684, 686.
209 BGH FamRZ 2003, 848, 853.

c) Altersvorsorgeunterhalt

Grundsätzlich ist im familiengerichtlichen Verfahren zur Scheidung einer Ehe **Vorsorgeunterhalt** erst mit **Rechtshängigkeit des Scheidungsverfahrens** nicht mehr obsolet, da der Versorgungsausgleich vom 1. desjenigen Monats an entfällt, zu dem der von einem Ehepartner gestellte Scheidungsantrag dem anderen zugestellt wird.[210] Von diesem Zeitpunkt an besteht jedoch ein **Anspruch auf angemessene Absicherung für den Fall des Alters sowie der Erwerbsunfähigkeit** gem. § 1361 Abs. 1 S. 2 BGB.[211] Die **Höhe** bestimmte sich nach jahrzehntelanger Rechtsprechung nach dem Beitragsbemessungssatz der Rentenversicherung mit rd. 20 %.[212] 117

Nachdem der **BGH**[213] darüber hinaus gehend erklärt hat, dass grundsätzlich[214] dem Nichtselbstständigen zuzubilligen sei, einen Betrag von bis zu **4 %** des jeweiligen Bruttoeinkommens des Vorjahres für eine zusätzliche Altersvorsorge einzusetzen, ist dieser zusätzliche Betrag in den Vorsorgeunterhalt einzubeziehen und statt 20 %[215] eine Altersvorsorge von **24 %** zu verlangen.[216] Der **BGH** hatte nämlich erklärt, dass die Grenze der angemessenen Altersversorgung zur einseitigen Vermögensbildung bei **24 v.H.** (20 v.H. Beitragsbemessungssatz der gesetzlichen Rentenversicherung + 4 v.H. des Jahresbruttoeinkommens des Vorjahres) liegt. 118

Die **Berechnung** des Altersvorsorgeunterhalts erfolgt **in zwei Stufen.**[217] 119

Zunächst ist der **Elementarunterhalt** zu errechnen. Um den Altersvorsorgeunterhalt zu bestimmen, ist der Unterhaltsberechtigte so zu stellen, als würde es sich beim Elementarunterhalt um das Nettoeinkommen des Betreffenden aus Berufstätigkeit handeln (Betrag nach Abzug der gesetzlichen Sozialversicherungsbeiträge ohne Krankenversicherung). Hierzu ist der **Elementarunterhalt** (fiktives Nettoeinkommen) **auf ein entsprechendes (fiktives) Bruttoeinkommen hochzurechnen**. Dies geschieht unter Zuhilfenahme der so genannten **Bremer Tabelle des OLG Bremen**. Um das fiktive Bruttoeinkommen zu bestimmen, ist der aus der Tabelle zu entnehmende **Aufschlag auf den Elementarunterhalt** zu machen. Die Summe multipliziert mit dem geltenden Rentenbeitragssatz ergibt sodann den Altersvorsorgeunterhalt.

In einer zweiten Stufe ist dann der **Elementarunterhalt unter Abzug des Altersvorsorgeunterhalts** vom bereinigten Nettoeinkommen neu zu ermitteln.

210 BGH NJW 1982, 1988.

211 BGH FuR 2023, 38 mit Anm. *Soyka.*

212 Stand 1.1.2024: **18,6 %**

213 BGH FamRZ 2005, 1871.

214 Außer im Mangelfall, BGH a.a.O.

215 Zum Zeitpunkt der Entscheidung zutreffende Höhe.

216 So *Soyka*, FK 2006, 2 f., 3; in anderem Zusammenhang (Eheprägung einer angemessenen Altersversorgung durch zu erwartende Erbschaft nach BGH FamRZ 2006 S. 387) spricht *Soyka* von 24 %, vgl. FK 2006, 76.

217 OLG Celle FamRZ 2000, 1153; Grüneberg/*von Pückler*, § 1578 Rn 71.

120 Schließlich ist abschließend die **Leistungsfähigkeit** des Unterhaltsverpflichteten zu **überprüfen**.

121 Mit geringen Beträgen wird der Unterhaltsberechtigte i.d.R. keine angemessene Alterssicherung aufbauen können. Daher sind nach Errechnung der eigentlich möglichen gesetzlichen Ansprüche selbstverständlich Vereinbarungen möglich, die eine Altersvorsorge verstärken. Wichtig ist in diesem Zusammenhang, die einzelnen Bestandteile des Unterhalts voneinander zu trennen und in der Urkunde gesondert auszuweisen. Zweifel an der Verwendung können den Einwand nach § 242 BGB begründen.[218]

> *Prüfungshinweis 34:*
>
> Wird eine betragsmäßige Feststellung in einer Urkunde unterlassen (evtl. aus Unkenntnis der Notwendigkeit), umfasst diese den Gesamtunterhalt, so dass spätere **Nachforderungen** im Wege des Zusatz- oder Abänderungsantrages **nicht möglich** sind.[219]

d) Krankenvorsorgeunterhalt

122 Grundsätzlich ist eine Absicherung während der Trennungszeit für die nicht erwerbstätigen Ehegatten im Rahmen der **Familienversicherung** über die gesetzliche Krankenversicherung des erwerbstätigen Ehegatten gegeben, § 10 SGB V.[220]

Allerdings besteht auch in der Trennungszeit **kein Versicherungsschutz** mehr, z.B. bei einer Beamtenehe. Wenn der arbeitende Ehegatte die private Versicherung seines Ehepartners nicht mehr bezahlt, kann der Berechtigte die Kosten für eine den ehelichen Lebensverhältnissen angemessene Absicherung verlangen, **§ 1578 Abs. 2 BGB analog**.[221]

Im Übrigen bemisst sich der Krankenvorsorgeunterhalt im Hinblick auf die gesetzliche Krankenversicherung nicht nach einem hochgerechneten fiktiven Bruttoeinkommen, sondern **allein nach** dem errechneten **Elementarunterhalt**. Dieser ist mit dem entsprechenden Beitragssatz der Krankenkasse zu multiplizieren.

Prüfungsbeispiel

Einkommen des Verpflichteten	3.400 EUR
(vorläufige) Unterhaltsquote der Berechtigten:	
3.400 EUR × 45 %	1.530 EUR
Krankenvorsorge (Beitragssatz 14,6 %): 1.530 EUR × 14,6 % =	223 EUR
abzgl. Krankenvorsorge	223 EUR

218 BGH FamRZ 2020, 171.
219 BGH FamRZ 1988, 1145, 1148.
220 Ausführlich dazu *Mleczko*, ZFE 2006, 128.
221 BGH FamRZ 1983, 676, 677; 1988, 145, 147; 1989, 483.

bereinigtes Nettoeinkommen des Verpflichteten	3.177 EUR
Unterhaltsquote	× 45 %
endgültiger Elementarunterhalt	**1.430 EUR**

Die Unterhaltsberechtigte erhält im Beispiel 223 EUR Krankenvorsorge- und 1.430 EUR Elementarunterhalt, insgesamt **1.653 EUR**.

Die tariflichen Sätze der Krankenversicherung können höher werden, so dass der Wunsch der Beteiligten bestehen kann, hier zu einer – **unterhaltsverstärkenden** – Krankenvorsorge zu kommen.

e) Kombination Kranken- und Altersvorsorge

Bei einer Vereinbarung der Beteiligten von **Krankenvorsorge- und Altersvorsorgeunterhalt** berechnet sich der Elementarunterhalt grundsätzlich dreistufig.[222] 123

Prüfungsbeispiel

Einkommen des Verpflichteten		2.800,00 EUR
vorläufige Unterhaltsquote der Berechtigten:	2.800 EUR × 45 % =	1.260,00 EUR
Kranken-/Pflegevorsorge (17,65 %[223]):	1.260 EUR × 17,65 % =	222,39 EUR
abzgl. Kranken-/Pflegevorsorge		222,39 EUR
bereinigtes Nettoeinkommen des Verpflichteten		2.577,61 EUR
Unterhaltsquote		× 45 %
vorläufiger Elementarunterhalt		**1.159,92 EUR**
Altersvorsorgeunterhalt:	1.159,92 EUR + 1 % (197,19 EUR)	1.357,11 EUR
	1.357,11 EUR × 22,6 % (18,6 % + 4 %) =	306,71 EUR
endgültiger Elementarunterhalt		2.800 EUR
./. Kranken-/Pflegevorsorge		222 EUR
./. Altersvorsorge (gerundet)		307 EUR
		2.271 EUR
Unterhaltsquote		× 45 %
endgültiger Elementarunterhalt (gerundet)		**1.022 EUR**

222 BGH FamRZ 1989, 483.

223 14,6 % Krankenversicherung + 3,05 % Pflegeversicherung.

Die Unterhaltsberechtigte hat Anspruch auf **222 EUR** Krankenvorsorge- und Pflegevorsorgeunterhalt, **307 EUR** Altersvorsorgeunterhalt und **1.022 EUR** Elementarunterhalt, insgesamt **1.551 EUR**.

Es entsteht im konkreten Beispiel ein Mangelfall. Es verbleiben dem Verpflichteten lediglich 1.249 EUR bei einem Selbstbehalt von 1.600 EUR.

Zu kürzen ist im Mangelfall zunächst der Altersvorsorgeunterhalt aufgrund seiner Nachrangigkeit gegenüber dem Krankenvorsorge- und Elementarunterhalt. Es ist deshalb der Altersvorsorgeunterhalt nicht zu zahlen. Der Krankenvorsorgeunterhalt ist um 44 EUR (222 EUR – 178 EUR) zu kürzen.

Es ist deshalb zu zahlen: 1.022 EUR Elementarunterhalt sowie 178 EUR Krankenvorsorgeunterhalt, insgesamt 1.200 EUR.

4. Übernahme sonstiger Kosten

124 Die Übernahme sonstiger Kosten, beispielsweise entstehenden **Mehrbedarfs oder die Vereinbarung von Betreuungskosten** begegnen keinerlei Bedenken. Sog. **Mehrbedarf** kann in vielerlei Hinsicht gegeben sein, hinsichtlich des Kindes (Kindergarten, Umgangskosten), wegen Ausbildung, Krankheit, aus Gründen der Trennung (Umzug) etc. **Mehrbedarf** ist hinsichtlich der Kinder grundsätzlich – nach Abzug des Selbstbehalts – im Verhältnis der Leistungsfähigkeit der Eltern zu zahlen. Verpflichtet sich ein Elternteil, dies vollständig zu übernehmen, handelt es sich – beim Verpflichteten – um eine unterhaltsverstärkende Leistung. Falls der Berechtigte verzichtet, berührt der Rahmen der eigentlich beiderseitigen Verpflichtung nicht den Kernbereich einseitiger Belastung.

Bei anderem Mehrbedarf erfolgt die Berechnung nach folgendem Muster:

Prüfungsbeispiel

Bereinigtes Einkommen Verpflichteter 3.200 EUR, Berechtigter 0 EUR, ausbildungsbedingter Mehrbedarf 200 EUR

Einkommen Verpflichteter	3.200,00 EUR
Abzüglich ausbildungsbed. Kosten	200,00 EUR
Verbleib	3.000,00 EUR
Hiervon 45 % Unterhalt	1.350,00 EUR
Gesamtanspruch:	
Ausbildungskosten	200,00 EUR
Unterhalt	1.350,00 EUR
Insgesamt:	**1.550,00 EUR**

Betreuungskosten wurden früher von der Rechtsprechung – in unterschiedlicher Weise – anerkannt und entweder vom Nettoeinkommen des betreuenden Elternteils abgezogen[224] oder auf der Ebene des Bedarfs berücksichtigt.[225] Dies wird von der **Rechtsprechung**[226] nicht mehr nachvollzogen.[227] In der **Literatur** wird der Ansatz, die durch Arbeitstätigkeit und Betreuung entstehende Mehrbelastung durch einen zusätzlichen anrechnungsfreien Betrag, eben einen Betreuungsbonus, zu kompensieren,[228] allerdings zum Teil weiterhin favorisiert. Die Vereinbarung solcher Kosten stellt damit eine – akzeptierte – unterhaltsverstärkende Abweichung von den sonst gegebenen Regeln dar, wie sie von der Rechtsprechung vorgegeben werden.

III. Der Unterhaltsverzicht

1. Verzicht auf Betreuungsunterhalt, § 1570 BGB

Der **BGH** hat den Betreuungsunterhalt zur absoluten Nr. 1 in seinem „Kernbereichs-Ranking“ gemacht.[229] 125

Das bedeutet zunächst, dass die frühere Rechtsprechung des BGH und die frühere Vertragspraxis, die Unterhaltshöhe auch bis zum notwendigen Selbstbehalt herabzusetzen, obsolet sind. Das Bundesverfassungsgericht und der BGH gehen, wie aufgezeigt, davon aus, dass ein **Verzicht oder ein Teilverzicht** auf Betreuungsunterhalt im Ergebnis das **Kindeswohl beeinträchtigt**.

Wie sich die Rechtsprechung zu § 1570 BGB aufgrund des UÄndG weiterentwickeln wird, muss abgewartet werden. Allerdings führt insbesondere die vom Gesetz und vom BGH vorgenommene Aufteilung zwischen kindbezogenen und elternbezogenen Gründen[230] zu **folgenden Einschätzungen**: 126

- Unterhaltsverzichte und Unterhaltsbeschränkungen bis zum **3. Lebensjahr** des jüngsten Kindes sind regelmäßig sehr problematisch.
- Sprechen **kindbezogene Gründe** für eine vollständige oder teilweise Verlängerung des Betreuungsunterhalts über das dritte Lebensjahr hinaus, liegt also ein Billigkeitsgrund i.S.v. § 1570 Abs. 1 S. 2 BGB vor, ist ein Verzicht nur dann nicht problematisch, wenn andere kindgerechte Betreuungsmöglichkeiten gegeben sind.

224 OLG Köln FamRZ 2002, 463: Abzug und anschließende hälftige Anrechnung des verbleibenden Einkommens des Berechtigten; OLG München FuR 2002, 329; Abzug statt Teilanrechnung des Einkommens des Berechtigten.

225 OLG Karlsruhe FamRZ 2002, 820.

226 BGH FamRZ 2009, 1391.

227 So noch BGH FamRZ 2001, 350.

228 Vgl. *Gerhardt*, NJW-Spezial 2008, 228 m.w.N.

229 *Horndasch*, NotF Kindschaftsrecht, § 2 Rn 84.

230 Vgl. z.B. BGH FamRZ 2009, 1391, 1395.

- Ein **abrupter Wechsel** von der elterlichen Betreuung zu einer Vollzeittätigkeit ist zu vermeiden.
- Bei Beachtung der subjektiven Gesichtspunkte besteht grundsätzlich volle Vertragsfreiheit, wenn es sich um **elternbezogene Gründe** i.S.v. § 1570 Abs. 2 BGB handelt.

127 Hinsichtlich der **Höhe des Unterhalts** sollte bei einfachen und mittleren finanziellen Verhältnissen die Vereinbarung eines geringeren als des gesetzlichen Unterhalts (§ 1578 Abs. 1 S. 1 BGB) vermieden werden. Bei großzügigen Verhältnissen kann eine höhenmäßige Begrenzung durchaus in Frage kommen. **Maßstab** ist aber auch hier das **Kindeswohl**; das bedeutet, dass die Unterhaltsbegrenzung nicht zur Aufnahme einer Erwerbstätigkeit zwingen darf, um den ehelichen Lebensstandard zu wahren.[231]

In diesem Zusammenhang hat das **OLG Oldenburg** angemahnt, dass bei einem gesetzlichen Unterhaltsanspruch von 6.000 EUR ein vertraglich auf 1.500 EUR beschränkter Unterhalt zu gering ist.[232]

Allerdings stellt der **BGH**[233] grundsätzlich fest, dass selbst bei einem Vertrag mit einer Schwangeren der Betreuungsunterhalt i.S.v.§ 1570 BGB abweichend von den gesetzlichen Vorschriften geregelt werden kann und auch nicht immer der eheangemessene Unterhalt erreicht werden muss.

2. Verzicht auf Anschlussunterhalt zum Betreuungsunterhalt

128 Bei einem **Verzicht auf Anschlussunterhalt** ist zu prüfen, ob und ggf. welches Risiko der kinderbetreuende Elternteil mit der Aufgabe seiner Berufstätigkeit auf sich nimmt oder – insbesondere bei Scheidungsvereinbarungen – auf sich genommen hat, wenn die Betreuungsbedürftigkeit der Kinder endet, ob also ein Wiedereinstieg in den erlernten und ausgeübten Beruf nicht oder nur unter deutlich ungünstigeren Bedingungen möglich ist (**ehebedingter Nachteil**).

129 Zur **Höhe des Anschlussunterhalts** erklärt der **BGH**,[234] dass Aufstockungsunterhalt (§ 1573 Abs. 2 BGB) nicht in der vollen Höhe des gesetzlichen Unterhalts (§ 1578 Abs. 1 S. 1 BGB) gewährt werden muss. Es genügt, wenn dessen Höhe nach der **Differenz** des Einkommens, das der kinderbetreuende Elternteil aus einer seiner Ausbildung und früheren Berufstätigkeit entsprechenden, kontinuierlich ausgeübten Berufstätigkeit erzielen könnte, bemessen wird (**ehebedingte Nachteile**). Diese Rechtsprechung ist bekanntlich durch die Neuregelung des Unterhaltsrechts (§§ 1569, 1578b BGB) bestätigt.

231 Vgl. BGH FamRZ 2009, 1391, 1397.

232 FamRZ 2004, 545 m. Anm. *Bergschneider*.

233 BGH FamRZ 2006, 1359.

234 FamRZ 2004, 601.

3. Verzicht auf weitere Unterhaltstatbestände

Bei der Frage nach der Möglichkeit des **Verzichts auf einzelne Unterhaltstatbestände** außerhalb des Betreuungsunterhalts nach § 1570 BGB ist von der vom BGH entwickelten **Kernbereichslehre** auszugehen. 130

Da die übrigen sechs Unterhaltstatbestände nicht die Rechte des Kindes zum Inhalt haben, ist dieses Thema an Hand der Grundsätze der **unangemessenen Benachteiligung** durch den Ehevertrag oder die Scheidungsvereinbarung zu behandeln. Hinsichtlich der **objektiven Seite** ist zwischen den gesetzlichen Ansprüchen und der geplanten oder vorliegenden Regelungen zu vergleichen. Beim Altersunterhalt macht es z.B. einen Unterschied, ob der Unterhaltsberechtigte im Alter eine angemessene Rente zu erwarten hat oder eben nicht.

Auch das **Alter, in dem die Ehegatten heiraten**, kann von erheblicher Bedeutung sein: Bei Eheschließung in „vorgerücktem Alter" ist i.d.R. Versorgungsvermögen schon zu einem erheblichen Teil entstanden, so dass ein Verzicht auf den Vorsorgeunterhalt und ebenso auf den Versorgungsausgleich ungleich unproblematischer ist als in anderen Fällen. Bei der Beurteilung der **subjektiven Seite** wird man neben der persönlichen Bedeutung des Verzichts den Kernbereich betrachten müssen. Bei **hochrangigen Unterhaltstatbeständen** wie dem Alters- und Krankenunterhalt muss auf die subjektive Seite besonderes Gewicht gelegt werden. Beim Aufstockungsunterhalt – soweit er nicht im Anschluss an die Kinderbetreuung in Frage kommt – und beim Ausbildungsunterhalt wird die subjektive Seite weniger gewichtig sein. 131

> *Beachte:*
>
> Je gewichtiger der Verzicht und je höherstufiger der Unterhaltstatbestand ist, auf den verzichtet wird, umso mehr ist die subjektive Seite zu beachten.

Zum Unterhalt wegen Krankheit (§ 1572 BGB) gilt insbesondere:[235] 132

- Ist der Ehegatte zum Zeitpunkt des Abschlusses des Ehevertrages **bereits krank**, verschlimmert sich seine Krankheit bis zur Scheidung nicht oder bringt die Krankheit während dieser Zeit keine größere Unterhaltsbedürftigkeit mit sich, ist, so der **BGH**, ein ehevertraglicher Unterhaltsverzicht nicht zu beanstanden, weder im Wege der Bestandskontrolle nach § 138 Abs. 1 BGB noch der Ausübungskontrolle nach § 242 BGB.[236]
- Liegt zum Zeitpunkt des Vertragsschlusses die **Möglichkeit nicht fern**, dass der Ehegatte sich nach der Scheidung aus Krankheitsgründen nicht selbst werde unterhalten können, ist der ehevertragliche Verzicht im Wege der Bedarfskon-

235 Vgl. BGH NZFam 2020, 121.

236 BGH FamRZ 2007, 197 m. Anm. *Bergschneider.*

trolle nach § 138 Abs. 1 BGB zu beanstanden.[237] Es kann aber auch eine Beanstandung im Wege der Ausübungskontrolle in Betracht kommen.

- Im Umkehrschluss zum genannten Urteil des BGH ist zu folgern: Besteht zum Zeitpunkt des Vertragsschlusses **kein Anhaltspunkt** dafür, der Ehegatte werde sich bei der Scheidung aus Krankheitsgründen nicht selbst unterhalten können, ist der Verzicht nicht im Wege der Bestandskontrolle nach § 138 Abs. 1 BGB zu beanstanden. Eine Beanstandung im Wege der Ausübungskontrolle dürfte aber möglich sein, wie sie in einem Fall mit Globalverzicht das OLG Koblenz[238] vorgenommen hat.[239]

Für Befristungen des **Aufstockungsunterhalts** gelten die Maßstäbe des mit dem UÄndG eingeführten § 1578b BGB mit seinen umfangreichen Einschränkungsmöglichkeiten, insbesondere unter Berücksichtigung ehebedingter Nachteile.[240]

4. Verzicht und Abfindung

133 Häufig wird im Rahmen eines Scheidungsverfahrens oder einer außergerichtlichen Einigung über die Folgen einer Trennung und Scheidung von Eheleuten die **Abgeltung des nachehelichen Unterhalts durch eine Abfindung** vereinbart.

Diese könne wie folgt formuliert werden:[241]

> *Formulierungsbeispiel*
>
> Die Ehegatten verzichten gegenseitig auf alle gesetzlichen Ansprüche auf Unterhalt nach der Scheidung, also auch für den Fall der Not und nehmen diesen Verzicht gegenseitig an. Der Verzicht gilt auch im Falle einer Gesetzesänderung oder der Änderung der Rechtsprechung.
>
> Als Abfindung für den Verzicht erhält die Ehefrau einen Betrag von insgesamt (…) EUR.
>
> Die Abfindung ist zahlbar in 3 Raten à (…) EUR zum (…), zum (…) und zum (…).
>
> Sollte der Ehemann mit der Zahlung der Raten ganz oder teilweise länger als einen Monat in Rückstand geraten, ist der gesamte noch ausstehende Betrag sofort fällig.
>
> Die Ehefrau verpflichtet sich für die Jahre (…), also für die Dauer der Unterhaltsabfindungsleistung, die nach § 10 Abs. 1 Nr. 1 StGB erforderliche Zustim-

237 BGH FamRZ 2007, 450 m. Anm. *Bergschneider.*

238 OLG Koblenz FamRZ 2006, 420 m. Anm. *Bergschneider.*

239 Vgl. auch BGH FamRZ 2008, 582 – „Krebserkrankung".

240 Vgl. dazu die Serie der Entscheidungen versch. Oberlandesgerichte in FamRZ 2009, 49 ff.

241 *Horndasch*, NotF Ehegattenunterhaltsrecht, § 4 Rn 133.

> mung zum begrenzten Realsplitting zu geben. Der Ehemann ist verpflichtet, die Ehefrau von den ihr entstehenden finanziellen Nachteilen freizustellen.

Der Unterhaltsverzicht sollte dabei immer auch auf den **„Fall der Not“ erstreckt** 134
werden, da sonst der Umkehrschluss dahingehend gezogen werden könnte, dass die Vereinbarung eben nicht für den Fall der Not gelten soll.

§ 1585 Abs. 2 BGB, in dem die Möglichkeit einer Abfindungsregelung beschrieben ist, sagt über die Bemessung der Abfindung nichts; sie darf **nicht „unbillig“** sein.

Die Berechnung ist schwierig, da spekulativ eine mögliche Wiederverheiratung zu 135
berücksichtigen ist. Eine Möglichkeit besteht darin, die **Praxis der Haftpflichtversicherungen bei der Kapitalisierung von Hinterbliebenenrenten** (§ 844 Abs. 2 BGB) zum Ausgangspunkt zu nehmen.[242] Von den Versicherern wurden u.a. **Kapitalisierungsfaktoren** für Witwenrenten unter der Berücksichtigung der Wiederverheiratungsmöglichkeit erarbeitet.[243]

Bei Abfindungszahlungen sollte die Variante des **begrenzten Realsplittings** bedacht werden und ggf. eine Verteilung auf 2 oder 3 Jahre erwogen werden. Im Übrigen muss die Zahlung nicht in Geld geschehen. Sie kann selbstverständlich in der **Zuordnung anderer Vermögenswerte (Immobilie/Lebensversicherung)** erfolgen. Zu berücksichtigen ist insgesamt, dass keine einseitige Lastenverteilung i.S.d. Rechtsprechung erfolgt.

5. Begrenzung auf einen Höchstbetrag

Anlass für eine Unterhaltsvereinbarung ist häufig die Sorge des gutverdienenden 136
Ehegatten, nach Scheidung der Ehe Unterhalt nach den ehelichen Lebensverhältnissen (§ 1578 BGB) zahlen zu müssen, also das Unterhaltsgefälle zwischen den Partnern – wenn auch auf Zeit – vollständig ausgleichen zu müssen.

Unbedenklich ist eine Vereinbarung zur Höhe des Unterhalts dann, wenn der vereinbarte Betrag den Unterhalt des berechtigten Ehegatten **sichert** und damit auch ein etwaiger **ehebedingter Nachteil ausgeglichen** wird.[244]

> *Formulierungsbeispiel*
>
> Sollte ein Ehegatte nach Scheidung der Ehe nicht selbst für seinen Unterhalt sorgen können, gilt für seinen Unterhaltsanspruch grundsätzlich die gesetzliche Regelung. Der Unterhaltsanspruch wird jedoch auf (…) EUR begrenzt. Auf weitergehende Unterhaltsansprüche wird gegenseitig verzichtet. Die Beteiligten nehmen den Verzicht wechselseitig an.

242 *Horndasch*, a.a.O. Rn 134.
243 Vgl. auch *Geigel*, Anh. I, II.
244 *Horndasch*, Rn 162.

137 Der Höchstbetrag des nachehelichen Unterhaltsanspruchs kann auch **für einzelne Unterhaltstatbestände unterschiedlich** festgelegt werden und auch von der **Dauer der Ehe abhängig** gemacht werden („**Treueprämie**"[245]).

Eine **Kombination** könnte wie folgt formuliert sein:

Formulierungsbeispiel

1. Der Unterhaltsanspruch der Ehefrau für die Zeit etwaiger Kindesbetreuung in den ersten drei Lebensjahren des Kindes wird auf höchstens 2.500 EUR monatlich begrenzt. Auf den Unterhaltsanspruch hat sich die Ehefrau eigenes Einkommen nicht anrechnen zu lassen.

2. Für die Zeit nach Vollendung des dritten Lebensjahres des oder der etwaigen Kinder und einer Ehezeit von nicht mehr als zehn Jahren wird der Unterhaltsanspruch auf höchstens 1.500 EUR begrenzt, bei einer Ehedauer von mehr als zehn Jahren auf höchstens 2.000 EUR monatlich. Auf diesen Unterhaltsanspruch hat sich die Ehefrau eigenes Einkommen anrechnen zu lassen.

3. Die Vereinbarung von Höchstbeträgen lässt die gesetzliche Regelung des nachehelichen Unterhalts im Übrigen unberührt. Die Ehefrau verzichtet auf weitergehenden Unterhalt, auch für den Fall der Not.

4. …Wertsicherungsklausel…

138 *Prüfungsbeispiel 1*

Eheleute begrenzen ihre gegenseitigen nachehelichen Unterhaltsansprüche – mit Ausnahme des Betreuungsunterhalts – der Höhe nach auf das jeweils konkret zutreffende Sozialhilfeniveau. Ist eine solche Vereinbarung rechtswirksam?

Lösung

Die Vereinbarung kann – kaum noch – wirksam sein, obwohl die Inanspruchnahme Dritter, des Trägers der Sozialhilfe, vermieden wird. Die Wirksamkeit ist einerseits abhängig vom Einkommensniveau der Eheleute und damit von dem bisherigen ehelichen Zuschnitt während des Zusammenlebens, andererseits aber maßgeblich abhängig von den mit der Abrede verfolgten Zwecken und Beweggründen.[246]

Grundsätzlich ist aber eine Klausel zur Unterhaltsbeschränkung auf das Existenzminimum als Obergrenze des Bedarfs kein geeignetes Instrument zum Ausgleich ehebedingter Nachteile.

245 So *Brambring*, Nachtrag zur 5. Aufl., S. 29.

246 OLG Celle NJW 2018, 3462.

Abwandlung des Prüfungsbeispiels

Die Vereinbarung bezieht sich ausschließlich auf Unterhaltsansprüche wegen Kindesbetreuung. Auf alle übrigen Unterhaltsansprüche wird wechselseitig verzichtet.

Lösung

Eine solche Vereinbarung dürfte unwirksam sein und die Grenzen der – einseitigen – Vertragsgestaltung überschreiten, da es beim Betreuungsunterhalt – auch – um die Sicherung des Kindeswohls geht. In der Gesamtschau wird man zu einer unangemessenen Benachteiligung des Ehegatten kommen müssen.[247] Dies hat sodann die Unwirksamkeit des gesamten Vertrages zur Folge.[248]

Prüfungsbeispiel 2

Die Beteiligten vereinbaren die Anwendung der Regeln zur Gewährung von Sozialhilfe für die Frage einer Verpflichtung zur Zahlung nachehelichen Unterhalts.

Lösung

Dies dürfte unwirksam sein und gegen die Regeln nachehelicher Solidarität verstoßen.

6. Zeitliche Befristung

Beteiligte können sich selbstverständlich im Rahmen der Dispositionsmöglichkeiten auch über einen **zeitlich beschränkten nachehelichen Ehegattenunterhalt** verständigen.[249] Eine solche Vereinbarung könnte wie folgt aussehen: 139

Formulierungsbeispiel

Vereinbarung

zwischen

Frau (…)

und

Herrn (…)

Die Verpflichtung zur Zahlung von Ehegattenunterhalt ist auf die Dauer von 3 Jahren ab Rechtskraft der Scheidung befristet. Für die sich daran anschließende Zeit verzichten die Parteien hiermit auf nachehelichen Unterhalt in jeder Form

247 BGH FamRZ 2013, 195; BGH FamRZ 2017, 884.

248 OLG Celle NJW 2018, 3462: Eine vereinbarte salvatorische Klausel kann den Vertrag als Abwehr der Rechtsfolgen des § 139 BGB retten.

249 Ausführlich dazu *Horndasch*, NotF Ehegattenunterhaltsrecht, § 4 Rn 180 ff.; zur Herabsetzung und Befristung vgl. im Übrigen BGH FamRZ 2015, 824; BGH FamRZ 2015, 1694.

und in allen Lebenslagen einschließlich des Falls der Not und nehmen diesen Verzicht gegenseitig an. Dieser Verzicht gilt auch für jeden Fall der Änderung der Rechtsprechung oder einer Gesetzesänderung.

(…)

(Unterschriften der Beteiligten)

Alternative:

Der Ehemann verpflichtet sich hiermit, der Ehefrau gesetzlichen Aufstockungsunterhalt zu bezahlen und zwar in Höhe von monatlich (…) EUR für die Zeit vom (…) bis (…) und monatlich (…) EUR für die Zeit vom (…) bis (…). Hierbei handelt es sich um einen Festunterhalt, der für beide Parteien nicht abänderbar ist. Für die Zeit ab (…) verzichten die Parteien schon jetzt auf nachehelichen Unterhalt in jeder Form und in allen Lebenslagen einschließlich dem Fall der Not und nehmen diesen Verzicht hiermit wechselseitig an. Dieser Verzicht gilt auch für jeden Fall der Änderung der Rechtsprechung oder einer Gesetzesänderung.

(…)

(Unterschriften der Beteiligten)

140 *Prüfungsbeispiel*

Nach Verlesung der Urkunde durch den Notar und die Unterschriftsleitung durch die beteiligten Eheleute bereut die Ehefrau den in der Urkunde vereinbarten Unterhaltsverzicht für die Zeit von 4 Jahren ab Rechtskraft der bereits eingeleiteten Scheidung und bittet den Notar, mit seiner Unterschrift noch abzuwarten. Sie wolle erneut mit ihrem Mann über die Zeitdauer der Unterhaltszahlung verhandeln. Der Ehemann protestiert zunächst mit der Begründung, man habe doch schon unterschrieben, das sei doch jetzt vereinbart. Die Ehefrau erklärt, vereinbart sei das erst mit der Unterschrift des Notars. Der Notar äußert sich nicht. Darauf verhandeln die Beteiligten erneut in Abwesenheit des Notars und einigen sich auf eine Zeitdauer von 6 Jahren nach Rechtskraft der Scheidung. Der Vertrag wird vom Notar handschriftlich verändert, ordnungsgemäß verlesen und allseits unterzeichnet. Später bereut der Ehemann die „Nachverhandlung" und sucht Rat bei einem Rechtsanwalt. Kann der Ehemann die Urkunde mit Erfolg anfechten?

Lösung

Haben die Beteiligten den Vertrag nach Verlesung unterschrieben, ist der Vertrag geschlossen. Fehlt die Unterschrift des Notars, ist der Vertrag keineswegs „nichtig", sondern lediglich schwebend unwirksam, bis der Notar seine Unterschrift geleistet hat. Aus dem Begriff der „Verhandlung" in § 8 BeurkG folgt, dass das Gesetz den Beteiligten nicht die Möglichkeit einräumen will, durch eine Weisung an den Notar, zunächst nicht zu unterschreiben, die Vereinbarung bewusst in der Schwebe zu halten. Der Notar hätte daher der Anweisung der Ehefrau nicht folgen dürfen. Die Beteiligten haben allerdings gemeinsam erneut verhandelt und damit zu erkennen gegeben, dass sie an der vertraglichen Vereinbarung nicht festhalten wollen. Die – abgeänderte – Vereinbarung mit neuer Laufzeit der Unterhaltszahlungen war daher möglich. Allerdings hat hier der Ehemann nicht gewusst, dass er zu einer Nachverhandlung gar nicht verpflichtet war und der Vertrag – wenn auch schwebend unwirksam – bereits geschlossen war. Seine Bereitschaft zur Nachverhandlung beruhte auf seiner Unwissenheit, die der Notar hätte beseitigen können. Hierzu wäre der Notar auch verpflichtet gewesen. Zu seinen Pflichten gehört auch die Belehrung über die rechtliche Tragweite von Erklärungen der Beteiligten, § 17 BeurkG. Zur rechtlichen Tragweite gehört die Erläuterung der unmittelbaren Rechtswirkungen der Beurkundung.[250] Dieser Verpflichtung ist der Notar nicht nachgekommen. Der Ehemann wird daher im Ergebnis zwar entsprechend der – geänderten – notariellen Vereinbarung Unterhalt zahlen müssen. Ihm stehen jedoch Schadenersatzansprüche gegen den Notar in Höhe des Abänderungsbetrages zu.

IV. Kombination von Verzicht und Unterhaltsverstärkung

Häufig wird der Unterhaltsverpflichtete bestrebt sein, im „**Tausch**" mit großzügigeren Regeln gerade im Bereich des Betreuungsunterhalts einen **Verzicht hinsichtlich anderer – weiterer – Unterhaltstatbestände** zu erkaufen. 141

Hier ist es von erheblicher Bedeutung, den Stellenwert einzelner Ansprüche nach obergerichtlicher Rechtsprechung zu kennen und – nachweisbar – über die **Elemente des Verzichts** und über deren **Tragweite** (z.B. Verzicht auf Krankheitsunterhalt, Vorsorgeunterhalt etc.) aufgeklärt zu haben.

Merke:

Niemand irrt sich so gern und ist so wenig von einem Rechtsanwalt und/oder einem Notar aufgeklärt worden wie derjenige, der später meint, entgegen einem Vertrag noch Ansprüche geltend machen zu können.

1. Unterhaltsverstärkung mit Unterhaltsverzicht

An erster Stelle im „**Unterhaltsranking**" steht der Betreuungsunterhalt. Im Grundsatz können die Abstufungen, die der BGH betr. Unterhalt zur „**Kernbereichslehre**" vorgenommen hat,[251] zur Grundlage herangezogen werden. 142

1. Stufe: Unterhalt wegen **Kindesbetreuung** gem. § 1570 BGB; grundsätzlich unverzichtbar;

250 BGH NJW 2010, 3243; *Winkler*, § 17 Rn 224.

251 BGH FamRZ 2004, 601.

2. Stufe: **Alters- und Krankheitsunterhalt** gem. §§ 1571, 1572 BGB sowie als vorweggenommener Altersunterhalt der Versorgungsausgleich: ebenfalls hochrangige Einstufung, aber vertraglichen Regelungen zugänglich, besonders bei Ehe- und Vertragsschluss von Ehegatten in fortgeschrittenem Alter mit gesicherter Lebensstellung, bei einer Ehe von kurzer Dauer zwischen wirtschaftlich eigenständigen jüngeren Eheleuten oder dann, wenn die Krankheit bereits bei Eheschließung vorhanden war;[252]

3. Stufe: Unterhalt wegen **Erwerbslosigkeit** nach § 1573 Abs. 1 u. 4 BGB; eher disponibel, weil schon § 1573 Abs. 4 BGB das Risiko der Erwerbslosigkeit auf den Berechtigten verlagert;

4. Stufe: **Krankenvorsorge- und Altersvorsorgeunterhalt**: disponibel; Ausnahme: Zuordnung zum Ausgleich ehebedingter Nachteile;[253]

5. Stufe: Die **übrigen Unterhaltstatbestände** wie Ausbildungs- (§ 1575 BGB) und Aufstockungsunterhalt (§ 1573 Abs. 2 BGB): am ehesten verzichtbar.[254]

143 Kürzungen bei nachgeordneten Unterhaltstatbeständen sind deshalb bei gleichzeitiger Unterhaltsverstärkung höherrangiger Bereiche durchaus möglich. Die Rechtsprechung ist insoweit allerdings nicht einheitlich. So hat der **BGH** entgegen der Auffassung des **OLG Celle**[255] die Beschränkung auf die Vereinbarung ausschließlich des Betreuungsunterhalts unter Ausschluss aller weiteren Unterhaltstatbestände in einem konkreten Fall akzeptiert.[256]

Solche Konstellationen werden aber immer der **Wertung des Einzelfalls** unterliegen und damit den Bewertungsmaßstäben, wie sie vom konkreten „Tatrichter“ gesehen werden. *Soyka* erklärt dazu allerdings völlig zu Recht, dass Einzelfallgerechtigkeit den Weg für die Einflussnahme durch die **Wertvorstellungen der Richter** erst eröffnet:

> *Dadurch wird das Ziel, das durch die Einzelfallgerechtigkeit erreicht werden soll, nämlich eine Lösung zu finden, die genau dem Einzelfall gerecht wird, stark relativiert, weil es nach den Vorstellungen der Richter unterschiedliche Auffassungen gibt, wie diese Lösung auszusehen hat, die den Einzelfallumständen gerecht wird.*[257]

252 *Horndasch*, NotF Ehegattenunterhaltsrecht, § 1 Rn 127 ff.; zur Befristung vgl. OLG Bremen FamRZ 2009, 1912 und OLG Düsseldorf FamRZ 2009, 1914.

253 BGH FamRZ 2005, 1449.

254 Vgl. dazu ausf. *Viefhues*, ZFE 2010, 4.

255 FamRZ 2004, 1489.

256 BGH FamRZ 2007, 1310 unter Aufhebung OLG Celle a.a.O.

257 Editorial FuR Heft 9/2012 (S. 543).

Dies bedeutet für den beurkundenden Notar, **sehr intensiv** zu prüfen, ob eine von den Beteiligten vorgesehene Konstellation unbedenklich ist, im Falle von Bedenken in aller Deutlichkeit hierauf hinzuweisen oder aber sich die Freistellung von jeglicher Haftung für den konkreten Sachverhalt attestieren zu lassen. 144

Beachte:

Eine solche Freistellung ist aber nur dann wirksam, wenn sie den zugrunde liegenden Sachverhalt, die rechtlichen oder tatsächlichen Bedenken und die möglichen Gefahren konkret beschreibt.

2. Unterhaltsverstärkung mit Güterrechtsverzicht

Eine Unterhaltsverstärkung verbunden mit einem teilweisen oder vollständigen güterrechtlichen Verzicht begegnet solange und soweit keinerlei Bedenken, als die Parität, die **ausgeglichene Belastung** erhalten bleibt. 145

Grundsätzlich gilt die **volle Vertragsfreiheit** bei der Wahl des Güterstandes. Beteiligte können zu jeder Zeit ihren Güterstand wählen und auch vermögensrechtliche Entscheidungen treffen. Hier gilt nicht die notwendige Einhaltung von gleichen Lebensrisiken für beide Ehepartner. Allerdings kann es Fälle einer „Ausübungskontrolle" von Verzichtsvereinbarungen geben, in denen die Frage **ehelicher Solidarität nach § 242 BGB** hinterfragt wird, z.B. bei fehlender unterhaltsrechtlicher Auffangfunktion.[258] Dies bedeutet, dass regelmäßig eine erweiterte Unterhaltsregelung und ein – partieller – Vermögensverzicht möglich und unbedenklich sind, begrenzt von der deutlich entstehenden Schieflage, die den Anforderungen ehelicher Solidarität nicht – mehr – genügen.

3. Unterhaltsverstärkung mit Verzicht auf Versorgungsausgleich

Auch der **Versorgungsausgleich** gehört, wie der (Betreuungs-)Unterhalt, zum **Kernbereich** geschützter Rechtspositionen. Sein Ausschluss ist nur möglich, wenn im Gegenzug andere – äquivalente – Vorteile zugebilligt werden.[259] In erster Linie wird dies eine gleichwertige Altersversorgung sein müssen. 146

Die Unterhaltsverstärkung muss daher geeignet sein, eine entsprechende **Altersversorgung zu gewährleisten**, eine Versorgung, die im Zweifel bis zum Tod des Berechtigten greift.[260] Dies wird durch direkte Unterhaltszahlung des Verpflichteten nicht möglich sein, da der Unterhaltsanspruch nach dem Tod des Verpflichteten spätestens mit dem Verbrauch im Umfang fiktiver erbrechtlichen Ansprüche endet.

258 OLG Köln FamRZ 2010, 29 m. Anm. *Bergschneider.*

259 OLG München FamRZ 2007, 1244 m. Anm. *Bergschneider.*

260 OLG Düsseldorf FamRZ 2006, 347 u. NJW 2006, 234.

Es muss daher entweder eine „Monetarisierung“, also eine Berechnung und Vereinbarung der **Zahlung des äquivalenten Gesamtvermögens** erfolgen oder aber für eine entsprechende Drittzahlung etwa aufgrund abgeschlossener **Versicherung** Sorge getragen werden. Wegen des hohen Stellenwertes des Versorgungsausgleichs hat dies relativ exakt zu erfolgen, etwa mit Hilfe der Berechnung eines **Rentenberaters oder Sachverständigen**.

Mit Hilfe eigener Berechnung vorzugehen ist **äußerst bedenklich**. Hier sind unbedingt „Drittberechnungen“ anzustellen, für die dann auch die jeweiligen „Dritten“ haften.

4. Unterhaltsverstärkung mit sonstigem Verzicht

147 Naturgemäß kann eine verstärkende Unterhaltsregelung auch verbunden werden mit einem Verzicht im Hinblick auf sonstige Folgen einer Trennung und Scheidung, z.B. mit einem Verzicht auf die **Ehewohnung** oder auf den **Hausrat**. Beides unterliegt der freien Disposition der Eheleute. Nach der Änderung der obergerichtlichen Rechtsprechung zu sog. **unbenannten Zuwendungen**[261] können parallel zum Verzicht im Güterrecht entsprechende Vereinbarungen, ggf. auch unter Einbeziehung Dritter vorgenommen werden.

D. Regelung zum Zeitpunkt von Trennung und Scheidung

148 Grundsätzlich spielt es keine Rolle, ob die Scheidungsfolgen bereits zu Beginn der Ehe oder im Rahmen von Trennung und Scheidung geregelt werden. Es gelten die Grenzen der §§ 134, 138 BGB.

Die **Gewichtung** ist aber eine andere. Im Rahmen von Vereinbarungen über Scheidungsfolgen geht es weniger um Verzicht und Aufgabe von Rechten als vielmehr um die **einverständliche Regelung** ansonsten streitig und durch gerichtliches Verfahren gelöste Interessengegensätze. Nachdem Gerichte streitende Parteien zu einverständlichen Vergleichen zu drängen verpflichtet sind, §§ 278 Abs. 1, 495 ZPO, liegt auf der Hand, sich zu bemühen, eine solche Regelung vor der Inanspruchnahme der Gerichte zu treffen. Grundsätzlich sind alle Folgen einer Scheidung durch eine Vereinbarung regelbar, **ohne einen Notarvertrag** schließen zu müssen.

149 Bei Unterhaltsvereinbarungen, namentlich nach § 1585c BGB,[262] sollte nach den Regeln der **Kernbereichslehre des BGH** bedacht und festgelegt werden, **auf welchen Unterhaltstatbestand** der Unterhaltsanspruch gestützt wird. Der Ehegat-

261 BGH FamRZ 2006, 607.

262 Beurkundungspflichtig nach § 1585c S. 2 BGB ausschließlich **vor** Rechtskraft einer Scheidung.

tenunterhalt ist bekanntlich je nach Unterhaltstatbestand wegen der **verschiedenen Stufen der Wertigkeit**[263] von unterschiedlicher Qualität (Einsatzzeitpunkt, Anschlussunterhalt, Unterhaltsbeschränkung, Abänderung).

Prüfungsbeispiel 150

Anschlussunterhalt wegen Alters gem. § 1571 BGB kann z.B. verlangt werden, wenn vorher Aufstockungsunterhalt gem. § 1573 Abs. 2 BGB zu zahlen war. Deshalb kann es zur Vermeidung späterer Differenzen angezeigt sein, Aufstockungsunterhalt auch dann zu verlangen, wenn die Unterhaltshöhe gering ist. Die Möglichkeit eines Anschlussunterhalts kann auch bei der Höhe einer eventuellen Abfindung gem. § 1585 Abs. 2 BGB von Bedeutung sein.

Unterhaltsbeschränkungen, die gesetzlich in § 1578b BGB zusammengefasst sind, müssen – auch solche nach § 1579 BGB – **in den Vertrag aufgenommen** werden. Zu einem späteren Zeitpunkt kann eine Beschränkung meist nicht mehr erzwungen werden, auch nicht über § 139 FamFG. Anders kann es im Zusammenhang mit § 1570 BGB im Hinblick auf das zunehmende Alter der Kinder sein (aber Achtung: kein Altersphasenmodell mehr!); aber auch hier sollten von vornherein Regelungen bezüglich der Unterhaltsbeschränkung aufgenommen werden.

Durch ausdrückliche Vereinbarung kann jedoch die Frage der zeitlichen Begrenzung einer späteren Abänderung vorbehalten bleiben.

Formulierungsbeispiel 151

Diese Unterhaltsvereinbarung ist bis zum (…) unabänderbar. Für die Folgezeit behalten sich beide Ehegatten eine Abänderung aus jedem rechtlichen Gesichtspunkt vor, insbesondere auch unter Berücksichtigung der dann praktizierten Rechtsprechung zur Unterhaltsbeschränkung nach § 1578b BGB.

Beachte: 152

Der **BGH**[264] für den Fall der Abänderung eines Unterhaltsbeschlusses: Soweit derartige Tatsachen bereits eingetreten oder zuverlässig vorauszusehen sind, kann die Entscheidung schon wegen § 323 Abs. 2 ZPO nicht einem Änderungsantrag überlassen bleiben, sondern ist bereits im Ausgangsverfahren über den Unterhalt zu treffen.

Beispiel 153

Werden die den Beteiligten bekannten Mietüberschüsse dem Unterhaltsvergleich nicht zugrunde gelegt, kommt auch bei einem späteren Abänderungsver-

263 BGH FamRZ 2004, 601.

264 BGH FamRZ 1986, 886, 888.

fahren die Einbeziehung von Mieteinkünften in das unterhaltsrechtliche Einkommen grundsätzlich nicht in Betracht.[265]

154 Nach ständiger Rechtsprechung des **BGH** können im Vorprozess **nicht vorgetragene** Tatsachen allerdings zur Verteidigung gegen die Abänderungsklage vorgebracht werden.[266]

Bei der Vereinbarung von Altersvorsorgeunterhalt empfiehlt sich die Regelung, dass der Berechtigte in bestimmten Abständen verpflichtet ist, die **bestimmungsgemäße Verwendung** nachzuweisen oder dass der Verpflichtete zur direkten Zahlung an die Lebensversicherung etc. verpflichtet ist. Verwendet der Unterhaltsberechtigte den Vorsorgeunterhalt nicht bestimmungsgemäß, dann berührt dies seinen Unterhaltsanspruch nämlich nur unter den Voraussetzungen von **§ 1579 Nr. 4 BGB**.[267]

Es sollte festgelegt werden, **wie lange der Altersvorsorgeunterhalt** zu zahlen ist (bis zum 60., 63., 65., 67. Lebensjahr?). Er ist auch innerhalb der Rechtsprechung des BGH zur richterlichen Inhaltskontrolle insofern von erheblicher Bedeutung, als er den Altersvorsorgeunterhalt in der Wertigkeitsskala **dem jeweiligen Unterhaltstatbestand zugeordnet** hat.

I. Trennungsunterhalt

155 Einigen sich die Parteien zunächst nicht, steht es dem Unterhaltsschuldner zur **Konfliktvermeidung** und auch zur **Kostenersparnis** selbstverständlich frei, den nach seiner Auffassung **unstreitigen Betrag in einer notariellen Urkunde** titulieren zu lassen. Einigen sich die Parteien **insgesamt** über den zu zahlenden Unterhalt, bedarf auch diese Vereinbarung **keiner besonderen Form**. Hierfür sind lediglich Angebot und Annahme erforderlich, §§ 145 ff. BGB.[268] Ein **unzulässiger Verzicht bzw. Teilverzicht** ist allerdings zu vermeiden. § 1614 BGB ist beim Trennungsunterhalt über §§ 1361 Abs. 4 S. 4, Abs. 3, 1360a Abs. 3 BGB anwendbar, so dass auf Trennungsunterhalt für die Zukunft nicht verzichtet werden kann.

156 Soll die **Unterhaltsvereinbarung** – wie ein gerichtlicher Beschluss – **vollstreckbar** sein, bedarf sie allerdings einer **notariellen „Unterwerfungsklausel“** zur Zwangsvollstreckung in das Vermögen des Verpflichteten **(§ 800 ZPO)**. Wenn auch ein **Verzicht auf die Zahlung von Trennungsunterhalt** nicht möglich ist, können sich die Parteien im Rahmen unterschiedlicher Auffassungen über die Höhe eines zu zahlenden Trennungsunterhalts selbstverständlich verständigen.

265 OLG München FamRZ 1997, 1418.

266 BGH FamRZ 1987, 259.

267 BGH FamRZ 1987, 684, 685.

268 OLG Brandenburg FamRZ 2002, 960.

II. Nachehelicher Unterhalt

Einigen sich die Parteien über die Höhe eines zu zahlenden nachehelichen Unterhalts, kann dies grundsätzlich ebenso **mündlich wie schriftlich** geschehen, es sei denn, die Voraussetzungen des § 1585c BGB liegen vor.[269] Ohne ein weiteres gerichtliches Verfahren wird diese Vereinbarung aber selbstverständlich nur bei notarieller „Unterwerfung unter die sofortige Zwangsvollstreckung in das gesamte Vermögen" (**§ 800 ZPO**) vollstreckbar sein. 157

Prüfungshinweis 35:

Selbst ein **Unterhaltsverzicht** bedarf **keiner besonderen Form**, ist also auch durch mündliche Absprache bzw. ein Briefwechsel möglich, kann aber nach **§ 138 BGB** sittenwidrig sein.

1. Sittenwidrigkeit

Beispiele für Sittenwidrigkeit 158

- Ausnutzung einer **Zwangslage** des Verzichtenden, z.B. bei Vermittlung von Ehefrauen aus den Entwicklungsländern;[270]
- **Abkaufen** der Scheidungsbereitschaft durch den Verzicht;[271]
- ursächliche **Verbindung** von **Sorgerecht** und **Unterhaltsverzicht**;[272]
- zwangsläufige Überbürdung der Unterhaltslast auf Dritte, z.B. das Sozialamt;[273] **aber OLG Karlsruhe**: „bei notariell vereinbartem beiderseitigen Unterhaltsverzicht für den Fall einer rechtskräftigen Scheidung, auch bei Notbedarf, kann eine Sittenwidrigkeit nicht schon dann angenommen werden, wenn sie eine Belastung des Sozialhilfeträgers zur Folge hat. Eine Sittenwidrigkeit kann jedoch angenommen werden, wenn sich die Parteien zum Zeitpunkt der notariellen Vereinbarung der Sozialhilfebedürftigkeit eine der beiden Parteien bewusst gewesen waren;"[274]
- in sonstigen Einzelfällen, wenn die Vereinbarung nach dem **Gesamtcharakter gegen die guten Sitten** verstößt. Im Einzelfall sind dabei die Motive der

269 Zur konkreten Bedarfsberechnung bei einem zu verteilenden Einkommen von mehr als 11.000 EUR vgl. BGH FuR 2023, 39 mit Anm. *Soyka*; vgl. auch BGH FuR 2020, 630; BGH FuR 2018, 208; BGH FuR 2017, 32.

270 BGH FamRZ 1992, 1403.

271 BGH FamRZ 1990, 372.

272 „Abkaufen des Sorgerechts"; BGH FamRZ 1984, 778; 1986, 444; OLG Frankfurt FamRZ 1986, 596.

273 BGH FamRZ 1992, 1463.

274 FamRZ 2001, 1217.

Ehegatten und der Zeitpunkt der Vereinbarung zu berücksichtigen;[275] zum Inhalt ehevertraglicher Abreden, die vor der Eheschließung mit einer Schwangeren getroffen werden und die Betreuungs- und Unterhaltssituation des gemeinsamen Kindes nach einer Scheidung berührt.[276]

2. Wertsicherung

159 Wird ein bestimmter Unterhaltsbetrag außergerichtlich tituliert, kann es sinnvoll sein, die Vereinbarung mit einer **Wertsicherungsklausel** zu versehen. Nachdem das Statistische Bundesamt ab 2003 bestimmte Verbraucherindices nicht mehr berechnen, ist zu empfehlen, neue Wertsicherungsklauseln auf der Basis des „**Preisindex für die Lebenshaltung aller privater Haushalte**" für Deutschland insgesamt abzuschließen und eventuell bestehende Verträge mit langer Restlaufzeit entsprechend umzustellen.[277] Für den **Unterhaltspflichtigen** ist eine solche Anbindung nicht risikolos, da unsicher ist, ob sich seine Einkünfte entsprechend der Steigerung der Lebenshaltungskosten entwickeln werden. Für ihn bietet sich daher eine Klausel an, die die Unterhaltsrente an eine bestimmte **Lohngruppe eines Tarifvertrages** oder an eine beamtenrechtliche Besoldungsgruppe knüpft.[278]

160 Da Wertsicherungsklauseln genehmigungsbedürftig sein könnten, empfiehlt sich die folgende, bisher **genehmigungsfreie Formulierung** (Muster eines konkreten **Beispiels**):

Formulierungsbeispiel

Der Unterhalt wird entsprechend den gegenwärtigen Lebenshaltungskosten bemessen. Er erhöht oder vermindert sich im gleichen Verhältnis, in dem sich der Preisindex des Statistischen Bundesamtes für die Lebenshaltung aller privaten Haushalte verändert (Basis: 2020 = 100;[279] Punktestand bei Abschluss dieses Vertrages (September ...): Anpassungen sollen nur erfolgen, wenn sich dieser Index um mindestens 5 Punkte verändert. Die erste Überprüfung soll zum 1.10. (...) (z.B. 3 Jahre später) erfolgen. Wird die Voraussetzung für eine Änderung der Zahlungsverpflichtung festgestellt, muss der aufgrund der Änderung sichergebende Unterhaltsbetrag vom 1.11. (...) (d. Folgejahres) an ohne gesonderte Aufforderung gezahlt werden. Weitere Anpassungen erfolgen jeweils zum 1. des Monats, der dem Monat folgt, indem sich der genannte Preisindex um mindestens 5 Punkte verändert hat.

275 BGH NJW 1991, 913; 1997, 126; 1997, 192.

276 Vgl. BVerfG FamRZ 2001, 343 ff. mit Anmerkung *Schwab* zur Rechtsprechung des BVerfG im Bereich der Unterhaltsvereinbarung/Unterhaltsverzicht FamRZ 2001, 349.

277 Vgl. „Wichtige Mitteilung des Statistischen Bundesamtes", FamRZ 2001, 404.

278 *Horndasch,* NotF Ehegattenunterhaltsrecht, § 4 Rn 211.

279 Der Index ist von 2015 auf das Jahr 2020 umgestellt worden; Umstellungshilfe im Internet unter www.destatis.de.

3. Abänderung

Die **Abänderung nachehelichen Unterhalts** ist in der Regel komplizierter als etwa die Abänderung von Kindesunterhalt. Deshalb sollten die **Grundlagen der Unterhaltsbemessung** noch genauer als beim Kindesunterhalt in die Vereinbarung aufgenommen werden. Dies sollte auch bedacht werden, wenn Unterhaltsleistungen **an Erfüllung statt** (§ 364 BGB) erbracht werden, z.B. Zins- und Tilgungszahlungen aus einem Bausparvertrag.[280] 161

Nach Auffassung des **BGH** sind dies insbesondere folgende Grundlagen, die man als jeweilige **Checkliste** zugrunde legen sollte:[281] 162

Checkliste

- Die Einkommensverhältnisse.
- Die dabei zu berücksichtigenden Abzüge und Zuschläge (berufsbedingte Aufwendungen, Weihnachtsgeld, Urlaubsgeld, Anteil an Überstundenvergütungen, Anrechnung von Spesen etc.).
- Die Einbeziehung fiktiver Einkünfte.
- Die Einbeziehung besonderer Belastungen.
- Die Feststellungen zur Arbeitsfähigkeit.
- Die Feststellungen zur Bedürftigkeit.
- Die Feststellung zur Berücksichtigung weiterer Unterhaltsberechtigter.
- Die Feststellungen zur Berücksichtigung weiterer Unterhaltsverpflichteter.

Es kommen hinzu:[282]

- Die Änderung der Steuerklasse.
- Die Voraussetzungen für die Beschränkung des Unterhalts.
- Allgemeine Steigerung der Lebenshaltungskosten.
- Die Feststellung, ob lediglich Elementarunterhalt oder auch Kranken- und Altersvorsorgeunterhalt und Pflegevorsorgeunterhalt – ggf. in welcher Höhe – zu zahlen ist oder ob es sich um Pauschalunterhalt handelt.
- Die Berücksichtigung des Wohnwerts.

In der Praxis bedeutet dies, dass letztlich alle diese **Grundlagen bei der Vorbereitung des Vertrages bedacht** und – soweit im konkreten Fall bedeutsam – in die Gesamtvereinbarung aufgenommen werden sollten.

280 Z.B. OLG Köln FamRZ 1998, 1236.

281 BGH FamRZ 1984, 374, 375.

282 OLG Frankfurt FamRZ 1986, 1130; OLG Hamm FamRZ 1987, 1265; OLG Karlsruhe FamRZ 1986, 582.

163 *Prüfungshinweis 36:*

Es empfiehlt sich, den Rechenweg (z.B. Computerausdruck) zum Bestandteil der Vereinbarung zu machen.

Ferner sollten, wenn im Falle einer Veränderung nicht die gesetzlichen oder von der Rechtsprechung entwickelten Regelungen gelten sollen, genaue **Änderungsvorschriften vereinbart** werden. Das Ziel sollte immer eine **möglichst unzweideutige Vorsorge für den Fall einer tatsächlichen Änderung der Grundlagen** sein.

Unterhaltsrichtlinien, Tabellen pp kann dagegen eine ähnliche Bindungswirkung nicht beigemessen werden. Deshalb müsste eine Bindung an derartige Unterhaltsrichtlinien etc. besonders vereinbart werden.

164 *Formulierungsbeispiel*

Soweit in dieser Vereinbarung keine ausdrückliche Regelung getroffen worden ist, gelten die Ziffern (…) der Unterhaltsrechtlichen Leitlinien des OLG (…) (Stand 1.1.2024).

Dies gilt insbesondere für die Neuregelung von **§ 1570 Abs. 1 BGB** zur Festlegung des Kindesalters, ab dem den betreuenden Elternteil eine teilweise oder vollständige Erwerbsobliegenheit trifft. Hier kommt auch eine **unterhaltsverstärkende Vereinbarung** in Betracht.

165 Der **BGH** hat aber die Möglichkeit der **Abänderung eines Unterhaltsvergleichs ohne Angabe der Geschäftsgrundlage** nicht vollständig ausgeschlossen, sondern erklärt:[283]

> *Ist in einem pauschalen Unterhaltsvergleich keine Geschäftsgrundlage niedergelegt, kann dies für einen Ausschluss der Anpassung an die abweichenden tatsächlichen Verhältnisse bei Vertragsschluss sprechen. Die Abänderbarkeit wegen Änderung der Geschäftsgrundlage (§ 313 BGB) durch geänderte tatsächliche Verhältnisse seit Vertragsabschluss oder durch eine Änderung des Gesetzes oder der höchstrichterlichen Rechtsprechung ist dadurch aber regelmäßig nicht ausgeschlossen.*

E. Sonderfall: Tod und Unterhalt

166 Die Begrenzung und/oder Befristung des Unterhaltsanspruchs haben in den letzten Jahren durch Änderung der Rechtsprechung des BGH nach dem Auftakt mit dem Urt. v. 12.4.2006[284] und der nachfolgenden der gesetzlichen Neuregelung im Un-

283 BGH v. 25.11.2009, abzurufen unter www.iww.de, Abruf-Nr. 100024; vgl. dazu *Soyka*, FK 2010, 37.

284 BGH FamRZ 2006, 1006 m. Anm. *Born*, 1008.

terhaltsrechtsänderungsgesetz zum 1.1.2008[285] eine große Bedeutung erlangt. Kaum mehr ein Unterhaltsanspruch ist dauerhaft durchsetzbar, es sei denn, es läge ein ehebedingter Nachteil[286] vor oder sonst eine Ausnahmesituation,[287] die eine lebenslängliche Berechtigung bzw. Verpflichtung nach sich zieht. Ist aber ein solcher Anspruch schließlich gerichtlich oder aufgrund Vereinbarung durchgesetzt, stellt sich die Frage, wie lange denn „auf Dauer", „unbegrenzt" zeitlich eigentlich sein wird. Erlöschen Unterhaltsansprüche bei Tod des Berechtigten/Verpflichteten? Die Antwort kann nicht undifferenziert gegeben werden.

I. Tod des Unterhaltsberechtigten

Stirbt der **Unterhaltsberechtigte**, erlischt der Unterhaltsanspruch. Dies folgt für den Verwandtenunterhalt/Kindesunterhalt aus § 1615 Abs. 1 BGB und für den Trennungsunterhalt aus § 1360a Abs. 3 BGB i.V.m. § 1615 Abs. 1 BGB. Für den nachehelichen Unterhalt folgt dies aus § 1586 Abs. 1 BGB. Unterhaltsansprüche sind wegen Erlöschens auch unvererblich.[288] 167

> *Prüfungshinweis 37:*
>
> Unterhaltsrückstände und bereits fällige Leistungen sind Nachlassverbindlichkeiten.[289] Sie erlöschen daher nicht, sondern unterliegen den allgemeinen Verjährungsregeln.

II. Tod des Unterhaltsverpflichteten

Für den **Verwandtenunterhalt/Kindesunterhalt** und den **Trennungsunterhalt** gelten bei Ableben des Verpflichteten dieselben Regeln wie für den Berechtigten. Der Unterhaltsanspruch **erlischt grundsätzlich** gem. § 1615 Abs. 1 BGB bzw. § 1360a Abs. 3 BGB i.V.m. § 1615 Abs. 1 BGB. 168

Für den **nachehelichen Unterhalt** sind die Folgen des Todes in **§§ 1586 ff. BGB** geregelt. **Stirbt der Verpflichtete**, geht die Unterhaltspflicht auf den/die Erben als **Nachlassverbindlichkeit** über, § 1586b Abs. 1 S. 1 BGB.[290]

Ein evtl. vorhandener Titel kann umgeschrieben werden. Der überlebende Ehegatte muss seinen Anspruch nach § 1586b BGB nicht neu einklagen.[291] Mit dieser Mög-

285 Zu den grds. Erwägungen vgl. RegE S. 29 f.; zur Befristung nach altem und neuem Recht *Reinken*, ZFE 2008, 58.

286 BGH FamRZ 2010,1414 m.w.N.; a.a.O. 2009, 406 und 1207.

287 Vgl. z.B. OLG Brandenburg Beck RS 2010, 00277; OLG Dresden NJW-RR 2010, 437.

288 Grüneberg/*Weidlich*, BGB, § 1922 Rn 36.

289 Wendl/Dose/*Scholz*, § 2 Rn 15; Grüneberg/*von Pückler* BGB, § 1615 Rn 1.

290 *Lentz/Roggatz*, FuR 2024, 25.

291 *Schnitzler*, FF 2005, 52.

lichkeit soll der überlebende, geschiedene Ehegatte über den Tod des Erblassers hinaus abgesichert werden. Sinn und Zweck des § 1586b BGB ist, dem geschiedenen Ehegatten einen **Ausgleich für den Verlust seiner erbrechtlichen Ansprüche** im Falle der Scheidung zu geben.[292] Deshalb steht auch demjenigen Ehegatten, der nach § 1933 BGB vom Erbrecht ausgeschlossen ist, der Unterhaltsanspruch in diesem Umfang zu (§ 1933 S. 3 BGB mit Verweis auf § 1586b BGB).

Prüfungshinweis 38:

Voraussetzung für den Unterhaltsanspruch gegen die Erben ist, dass weiterhin eine **Bedürftigkeit des Berechtigten** vorliegt. Bekommt dieser z.B. im Rahmen des Versorgungsausgleichs Leistungen, so sind diese bei der Berechnung des ungedeckten Unterhaltsbedarfs zu berücksichtigen.

169 Der Umfang der Haftung des Erben ist jedoch nach **§ 1586b Abs. 1 S. 3 BGB** beschränkt.[293] Danach haftet der Erbe nur mit dem Betrag, der dem **Pflichtteil des Unterhaltsberechtigten** entsprochen hätte, wenn die Ehe nicht geschieden worden wäre. Dabei ist die Haftung **nicht nur** auf den Betrag des **Pflichtteils** begrenzt, sondern auf den Betrag des Pflichtteils zzgl. eines fiktiven Anspruchs auf **Pflichtteilsergänzung**.[294]

Dazu folgender typischer Fall (Prüfungsbeispiel):[295]

Beispiel

In einer notariellen Scheidungsvereinbarung modifizieren die Eheleute M und F u.a. den nachehelichen Unterhalt der F (z.B. Vereinbarung einer Höchstgrenze) und vereinbaren einen wechselseitigen Erb- und Pflichtteilsverzicht. Einige Jahre nach der Scheidung verstirbt M. Sein Erbe verweigert weitere Unterhaltszahlungen an F unter Hinweis auf den vereinbarten Pflichtteilsverzicht. Zu Recht?

1. Unterhaltspflicht als Nachlassverbindlichkeit

170 Die **nacheheliche Unterhaltspflicht** ist **gem. § 1586b Abs. 1 S. 1 BGB auf den Erben des Verpflichteten** übergegangen. Dabei haftet der Erbe gem. § 1586b Abs. 1 S. 3 BGB jedoch nicht über den Betrag hinaus, der dem Pflichtteil entspricht, welcher dem Berechtigten zustände, wenn die Ehe nicht geschieden worden wäre. Der Grund für die **unterschiedliche Behandlung von Trennungsunterhalt** einerseits – er erlischt grundsätzlich mit dem Tod des Verpflichteten (Ausnahme: § 1933 S. 3 BGB) – **und nachehelichem Unterhalt** andererseits liegt darin, dass der (der-

292 *Bergschneider*, FamRZ 2003, 1091; Grüneberg/*v. Pückler*, BGB, § 1586b Rn. 1; *Kleffmann* in: *Scholz/Kleffmann/Motzer*, Praxishandbuch Familienrecht Teil H Rn. 52.

293 Dazu *Schindler*, ZFE 2007, 453; *Haußleiter*, NJW-Spezial 2005, 535.

294 BGH ZEV 2001, 113 ff.

295 Nach *Horndasch*, NotF Ehegattenunterhaltsrecht, § 4 Rn 239 ff.

zeitige) Ehegatte grundsätzlich erbrechtliche Ansprüche an den Nachlass des Erblassers hat, die zumindest wirtschaftlich betrachtet ein Äquivalent für den verlorenen Unterhalt darstellen, während der geschiedene Ehegatte von solchen gesetzlichen Ansprüchen ausgeschlossen ist, weswegen die passive Vererblichkeit seines Unterhaltsanspruchs anerkannt werden müsse.[296]

Nach § 1586b Abs. 1 S. 3 BGB wird die Haftung der Erben auf den **fiktiven Pflichtteil begrenzt**, der dem geschiedenen Ehegatten zustünde, wenn die Ehe 171
nicht geschieden worden wäre. Für die Berechnung wird also der Fortbestand der geschiedenen Ehe bis zum Tod des Unterhaltsverpflichteten fingiert. Außerdem bleiben gem. § 1586b Abs. 2 BGB Besonderheiten aufgrund des Güterstandes, in dem die geschiedenen Eheleute gelebt haben, außer Betracht. Maßgebend ist also die **Berechnung des Pflichtteils aufgrund des gesetzlichen Ehegattenerbrechts** gem. § 1931 Abs. 1 und 2 BGB, ohne Rücksicht auf § 1931 Abs. 4 und § 1371 BGB.[297]

2. Pflichtteilsverzicht und § 1586b BGB

Welche Auswirkungen ein Erb- und/oder Pflichtteilsverzichtsvertrag gem. § 2346 172
BGB auf die Rechte aus § 1586b BGB hat, ist außerordentlich **umstritten**.

Teile der Literatur gehen davon aus, dass ein Erbverzichtsvertrag ebenso wie ein Pflichtteilsverzichtsvertrag die **Haftung des Erben des unterhaltspflichtigen Ehegatten entfallen** lasse. Etwas anderes soll danach nur gelten, wenn bei einem Erbverzicht der Pflichtteil vorbehalten würde.[298] Diese Ansicht beruft sich zum einen auf den **Wortlaut** des § 1586b BGB. Der Ehegatte, der auf sein gesetzliches Erbrecht ohne Pflichtteilsvorbehalt oder auch nur auf sein Pflichtteilsrecht verzichtet habe, begebe sich dadurch aller Pflichtteilserwartungen, so dass es an einem „fiktiven" Pflichtteil i.S.d. § 1586b Abs. 1 S. 3 BGB fehle, welcher die Unterhaltsschuld des Erben summenmäßig begrenzen könne.

Die **Gegenauffassung** stellt darauf ab, dass es sich bei dem Anspruch nach § 1586b 173
BGB um einen Unterhaltsanspruch handele und die Beschränkung auf den Pflichtteil nur eine höhenmäßige Begrenzung darstelle.[299]

296 BT-Drucks 7/650, S. 151.

297 *Bergschneider*, FamRZ 2003, 1049, 1053.

298 Grüneberg/*von Pückler*, BGB, § 1586b Rn 8; Bamberger/Roth/*Bergmann*, § 1586b Rn 5; Soergel/*Häberle*, BGB, § 1586b Rn 1; *Dieckmann*, NJW 1980, 2777; *ders.*, FamRZ 1999, 1029.

299 *Bergschneider*, FamRZ 2003, 1049, 1057; Schnitzler/*Brambing*, § 25 Rn 76; Johannsen/Henrich/*Büttner*, § 1586b Rn 9; *Schmitz*, FamRZ 1999, 1569; *Pentz*, FamRZ 1998, 1344; für den bloßen Pflichtteilsverzicht vgl. *Grziwotz*, FamRZ 1991, 1258; sehr anschaulich OLG Koblenz vom 19.5.2009, NJW-RR 2010, 303.

Prüfungshinweis 39:

Mit Blick auf die umstrittene Rechtslage ist zu empfehlen, bei der Vereinbarung eines Erb- und/oder Pflichtteilsverzichtsvertrages zwischen Ehegatten (speziell in Scheidungsvereinbarungen) **ausdrücklich klarzustellen**, ob der Verzicht auch unterhaltsrechtliche Wirkungen haben soll. Dies gilt freilich nicht, wenn ohnehin ein vollständiger Unterhaltsverzicht vereinbart wird.

174 *Formulierungsbeispiel: Kein Verzicht auf § 1586b BGB*

Der vorstehende wechselseitige Pflichtteilsverzicht lässt Unterhaltsansprüche gegen den Erben des unterhaltsverpflichteten Ehegatten gem. § 1586b BGB unberührt.

175 *Formulierungsbeispiel: Verzicht auch auf § 1586b BGB*

Ferner verzichten wir gegenseitig auf etwaige Unterhaltsansprüche gegen den Erben des Unterhaltsverpflichteten gem. § 1586b BGB.

176 Fehlt es nun – wie im Ausgangsfall – an einer ausdrücklichen Regelung über die unterhaltsrechtlichen Folgen eines erklärten Erb- und Pflichtteilsverzichts, ist damit **noch nicht gesagt**, dass in jedem Falle die Erbenhaftung gem. § 1586b BGB ausgeschlossen ist, auch wenn man der oben genannten Literaturmeinung folgt, wonach ein Pflichtteilsverzicht die Erbenhaftung nach § 1586b BGB ausschließt, denn in jedem Fall ist eine **Auslegung der Vereinbarung vorrangig.**[300] Es ist zu fragen, wie der **mutmaßliche Wille der Eheleute** gewesen wäre, wenn sie bei Erklärung des Erb- und/oder Pflichtteilsverzichts daran gedacht hätten, dass später ein Anspruch nach § 1586b BGB in Betracht kommen könnte. Wird in einer **Scheidungsvereinbarung kein Unterhaltsverzicht** erklärt, sondern werden vielmehr ausdrückliche Regelungen zum nachehelichen Unterhalt getroffen oder aber der gesetzliche nacheheliche Unterhaltsanspruch schlicht (klarstellend) beibehalten und wird sodann in derselben Urkunde ein Erb- und Pflichtteilsverzicht erklärt, wird man diesen **in aller Regel dahingehend auszulegen** haben, dass **Unterhaltsansprüche nach § 1586b BGB hiervon nicht berührt** werden sollen.

177 In Scheidungsvereinbarungen wird ein (vorsorglicher) Erb- und Pflichtteilsverzicht aufgenommen, um die **Rechtsfolge des § 1933 BGB auf den Zeitpunkt der Scheidungsvereinbarung vorzuverlegen** bzw. um die Rechtsfolge des § 1933 BGB losgelöst von den im Einzelfall möglicherweise umstrittenen Tatbestandvoraussetzungen herbeizuführen.[301]

300 Vgl. dazu *Bergschneider*, FamRZ 2003, 1049, 1056; BGH FamRZ 2004, 1546 m. Anm. *Bergschneider*; OLG Koblenz NJW 2003, 439.

301 Vgl. *Grziwotz*, FamRZ 1991, 1258; *Limmer*, ZFE 2002, 55, 61.

Es geht also darum, beiden Ehegatten bereits für die Zeit des Getrenntlebens ihre volle erbrechtliche **Verfügungsfreiheit** zu garantieren. Insbesondere wird für einen Erb- und Pflichtteilsverzicht im Rahmen einer Scheidungsvereinbarung regelmäßig **keine Gegenleistung** erbracht, welche es nahe legen könnte, dass es nicht dem mutmaßlichen Willen der Beteiligten entspricht, dass ein Beteiligter zunächst ein Entgelt erhält und dann noch einmal Unterhalt bis zur Höhe des fiktiven Pflichtteils.[302]

Fazit: Es ist ebenso sinnvoll wie notwendig, sich anlässlich einer Vereinbarung 178
zum Unterhalt nicht nur über die Begrenzung und/oder Befristung zwischen den Beteiligten zu deren Lebzeiten, sondern auch für den Fall des **Ablebens des Verpflichteten** Gedanken zu machen und diese ggf. in eine Vereinbarung einzubauen. Dies gilt jedenfalls dann, wenn sie **über die Rechtskraft der Scheidung hinaus** andauern soll.

F. Unterhaltsvereinbarungen in der nichtehelichen Lebensgemeinschaft

I. Die nichteheliche Lebensgemeinschaft

1. Geschichte und Definition

In Deutschland hat sich die Anzahl der Paare, die unverheiratet zusammenleben, in 179
den letzten Jahren deutlich erhöht. Waren es 1991 noch 1,4 Mio. Paare, stieg die Zahl bis 2015 auf **über 2,8 Millionen**, die ohne Trauschein zusammenleben.[303]

Der Begriff der nichtehelichen Lebensgemeinschaft, auch als faktische Lebensgemeinschaft bezeichnet,[304] ist gesetzlich nicht definiert, obwohl er in einigen Gesetzen erwähnt wird.[305] Das **Bundesverfassungsgericht** hat den Begriff dahingehend definiert, dass es sich um eine heterosexuelle Beziehung handeln muss, die auf unbestimmte Dauer angelegt ist, sich durch **innere Bindungen** der Partner zueinander auszeichnet und neben sich keine weiteren Lebensgemeinschaften gleicher Art zulässt.[306] Es handelt sich daher um mehr als eine Haushalts- und/oder Wirtschaftsgemeinschaft.[307] Die Bindungen der Partner müssen so eng sein, dass sie auch in Not- und Wechselfällen des Lebens füreinander einstehen und **Verantwortung übernehmen**.[308]

302 Zu diesem Argument s. *Bergschneider*, FamRZ 2003, 1049, 1056.

303 Statistisches Bundesamt für 2015, destatis.de.

304 *Löhnig*, FuR 2008, 521.

305 Z.B. in §§ 7 Abs. 3 Nr. 3b SGB II, 20 SGB XII und §§ 6, 12 BErzGG.

306 BVerfG FamRZ 1993, 164; FamRZ 2004, 1950; ausführlich zum Begriff FA-FamR/*Weinreich*, Kap. 11 Rn 6.

307 Vgl. zu dieser Lebensform z.B. § 563 Abs. 2 S. 4 BGB.

308 BVerfG 1993, 164.

2. Rechtliche Situation

180 In Deutschland fehlen weitgehend rechtliche Regelungen über die nichteheliche Lebensgemeinschaft. Dies ist in **anderen Ländern** anders, nicht nur in geographisch entfernt liegenden Ländern wie Guatemala oder auf den Philippinen. Frankreich, Italien, die skandinavischen Länder, die Niederlande, Serbien, Kroatien und weitere Länder verfügen über (Teil-)Regelungen zur nichtehelichen Lebensgemeinschaft.

> *Prüfungshinweis 40:*
>
> Begründet ein Deutscher mit einem Partner aus einem anderen Land eine nichteheliche Lebensgemeinschaft, ist zu beachten, dass die Partnerschaft betreffende Rechtsfragen in dessen Heimatland anders beurteilt werden könnten als in Deutschland.[309]

In fast **einem Drittel** dieser Lebensgemeinschaften wird mindestens ein **Kind** erzogen.[310] Dies führt zu Konsequenzen hinsichtlich des Sorgerechts, vgl. § 1626a BGB, und des Umgangsrechts, § 1684 BGB, aber auch zu unterhaltsrechtlichen Konsequenzen im Hinblick auf das Kind, § 1601 BGB, und auf den Lebenspartner, der das Kind betreut, § 1615l BGB.[311]

II. Vereinbarungen in der nichtehelichen Lebensgemeinschaft

181 Nicht nur die Eheschließung, sondern auch die nichteheliche Lebensgemeinschaft kann daher zu unterhaltsrechtlichen Konsequenzen bei Trennung der Partner führen. Unterhaltsansprüche von Ehepartnern erwachsen aus der mit der Eheschließung füreinander übernommenen Verantwortung für den Partner. Bei nicht miteinander verheirateten Eheleuten erwächst diese Verantwortung aus der Tatsache der **gemeinsamen Verantwortung** und Verpflichtung für das aus der Beziehung hervorgegangene **Kind**. Die gleichwohl und zu Recht vollzogene Angleichung der Unterhaltsvorschriften zum Betreuungsunterhalt in § 1570 BGB einerseits und § 1615l BGB andererseits[312] führt vielfach zu einem Bedürfnis der Partner einer nichtehelichen Lebensgemeinschaft, die **Folgen einer (möglichen) Trennung vergleichsweise** zu regeln.

309 Vgl. z.B. BayObLG FamRZ 1977, 490 (betr. israelisches Erbrecht).

310 A.a.O. S. 22: 697.000, eine Steigerung von mehr als 40 % gegenüber 1998 (494.000).

311 Zum Unterhalt der unverheirateten Mutter vgl. OLG Koblenz FuR 2023, 43 mit Anm. *Viefhues*.

312 BVerfG FamRZ 2007, 965; 2007, 1531 „völlige Gleichbehandlung beim Betreuungsunterhalt"; vgl. auch BGH FamRZ 2010, 444; ausführlich dazu FA-FamR/*Gerhardt*, Kap. 6 Rn 391; *Menne*, FamRZ 2007, 2102.

1. Allgemeine Grundsätze

Vereinbarungen über die Regelung der Unterhaltspflichten unterliegen denselben Kriterien, die das **Bundesverfassungsgericht** in der Entscheidung vom **6.2.2001**[313] für die Frage der Sittenwidrigkeit von Eheverträgen festgelegt hat. In dieser Entscheidung und noch einmal im **Beschluss des Bundesverfassungsgerichts vom 29.3.2001**[314] ist deutlich erklärt worden, dass in (Ehe-)Verträgen der **Schutz vor unangemessener Benachteiligung** beachtet werden muss. Ein Vertrag darf die Unterlegenheitsposition einer Partei nicht durch ihre einseitige vertragliche Belastung und die unangemessene Berücksichtigung der Interessen der anderen Partei ausdrücken.[315] Dies gilt auch für solche Verträge, die die **Unterhaltsansprüche in nichtehelichen Lebensverhältnissen** regeln. Außerhalb der **Grenzen zur Sittenwidrigkeit** unterliegen deshalb Unterhaltsverträge auch bei nichtehelich zusammenlebenden Partnern keinerlei Bedenken. Sie sind nach zutreffender Auffassung sogar dann abschließbar, wenn einer der Beteiligten **zum Zeitpunkt des Vertragsschlusses – noch – verheiratet** war. Die abweichende Auffassung, durch den Vertragsschluss würde unzulässiger Druck auf den verheirateten Partner ausgeübt, die Ehe nicht fortzusetzen,[316] überzeugt nicht. Ein untragbarer „Druck auf die Entschließungsfreiheit in persönlichen Angelegenheiten“[317] ist außerhalb der Grenzen zur Sittenwidrigkeit nicht erkennbar. 182

Schließen Partner einer nichtehelichen Lebensgemeinschaft miteinander eine Unterhaltsvereinbarung für den Fall der Trennung, stellt eine solche Regelung keine formbedürftige Schenkung (§§ 516, 518 BGB) dar. Erfolgt das Zahlungsversprechen im Hinblick auf die bestehende Lebensgemeinschaft und das beabsichtigte weitere Zusammenleben, handelt es sich um eine unbenannte Zuwendung.[318] Dies bedeutet, dass grundsätzlich Unterhaltsvereinbarungen jederzeit **formlos möglich**, für den Fall der Trennung also z.B. auch handschriftliche Zahlungszusagen wirksam sind.[319] 183

2. Unterhaltsvereinbarungen

a) Kindesunterhalt

Vereinbarungen über Kindesunterhalt sind **nicht formbedürftig**. Sie können jedoch nach § 139 BGB **unwirksam** sein, wenn sie mit einer wegen Formmangels 184

313 Vgl. FamRZ 2001, 343.

314 FamRZ 2001, 985.

315 So BVerfG FamRZ 2001, 985; OLG München FamRZ 2003, 35 mit Anm. *Bergschneider*, FamRZ 2003, 38.

316 OLG Hamm FamRZ 2000, 95.

317 So OLG Hamm FamRZ 2000, 95.

318 BGH FamRZ 1995, 1060; FamRZ 1997, 933.

319 OLG Köln FamRZ 2001, 1608.

nichtigen weiteren Vereinbarung verbunden sind. Wären z.B. die Lebenspartner miteinander verheiratet, müsste beachtet werden:

> *Prüfungshinweis 41:*
>
> Vereinbarungen über nachehelichen Unterhalt, die vor der Scheidung getroffen werden, bedürfen gemäß § 1585c S. 2 BGB der notariellen Beurkundung.

Vereinbarungen über Kindesunterhalt sind allerdings nur **eingeschränkt zulässig**, weil auf künftigen Kindesunterhalt nicht verzichtet werden darf, § 1614 Abs. 1 BGB.

185 Dagegen kann – **unterhaltsverstärkend** – jederzeit gehandelt werden. Steht **z.B.** einem Kind wegen einer Zweitausbildung eigentlich kein Unterhaltsanspruch zu, kann sich ein Elternteil dem Kind gegenüber verpflichten, nach dem Gesetz nicht geschuldeten Unterhalt zu zahlen. Auch über höheren als den nach dem Gesetz geschuldeten Unterhalt kann jederzeit eine Einigung erfolgen.

- Das **volljährige Kind** schließt eine Vereinbarung persönlich mit den Eltern bzw. einem Elternteil.
- Beim **minderjährigen Kind** wird die Vereinbarung zwischen dem vertretungsberechtigten Elternteil und dem anderen getroffen.
- Für das minderjährige Kind handelt ggf. der allein vertretungsberechtigte Elternteil, bei gemeinsamer elterlicher Sorge derjenige Elternteil, in dessen **Obhut** sich das Kind befindet, § 1629 Abs. 2 S. 2 BGB.

> *Prüfungshinweis 42:*
>
> Vereinbarungen über Kindesunterhalt zwischen Kindern und Eltern(teilen) sind von Freistellungsvereinbarungen zwischen Eltern zu unterscheiden.

Bei Freistellungsvereinbarungen im Rahmen notarieller Beurkundungen ist unbedingt klarzustellen, in welchem Umfang freigestellt wird, also
(1) für die Zeit der Minderjährigkeit,
(2) für die Zeit des Besuchs allgemeinbildender Schulen,
(3) für die Zeit des Zusammenwohnens mit dem anderen Elternteil,
(4) für die gesamte Ausbildungszeit?

186 Soll Kindesunterhalt in einer Vereinbarung festgehalten und ggf. mit einer Vollstreckungsklausel versehen werden, kann alternativ entweder **statisch** ein bestimmter Betrag festgelegt werden, eventuell versehen mit einer Steigerungsklausel nach Lebensalter des Kindes oder aber eine Angleichung an die Regeln der **Düsseldorfer Tabelle** vorgenommen werden.

Eine **Vereinbarung** könnte wie folgt aussehen:

> *Formulierungsbeispiel*
>
> Für die gemeinsamen Kinder sind die Vertragsparteien beide sorgeberechtigt. Die Kinder befinden sich in der Obhut des Vaters/der Mutter. Die Mutter ist von

Beruf (…) und verdient ca. (…) EUR netto monatlich. Der Vater ist von Beruf (…) und verdient ca. (…) EUR netto monatlich.

Für die Zeit, in der sich die Kinder in der Obhut des Vaters/der Mutter befinden, verpflichtet sich Frau/Herr, Kindesunterhalt wie folgt monatlich bis zum 1. Werktag eines Monats zu leisten: (Alternativ: Kindesunterhalt in Höhe von (…) % des jeweiligen Mindestbetrags der jeweiligen Altersstufe der Düsseldorfer Tabelle gemäß § 16121a BGB monatlich bis zum 1. Werktag eines jeden Monats zu leisten)

a. (Name des Kindes) geb. am (…), (…) EUR
b. (…)
c. (…)

Für die Berechnung der Höhe des Unterhalts haben die Beteiligten die gesetzliche Regelung zugrunde gelegt. Das jeweilige Kind erwirbt einen eigenen Anspruch aus dieser Vereinbarung gem. § 328 BGB, wobei die Vertragsparteien jedoch berechtigt sind, diese Vereinbarung zu ändern oder anzupassen. Der Notar hat darüber belehrt, dass eine Verzichtserklärung über den Kindesunterhalt gem. § 1614 BGB nichtig ist.

Das Kindergeld steht ausschließlich dem Elternteil zu, in dessen Obhut sich die Kinder befinden. Eine Anrechnung auf die Höhe des Unterhalts findet nicht statt.

In dem Monat, in dem der Unterhaltsverpflichtete mit den Kindern einen gemeinsamen Jahresurlaub von mindestens …Wochen verbringt, vermindert sich der Unterhaltsanspruch in diesem Monat um (…) %.

Herr/Frau (…) unterwirft sich hiermit zugunsten der jeweiligen vorgenannten Kinder der sofortigen Zwangsvollstreckung in Höhe der vorgenannten Unterhaltsbeträge aus dieser Urkunde in sein gesamtes Vermögen. Der Notar soll vollstreckbare Ausfertigungen auf erstes Anfordern ohne den Nachweis der die Fälligkeit begründenden Tatsachen erstellen.

Einen etwaigen Sonderbedarf tragen die Vertragsparteien je zur Hälfte.

b) Unterhalt für den Partner

Grundsätzlich gilt, dass die Vertragsparteien frei in der Gestaltung einer Unterhalts- **187** vereinbarung für den Fall Ihrer Trennung sind. Die Grenze bildet lediglich die Sittenwidrigkeit des Vertrages. Ebenso wenig wie auf Unterhaltsansprüche aus Kind bezogenen Gründen nach § 1570 Abs. 1 BGB verzichtet werden kann, ist dies für entsprechende Ansprüche aus § 1615l BGB der Fall. Zu unterscheiden ist gleichwohl der **Verzicht** von der **Nichtgeltendmachung**. Die Nichtgeltendmachung kann dann vereinbart werden, wenn eine nachvollziehbare Begründung vorhanden ist, die in der Vereinbarung/Urkunde aber konkret aufzunehmen ist.[320]

188 Betreuungsunterhalt ist nach § 1615l BGB grundsätzlich bis zur Vollendung des dritten Lebensjahres des Kindes zu zahlen. Im Anschluss ist eventuell Unterhalt nach der Billigkeitsregelung des § 1615 Abs. 2 S. 4 BGB zu zahlen. Der Phantasie sind im Hinblick auf die Möglichkeiten einer Vereinbarung über den Unterhaltsanspruch nach Trennung der Partner kaum Grenzen gesetzt.

So können **beispielsweise** vereinbart werden:

- ein Altersphasenmodell („0–8-15")
- ein unbefristeter Festbetrag
- Verzicht und Abfindung
- die Begrenzung auf einen Höchstbetrag
- die zeitliche Befristung des Unterhalts
- die Kombination von Verzicht und Unterhaltsverstärkung

Die Grenze findet sich ausschließlich in der Sittenwidrigkeit der Vereinbarung wieder.

3. Die Erschwerung der Trennung

189 In Eheverträgen ist die Erschwerung der Scheidung sittenwidrig.[321] Erst recht muss dies für die nichteheliche Lebensgemeinschaft gelten, aus der sich jeder jederzeit „verabschieden" kann. Vereinbarungen etwa durch Vertragsstrafen oder hohe Abfindungsversprechen sind daher ebenso nichtig.[322] Schadenersatzansprüche bleiben möglich, allerdings ausschließlich bezogen auf den tatsächlich erlittenen Vermögensschaden.

Die folgende Vereinbarung wäre daher unwirksam:

> *Formulierungsbeispiel Erschwerung der Scheidung*
>
> Herr (…) erklärt, dass er sich von seiner zukünftigen Ehefrau nicht scheiden lassen werde. Sofern er dennoch Scheidungsantrag stellen sollte, verpflichtet er sich, an seine Ehefrau eine Abfindungssumme von 100.000 EUR vorbehaltlos zu zahlen. Dieser Anspruch wird fällig bei Rechtskraft der Scheidung.

320 Vgl. die Beispiele in *Horndasch*, NotF Kindschaftsrecht, § 3 Rn 35 ff.

321 BGH FamRZ 1986, 655; *Horndasch*, NotF Ehegattenunterhaltsrecht, § 5 Rn 8.

322 Vgl. dazu OLG Celle NJW 1983, 1065.

Die **folgende Vereinbarung** wäre wohl aber möglich:[323]

Formulierungsbeispiel

- Herr (...) erklärt, dass er sich von seiner Partnerin (...) nicht trennen werde. Sofern Herr (...) dennoch die Trennung und Aufhebung der Partnerschaft durchführt, verpflichtet er sich, an seine Partnerin (...) eine Abfindungssumme von (...) als Zukunftssicherung vorbehaltlos zu zahlen. Dieser Anspruch wird fällig im Zeitpunkt der Trennung.
- Frau (...) und Herr (...) erklären hiermit, dass mit dieser Vereinbarung nicht die Trennung erschwert, sondern das Auskommen von Frau (...) verbessert werden soll, weil die Partner sich entschieden haben, dass Frau (...) nicht außerhäuslich arbeiten, sondern den gemeinsamen Haushalt führen soll. Der zu zahlende Betrag ist deshalb zur Alterssicherung von Frau (...) gedacht.

Vereinbarungen sind dann nicht zu beanstanden, wenn sie den **Zweck** haben, nicht etwa die Trennung zu erschweren, sondern das **Auskommen** des anderen Partners im Falle der Trennung **zu verbessern**, weil die Abfindungssumme im Fall der Trennung beispielsweise zur Alterssicherung des Versprechensempfängers bestimmt ist.[324]

III. Sonderfall: Tod des unterhaltspflichtigen Partners

Unterhaltsansprüche von Ehepartnern erwachsen aus der füreinander übernomme- 190
nen Verantwortung für den Partner und die Gesamtfamilie. Bei nicht miteinander verheirateten Eheleuten erwächst diese Verantwortung aus der Tatsache der **gemeinsamen Verantwortung** und Verpflichtung für das aus der Beziehung hervorgegangene **Kind**. Dies wird als Begründung[325] dafür angeführt, dass im Falle des Versterbens des Unterhaltsverpflichteten die **Unterhaltsansprüche nicht untergehen**, sondern gemäß §§ 1615l Abs. 3 S. 4, 1615n, 1967 BGB von den Erben des Vaters zu erfüllen sind.[326] Nach § 1615l Abs. 4 S. 2 BGB gilt dies auch, wenn der Vater das Kind betreut und die Mutter anlässlich der Geburt verstirbt. Zwar erwähnt § 1615n BGB ausdrücklich nur den Vater. Hierbei handelt es sich jedoch um ein unbeachtliches Versehen des Gesetzgebers.[327]

Prüfungshinweis 43: 191

Anders als beim nachehelichen Unterhalt, bei dem die Haftung der Erben durch den Wert ihres fiktiv zu ermittelnden Pflichtteils beschränkt ist (§ 1586b BGB),

323 Zur Erschwerung der Scheidung vgl. *Horndasch*, NotF Ehegattenunterhaltsrecht, § 5 Rn 8 ff.

324 Im Fall der Eheführung vgl. BGH FamRZ 1990, 372.

325 Ausführlich dazu Wendl/Dose/*Bömelburg*, § 7 Rn 216.

326 OLG Hamm FF 2000, 137.

327 Wendl/Dose/*Bömelburg*, § 7 Rn 217; *Büdenbender*, FamRZ 1998, 192.

haften die Erben für die Ansprüche nach § 1615l BGB **grundsätzlich in voller Höhe** und u.U. auch über drei Jahre hinaus.

Dies ist eine – unbefriedigende – **Besserstellung** des nichtehelichen betreuenden Elternteils gegenüber dem Unterhaltsberechtigten, der seinen Anspruch aus einer Ehe (§§ 1360a Abs. 3, 1586b BGB) oder aus einem Verwandtschaftsrecht (§ 1615 Abs. 1 BGB) herleitet. Im Fall der Inanspruchnahme zumindest über drei Jahre hinaus ist nach diesseitiger Auffassung, allerdings **entgegen der Auffassung des BGH**, die fehlende Haftungsbegrenzung bei der **Billigkeitsprüfung**[328] zu berücksichtigen, um unangemessene Ergebnisse zu vermeiden.[329] Zumindest wird man einen auf den Erben als Schuldner übergegangenen Unterhaltsanspruch von der **Leistungsfähigkeit des Erben** abhängig machen müssen. Im Rahmen einer Klausur kann es jedoch angeraten sein, der **Auffassung des BGH zu folgen**.

192 **Sonderfall:** Stirbt die Kindesmutter kurz vor dem Kindesvater infolge der Schwangerschaft oder der Entbindung, geht der Anspruch auf Ersatz der Beerdigungskosten für die Kindesmutter ebenfalls auf die Erben des nunmehr verstorbenen Kindesvaters über. Dies gilt allerdings nur dann, wenn die Bezahlung von den Erben der Mutter nicht erlangt werden kann, § 1615m BGB.

328 So zu Recht *Bömelburg*, a.a.O.; Palandt/*Brudermüller*, BGB, 74. Aufl., § 1615l Rn 24; *Horndasch*, NJW 2015, 2168, 2170; **a.A. BGH** FamRZ 2019, 617, 620 und FamRZ 2019, 1234, 1237 unter ausdrücklicher Zurückweisung der Auffassung von *Brudermüller* und *Horndasch*: „…die Leistungsfähigkeit der Erben i.S.v. § 1603 I BGB ist mithin nicht von Belang.“; so auch *Heiß*, NZFam 2016, 485, 486; Grüneberg/*von Pückler*, BGB, § 1615l Rn 24: „…de lege ferenda …ist zu erwägen…“

329 Wendl/Dose/*Bömelburg*, a.a.O. Rn 216; *Dieckmann*, FamRZ 1999, 1029; *Puls*, FamRZ 1998, 865; vgl. Krenzler/Bortz/*Caspary*, Kap. 6 D Rn 1492.

§ 7 Vereinbarungen zum Güterrecht

A. Allgemeines

1 Vereinbarungen zum Güterrecht in der Ehe sind nahezu unbeschränkt möglich. Der **BGH** hat in mehreren Entscheidungen verdeutlicht, dass Eheleute **über ihr jeweiliges Vermögen frei disponieren können** und selbst ein unwirksamer Teilausschluss des Unterhalts (dort: Betreuungsunterhalt) nicht unbedingt zu einer Unwirksamkeit eines Ausschlusses des Zugewinns führen muss, da das Interesse eines Ehegatten an der Erhaltung der eigenen wirtschaftlichen Substanz vorrangig sein kann.[1]

Die Bundesregierung plant die Möglichkeit einen Vertrag über eine **„Verantwortungsgemeinschaft“** zu schaffen. Damit soll, wie es in der Begründung heißt, der *„Vielfalt der Lebensentwürfe Rechnung getragen werden.“* Auch jenseits von Ehe und Liebesbeziehungen würden Menschen Verantwortung füreinander übernehmen, z.B. in engen Freundschaften oder Senioren-WGs.

Im Vertrag zur Begründung einer Verantwortungsgemeinschaft können **Module** gewählt werden für diejenigen Bereiche, in denen Verantwortung füreinander übernommen wird. Ein Modul stellt die *„Zugewinngemeinschaft“* dar. Der Grundgedanke des Zugewinnausgleichs wird daher dann, wenn das Eckpunktepapier des Bundesministeriums der Justiz in Gesetzesform realisiert wird, mutmaßlich für die Verantwortungsgemeinschaft eine Rolle spielen.

B. Der Grundgedanke des Zugewinnausgleichs

2 Jedem Ehegatten gebührt grundsätzlich der gleiche Anteil an dem in der Ehe erarbeiteten Vermögens, da zwischen Ehegatten eine **gleichberechtigte Lebens- und Wirtschaftsgemeinschaft** besteht.[2] Zugewinn bildet deshalb den in einer Geldsumme ausgedrückten Wertunterschied zwischen dem Endvermögen und dem Anfangsvermögen eines jeden Ehegatten, § 1373 BGB.[3]

Die Bemessung des Endvermögens erfolgt am Tag der Zustellung des Scheidungsantrags beim Antragsgegner; die Bemessung des Anfangsvermögens erfolgt am Tag der Eheschließung, und zwar zum Beginn des jeweiligen Tages ohne Berücksichtigung der Stunde der Zustellung des Scheidungsantrags und der Stunde der Eheschließung.

1 BGH FamRZ 2007, 1310 unter Aufhebung OLG Celle FamRZ 2004, 1489.

2 BVerfGE 53, 257; *Brudermüller*, FamRZ 2009, 1185; zum Ausschluss des Zugewinnausgleichs wegen grober Unbilligkeit nach § 1381 BGB (hier: Missbrauch des gemeinsamen Kindes) vgl. OLG München FuR 2023, 490 mit Anm. *Viefhues*.

3 Zum Stichtagsprinzip vgl. OLG Bamberg FuR 2022, 377 mit Anm. *Viefhues*.

Veränderungen im Verlauf der Ehe haben ebenso wenig Einfluss auf die Feststellung der jeweiligen Werte wie die nachträgliche Veränderung (Stichtagsprinzip).[4]

I. Anfangsvermögen

3 Maßgeblicher Stichtag für das Anfangsvermögen ist in der Regel der **Tag der Eheschließung**, § 1310 Abs. 1 BGB. War der gesetzliche Güterstand der Zugewinngemeinschaft durch die Eheleute verändert worden und wird nunmehr erneut durch notarielle Vereinbarung der gesetzliche Güterstand gewählt, ist Stichtag für das Anfangsvermögen der Tag der Beurkundung, es sei denn, vertraglich ist ein anderer Zeitpunkt vereinbart, §§ 1408, 1410 BGB.[5] Anfangsvermögen sind dabei sowohl das „positive Vermögen" als auch die ggf. vorhandenen Verbindlichkeiten. Überwiegen die Schulden, bildet sich ein negatives Anfangsvermögen (§ 1374 Abs. 2 BGB), das – unter Einbeziehung des Lebenshaltungskostenindex – dem Endvermögen gegenüber zu stellen ist.

Vermögensbestandteile, die ein Ehegatte nach Eintritt des Güterstandes von Todes wegen, mit Rücksicht auf ein künftiges Erbrecht, durch Schenkung oder als Ausstattung erwirbt, § 1374 Abs. 2 BGB (sog. **privilegiertes Anfangsvermögen**), wird mit seinem Wert zum Zeitpunkt des Erwerbs – zuzüglich der Indexierung zum Ausgleich der Wertentwicklung – in das Anfangsvermögen eingestellt. Mit seiner weiteren Wertentwicklung nimmt dieses Vermögen an der Feststellung des Endvermögens teil.

4 *Prüfungsbeispiel*

Ehefrau F erhält zur Hochzeit von ihren Eltern im Wege vorweggenommener Erbfolge eine Wiesenfläche zur Größe von 50.000 qm. Der Wert beträgt 5 EUR/qm, also 250.000 EUR. Im Lauf der Ehe werden 10.000 qm davon Bauland (Wert: 200 EUR/qm). Wie hoch ist das Endvermögen im Scheidungsfall (ohne Indexierung), wie hoch der Zugewinn?

Lösung

Endvermögen:

(1) 40.000 qm à 5 EUR = 200.000 EUR

(2) 10.000 qm à 200 EUR = 2.000.000 EUR, insgesamt 2.200.000 EUR;

Anfangsvermögen: 50.000 qm à 5 EUR = 250.000 EUR;

Zugewinn: 1.950.000 EUR

Privilegiertes Vermögen stellt daher kein Sondervermögen dar, das bei der Berechnung des ehelichen Zugewinns außer Betracht bleibt. Das Vermögen **nimmt an der**

4 BGH FamRZ 2003, 1544.

5 BGH FamRZ 1998, 903.

Wertentwicklung teil, auch wenn es sich um ungewöhnliche Wertveränderungen handelt.[6]

II. Endvermögen

Endvermögen ist dasjenige Vermögen, das dem Ehepartner **bei Beendigung des Güterstandes gehört**, § 1375 Abs. 1 S. 1 BGB. Verbindlichkeiten sind in vollem Umfang vom Vermögen abzuziehen.[7] Dies entspricht der Regelung zum Anfangsvermögen. Dies kann bei Schulden sowohl im Anfangsvermögen als auch im Endvermögen zu folgender Konsequenz führen: 5

Prüfungsbeispiel

Anfangsvermögen Ehemann: – 100.000 EUR;

Endvermögen Ehemann: – 40.000 EUR;

Zugewinn: 60.000 EUR.

Stichtag für die Beendigung des Güterstandes ist die Rechtshängigkeit des Scheidungsantrags, also der Tag der Zustellung des Scheidungsantrags an den Antragsgegner, § 133 Abs. 1 FamFG, §§ 261 Abs. 1, 253 Abs. 1 ZPO.

Grundsätzlich wird der **Güterstand zwar durch rechtskräftige Scheidung beendet**. Um einer Manipulation und damit möglicherweise einhergehenden Vermögensminderungen entgegen zu treten, ist der Stichtag für die Berechnung des Zugewinnausgleichs jedoch auf den Zeitpunkt der Zustellung des Scheidungsantrags beim Antragsgegner vorverlegt. Die Dauer des Scheidungsverfahrens[8] spielt für die Berechnung keine Rolle, ebenso wenig ein Ruhen des Verfahrens.[9] 6

III. Beispiel: Berechnung des Zugewinnausgleichsanspruchs

Beispiel 7

Beispielhafter Sachverhalt:

Das Scheidungsverfahren zwischen M und F ist rechtshängig. M hatte bei Eheschließung kein Vermögen, aber noch BAFÖG-Schulden in Höhe von 20.000 EUR. F verfügte am Hochzeitstag über ein Sparvermögen von 10.000 EUR. Während der Ehe erbte sie eine Eigentumswohnung mit einem – indexierten – Wert von 50.000 EUR. Die Schulden des M sind während der Ehe abbezahlt worden; das Sparvermögen und die Eigentumswohnung der F sind in

6 Zu den Einzelheiten vgl. die Checkliste: Zugewinnausgleich von Heidel/Pauly/Amend/*Horndasch*, AnwaltFormulare, § 12 Rn 66 ff.

7 Zu den Einzelheiten vgl. *Viefhues*, Fehlerquellen im familiengerichtlichen Verfahren, Rn 1888 ff.

8 Grüneberg/*Siede*, § 1384 Rn 5.

9 OLG Hamm FamRZ 1992, 1180: 9 Jahre.

den Kauf des Einfamilienhauses geflossen. Der Stand am Stichtag des Endvermögens lautet wie folgt: M + F verfügen zu ½ Anteil über ein Einfamilienhaus mit dem Wert von 300.000 EUR und einem Schuldenstand von 40.000 EUR. M verfügt über einen Versicherungswert[10] von 30.000 EUR, F über einen entsprechenden Wert von 10.000 EUR. M verfügt über einen Pkw im Wert von 20.000 EUR, F über einen Pkw im Wert von 10.000 EUR.

Welche Ausgleichsansprüche bestehen?

Anfangsvermögen M	
BAFÖG-Schulden	– 20.000 EUR
Anfangsvermögen insgesamt	**– 20.000 EUR**
Endvermögen M	
½ Hausgrundstück	150.000 EUR
Versicherungswert	30.000 EUR
Pkw	20.000 EUR
Abzgl. Passiva (Verbindlichkeiten Hausgrundstück)	20.000 EUR
Endvermögen insgesamt	**180.000 EUR**
Zugewinn[11]	**200.000 EUR**
Anfangsvermögen F	
Sparguthaben	10.000 EUR
Privil. Anfangsvermögen	
Eigentumswohnung (auf Zeitpunkt Endvermögen indexiert)	50.000 EUR
Anfangsvermögen insgesamt	**60.000 EUR**
Endvermögen F	
½ Hausgrundstück	150.000 EUR
Versicherungswert	10.000 EUR
Pkw	10.000 EUR
Abzgl. Passiva (Verbindlichkeiten Hausgrundstück)	20.000 EUR
Endvermögen insgesamt	**150.000 EUR**
Zugewinn	**90.000 EUR**

10 Versicherungswert = Rückkaufwert + unverfallbare Gewinnanwartschaften.

11 Differenz zwischen Anfangsvermögen und Endvermögen.

Zugewinnausgleich:	
Zugewinn M	200.000 EUR
Zugewinn F	90.000 EUR
Differenz (M 200.000 EUR – F 90.000 EUR)	**110.000 EUR**
Zu 1/2 von M auszugleichen	**55.000 EUR**

Eine – gütliche – Einigung über die Zahlung des Betrages (Verrechnung) wäre sinnvoll im Zusammenhang mit einer Veräußerung des Hausgrundstücks oder der Übertragung an einen Ehegatten. Da Unterhalt (vor Rechtskraft der Scheidung), Versorgungsausgleich und Zugewinn[12] sowie die Übertragung von Grundstücken notariell vereinbart werden müssen, ist hier im Falle der Einigung ggf. ein **Grundstücksübertragungsvertrag mit einer Trennungs- und Scheidungsfolgenvereinbarung** in einer Urkunde abzuschließen.

IV. Abgrenzung Zugewinn zu Haushaltsgegenständen

Die Abgrenzung von Zugewinn und Haushaltsgegenständen ist gesetzlich nicht geregelt. 8

Prüfungshinweis 1:

Es gilt der Grundsatz: Haushaltsgegenstände, die nach § 1568b BGB verteilt werden können, unterliegen nicht dem Zugewinnausgleich.[13]

Gegenstände, die im Alleineigentum eines Ehegatten stehen, unterliegen dem Zugewinnausgleich.[14]

Manchmal kann die Zuordnung problematisch sein. 9

Prüfungsbeispiel

Ein Pkw ist von der Ehefrau allein bezahlt worden. Sie ist als Halter eingetragen. Das Fahrzeug ist umgebaut worden, da der Ehemann körperlich behindert ist. Das Fahrzeug wird regelmäßig vom Ehemann genutzt, da der Ehefrau ein Dienstfahrzeug ihrer Firma zur Verfügung steht. Zugewinn oder Haushaltsgegenstand?

Lösung

Haushaltsgegenstand, da die Nutzung entscheidet, nicht die Frage, wer das Fahrzeug bezahlt hat oder als Halter im Kraftfahrzeugbrief eingetragen ist.

12 Zu merken mit **U-V-Z.**

13 BGH FamRZ 1984, 144.

14 BGH FamRZ 2011, 183; BGH FamRZ 2011, 1039.

Ein weiteres Beispiel: **Das wertvolle Gemälde**, das im Wohnzimmer hängt, ist **Haushaltsgegenstand**, weil es dem Haushalt, dem Bewohnen dient. Das wertvolle Gemälde, das nach Anschaffung in einem eigenen Seitenraum mit entsprechender Temperatur und Feuchtigkeitsgrad versehen aufbewahrt wird, um ggf. nach entsprechender Wertsteigerung verkauft zu werden, gehört zum **Zugewinn**.

C. Vertragsgestaltung bei Eheschließung

I. Feststellungen zur Vermögenssituation

10 Eheleute können zur Vermeidung späterer Unstimmigkeiten nach § 1377 BGB die Werte ihres Anfangsvermögens in einem **Verzeichnis** feststellen.[15]

> *Formulierungsbeispiel*
>
> (Urkundseingang)
>
> (...)
>
> **II. Ehevertragliche Vereinbarungen**
>
> Ehevertraglich vereinbaren wir was folgt:
>
> 1. (...)
>
> Unser derzeitiges wesentliches Vermögen ist jeweils in einem dieser Urkunde als Bestandteil beigeschlossenen Vermögensverzeichnis näher aufgeführt. Die Anlagen, auf die hiermit verwiesen wird, sind wesentlicher Bestandteil und damit Inhalt und Gegenstand dieser Urkunde. Sie wurden vom Notar mit vorgelesen. Das in diesen Anlagen genannte Vermögen stellt abschließend unser Anfangsvermögen im Sinne des § 1374 Abs. 1 BGB dar.
>
> 2. Die vorstehende ehevertragliche Vereinbarung nehmen wir hiermit ausdrücklich an.
>
> (...) (ggf. weitere ehevertragliche oder erbrechtliche Regelungen) (...)

Wird ein Verzeichnis nicht erstellt, wird – widerleglich – vermutet, dass das Endvermögen den Zugewinn eines Ehepartners darstellt, § 1377 Abs. 3 BGB.

11 Ebenso können **isolierte Feststellungen** zum Anfangsvermögen getroffen werden, um zu vermeiden, dass später Unsicherheit über vorhandene Werte oder Schulden zu Beginn der Ehe entstehen.

> *Formulierungsbeispiel*
>
> (Urkundseingang)
>
> (...)

15 Vgl. FamRMandat Familienvermögensrecht/*Horndasch*, § 2 Rn 145 f.

I. Ehevertragliche Vereinbarungen

Ehevertraglich vereinbaren wir was folgt:

1. Wir sind uns darüber einig, dass für Zwecke des Zugewinnausgleichs das Anfangsvermögen des Ehemannes im Sinne des § 1374 Abs. 1 BGB mit EUR und dasjenige der Ehefrau mit EUR zu bewerten ist.
2. Die vorstehende ehevertragliche Vereinbarung nehmen wir hiermit ausdrücklich an.

(...) (ggf. weitere ehevertragliche oder erbrechtliche Regelungen) (...).[16]

Will ein Ehepartner gegenüber dem anderen zu dessen Entschuldung beitragen, empfiehlt es sich, eine entsprechende **„Darlehensvereinbarung“** nebst Verzinsungsbestimmung zu schließen.

II. Modifikationen der Zugewinngemeinschaft

Durch Ehevertrag lassen sich die Wirkungen der Zugewinngemeinschaft verändern. **12**
Dies ist nach Rechtsprechung des **BGH**[17] ohne Einschränkungen möglich, da die Eheleute über ihr Vermögen frei disponieren können. So können Eheleute vereinbaren, dass der Zugewinnausgleich „unter Lebenden“ vollständig entfällt. Damit ist der Zugewinn im Falle einer Scheidung zwar ausgeschlossen. Es gehen jedoch erbrechtliche Ansprüche nicht verloren. Überdies bleibt der steuerrechtliche Vorteil der Zugewinngemeinschaft erhalten.

Die Formulierung lautet wie folgt:

Formulierungsbeispiel

Für den Fall, dass unsere Ehe auf andere Weise als durch den Tod eines Ehegatten aufgelöst wird, insbesondere im Falle der Scheidung unserer Ehe, schließen wir den Ausgleich des Zugewinns vollständig aus. Dies gilt auch für den vorzeitigen Zugewinnausgleich bei Getrenntleben.

Sinnvoll und konsequent ist der gleichzeitige Ausschluss von Verfügungsbeschrän- **13**
kungen wie folgt:

Formulierungsbeispiel

Außerdem soll keiner von uns beiden den Verfügungsbeschränkungen des § 1365 BGB und § 1369 BGB unterliegen.

16 FamRMandat Familienvermögensrecht/*Horndasch*, § 2 Rn 250.

17 BGH FamRZ 2004, 601.

14 Der Kern eines solchen Ehevertrages lautet wie folgt:[18]

Formulierungsbeispiel

Ehevertraglich vereinbaren wir was folgt:

1. Für den Fall der Beendigung der Ehe durch den Tod eines Ehegatten soll es beim Zugewinnausgleich durch Erbteilserhöhung oder güterrechtliche Lösung verbleiben.
2. Wird jedoch die Ehe auf andere Weise als durch den Tod eines Ehegatten beendet, so findet kein Zugewinnausgleich statt. Dies gilt auch für den vorzeitigen Zugewinnausgleich.
   a. Auf den Ausgleich eines Zugewinnes wird insoweit gegenseitig verzichtet. Den Verzicht nehmen wir hiermit gegenseitig an.
   b. Dies gilt auch für einen etwa bisher bereits entstandenen Zugewinn.
3. Durch diese Vereinbarung soll jedoch ausdrücklich keine Gütertrennung eintreten.
4. Zuwendungen eines Ehegatten an den anderen können bei Scheidung der Ehe nicht zurückgefordert werden, auch nicht wegen Störung der Geschäftsgrundlage, es sei denn die Rückforderung ist auf gesonderter vertraglicher Grundlage vorbehalten. Dies gilt unabhängig vom Verschulden am Scheitern der Ehe.
   a. Wir stellen ferner klar, dass andere Ausgleichsansprüche nicht bestehen sollen; insbesondere entsteht nicht etwa durch Mitarbeit im Betrieb eines Ehegatten oder durch das gemeinsame Halten von Vermögensgegenständen eine Ehegatteninnengesellschaft, wenn wir dies nicht ausdrücklich vereinbaren.
   b. Wir verpflichten uns, bei etwaigen Gesamthaftungen das Innenverhältnis des Gesamtschuldnerausgleichs ausdrücklich zu regeln.
   c. Der Verzicht auf Zugewinn stellt nicht selbst eine ehebedingte Zuwendung dar.
5. Für unsere Ehe schließen wir hiermit ferner die Verfügungsbeschränkungen der §§ 1365 ff. BGB gegenseitig aus.
6. Die vorstehenden ehevertraglichen Vereinbarungen nehmen wir hiermit gegenseitig an. Weitere ehevertragliche oder erbvertragliche Regelungen wollen wir heute nicht treffen.

15 Die Herausnahme „privilegierten“ Vermögens oder sonstiger Vermögensbestandteile (sog. **modifizierte Zugewinngemeinschaft**) – ggf. gegen Ausgleichszahlung an den Ehegatten – ist möglich, birgt jedoch die **Gefahr von Manipulationen**, auf die der Notar in geeigneter Weise hinzuweisen hat.

18 Zum Beispiel vgl. FamRMandat Familienvermögensrecht/*Horndasch*, § 2 Rn 192.

Je nach Konstruktion kann es zu **Problemen** der Umschichtung von Geld- und Wertpapieranlangen oder zu Vermischungsproblemen etwa durch Mitverwendung ausgleichspflichtigen Vermögens kommen. 16

Der Kern eines Ehevertrages zur **Herausnahme betrieblichen Vermögens** aus dem Zugewinn lautet wie folgt:

Formulierungsbeispiel

Ehevertraglich vereinbaren wir was folgt:

I. (...)

II. Güterstand

Den gesetzlichen Güterstand der Zugewinngemeinschaft wollen wir für unsere künftige Ehe ausdrücklich aufrechterhalten, ihn allerdings wie folgt modifizieren:

1. Der Ehemann ist Inhaber des folgenden Betriebes:
   a. (…) (nähere Bezeichnung) (…)
   b. Dieser Betrieb soll beim Zugewinnausgleich bei Beendigung der Ehe aus anderen Gründen als dem Tod eines Ehegatten in keiner Weise berücksichtigt werden. Dies gilt auch für den vorzeitigen Zugewinnausgleich.
   c. Dieses betriebliche Vermögen einschließlich des gewillkürten Betriebsvermögens und etwaigen Sonderbetriebsvermögens sowie etwaiger bestehender Gesellschafterdarlehen soll also weder bei der Berechnung des Anfangsvermögens noch bei der Berechnung des Endvermögens des Ehemannes berücksichtigt werden, und zwar auch dann nicht, wenn sich ein negativer Betrag ergibt. Gleiches gilt für Wertsteigerungen oder Verluste dieses Vermögens.
   d. Auch die diese Vermögenswerte betreffenden und ihnen dienenden Verbindlichkeiten sollen im Zugewinnausgleich keine Berücksichtigung finden.
   e. Surrogate der aus dem Zugewinnausgleich herausgenommenen Vermögenswerte sollen nicht ausgleichungspflichtiges Vermögen sein. Sie werden also bei der Berechnung des Endvermögens auch nicht berücksichtigt. Jeder Ehegatte kann verlangen, dass über solche Ersatzvermögenswerte ein Verzeichnis angelegt und fortgeführt wird. Auf Verlangen hat dies in notarieller Form zu erfolgen.
2. Dies gilt in gleicher Weise für jedes Nachfolgeunternehmen oder jede Nachfolgebeteiligung und jedes Tochterunternehmen, unabhängig von der verwendeten Rechtsform, auch bei Aufnahme weiterer Gesellschafter und auch wenn die Nachfolgebeteiligung in Form von Kapitalgesellschaftsanteilen gehalten wird, die ihrerseits zum Privatvermögen gehören.

   a. In gleicher Weise ausgeschlossen ist bei einer etwa bestehenden Betriebsaufspaltung oder auch ohne eine solche dasjenige Vermögen, das an den Betrieb im obigen Sinne langfristig zur Nutzung überlassen und ihm zu dienen bestimmt ist, sofern die entsprechenden Verträge jeweils vor mehr als zwei Jahren vor Rechtshängigkeit eines Scheidungsantrages abgeschlossen wurden.
3. Erträge aus diesem vom Zugewinn ausgeschlossenen Vermögen sind gleichfalls vom Zugewinn ausgeschlossen, sofern sie entweder
   a. den betrieblichen Bereich noch nicht verlassen haben; insofern sind insbesondere ausgenommen Guthaben auf Kapital-, Darlehens-, Verrechnungs- oder Privatkonten sowie stehengelassene Gewinne, Gewinnvorträge oder -rücklagen oder
   b. wieder auf die ausgeschlossenen Vermögenswerte verwendet werden, soweit die Verwendung nicht in den letzten beiden Jahren vor Rechtshängigkeit eines Scheidungsantrages erfolgt ist. Unter Verwendung verstehen wir auch die Tilgung von Verbindlichkeiten sowie Einlagen in das Betriebsvermögen.
      Macht jedoch ein Ehegatte aus seinem sonstigen Vermögen Verwendungen auf die vom Zugewinnausgleich ausgeschlossenen Vermögenswerte, werden diese Verwendungen mit ihrem Wert zum Zeitpunkt der Verwendung dem Endvermögen desjenigen Ehegatten zugerechnet, der Eigentümer dieser Vermögenswerte ist.
      Derartige Verwendungen unterliegen also – ggf. um den Geldwertverfall berichtigt – dem Zugewinnausgleich.
      Entsprechendes gilt für Verwendungen des anderen Ehegatten auf die vom Zugewinnausgleich ausgenommenen Vermögenswerte.
4. Zur Befriedigung der sich etwa ergebenden Zugewinnausgleichsforderung gilt das vom Zugewinn ausgenommene Vermögen als vorhandenes Vermögen im Sinne des § 1378 Abs. 2 BGB. Eine Vollstreckung in das vom Zugewinnausgleich ausgeschlossene Vermögen ist erst zulässig, wenn die Vollstreckung in das ausgleichspflichtige Vermögen nicht zum Erfolg geführt hat. Ein Ehegatte ist nicht verpflichtet, seinen Zugewinn auszugleichen, wenn er unter Berücksichtigung des vom Zugewinn ausgenommenen Vermögens des anderen Ehegatten nicht zur Ausgleichung verpflichtet wäre.
5. Die güterrechtlichen Verfügungsbeschränkungen sollen bei zu diesem Vermögen gehörenden Gegenständen nicht gelten.
6. Wir sind uns darüber einig, dass hinsichtlich des vorgenannten betrieblichen Vermögens auch bei Mitarbeit der Ehefrau keine Ehegatteninnengesellschaft vorliegt, sondern eine rein arbeitsrechtliche Gestaltung. Wir verpflichten uns insoweit, eine erschöpfende vertragliche Regelung zu treffen, über die hinaus keine Ansprüche bestehen sollen, egal aus welchem Rechtsgrunde

sie hergeleitet werden könnten, insbesondere nicht aus Ehegatteninnengesellschaft und nicht wegen Wegfalls der Geschäftsgrundlage.

7. Auf den Ausgleich eines etwa darüberhinausgehenden Zugewinns wird verzichtet. Diesen Verzicht nehmen wir gegenseitig an.

III. Pflichtteilsverzicht

Wir verzichten hiermit gegenseitig auf unser gesetzliches Pflichtteilsrecht in Bezug auf das nach vorstehender Ziffer II vom Zugewinn ausgenommene Vermögen. Wir nehmen diesen Verzicht wechselseitig an.

IV. Belehrungen, Hinweise

Über die rechtliche Tragweite unserer vorstehenden Erklärungen wurden wir vom Notar eingehend belehrt, insbesondere darüber, dass die Abgrenzung der herausgenommenen Vermögenswerte zu Schwierigkeiten führen kann, dass etwa gewillkürtes Betriebsvermögen gebildet werden kann oder Verwendungen aus dem Privatvermögen in das Betriebsvermögen vorgenommen werden können. Er empfiehlt daher eine strikte Trennung der Vermögensmassen und Aufzeichnungen über Bewegung zwischen den Vermögensmassen.[19]

Die Einbeziehung eines – gegenständlich beschränkten – Pflichtteilsverzichts bietet sich an, wenn der überlebende Ehegatte nicht Erbe des ausgleichsfreien Vermögens werden soll.

Es bestehen insbesondere die folgenden ehevertraglichen Möglichkeiten einer **Modifikation des Zugewinnausgleichs** im Güterrecht:[20] **17**

- Die Verfügungsbeschränkungen der §§ 1365 ff BGB können ausgeschlossen werden, dies auch bezüglich nur eines Ehegatten.
- Der Zugewinnausgleich insgesamt kann bedingt oder befristet vereinbart werden, etwa nur für die Zeiten familienbedingter Berufsaufgabe.
- Vorehelicher Vermögenserwerb kann in den Zugewinnausgleich einbezogen werden.
- Die Höhe des Anfangsvermögens oder des Endvermögens kann in einem Geldbetrag festgelegt werden.
- Die Zugewinnausgleichsforderung kann höhenmäßig begrenzt oder pauschaliert werden.
- Einzelne Vermögensgegenstände oder Vermögensmassen oder Erträge können gegenständlich aus dem Zugewinn ausgenommen werden.
- Der Zugewinnausgleich unter Lebenden kann ausgeschlossen werden, während er für den Todesfall bestehen bleibt.

19 Vgl. dazu FamRMandat Familienvermögensrecht/*Horndasch*, § 2 Rn 233.

20 Zusammenfassung von Notarass. *J. Vogel*, Köln, unter Hinweis auf BeckOK BGB/*Scheller/Sprink*, § 1408 Rn 86 m.w.N.

- Es können Vereinbarungen zur Bewertung einzelner Vermögensgegenstände oder Vermögensmasse, etwa des Unternehmens, getroffen werden.
- Die hälftige Zugewinnausgleichsquote des § 1378 Abs. 1 BGB kann ermäßigt oder erhöht werden.
- Der Zugewinnausgleich kann nur für einen Ehegatten ausgeschlossen oder beschränkt werden, für den anderen Ehegatten aber unberührt bleiben.
- Es kann ein periodischer Zugewinnausgleich vereinbart werden.

18 Beim Zugewinnausgleich nach der güterrechtlichen Lösung des § 1371 Abs. 2 BGB sind dieselben Modifikationen zulässig wie beim Zugewinnausgleich bei Scheidung. Möglich ist daher insbesondere, den Zugewinnausgleich im Todesfall dadurch zu modifizieren, dass die güterrechtliche Lösung nach § 1371 Abs. 2 BGB ausgeschlossen wird, der erhöhte Erbteil nach § 1371 Abs. 1 BGB aber unangetastet bleibt.

Nicht zulässig sind dagegen die folgenden Vereinbarungen:[21]

- Das Zusatzviertel bei der erbrechtlichen Lösung nach § 1371 Abs. 1 BGB kann nicht erhöht, wohl aber herabgesetzt werden.
- Der Ausbildungsanspruch nach § 1371 Abs. 4 BGB kann nicht ausgeschlossen oder modifiziert werden.
- Die drittschützende Vorschrift des § 1378 Abs. 2 BGB kann nicht ausgeschlossen oder modifiziert werden, ebenso nicht § 1378 Abs. 3 S. 3 BGB.

19 In der Praxis und damit auch im Prüfungsverfahren sind vor allem **drei Modifikationen** von Bedeutung:

- Der Ausschluss des Zugewinns unter Lebenden.
- Die gegenständliche Herausnahme von privilegiertem Erwerb i.S.v. § 1374 Abs. 2 BGB.
- Die Herausnahme von Betriebsvermögen aus dem Zugewinnausgleich.

> *Prüfungshinweis 2:*
>
> Die Modifikation ist häufig die angemessenere Lösung gegenüber der Gütertrennung. Es sollte daher immer geprüft werden, ob eine Modifikation der Zugewinngemeinschaft zum erwünschten Ziel führt.

III. Gütertrennung

20 Die (künftigen) Eheleute können den gesetzlich vorgesehenen Güterstand der Zugewinngemeinschaft für ihre Ehe ausschließen und den **Güterstand der Gütertrennung vereinbaren**.

21 *Vogel,* a.a.O. Rn 87.

Hierzu können die folgenden **Alternativen** in den Ehevertrag eingearbeitet werden.[22]

Formulierungsbeispiel

Die Erschienenen wollen einen Ehevertrag errichten.

Sie erklären bei gleichzeitiger Anwesenheit gemeinsam mündlich mit dem Ersuchen um Beurkundung was folgt:

I. Allgemeines

Wir sind in beiderseits erster Ehe verheiratet.

Unsere Ehe haben wir am (...) vor dem Standesbeamten in (...) geschlossen.

Wir sind beide deutsche Staatsangehörige.

Wir haben bisher keinen Ehevertrag geschlossen und sind insoweit im gesetzlichen Güterstand der Zugewinngemeinschaft verheiratet.

II. Ehevertragliche Vereinbarungen

Ehevertraglich vereinbaren wir was folgt:

1. Als Güterstand für unsere Ehe soll die Gütertrennung nach Maßgabe des Bürgerlichen Gesetzbuches gelten. Uns ist bekannt, dass durch die Vereinbarung der Gütertrennung
   a. keine Haftungsbeschränkung gegenüber Gläubigern eintritt,
   b. jeder Ehegatte über sein Vermögen frei verfügen kann,
   c. beim Tode eines von uns beiden das Erb- und Pflichtteilsrecht des Überlebenden am Nachlass des Zuerst versterbenden sich vermindern und das Erb- und Pflichtteilsrecht der Kinder oder sonstiger Abkömmlinge sich erhöhen kann,
   d. bei Auflösung der Ehe kein Zugewinnausgleich stattfindet.
   e. die Privilegierung des § 5 ErbStG keine Anwendung findet.

   Die Gütertrennung soll derzeit nicht in das Güterrechtsregister eingetragen werden. Jeder von uns beiden ist jedoch berechtigt, den Eintragungsantrag jetzt oder künftig allein zu stellen.
2. Auf den Ausgleich eines etwa bisher entstandenen Zugewinnes wird gegenseitig verzichtet. Den Verzicht nehmen wir hiermit gegenseitig an.
3. Nach Belehrung durch den Notar verzichten wir auf die Erstellung eines Vermögensverzeichnisses.

   Alternative

   Wir stellen ferner klar, dass unser derzeitiges wesentliches Vermögen jeweils in einem, dieser Urkunde als wesentlicher Bestandteil beigeschlossenen Vermögensverzeichnis näher aufgeführt ist.

22 FamRMandat Familienvermögensrecht/*Horndasch*, § 2 Rn 175.

Die Anlage, auf die hiermit verwiesen wird, ist wesentlicher Bestandteil und damit Inhalt und Gegenstand dieser Urkunde. Sie wurde vom Notar mitverlesen.

4. Zuwendungen eines Ehegatten an den anderen können bei Scheidung der Ehe nicht zurückgefordert werden, auch nicht wegen Störung der Geschäftsgrundlage, es sei denn die Rückforderung ist auf gesonderter vertraglicher Grundlage vorbehalten. Dies gilt unabhängig vom Verschulden am Scheitern der Ehe.
   Wir stellen ferner klar, dass andere Ausgleichsansprüche nicht bestehen sollen; insbesondere entsteht nicht etwa durch Mitarbeit im Betrieb eines Ehegatten oder durch das gemeinsame Halten von Vermögensgegenständen eine Ehegatteninnengesellschaft, wenn wir dies nicht ausdrücklich vereinbaren.
   Wir verpflichten uns, bei etwaigen Gesamthaftungen das Innenverhältnis des Gesamtschuldnerausgleichs ausdrücklich zu regeln.
   Der Verzicht auf Zugewinn stellt nicht selbst eine ehebedingte Zuwendung dar.
5. Hinsichtlich des Versorgungsausgleiches und des Ehegattenunterhaltes bei einer etwaigen Scheidung unserer Ehe verbleibt es bei den gesetzlichen Bestimmungen; hiervon abweichende Vereinbarungen wollen wir derzeit nicht treffen.
   Alternative
   Wir stellen klar, dass dieser Güterstand auch dann bestehen bleibt, wenn der nachfolgend vereinbarte Ausschluss des Versorgungsausgleiches oder der nachstehend vereinbarte Unterhaltsverzicht unwirksam sein oder unanwendbar werden sollten.
6. Die vorstehenden ehevertraglichen Vereinbarungen nehmen wir hiermit gegenseitig an.

III. Pflichtteilsverzicht

Wir verzichten hiermit gegenseitig auf unser gesetzliches Pflichtteilsrecht. Wir nehmen diesen Verzicht wechselseitig an.

IV. Belehrungen, Hinweise

Über die rechtliche Tragweite unserer vorstehenden Erklärungen wurden wir vom Notar eingehend belehrt.

Insbesondere wurden wir auf die Bedeutung und das Wesen des vereinbarten Güterstandes der Gütertrennung, auch in erbrechtlicher Hinsicht, sowie auf den Pflichtteilsverzicht hingewiesen.

V. Schlussbestimmungen

Wir beantragen die Erteilung je einer Ausfertigung dieser Urkunde.

Unsere Geburtsstandesämter erhalten jeweils eine Mitteilung über die Errichtung dieser Urkunde.

Die Kosten dieser Urkunde tragen wir gemeinsam.

§ 1410 BGB schreibt dabei die **notarielle Beurkundung bei gleichzeitiger Anwesenheit** beider Beteiligter vor.

Sind Eheleute ggf. bereits seit längerer Zeit miteinander verheiratet, kann es sein, dass nicht ein Verzicht auf den bisher entstandenen **Zugewinn** erklärt, sondern dieser **ausgeglichen** wird. In einem solchen Fall wird man statt der obigen Ziff. 2 beispielsweise in die Urkunde einarbeiten:[23] 21

Formulierungsbeispiel

(...)

2. Der bisher erzielte Zugewinn soll ausgeglichen werden. Hierzu stellen wir fest, dass sich der Zugewinn des Ehemannes seit Eheschließung bis heute unter Anwendung der §§ 1372 ff. BGB auf 1.500.000 EUR beläuft. Der Zugewinn der Ehefrau beträgt im gleichen Zeitraum 300.000 EUR. Somit hat die Ehefrau einen Anspruch auf Zugewinnausgleich in Höhe von 600.000 EUR.
3. Der Ehemann verpflichtet sich hiermit, zur Erfüllung des Zugewinnausgleichsanspruches die in seinem Eigentum stehende Eigentumswohnung in (...), eingetragen im Grundbuch des Amtsgerichts (...) auf seine Ehefrau zu übertragen, die dies annimmt.
   - Der vorstehend genannte Grundbesitz ist in Abteilungen II und III des Grundbuches lastenfrei vorgetragen.
   - Die Erschienen sind über den Eigentumsübergang hinsichtlich des vorgenannten Grundbesitzes einig und bewilligen und beantragen die Eigentumsumschreibung im Grundbuch.
   - Vollzugsmitteilung wird erbeten.
   - Besitz, Nutzen, Lasten, Haftung und Gefahr gehen mit dem heutigen Tage auf die Ehefrau über.

   (...)
4. Die Vertragsteile sind sich darüber einig, dass mit der Übertragung des vorgenannten Grundbesitzes der Zugewinnausgleich vollständig durchgeführt ist und keine weiteren gegenseitigen Ansprüche in Bezug auf den Zugewinnausgleich bestehen.

Selbstverständlich kann die **Gütertrennung jederzeit wieder aufgehoben** werden.

Man kann dies verbinden mit einer Vereinbarung der Zugewinngemeinschaft ab Ehebeginn. Die Alternative stellt die **Aufhebung „ab Vertragsschluss“** dar.

Zusätzlich kann man **sonstige Ansprüche** ausschließen.[24] 22

23 FamRMandat Familienvermögensrecht/*Horndasch*, § 2 Rn 179.

24 Vgl. das Beispiel bei Bergschneider/*Münch*, Beck'sches Formularbuch Familienrecht, Ziff. H.II.2.

Prüfungsbeispiel

Eheleute vereinbaren am Tag nach der Eheschließung mit notarieller Urkunde für ihre Ehe den Güterstand der Gütertrennung. Die Vereinbarung trägt einen ordnungsgemäßen Inhalt, wurde vom Notar verlesen und von den Beteiligten unterzeichnet. Der Notar vergisst, seine eigene Unterschrift unter den Vertrag zu setzen. Der Vertrag wird durchgeführt, die Gütertrennung in das Güterrechtsregister eingetragen. Niemandem fällt die fehlende Unterschrift auf. 10 Jahre später trennen sich die Beteiligten. Zwischenzeitlich hat der Ehemann aufgrund seiner selbstständigen Tätigkeit ein Vermögen von 6 Millionen EUR erworben. Die Ehefrau verfügt über ein Vermögen von 20.000 EUR. Dem sie beratenden Rechtsanwalt fällt die fehlende Unterschrift auf. Er beruft sich für seine Mandantin im Scheidungsfolgenverfahren betr. Zugewinn auf die formelle Unwirksamkeit der Vereinbarung, hilfsweise auf die Unwirksamkeit nach § 134 BGB wegen unangemessener Benachteiligung. Der Rechtsanwalt des Ehemannes wendet ein, der Notar sei durchaus noch im Amt und könne seine Unterschrift nachholen. Bestehen Zugewinnausgleichsansprüche der Ehefrau?

Lösung

Fehlt die Unterschrift des Notars, ist die Urkunde keineswegs nichtig, sondern so lange schwebend unwirksam, bis der Notar seine Unterschrift nachgeholt hat. Dies kann er ohne besondere Nachtragsverhandlung jederzeit tun.[25] Die Urkunde ist – als notarielle Urkunde – erst dann endgültig unwirksam, wenn eine Nachholung nicht mehr möglich ist. Dies ist aber nicht der Fall. Formell ist die Urkunde nicht angreifbar. Auf die Unwirksamkeit der Urkunde wegen unangemessener Benachteiligung kann sich die Ehefrau ebenfalls nicht berufen. Nach Rechtsprechung des BGH[26] sind die Eheleute frei darin, ihre Vermögensverhältnisse – auch einseitig – zu regeln.

IV. Güterstandsschaukel

23 Vereinbaren die Eheleute Gütertrennung und beenden damit den gesetzlichen Güterstand der Zugewinngemeinschaft, löst dies **zwingend** die gesetzlichen Zugewinnausgleichsansprüche nach § 1378 Abs. 3 S. 1 BGB aus. Nach § 1408 BGB ist die Vereinbarung der Gütertrennung jederzeit möglich. Damit haben die Ehegatten die Voraussetzungen des § 5 Abs. 2 ErbStG geschaffen, so dass die Erfüllung der Zugewinnausgleichsforderung schenkungssteuerfrei möglich ist. Dies ist eine sichere Möglichkeit, Vermögen schenkungssteuerfrei auf den anderen Ehegatten zu verlagern.[27]

25 *Winkler*, § 13 Rn 86; *Lerch*, § 13 Rn 32.

26 BGH FamRZ 2004, 601.

27 *Brambring*, ZEV 1996, 248.

Die Ehegatten müssen es aber nicht bei der Gütertrennung belassen, weil sie vielleicht planen, das Instrumentarium einmal erneut anzuwenden oder aus sonstigen Gründen zum gesetzlichen Güterstand zurückkehren wollen. In einer zweiten Urkunde kann dann erneut die Zugewinngemeinschaft vereinbart werden.[28]

Der **BFH** hat die sog. **Güterstandsschaukel** gebilligt.[29] Im zugrunde liegenden Fall des **FG Köln**[30] war sogar nur eine Urkunde errichtet worden, die sowohl die Vereinbarung der Gütertrennung mit Zugewinnausgleich enthielt als auch die erneute Rückkehr zum gesetzlichen Güterstand. Die Gründe für die gewährte Schenkungssteuerfreiheit liegen für den BFH darin, dass dem begünstigten Ehegatten die **Ausgleichsforderung nicht vertraglich zugewendet** werde, **sondern kraft Gesetzes** mit der Gütertrennung entstehe. Die gesetzliche Zugewinnausgleichsforderung gehört nicht zum Erwerb i.S.d. §§ 3 und 7 ErbStG.

Arbeitet man nicht mit zwei Urkunden, könnte die Güterstandsschaukel **in einer Urkunde** wie folgt formuliert werden:[31]

> *Formulierungsbeispiel*
>
> Mit Wirkung von zwei Monaten von heute an heben wir den Güterstand der Gütertrennung auf und vereinbaren für unsere Ehe erneut den Güterstand der Zugewinngemeinschaft. Als Anfangsvermögen eines jeden Ehegatten gilt dasjenige Vermögen, das ihm an diesem Tag gehört. Der Notar hat uns auf die Risiken und Folgen der Vereinbarung von Gütertrennung und zugleich ihrer Aufhebung in einer Urkunde hingewiesen. Wir wünschen aber ausdrücklich diese Vorgehensweise.

Um zu vermeiden, dass eine solche Verfahrensweise – ggf. in der Zukunft – als Umgehungsgeschäft gewertet wird, ist es sinnvoll, in zwei Urkunden mit jeweils zeitlichem Abstand zu verfahren.

V. Gütergemeinschaft

Die Gütergemeinschaft wird zu Unrecht als „Auslaufmodell" bezeichnet. Derzeit **24**
empfiehlt sich die Gütergemeinschaft allerdings vor allem bei Konstellationen, in denen die Eheleute, wären sie **nicht miteinander verheiratet, eine Gesellschaft** gründen würden. Vorherrschend in den europäischen Nachbarländern ist die **Gütergemeinschaft in Form der Errungenschaftsgemeinschaft**.[32] Falls sich in der Zu-

28 *Hayler*, DNotZ 2000, 681: Vertragsgestaltung durch doppelten Güterstandswechsel.

29 ZEV 2005, 490 m. Anm. *C. Münch*; FG Köln ZEV 2018, 610 mit Anm. *Thonemann-Micker.*

30 FG Köln DStRE 2002, 1248.

31 FamRMandat Familienvermögensrecht/*Horndasch*, § 2 Rn 188.

32 Vgl. *Pintens*, FamRZ 2003, 329.

kunft ein einheitlicher Güterstand innerhalb der EU durchsetzen sollte, könnte diese Rechtsform diejenige sein, die den Regelgüterstand bildet.[33]

25 Der Ehevertrag der Gütergemeinschaft lautet wie folgt:[34]

Formulierungsbeispiel

1. Statusvereinbarung, Zugewinnausgleich

Wir haben am (…) geheiratet und sind beide deutsche Staatsangehörige. Einen Ehevertrag haben wir bisher nicht abgeschlossen.

Wir vereinbaren mit Wirkung von heute den Güterstand der Gütergemeinschaft nach den Bestimmungen des Bürgerlichen Gesetzbuchs.

Hinsichtlich des hierdurch aufgehobenen gesetzlichen Güterstandes stimmen wir überein, dass der Ehefrau gegenüber dem Ehemann ein Anspruch auf Ausgleich des Zugewinns in Höhe von (…) EUR zusteht.

2. Güterrechtsregister

Wir beantragen, den Güterstand der Gütergemeinschaft sowie die nachstehend getroffene Verwaltungsregelung und ferner den nachfolgend bestimmten Umfang des Vorbehaltsguts in das Güterrechtsregister einzutragen.

3. Verwaltung

Das Gesamtgut verwalten wir gemeinschaftlich. Jedoch hat jeder von uns Vollmacht, den anderen hierbei zu vertreten, ausgenommen Verpflichtungen und Verfügungen über Grundbesitz oder Abschluss von Verträgen, die das Gesamtgut einmalig oder für den Zeitraum eines Jahres in Höhe von mehr als (…) EUR verpflichten. Die Vollmacht kann jederzeit und ohne Vorliegen eines besonderen Grundes widerrufen werden. Mit Zugang des Widerrufs erlischt auch die Vertretungsbefugnis des Widerrufenden und es gelten die gesetzlichen Regeln über die gemeinschaftliche Verwaltung uneingeschränkt.

4. Vorbehaltsgut

Zum Vorbehaltsgut bestimmen wir alles Vermögen, welches jeder von uns durch Schenkung eines Dritten, von Todes wegen oder mit Rücksicht auf ein künftiges Erbrecht oder als Ausstattung erwirbt, auch wenn eine solche Anordnung durch den Zuwendenden nicht erfolgt ist. Dies gilt für bisherige wie künftige Erwerbe.

Zum Vorbehaltsgut der Ehefrau aus bisherigem Erwerb gehören: (…)

5. Einbringung in das Gesamtgut

In das Gesamtgut haben eingebracht:

33 *Henrich*, FamRZ 2002, 1521.

34 FamRMandat Familienvermögensrecht/*Horndasch*, § 2 Rn 276.

Die Ehefrau (…) einschließlich des Zugewinnausgleichsanspruchs gemäß vorstehender Ziffer 1 einen Wert von insgesamt (…); der Ehemann (…) abzüglich des Betrages der Zugewinnausgleichsverpflichtung einen Wert von insgesamt (…) EUR.

6. Auseinandersetzung bei Ehescheidung

Endet der Güterstand durch Scheidung unserer Ehe, ist die Auseinandersetzung des Gesamtguts in Ergänzung der gesetzlichen Regeln wie folgt durchzuführen:

Stichtag für den Bestand wie die Bewertung des Gesamtguts ist die Zustellung des Scheidungsantrags.

Wird der vom Ehemann eingebrachte landwirtschaftliche Betrieb von ihm zurück übernommen, und ergibt sich hieraus für die Ehefrau ein Ausgleichsanspruch, dessen Auszahlung die Fortsetzung des Betriebes verhindern oder unwirtschaftlich machen würde, kann der Ehemann Herabsetzung oder Stundung seiner Ausgleichsverpflichtung verlangen. Kommt hierüber keine Einigung zustande, wird der Umfang der Herabsetzung oder die Art der Stundung nach billigem Ermessen durch das Schiedsgutachten eines vom (…) Bauernverband benannten, für landwirtschaftliche Bewertungen und Schätzungen öffentlich bestellten und beeidigten Sachverständigen bestimmt. Herabsetzung oder Stundung sind ausgeschlossen, wenn feststeht oder abzusehen ist, dass der Betrieb nicht fortgeführt wird.

Wird der sonach vom Ehemann rückübernommene landwirtschaftliche Betrieb innerhalb von 15 Jahren seit Rechtskraft des Scheidungsurteils ganz oder teilweise veräußert, sind an die Ehefrau für jedes volle Ehejahr zwei Prozent des hierbei erzielten Reinerlöses auszuzahlen, höchstens jedoch 50 Prozent. Reinerlös ist der Betrag, der nach Abzug der betrieblichen Verbindlichkeiten, der Veräußerungskosten einschließlich etwaiger Maklerprovision, sowie der aufgrund der Veräußerung anfallenden Steuern, insbesondere Einkommenssteuer, verbleibt. Im Fall der Teilveräußerung entsteht die Verpflichtung nicht, soweit Grundstücke zu Straßenbau oder Flurbereinigungszwecken übertragen oder gegen landwirtschaftliche Grundstücke getauscht werden; sie entfällt, wenn der Erlös innerhalb eines Jahres seit der Veräußerung in den landwirtschaftlichen Betrieb nach Maßgabe der steuerlichen Richtlinien reinvestiert wird. Bei ganz oder teilweiser unentgeltlicher Veräußerung tritt an die Stelle des Veräußerungserlöses der Verkehrswert, ausgenommen, die Überlassung erfolgt an einen gemeinsamen Abkömmling. Soweit die Ehefrau bei der Auseinandersetzung des Gesamtguts eine Ausgleichszahlung erhalten hat, wird diese auf ihren Anteil am Reinerlös angerechnet.

7. Kosten

(…)

VI. Der Deutsch-Französische Wahlgüterstand

26 Die Länder Frankreich und Deutschland haben durch ein **Abkommen vom 4.2.2010** eine Wahlzugewinngemeinschaft als weiteren Wahlgüterstand geschaffen.[35]

Der Güterstand wurde durch Einfügung des § 1519 BGB in das deutsche Recht übernommen.[36]

Der Güterstand kann in den **folgenden Fallkonstellationen** gewählt werden, wenn nämlich

- deutsche Ehegatten in Frankreich ihren gewöhnlichen Aufenthalt haben oder
- französische Ehegatten in Deutschland ihren gewöhnlichen Aufenthalt haben oder
- Ehegatten mit gemischter Staatsangehörigkeit Deutschland/Frankreich in Frankreich leben oder
- Ehegatten mit gemischter Staatsangehörigkeit Deutschland/Frankreich in Deutschland leben oder
- Ehegatten mit ausländischer Staatsangehörigkeit ihren gewöhnlichen Aufenthalt in Deutschland haben oder
- Ehegatten mit ausländischer Staatsangehörigkeit ihren gewöhnlichen Aufenthalt in Frankreich haben.

Der Deutsch-Französische Wahlgüterstand entspricht grundsätzlich der deutschen Zugewinngemeinschaft. Allerdings weichen die **Regeln in zwei Punkten** ab:

- Schmerzensgeld zählt im Gegensatz zur Regelung des § 1374 Abs. 2 BGB als privilegierter Erwerb zum Anfangsvermögen;
- Wertsteigerungen eines Grundstücks, dessen Erwerb nicht auf einer Eigenleistung des Eigentümers beruht, beispielsweise ererbt worden ist, bleiben bei der Durchführung des Zugewinnausgleichs vollständig außer Betracht. Sie werden mit dem Wert in das Anfangsvermögen gesetzt, den sie im Endvermögen haben.[37]

27 Daneben sind **folgende Besonderheiten** zu beachten:

- Rechtsgeschäfte eines Ehegatten über Haushaltsgegenstände sind unwirksam;
- auch derjenige Ehegatte, der Alleineigentümer einer Immobilie ist, die als Ehewohnung genutzt wird, kann darüber nicht ohne Zustimmung des anderen Ehegatten verfügen;
- derjenige Ehegatte, der ausschließlich Mieter der Ehewohnung ist, kann den Mietvertrag nicht ohne Mitwirkung des anderen Ehegatten wirksam kündigen.

35 Schulz/*Hauß*, Rn 1093; FamRMandat Familienvermögensrecht/*Schwolow*, § 4 Rn 1542 ff.

36 Gesetz vom 15.3.2012, in Kraft getreten am 18.4.2013.

37 Vgl. dazu Grüneberg/*Siede*, § 1519 Rn 1 ff.

> *Prüfungshinweis 3:*
>
> Namentlich in mündlicher Prüfung ist die Problemstellung möglich, was man denn machen könne, um die deutsche Zugewinngemeinschaft möglichst dem Deutsch-Französischen Wahlgüterstand anzugleichen.

Die **Antwort** muss sein, dass es nicht notwendig ist, den neuen Güterstand durch Ehevertrag zu begründen. Eine Modifizierung des gesetzlichen Güterstandes der Zugewinngemeinschaft in den zwei o.g. Punkten reicht dazu aus.

D. Zuwendungen unter Ehegatten

Zuwendungen unter Ehegatten hat die Rechtsprechung in verschiedenen Sachverhaltskonstellationen nicht als Schenkung eingeordnet,[38] sondern als **unbenannte Zuwendung**. Dem liegt die Annahme zugrunde, dass die Ehegatten nicht über die Unentgeltlichkeit einig sind, sondern die Zuwendung **um der Ehe willen** erfolgt. Der Bestand der Ehe ist in diesen Fällen nicht Vertragszweck, sondern Geschäftsgrundlage, so dass mit dem Scheitern der Ehe diese Geschäftsgrundlage entfällt.[39] 28

Solche Zuwendungen kann man – naturgemäß – in notarieller Urkunde bereits mit einem **Rückforderungsrecht (und nachfolgendem Zugewinnausgleich)** versehen.

E. Zuwendungen Dritter

Schenkungen und Übertragungen im Wege vorweggenommener Erbfolge an einen Ehepartner sollen nach dem Willen der Schenker/Eltern im Falle einer Scheidung **dem anderen Ehegatten nicht zugutekommen**. Dies ist grundsätzlich auch nicht der Fall, da es sich bei dem übertragenen Vermögen um privilegiertes Anfangsvermögen handelt, (§ 1374 Abs. 2 BGB), das seit Übertragung unter Berücksichtigung des Lebenshaltungskostenindex in das Anfangsvermögen des betroffenen Ehegatten eingestellt wird. An den **Wertsteigerungen** dieses Vermögens partizipiert allerdings der andere Ehegatte sehr wohl. Um dies zu vermeiden, kann in einer Regelung im Übertragungsvertrag ein entsprechender Ausschluss vereinbart werden.[40] 29

> *Formulierungsbeispiel*
>
> Den gesetzlichen Güterstand der Zugewinngemeinschaft wollen wir für unsere künftige Ehe ausdrücklich aufrechterhalten, ihn allerdings wie folgt modifizieren:

38 *Koch*, FamRZ 1995, 321.

39 *Friedrich*, JR 1986, 1; *Kleinle*, FamRZ 1987, 1383; kritisch *Seiler*, in: Festschrift Henrich S. 551.

40 FamRMandat Familienvermögensrecht/*Horndasch*, § 2 Rn 244.

Sämtliche Vermögenswerte, die ein jeder Ehegatte in der Vergangenheit oder zukünftig von Todes wegen oder mit Rücksicht auf ein künftiges Erbrecht, durch Schenkung oder als Ausstattung erwirbt, sollen beim Zugewinnausgleich bei Beendigung der Ehe aus anderen Gründen als durch den Tod eines Ehegatten in keiner Weise berücksichtigt werden. Soweit solche Vermögenswerte bisher auf diese Weise erworben wurden, sind sie in der Anlage 1 zu dieser Urkunde niedergelegt. Gleiches gilt für die in der Anlage 2 aufgeführten Vermögensgegenstände des Anfangsvermögens eines jeden Ehegatten nach § 1374 Abs. 1 BGB.

Solche Vermögenswerte sollen also weder bei der Berechnung des Anfangsvermögens noch bei der Berechnung des Endvermögens des entsprechenden Ehegatten berücksichtigt werden, und zwar auch dann nicht, wenn sich ein negativer Betrag ergibt. Dies gilt insbesondere für Wertsteigerungen oder Verluste dieses Vermögens.

Für dieses Vermögen sollen die güterrechtlichen Verfügungsbeschränkungen nicht gelten.

30 **Alternativen** können sein:

- Recht, die Übertragung auf Enkel zu verlangen
- Rückerwerbsrecht nur, wenn Tod ohne Abkömmlinge
- Wohnungsrecht für Erwerberehegatten bei Rückerwerb
- Rückübertragungsrecht bei Heirat ohne ehevertraglichen Ausschluss
- Rückübertragung von Abfindungsleistungen.

Prüfungshinweis 4:

Bei geeignetem Sachverhalt mit Beratungscharakter kann es sinnvoll sein, die vorstehenden Alternativen zu erörtern.

F. Die Ehegatteninnengesellschaft

31 Ehegatten sollen bei **Mitarbeit im Betrieb des anderen** im Scheidungsfall Ausgleichsansprüche zustehen. Der **BGH** hat die Rechtsfigur der sog. **Ehegatteninnengesellschaft** damit begründet, dass ein Ehegatte für Mitarbeit über das unterhaltsrechtlich geschuldete Maß hinaus eine Teilhabe am wirtschaftlichen Gesamtergebnis erwarten könne.[41]

32 Die **Abgrenzung zur ehebedingten Zuwendung** trifft der BGH so, dass die Ehegatteninnengesellschaft sich nach ihrem Gesellschaftszweck nicht in der Verwirk-

41 BGH FamRZ 1954, 136; 1961, 519; 1967, 320; *Haas*, FamRZ 2002, 205.

lichung der ehelichen Lebensgemeinschaft erschöpft, sondern **darüber hinaus** geht,[42] während die ehebedingte Zuwendung um der Ehe willen geschieht, ihren Zweck also gerade in der Verwirklichung der ehelichen Lebensgemeinschaft findet.[43]

Wird die Ehegatteninnengesellschaft ohne Grundstücksübertragungsverpflichtung geschlossen, ist eine **notarielle Beurkundung nicht** erforderlich.[44]

Spielt, wie regelmäßig, **Grundbesitz** eine Rolle, ist wie folgt zu beurkunden:[45] 33

Formulierungsbeispiel

Die Erschienenen wollen eine

Ehegatteninnengesellschaft

errichten.

Sie erklären bei gleichzeitiger Anwesenheit gemeinsam mündlich mit dem Ersuchen um Beurkundung was folgt:

Wir leben im Güterstand der Gütertrennung/im gesetzlichen Güterstand der Zugewinngemeinschaft.

Den nachfolgend in Anlage 1 für mich, den Ehemann, und Anlage 2 für mich, die Ehefrau, genannten Grundbesitz hielten wir jeweils bereits bei Eheschließung zu Alleineigentum. Er soll von den nachfolgenden Regelungen des Gesellschaftsvertrages nicht betroffen sein. Auf die Anlagen 1 und 2 wird verwiesen. Sie sind wesentliche Bestandteile und Inhalt dieser Urkunde. Sie werden vom Notar mit vorgelesen.

Wir vereinbaren miteinander den folgenden Vertrag einer

Ehegatteninnengesellschaft des bürgerlichen Rechts

§ 1 Rechtsform

(1) Die Gesellschaft ist eine Gesellschaft bürgerlichen Rechts.

(2) Sie ist eine Innengesellschaft, die nicht nach außen auftritt und kein Gesamthandsvermögen hat.

§ 2 Zweck

Zweck der Gesellschaft ist die gemeinsame Vermögensbildung dergestalt, dass unabhängig von der Zuordnung zum Alleineigentum eines Ehegatten oder zum Miteigentum beider Ehegatten das von diesem Vertrag betroffene Vermögen

42 Vgl. *Grziwotz*, DNotZ 2000, 486.

43 BGH FamRZ 20067, 607.

44 BGH NJW 1974, 2278.

45 Bergschneider/*Münch*, Beck'sches Formularbuch Familienrecht, Ziff. J.III.

einschließlich seiner Verbindlichkeiten wirtschaftlich beiden Ehegatten im Verhältnis ihrer Beteiligung nach § 3 dieses Vertrages zustehen soll.

§ 3 Gesellschafter und Anteile

(1) Gesellschafter sind die Erschienen zu 1. und 2.

(2) Die Gesellschafter sind zu gleichen Teilen an der Gesellschaft beteiligt.

§ 4 Einlagen

Einlagen in das Gesellschaftsvermögen sind nicht zu leisten. Im Innenverhältnis der Gesellschafter wird sämtlicher Grundbesitz beider Ehegatten ohne Rücksicht auf die im Grundbuch eingetragenen Eigentumsverhältnisse jedoch mit Ausnahme

- des Grundbesitzes gemäß Anlagen 1 und 2 sowie
- des Grundbesitzes, den ein jeder von uns auf eine in § 1374 Abs. 2 BGB beschriebene Weise erwirbt

und sämtliche diesen Grundbesitz betreffenden Verbindlichkeiten als Gegenstände gemeinsamer Vermögensbildung angesehen und unterliegen daher im Trennungsfalle der Verteilung bzw. dem Ausgleich gemäß diesem Vertrag.

Nicht dem Ausgleich nach diesem Vertrag unterliegen Erträge aus diesem Grundbesitz, es sei denn sie werden auf den Grundbesitz verwendet.

§ 5 Veräußerung von Grundbesitz

(1) Unbeschadet der Verfügungsbefugnis jedes Gesellschafters entsprechend seiner Eigentümerstellung hinsichtlich des Grundbesitzes im Außenverhältnis vereinbaren die Gesellschafter Folgendes:

Jede Verfügung über Grundbesitz, der unter den Zweck dieser Gesellschaft fällt, bedarf zuvor eines einstimmigen Gesellschafterbeschlusses. Verfügt ein Gesellschafter ohne einen solchen Gesellschafterbeschluss, so unterliegen die durch die Verfügung erlangten Surrogate ebenfalls der Ausgleichsregelung dieses Vertrages.

(2) Ferner hat ein Gesellschafter, der Grundbesitz veräußern möchte, der den Regelungen dieser Gesellschaft unterfällt, diesen zunächst dem anderen Gesellschafter zum Erwerb anzubieten, und zwar zu dem Wert, wie er in nachfolgendem § 6 Abs. 4 festgelegt ist.

§ 6 Auseinandersetzung

(1) Die Gesellschaft ist auf unbestimmte Dauer eingegangen. Jeder Gesellschafter kann die Gesellschaft mit einer Frist von 24 Monaten zum Ende eines Kalenderjahres kündigen. Die Kündigung hat per eingeschriebenem Brief zu erfolgen.

(2) Mit der Trennung der Ehegatten kann jeder Gesellschafter die sofortige Auflösung der Gesellschaft verlangen. Gleiches gilt bei einer Verfügung über Grundbesitz durch den anderen Gesellschafter ohne Zustimmung der Gesell-

schafterversammlung. Mit dem Verlangen ist die Gesellschaft aufgelöst. Wir legen fest, dass eine Trennung als erfolgt gilt, wenn der eine Ehegatte sie dem anderen Ehegatten per Einschreiben mitgeteilt hat.

(3) Die Gesellschaft ist mit Wirksamwerden der Kündigung oder Auflösung beendet.

(4) Das nach § 4 dem Ausgleich unterliegende Vermögen wird durch einen öffentlich bestellten Grundstückssachverständigen, den die örtlich zuständige IHK ernennt, verbindlich als Schiedsgutachter auf den Zeitpunkt der Beendigung geschätzt. Jeder Ehegatte behält den Grundbesitz, den er zu Alleineigentum hat. Die Hälfte der Wertdifferenz steht demjenigen Ehegatten, der den Grundbesitz mit geringerem Wert hat, als Ausgleichsanspruch zu. Der Ausgleichsanspruch ist fällig binnen drei Monaten nach Bekanntgabe durch den Schiedsgutachter und bis dahin nicht zu verzinsen und nicht dinglich zu sichern.

(5) Kosten des Ausgleichsverfahrens tragen die Gesellschafter entsprechend ihren Anteilen nach § 3 dieses Vertrages.

§ 7 Tod

Durch den Tod eines Gesellschafters wird die Gesellschaft aufgelöst. Der Ausgleich hat zwischen dem überlebenden Gesellschafter und den Erben nach § 6 Abs. 4 zu erfolgen.

§ 8 Salvatorische Klausel

…

(…) (allgemeine Regularien) (…)

G. Die Ausländerehe

Bestehen Zweifel darüber, ob ausländisches Recht zur Anwendung kommt, wird der Notar die Beteiligten darauf hinweisen und dies vermerken. Zur Belehrung über den **Inhalt ausländischer Rechtsordnung** ist er allerdings **nicht verpflichtet,** § 17 Abs. 3 BeurkG.[46] 34

Hinweis:

Belehrt der Notar über den Inhalt einer ausländischen Rechtsordnung, muss die Belehrung richtig sein; sonst haftet er.

Das im Einführungsgesetz zum BGB geregelte **Kollisionsrecht ist deutsches Recht**, das der Notar kennen muss.[47] So muss er z.B. gem. **Art. 14 EGBGB** prüfen, 35

46 *Winkler,* § 17 Rn 271.

47 Grziwotz/Heinemann/*Heinemann,* § 17 Rn 96.

in welchem Güterstand die Parteien leben, sofern ein ausländischer Staatsangehöriger an der Beurkundung beteiligt ist. Bei der Anwendung ausländischen Rechts besteht jedoch gem. Art. 4 EGBGB die Möglichkeit der Rückverweisung auf deutsches Recht.

36 Bei Anwendung ausländischen Rechts soll der Notar allerdings auch auf die Möglichkeit hinweisen, ein Rechtsgutachten z.B. des **Max-Planck-Instituts** für ausländisches und internationales Privatrecht in Hamburg (Mittelweg 187, 20148 Hamburg) einzuholen. Dies kann natürlich teuer sein.

Ein **Beispiel** für eine Belehrung in einem Ehevertrag wäre bei Nichteinholung eines Gutachtens die folgende Klausel:

> *Formulierungsbeispiel*
>
> Wir sind schließlich von dem Notar darauf hingewiesen worden, dass möglicherweise ausländisches Recht zur Anwendung kommt, und zwar bezüglich der Form und des Inhaltes der Urkunde. Der Notar hat ferner darauf hingewiesen, dass er dieses ausländische Recht nicht kenne, jedoch die Möglichkeit besteht, Gutachten darüber einzuholen. Trotz dieser Hinweise und Belehrung über die damit verbundenen Gefahren, insbesondere darüber, dass die gesamte Urkunde bzw. einzelne Erklärungen u.U. unwirksam sein können, bestanden die Beteiligten auf der Beurkundung.

Inhaltlich ist bei gemischt-nationalen Ehen vorsorglich die **Wahl des deutschen Güterrechts** zu empfehlen.[48] Beteiligte Eheleute können dann – naturgemäß – am gesetzlichen Güterstand der Zugewinngemeinschaft festhalten und ihn modifizieren, ebenso aber Gütertrennung vereinbaren.

37 Im **nachstehenden Beispiel** wählen Eheleute mit gemeinsamer ausländischer Staatsangehörigkeit oder Eheleute, von denen einer eine ausländische, der andere die deutsche Staatsangehörigkeit besitzt, **deutsches Güterrecht**.[49]

> *Formulierungsbeispiel*
>
> Die Erschienenen erklärten:
>
> Wir haben am 6.1.2007 in Venedig die Ehe geschlossen. Wir haben bislang keinen Ehevertrag geschlossen. Wir gehen daher davon aus, dass wir im gesetzlichen Güterstand der Errungenschaftsgemeinschaft des italienischen Rechts leben.
>
> Wir haben inzwischen unseren gewöhnlichen Aufenthalt in der Bundesrepublik Deutschland, so dass die allgemeinen Wirkungen unserer Ehe dem deutschen Recht unterliegen. Keiner von uns verfügt über Vermögenswerte in Italien.

48 Vgl. dazu *Coester-Waltjen*. FamRZ 2013, 170; *Niethammer-Jürgens*, FamRB 2014, 193.

49 Nach *Brambring*, Rn 137.

Wir schließen den folgenden

Ehevertrag

1. Wir wählen für die güterrechtlichen Wirkungen unserer Ehe das Recht der Bundesrepublik Deutschland. Wir wollen künftig im gesetzlichen Güterstand der Zugewinngemeinschaft nach deutschem Recht leben. Über die Bedeutung des Güterstandes der Zugewinngemeinschaft sind wir vom Notar belehrt worden.
2. Die Vereinbarung des Güterstandes der Zugewinngemeinschaft soll ab Beginn unserer Ehe wirken. Soweit nach dem bisher geltenden Güterrecht gemeinschaftliches Vermögen besteht, soll uns dieses nunmehr zu Miteigentum je zur Hälfte zustehen. Über Grundbesitz verfügen wir nicht.

Nach Art. 17 Abs. 1 S. 1 EGBGB unterliegt die Scheidung dem Recht, das im Zeitpunkt des Eintritts der Rechtshängigkeit des Scheidungsantrages für die allgemeinen Wirkungen der Ehe maßgebend sind. Nach dem **Scheidungsstatut** richten sich auch die vermögensrechtlichen Folgen der Scheidung. 38

Nach Art. 14 Abs. 1 EGBGB unterliegen die allgemeinen Wirkungen der Ehe dem Recht des Staates, dem beide **Ehegatten angehören**, bei unterschiedlicher Staatsangehörigkeit dem Recht des Staates, in dem beide Ehegatten ihren **gewöhnlichen Aufenthalt** haben, sonst dem Recht des Staates, mit dem die Ehegatten auf andere Weise **gemeinsam am engsten verbunden** sind.[50] 39

Dieses Recht ist auch maßgeblich für die güterrechtlichen Wirkungen der Ehe.

Nach Art. 14 Abs. 1 EGBGB können die Ehegatten **für die güterrechtlichen Wirkungen ihrer Ehe**[51] wählen 40

- das Recht des Staates, in dem beide Ehegatten ihren gewöhnlichen Aufenthalt haben,
- das Recht des Staates, in dem beide Ehegatten ihren gewöhnlichen Aufenthalt hatten und einer von ihnen seinen gewöhnlichen Aufenthalt weiterhin hat, oder
- das Recht des Staates, dem ein Ehegatte angehört.

Eine Rechtswahl ist demgemäß dann erforderlich, wenn die Ehegatten eine gemeinsame ausländische Staatsangehörigkeit besitzen oder bei einer **gemischt-nationalen Ehe die Eheschließung im Ausland** erfolgt ist.

50 Grüneberg/*Thorn*, Art. 14 EGBGB Rn 1; zum Gesamten: *Brambring*, Rn 138.

51 *Martiny* in Prütting/Wegen/Weinreich, Art. 14 EGBGB Rn 6 ff.

§ 8 Sonstige familienrechtliche Vereinbarungen

A. Allgemeines

1 Der **Versorgungsausgleich**, d.h. die Verteilung der während der Ehe beiderseits erworbenen Rentenanwartschaften im Falle der Scheidung, das Schicksal der **Ehewohnung**, angeschaffte Güter des **Haushalts** und anderes mehr kann sowohl bei Eheschließung als auch im Fall der Auflösung der Ehe durch Scheidung eine Rolle spielen. Eheleute können sich daher zu jeder Zeit über auftretende **(Verteilungs-)Fragen einigen**. Häufig geschieht dies für den Fall von Trennung und **Scheidung im Rahmen einer umfassenden (notariellen) Vereinbarung** über Fragen des Vermögensausgleichs und des Unterhalts und sei es nur, dass es z.B. in einer notariellen Urkunde heißt, der Versorgungsausgleich sei nach den gesetzlichen Regeln durchzuführen. Grundsätzlich ist ein solcher Satz **sinnlos**; wird nichts dazu gesagt, gelten ohnehin gesetzliche Regeln. Der Sinn liegt häufig aber darin, deutlich zu machen, dass ein Problemfeld nicht vergessen worden ist.

B. Ehewohnung

2 Trotz vorläufigen Auszugs einer der beteiligten Eheleute aus der Ehewohnung kann der Wunsch bestehen, die **Rechts- und Nutzungsverhältnisse an der Ehewohnung** in einer Vereinbarung zu regeln, weil entweder ein etwaiges bestehendes Mietverhältnis ordentlich aufgelöst werden soll oder z.B. das Interesse einer der Beteiligten an der weiteren Nutzung besteht.[1]

Vereinbarungen dazu sind **nicht beurkundungsbedürftig**, werden aber häufig bei einer Gesamteinigung über die Folgen von Trennung und Scheidung einbezogen. Die regelmäßig vorhandene Beurkundungsbedürftigkeit entsteht bei der Regelung von Trennung und Scheidung an der Beurkundungsbedürftigkeit von „U-V-Z“, also Unterhalt (vor Rechtskraft der Scheidung), Versorgungsausgleich und Zugewinn. Daneben sind Grundstücksübertragungen auch unabhängig von Ehe, Trennung und Scheidung immer beurkundungsbedürftig, § 311b BGB.

I. Gemietete Ehewohnung

3 Bei einer Mietwohnung sieht § 1568a Abs. 3 BGB vor, dass der Ehegatte, dem die Ehewohnung überlassen wird, zum Zeitpunkt des Zugangs der Mitteilung der Ehegatten an den Vermieter über die Überlassung in das von dem anderen Ehegatten oder von beiden Ehegatten gemeinsam **eingegangene Mietverhältnis eintritt und dieses allein fortsetzt**.

1 Zur Zuweisung bei „unbilliger Härte“ vgl. OLG Bamberg FuR 2022, 594 mit Anm. *Seier.*

Ein entsprechendes **Schreiben** könnte folgendermaßen lauten:

> *Formulierungsbeispiel*
>
> Sehr geehrter Herr (…),
>
> wir – Frau (…) und Herr (…) – sind aufgrund des mit Ihnen als Vermieter am (…) geschlossenen Mietvertrags vom (…) gemeinsam Mieter der Wohnung in (…).
>
> Unsere Ehe wurde am (…) vom Amtsgericht (…) rechtskräftig geschieden.
>
> Wir haben uns darauf geeinigt, dass die bisherige Ehewohnung künftig allein von Frau (…) mit unserem zehn Jahre alten Kind genutzt wird.
>
> Wir weisen darauf hin, dass nach § 1568a Abs. 3 Nr. 1 BGB mit Zugang dieser Erklärung Herr (...) aus dem Mietverhältnis vom (…) ausscheidet und das Mietverhältnis allein von Frau (...) fortgeführt wird.
>
> Mit freundlichen Grüßen
>
> Frau (…) Herr (...)

4 Der Vermieter hat lediglich ein Kündigungsrecht nach § 563 Abs. 4 BGB. Danach kann der Vermieter **innerhalb eines Monats** außerordentlich mit der gesetzlichen Kündigungsfrist kündigen, wenn in der Person des Eigetretenen ein **wichtiger Grund**[2] vorliegt. Dieser Grund kann in der Frage der Erfüllbarkeit mietvertraglicher Verpflichtungen liegen.

Eine **Vereinbarung** über die Nutzung der Ehewohnung durch einen der Ehegatten nach Trennung und Scheidung ist regelmäßig sinnvoll.[3]

5 Aber auch eine **Einigung** über die Zuweisung der Ehewohnung lediglich während der **Trennungszeit** ist möglich und häufig anzuraten.

Der in der Ehewohnung verbliebene Ehegatte hat gerade dann, wenn er mit Kindern aus der Ehe zusammenlebt, ein Interesse daran, vorläufig in Ruhe in der Ehewohnung verbleiben zu können.

Eine – wie bereits erläutert isoliert nicht formbedürftige – Einigung könnte wie folgt formuliert werden:[4]

> *Formulierungsbeispiel*
>
> 1. Die Eheleute (...) vereinbaren, dass die Ehefrau mit dem gemeinsamen Sohn die bisherige Ehewohnung allein bewohnen darf.

2 Entspr. § 553 Abs. 1 S. 2 BGB und § 540 Abs. 1 S. 2 BGB, vgl. Göppinger/*Börger*, 7. Teil D Rn 14.

3 Göppinger/*Börger*, a.a.O. Rn 16; Zur Ehewohnung bei **Nestmodell** vgl. OLG Brandenburg FuR 2023, 385 mit Anm. *Viefhues*.

4 *Horndasch*, NotF Kindschaftsrecht, § 8 Rn 8.

2. Der Ehemann verzichtet auf das Recht zur Rückkehr in die Ehewohnung (§ 1361b Abs. 4 BGB).
3. Die Vereinbarung gilt während der Trennungszeit der Eheleute. Für die Zeit nach Rechtskraft einer etwaigen Scheidung werden wir uns gesondert verständigen.

II. Eigentumswohnung

Bei Alleineigentum oder auch Miteigentum der Ehewohnung ist die Auseinandersetzung gleichzeitig **Teil der Vermögensauseinandersetzung**. 6

Naturgemäß kann auch hier die Nutzung geregelt werden, beispielsweise wie folgt:[5]

Formulierungsbeispiel

1. Die Parteien vereinbaren, dass die Ehefrau mit dem gemeinsamen Sohn die bisherige Ehewohnung weiterhin bewohnen darf.
2. Der Ehemann verzichtet auf sein Recht zur Herbeiführung der Teilung der Immobilie durch Einleitung einer Teilungsversteigerung gemäß § 180 ZVG.
3. Diese Vereinbarung gilt bis zur Vollendung des 20. Lebensjahres unseres Sohnes. Damit soll ihm ermöglicht werden, sein Abitur, das er in dieser Zeit ablegen wird, in Ruhe zu verfolgen, ohne den Wohnort wechseln zu müssen.
4. Die Parteien vereinbaren, nach Vollendung des 20. Lebensjahres des gemeinsamen Sohnes, einen Verkauf des Hausgrundstücks durchzuführen. Die Ehefrau verpflichtet sich zur Mitwirkung an der bestmöglichen Veräußerung und zur rechtzeitigen Räumung der Immobilie, ggf. gemeinsam mit unserem Sohn K.

C. Haushaltssachen

I. Begriffe, Definitionen

Der Begriff **„Haushaltssachen“** wird einheitlich für Verfahren nach § 1361a BGB und § 1368b BGB sowie nach § 13 LPartG und § 17 LPartG verwendet, §§ 111 Nr. 5 Alt. 2, 200 Abs. 2, 269 Abs. 1 Nr. 6 FamFG. 7

Prüfungshinweis 1:

Es sollte daher nicht mehr von „Hausrat“ und „Hausratsverfahren“ gesprochen werden.

5 *Horndasch*, NotF Kindschaftsrecht, § 8 Rn 13.

Haushaltsgegenstände sind alle beweglichen Sachen, die nach den ehelichen Lebens- und Vermögensverhältnissen der Ehegatten für die gemeinsame Wohnung, die Hauswirtschaft und das Zusammenleben einschließlich der gemeinsamen Freizeitgestaltung bestimmt sind[6] sowie mit den Haushaltsgegenständen verbundene andere Ansprüche und Rechte.[7]

Haustiere, insbesondere Hunde, sind in der Regel Haushaltsgegenstände.[8]

Nicht zu verteilende Haushaltsgegenstände sind solche, die entweder nach Trennung oder zum Zwecke der Trennung von einem der Ehepartner angeschafft worden sind.[9]

Ebenso scheiden aus:
- Kapitalanlage[10]
- Werkzeuge zu beruflichen oder gewerblichen Zwecken[11]
- Fachbücher
- Kleidung[12]
- Schmuck[13]
- Familienandenken[14]
- Raritäten des Weinkellers[15]
- zum Gebrauch der Kinder bestimmte Gegenstände.[16]

II. Die Haushaltssachen sind verteilt

8 Zu Haushaltssachen wird in notariellen Vereinbarungen in der Regel festgestellt, dass sie verteilt sind, weil tatsächlich die Beteiligten in der Zeit bis zum Abschluss eines Ehevertrages bzw. einer Scheidungsfolgenvereinbarung die Verteilung vorgenommen haben oder kein Interesse mehr an Gegenständen besteht, die der Andere ja schon längere Zeit nach der Trennung in Besitz hat. Die Formulierung lautet sinngemäß wie folgt:

6 BGH FamRZ 1984, 144, 146; Johannsen/Henrich/*Götz*, § 1361a Rn 11; ausführlich dazu *Erbarth*, FamRMandat Ehewohnung-Haushaltssachen-Gewaltschutz § 3 Rn 6.

7 OLG Hamm FamRZ 1990, 531; Gesamtdefinition nach *Erbarth*, FamRMandat Ehewohnung-Haushaltssachen-Gewaltschutz § 3 Rn 6.

8 OLG Naumburg FuR 2019, 92; OLG Celle FuR 2009, 424; Grüneberg/*Götz,* § 1361a Rn 10; ausführlich dazu *Götz,* FamRZ 2020, 313.

9 OLG Brandenburg FamRZ 2003, 532.

10 *Erbarth*, FamRMandat Ehewohnung-Haushaltssachen-Gewaltschutz § 3 Rn 6.

11 OLG Düsseldorf FamRZ 1986, 1134.

12 OLG Hamm FamRZ 1993, 211.

13 OLG Hamm FamRZ 1993, 211.

14 Johannsen/Henrich/*Götz*, § 1361a Rn 9.

15 AG München FamRZ 2012, 1304.

16 *Erbarth*, FPR 2010, 548, 549.

Formulierungsbeispiel

Wir sind darüber einig, dass die Haushaltssachen geteilt sind. Jedem von uns soll derjenige Teil des Haushalts, den er in Besitz hat, zu Alleineigentum gehören. Wir verzichten wechselseitig auf alle etwaigen Ansprüche an Haushaltsgegenständen, die der jeweils andere von uns in Besitz hat.

III. Die Haushaltssachen werden verteilt

1. Naturalteilung

Eine Vereinbarung über die **Herausgabe von Gegenständen** kann folgenden Inhalt 9
haben:

Formulierungsbeispiel

1. Die Ehefrau verpflichtet sich, an den Ehemann folgende Gegenstände herauszugeben: (…).
   Die Herausgabe hat nach vorheriger Terminabstimmung zu erfolgen.
2. Die dem Ehemann gemäß Ziffer 1 zugewiesenen Haushaltssachen gehen in dessen Alleineigentum über; der restliche in der Ehewohnung befindliche Haushalt geht in das Alleineigentum der Ehefrau über.
3. Die Beteiligten sind sich darüber einig, dass damit die ehelichen Haushaltssachen zwischen ihnen endgültig aufgeteilt sind, und zwar auch für den Fall der Ehescheidung.

2. Ausgleich der Haushaltssachen in Geld

Die Teilung des Haushaltes erfolgt grundsätzlich durch **Naturalteilung**. Ein An- 10
spruch auf Ausgleichszahlung besteht nicht. Gleichwohl kann natürlich eine Ausgleichszahlung bei Überlassung der Haushaltssachen vereinbart werden.

Formulierungsbeispiel

1. Wir sind darüber einig, dass die nach Auszug des Ehemannes in der Ehewohnung verbliebenen Haushaltssachen und sonstigen Gegenstände, gleichgültig, wie sie rechtlich zu qualifizieren sind, in das Alleineigentum der Ehefrau übergehen.
2. Zum Ausgleich zahlt die Ehefrau an den Ehemann einen Barbetrag in Höhe von (...) EUR, fällig bei Rechtskraft des anhängigen Scheidungsverfahrens.

D. Kindesunterhalt

I. Die Berechnung des Kindesunterhalts

11 Die Berechnung des Kindesunterhalts richtet sich zunächst danach, wie die Betreuung des oder der Kinder gestaltet ist.[17]

Liegt die Betreuung schwerpunktmäßig bei einem Elternteil, befindet sich das Kind in seiner Obhut mit der Folge, dass der **Barbedarf des Kindes** allein am Einkommen des anderen Elternteils auszurichten und von diesem zu zahlen ist.[18]

Anders ist im Rahmen des **Wechselmodells,** also bei gleichem Betreuungsaufwand beider Elternteile zu rechnen. Der Betreuungsanteil muss sich für die Einordnung als Wechselmodell nach der Rechtsprechung des **BGH** zwischen 48 % und 52 % bewegen.[19]

Die **Einordnung hat erhebliche Auswirkungen** auf die Berechnung des Kindesunterhalts.[20]

Stellt man den zu zahlenden Unterhalt im **Residenzmodell**, also bei überwiegender Betreuung durch einen Elternteil, der Betreuung im **Wechselmodell** gegenüber, ergibt sich folgende unterschiedliche Berechnung der Ansprüche zum Kindesunterhalt.

12 *Prüfungsbeispiel*

Verfügbares Einkommen Ehemann nach Berücksichtigung vorrangiger Verpflichtungen und Abzug berufsbedingter Aufwendungen 4.000 EUR;

Verfügbares Einkommen Ehefrau nach Berücksichtigung vorrangiger Verpflichtungen und Abzug berufsbedingter Aufwendungen 2.500 EUR;

2 Kinder, 8 + 12 Jahre alt.
(1) **Berechnung des Kindesunterhalts im Residenzmodell**

Betreuung durch die Ehefrau, die das Kindergeld erhält:

Unterhalt K 1 (8 Jahre) 581 EUR (Bedarf 706 EUR – ½ Kindergeld 125 EUR)

Unterhalt K 2 (12 Jahre) 701 EUR (Bedarf 826 – ½ Kindergeld 125 EUR)

Zahlbetrag Ehemann insgesamt nach Einkommensgruppe 7 der DT: **1.282 EUR**
(2) **Berechnung des Kindesunterhalts im Wechselmodell**[21]

17 Grundlegend: BGH FuR 2022, 527 mit Anm. *Soyka.*

18 BGH FuR 2022, 319 mit Anm. *Soyka*; BGH FamRZ 2007, 707; BGH FamRZ 2006, 1015; vgl. dazu auch *Soyka*, FK 2007, 145.

19 BGH FamRZ 2016, 1053 m. Anm. *Seiler;* BGH FamRZ 2017, 437; OLG Dresden FuR 2022, 219: 45 % reicht nicht aus.

20 Zu den Grundsätzen des BGH zur Zahlung von Kindesunterhalt im Wechselmodell vgl. *Kleffmann/Kleffmann*, FuR 2018, 1, 9.

21 Berechnung nach Stand Düsseldorfer Tabelle vom 1.1.2024.

Sockelbetrag: angemessener Selbstbehalt

Vom Kindergeld erhalten die Eltern nach Vereinbarung jeweils die Hälfte des Gesamtbetrages:

Bedarf der Kinder nach dem zusammengerechneten Einkommen der Eltern 6.500 EUR (4.000 EUR + 2.500 EUR).

Einsetzbares Einkommen:

M: 4.000 EUR – 1.750 EUR (angemessener Selbstbehalt) = 2.250 EUR

F: 2.500 EUR – 1.750 EUR = 750 EUR

Gesamtes einsetzbares Einkommen:

2.250 EUR + 750 EUR = 3.000 EUR

Unterhalt K 1:

Bedarf 970 EUR – 250 EUR volles Kindergeld = 720 EUR

Anteil M:

720 EUR x 2.250 EUR : 3.000 EUR = 540 EUR

Anteil F:

720 EUR x 750 EUR : 3.000 EUR = 180 EUR

Unterhalt K 2:

Bedarf 1.136 EUR – 250 EUR volles Kindergeld = 886 EUR

Anteil M:

886 EUR x 2.250 EUR : 3.000 EUR = 665 EUR

Anteil F:

886 EUR x 750 EUR : 3.000 EUR = 222 EUR

Ausgleichszahlung:

K 1:

540 EUR – 180 EUR = 360 EUR von M an F zu zahlen

K 2:

665 EUR – 222 EUR = 443 EUR von M an F zu zahlen

Gesamtzahlung von M an F zum Ausgleich der Barunterhaltspflicht für K 1 und K 2: **803 EUR** (360 EUR für K 1 und 443 EUR für K 2).

II. Vereinbarungen zum Kindesunterhalt

Vereinbarungen über Kindesunterhalt sind **nicht formbedürftig**. Sie können jedoch nach § 139 BGB **unwirksam** sein, wenn sie mit einer wegen Formmangels nichtigen Vereinbarung über Ehegattenunterhalt verbunden sind. 13

Prüfungshinweis 2:

Vereinbarungen über **nachehelichen Unterhalt**, die vor der Scheidung getroffen werden, bedürfen gemäß § 1585c S. 2 BGB der notariellen Beurkundung.

Vereinbarungen über **Kindesunterhalt** sind allerdings nur **eingeschränkt zulässig**, weil auf künftigen Unterhalt nicht verzichtet werden darf, § 1614 Abs. 1 BGB.

Dagegen kann – **unterhaltsverstärkend** – jederzeit gehandelt werden. Steht **z.B.** einem Kind wegen einer Zweitausbildung eigentlich kein Unterhaltsanspruch zu, kann sich ein Elternteil dem Kind gegenüber verpflichten, nach dem Gesetz nicht geschuldeten Unterhalt zu zahlen. Auch über höheren als den nach dem Gesetz geschuldeten Unterhalt kann jederzeit eine Einigung erfolgen.

1. Beteiligte der Vereinbarung

14 Das **volljährige Kind** schließt eine Vereinbarung persönlich mit den Eltern bzw. einem Elternteil.

Beim **minderjährigen Kind** wird die Vereinbarung zwischen dem vertretungsberechtigten Elternteil und dem anderen getroffen. Für das minderjährige Kind handelt ggf. der allein vertretungsberechtigte Elternteil, bei gemeinsamer elterlicher Sorge derjenige Elternteil, in dessen **Obhut** sich das Kind befindet, § 1629 Abs. 2 S. 2 BGB.

Bei **noch miteinander verheirateten** Eltern, die getrennt leben oder zwischen denen eine Ehesache anhängig ist, kann ein Elternteil den Unterhaltsanspruch nur **im eigenen Namen** geltend machen (§ 1629 Abs. 3 S. 1 BGB) und sich dann auch für das Kind mit dem anderen Elternteil über den Kindesunterhalt einigen.

Prüfungshinweis 3:

Vereinbarungen über Kindesunterhalt zwischen Kindern und Eltern(teilen) sind von Freistellungsvereinbarungen zwischen Eltern zu unterscheiden.

2. Formulierungen zum Kindesunterhalt im Residenzmodell

15 Soll Kindesunterhalt in einer Vereinbarung festgehalten und ggf. mit einer Vollstreckungsklausel versehen werden, kann alternativ entweder **statisch** ein bestimmter Betrag festgelegt werden, eventuell versehen mit einer Steigerungsklausel nach Lebensalter des Kindes oder aber eine Angleichung an die Regeln der **Düsseldorfer Tabelle** vorgenommen werden.

Eine **Vereinbarung** könnte im Rahmen einer notariellen Vereinbarung als **statischer Unterhalt** wie folgt formuliert werden:[22]

> *Formulierungsbeispiel*
>
> § (...) Kindesunterhalt
>
> 1. Der Ersch. zu (...) ist verpflichtet, an das Kind K zu Händen der Ersch. zu (...) Kindesunterhalt in Höhe von (…) EUR zu zahlen, und zwar jeweils im Voraus bis zum 1. eines jeden Monats.
> 2. Die Festsetzung des Unterhalts erfolgt auf der Grundlage eines anrechenbaren Nettoeinkommens des Ersch. zu (...) in Höhe von (...) EUR.
> 3. Aufgrund des Alters des Kindes erfolgt die Unterhaltsbemessung nach der ersten Altersstufe der Düsseldorfer Tabelle.
>
> § (...) Vollstreckungsunterwerfung
>
> ....

Eine Vereinbarung **dynamisierten Unterhalts** wäre im Rahmen einer notariellen Urkunde wie folgt zu fassen:[23] 16

> *Formulierungsbeispiel*
>
> § (...) Kindesunterhalt
>
> 1. Der Ersch. zu (...) verpflichtet sich, für das Kind K (…), geb. am (…), zu Händen der Ersch. zu (...) einen monatlichen, bis zum 1. eines jeden Monats im Voraus fälligen Kindesunterhalt in Höhe von (…) % des Mindestbedarfs der jeweils gültigen Düsseldorfer Tabelle gemäß der jeweiligen Altersstufe des Kindes zu bezahlen. Hierauf ist die Hälfte des gesetzlichen Kindergeldes, derzeit … EUR, bedarfsdeckend anzurechnen, so dass sich ein derzeitiger monatlicher Unterhaltsbetrag in Höhe von (…) EUR ergibt.
>
> 2. Die Festsetzung des Unterhalts erfolgt auf der Grundlage eines anrechenbaren Nettoeinkommens des Ersch. zu (...) in Höhe von (...) EUR.
>
> § (...) Vollstreckungsunterwerfung
>
> ....

Möglich ist schließlich die **Vereinbarung eines dynamisierten Kindesunterhalts mit Altersstufen**. Dies ist vor allem dann sinnvoll, wenn sich Kinder in einem jungen Alter befinden, so dass in der Zukunft weitere Altersstufen folgen werden.[24] 17

22 *Horndasch*, NotF Kindschaftsrecht, § 3 Rn 354.

23 *Horndasch*, a.a.O. Rn 356.

24 *Horndasch*, a.a.O. Rn 357.

Formulierungsbeispiel

§ (...) Kindesunterhalt

1. Der Ersch. zu (...) verpflichtet sich, für das Kind K (...), geb. am (...), zu Händen der Ersch. zu (...) einen monatlichen, bis zum 1. eines jeden Monats im Voraus fälligen Kindesunterhalt in Höhe von (...) % des Mindestbedarfs der jeweils gültigen Düsseldorfer Tabelle gemäß der jeweiligen Altersstufe des Kindes zu bezahlen. Hierauf ist die Hälfte des gesetzlichen Kindergeldes, derzeit ... EUR, bedarfsdeckend anzurechnen, so dass sich ein derzeitiger monatlicher Unterhaltsbetrag in Höhe von (...) EUR ergibt.

2. Die Festsetzung des Unterhalts erfolgt auf der Grundlage eines anrechenbaren Nettoeinkommens des Ersch. zu (...) in Höhe von (...) EUR.

3. Die Berechnung gemäß Ziff. 1 erfolgt nach der Unterhaltsbemessung der ersten Altersstufe der Düsseldorfer Tabelle.

Ab dem (...) erhöht sich der Unterhalt auf (...) % des Mindestbedarfs der zweiten Altersstufe der Düsseldorfer Tabelle, derzeit also (...) EUR.

Ab dem (...) erhöht sich der Unterhalt auf (...) % des Mindestbedarfs der dritten Altersstufe der Düsseldorfer Tabelle, derzeit also (...) EUR.

Abzuziehen ist das jeweils gültige gesetzliche Kindergeld nach den gesetzlichen Bestimmungen, derzeit mit hälftiger Anrechnung.

§ 4 Vollstreckungsunterwerfung

....

3. Formulierungen zum Kindesunterhalt im Wechselmodell

18 Auch wenn sich beteiligte Eltern über die Einrichtung eines Wechselmodells einig sind, werden häufig unterschiedliche Auffassungen darüber bestehen, ob, und wenn ja, in welcher Höhe ausgleichend Kindesunterhalt zu zahlen ist. Eine **Ausgleichspflicht** ergibt sich immer dann, wenn die Kindeseltern über unterschiedliche hohe Einkünfte verfügen.[25]

Zur Vermeidung von Konflikten, die auch das **notwendige Zusammenwirken** der Eltern im Rahmen der Praktizierung des Wechselmodells stört, ist eine Gesamtvereinbarung immer sinnvoll.[26]

Über die Praktizierung des Wechselmodells und die Zahlung von Kindesunterhalt könnte man sich wie folgt einigen.

25 BGH FuR 2022, 273 mit Anm. *Soyka.*

26 Vgl. OLG Dresden FuR 2022, 481 mit Anm. *Viefhues*; OLG Brandenburg FuR 2022, 429 mit Anm. *Viefhues.*

▼

Muster 8.1: (Vereinbarung von Wechselmodell und Kindesunterhalt)

Verhandelt am

Zu

Vor mir, dem unterzeichnenden Notar im Bezirk des Oberlandesgerichts

erscheinen

1. Herr , geb. am , wohnhaft
2. Frau geb. , geb. am , wohnhaft

ausgewiesen durch .

Die Frage des beurkundenden Notars nach einer Vorbefassung im Sinne von §3 Abs. 1 Nr. 7 BeurkG wurde von den Erschienenen verneint. Der beurkundende Notar erläuterte die vorgenannte Vorschrift.

Die Erschienenen baten den Notar um die Beurkundung einer

Trennungs- und Unterhaltsvereinbarung

und erklärten vorab:

§1 Ausgangslage

Wir sind beide von Geburt an deutsche Staatsangehörige und haben am in die Ehe geschlossen. Aus unserer Ehe sind die am geborene, derzeit also 7 Jahre alte K. sowie der am geborene, also 12 Jahre alte L. hervorgegangen. Kinder aus anderen Verbindungen sind nicht vorhanden.

Wir leben seit dem in verschiedenen Wohnungen voneinander getrennt.

§2 Vereinbarung des Wechselmodells

1. Auch nach der Trennung und einer anschließenden Scheidung unserer Ehe wollen wir die elterliche Sorge für K., geb. , und L., geb. , weiterhin gemeinsam ausüben. Bei unseren Entscheidungen für unsere Kinder werden wir uns allein am Kindeswohl ausrichten. Sämtliche Einzelheiten für sie werden wir im gegenseitigen Einvernehmen regeln.
2. Für die Schulferien der Kinder werden wir jeweils im Jahreswechsel besondere Abreden treffen, um möglichst gleiche Zeiten für jeden Elternteil festzulegen, die er dann mit den Kindern zusammen sein und verbringen kann. In gleicher Form werden wir uns über die Verteilung der Feiertage übers Jahr (Ostern, Pfingsten, Weihnachten, Silvester und Neujahr; Eltern- und Kindergeburtstage, Geburtstage von Großeltern, Jubiläumsfeiern u.Ä.) verständigen.

3. Im Übrigen sind wir uns darüber einig, dass die Kinder in diesem Kalenderjahr jeweils in den ungeraden Wochen des Jahres die Zeit von Montagmorgen bis zum folgenden Montagmorgen vom Vater, sowie in den geraden Wochen des Jahres von der Mutter betreut werden. Im folgenden Kalenderjahr werden die Kinder die geraden Wochen beim Kindesvater und die ungeraden Wochen bei der Kindesmutter verbringen. Übergabezeiten und sonstige Einzelheiten der Aufenthaltszeiten werden wir von Fall zu Fall festlegen.

§ 3 Kindesunterhalt

1. Wir vereinbaren im Hinblick auf die Einrichtung des Wechselmodells unter Berücksichtigung des oben festgestellten Einkommens, dass der Ersch. zu 1 zur Ausgleichung gegenseitiger Ansprüche wegen wechselnder Betreuung der Kinder eine monatliche Ausgleichszahlung für Kindesunterhalt in Höhe von (…) EUR vornimmt, jeweils im Voraus bis zum 1. eines Monats zu zahlen.
2. Von weitergehenden Unterhaltsansprüchen hinsichtlich der Kinder stellen wir uns wechselseitig frei.
3. Gesetzliches Kindergeld ist an uns zu je 1/2 Anteil auszukehren, gleichgültig an wen die Zahlung durch die Kindergeldkasse erfolgt.

§ 4 Vollstreckungsunterwerfung

Wegen der in § 3 der Vereinbarung eingegangenen Verpflichtung zur Zahlung von Kindesunterhalt unterwerfe ich, der Ersch. zu 1, mich der

sofortigen Zwangsvollstreckung

aus dieser Urkunde in mein Vermögen.

Die Ersch. zu 2 ist berechtigt, sich jederzeit auf einseitigen Antrag auf Kosten des Ersch. zu 1. eine vollstreckbare Ausfertigung dieser Urkunde erteilen zu lassen, ohne dass es hierzu des Nachweises der Fälligkeit oder sonstiger die Vollstreckung begründender Tatsachen bedarf.

§ 5 Hinweise, Durchführung

Der Notar hat die Erschienenen über die Bedeutung, die rechtliche Tragweite, insbesondere die Rechtsfolgen und die Auswirkungen der Unterhaltsvereinbarung abschließend noch einmal ausführlich belehrt. Beide Erschienenen sind sich der Tragweite der getroffenen Vereinbarungen bewusst und wünschen gleichwohl die Beurkundung der Vereinbarung auch unter Inkaufnahme möglicher zukünftig daraus erwachsener Nachteile.

…(ggf. weitere abschließende Hinweise/Durchführung)…

(Urkundsausgang, Unterschriften)

▲

III. Besondere Probleme beim Kindesunterhalt

1. Beiderseitige Barunterhaltspflicht

19 Nach dem **Gleichwertigkeitsprinzip** des § 1606 Abs. 3 S. 2 BGB leistet ein Elternteil nach Trennung bzw. Scheidung der Eltern dem minderjährigen unverheirateten Kind in der Regel durch Pflege, Betreuung und Versorgung Naturalunterhalt, während der anderen Elternteil barunterhaltspflichtig ist. Naturalunterhalt und Barunterhalt gelten als gleichwertig.

20 Ausnahmsweise jedoch kann das **Gleichwertigkeitsprinzip** des § 1606 Abs. 3 S. 2 BGB **durchbrochen** werden mit der Folge, dass beide Elternteile dem Kind barunterhaltspflichtig sind. Diese Situation tritt vor allem in folgenden Fällen ein:

- Betreuung je ein gemeinsames Kind,
- Wechselmodell,
- Fremdbetreuung eines Kindes,
- stark ungleichgewichtige Einkommens- und Vermögensverhältnisse,
- zu berücksichtigende Schuldenlast aus der Zeit gemeinsamer Lebensführung der Eltern,
- Anteilshaftung beim Zusammentreffen minderjähriger und privilegiert volljähriger Kinder.

Es ist jeweils im Einzelfall abzuwägen und zu entscheiden, ob die Ausnahme der Barunterhaltspflicht beider Elternteile besteht. Kommt eine solche Barunterhaltspflicht beider Elternteile in Betracht, ist es immer sinnvoll, eine Vereinbarung über die anteiligen Unterhaltsbeträge zu schließen. Dies hängt aber naturgemäß von dem Grund für die bestehende beiderseitige Barunterhaltspflicht ab.

2. Die Betreuung je eines gemeinsamen Kindes

21 Betreut jeder Elternteil, etwa durch Geschwistertrennung, ein oder mehrere gemeinsame minderjährige Kinder, bleibt es dann grundsätzlich bei der Gleichwertigkeitsregelung des § 1603 Abs. 3 S. 2 BGB. Dies bedeutet, dass jeder Elternteil für das bei ihm lebende Kind keinen Barunterhalt, sondern Naturalunterhalt durch Pflege, Betreuung und Versorgung leistet. Jedoch ist jeder Elternteil für das nicht bei ihm lebende Kind barunterhaltspflichtig.

Die Berechnung erfolgt wie folgt:[27]

> *Beispiel*
>
> Bereinigtes Einkommen Kindesvater M: 3.000 EUR
>
> Bereinigtes Einkommen Kindesmutter F: 2.500 EUR
>
> K1, 13 Jahre alt, wird von der Kindesmutter betreut

27 Stand DT: 1.1.2024.

K2, 16 Jahre alt, wird vom Kindesvater betreut

Unterhaltspflicht Kindesvater für K1:

Höherstufung Einkommensgruppe 4 auf 5 nach Düsseldorfer Tabelle wegen Unterhaltspflicht ausschließlich gegenüber einer unterhaltsberechtigten Person,

774 EUR – 125 EUR 1/2 Kindergeld = 649 EUR

Unterhaltspflicht Kindesmutter für K2:

Höherstufung s.o. von Einkommensgruppe 3 auf 4,

742 EUR – 125 EUR 1/2 Kindergeld = 617 EUR.

Differenzzahlung: 649 EUR – 617 EUR = 32 EUR von M an F zu zahlen.

Es liegt nahe, bei derart geringen Differenzen auf die Ausgleichszahlung zu verzichten und beispielsweise Sparbücher für die Kinder anzulegen.

22 Hierüber können Elternteile natürlich eine Verrechnungsvereinbarung treffen. Diese wäre im Kern wie folgt zu formulieren:

Formulierungsbeispiel: Verrechnung von Kindesunterhalt bei Betreuung je eines Kindes

1. Im Hinblick auf die Verpflichtung zur jeweiligen Zahlung von Kindesunterhalt für das vom barunterhaltspflichtigen Elternteil nicht betreute Kind verzichten wir auf die jeweilige Zahlung und nehmen eine Verrechnung der Zahlungspflichten vor.

2. Die Differenzzahlung beträgt nach der als Anlage dieser Vereinbarung beigefügten Berechnung 32 EUR.

3. Wir vereinbaren, dass der Kindesvater diesen Betrag hälftig jeweils monatlich auf ein für jedes der Kinder anzulegendes Sparbuch einzahlt, über das die Erschienenen nur gemeinsam verfügungsberechtigt sind.

4. Die Vereinbarung bleibt gültig, solange sich die Kinder in der Schulausbildung befinden und jeweils von einem Elternteil betreut werden.

5. Im Falle der Änderung eines Zahlungsbetrages durch Änderung der Einkommensverhältnisse oder Höherstufung eines der Kinder nach der Altersstruktur der Düsseldorfer Tabelle ist der Differenzbetrag entsprechend anzupassen und in gleicher Weise zu verwenden.

23 Zu beachten ist im vorliegenden Fall, dass sich mit Volljährigkeit der Zahlbetrag ändert. Die Kindesmutter müsste dann für K2 543 EUR zahlen; auf den Bedarf von 793 EUR ist bei Volljährigkeit das volle Kindergeld anzurechnen, so dass 793 EUR – 250 EUR = 543 EUR zu zahlen sind. Die Differenz erhöht sich sodann auf 106 EUR.

3. Fremdbetreuung eines Kindes

24 Überlässt beispielsweise der bisher betreuende Elternteil die Pflege und Erziehung des Kindes vollständig einem Dritten, hat auch dieser Elternteil Barunterhalt zu leisten.[28]

Wegen der Gleichwertigkeit von Barunterhalt und Betreuungsunterhalt ist sodann von beiden Eltern Barunterhalt pauschal in anfallender Höhe zu zahlen, entsprechend den Einkommensverhältnissen der Elternteile. Hierüber ist eine Einigung sinnvoll, ggf. mit den betreuenden Personen.[29]

> *Beispiel*
>
> Kind K, 13 Jahre alt, lebt im Haushalt der Großeltern; Einkommen der Eltern: M 3.000 EUR, F 2.500 EUR, die Großeltern erhalten das Kindergeld,
>
> Bedarf des Kindes nach dem zusammengerechneten Einkommen der Eltern 5.500 EUR (3.000 EUR + 2.500 EUR).
>
> Einsetzbares Einkommen:
>
> M: 3.000 EUR – 1.750 EUR (angemessener Selbstbehalt) = 1.250 EUR
>
> F: 2.500 EUR – 1.750 EUR = 750 EUR
>
> Gesamtes einsetzbares Einkommen:
>
> 1.250 EUR + 750 EUR = 2.000 EUR
>
> Unterhalt K: (Höherstufung 1 Kind)
>
> Bedarf 1.084 EUR – 250 EUR volles Kindergeld = 834 EUR
>
> Anteil M:
>
> 834 EUR x 1.250 EUR : 2.000 EUR = 521 EUR
>
> Anteil F:
>
> 834 EUR x 750 EUR : 2.000 EUR = 313 EUR
>
> M hat an die Großeltern 521 EUR zu zahlen, F hat 313 EUR zu zahlen.

Hierüber kann – selbstverständlich eine Einigung getroffen werden, die nicht der Beurkundung bedarf, es sei denn, aus der Vereinbarung soll jederzeit vollstreckt werden können. Die Unterwerfung – hier der Eltern gegenüber den Großeltern – unter die sofortige Zwangsvollstreckung bedarf der notariellen Beurkundung.

4. Ungleichgewichtige Einkommens- und Vermögensverhältnisse

25 Im Rahmen deutlich ungleich gewichtiger Einkommens- und/oder Vermögensverhältnisse kann es bei der Inanspruchnahme des nicht betreuenden Elternteils auf

28 OLG Hamm FamRZ 1999, 1449.

29 Stand DT: 1.1.2024.

Zahlung von Barunterhalt zu einem erheblichen finanziellen Ungleichgewicht zwischen den Eltern kommen, wenn der betreuende Elternteil über **erheblich höhere Einkünfte** verfügt als der barunterhaltspflichtige Elternteil.[30]

26 In solchen Fällen kann möglicherweise der betreuende Elternteil dazu verpflichtet werden, zusätzlich zu seiner Betreuungsleistung zum Barunterhalt des Kindes beizutragen. Dafür muss aber das Einkommen des betreuenden Elternteils **deutlich** dasjenige des barunterhaltspflichtigen Elternteils übersteigen.[31]

27 Dem barunterhaltspflichtigen Elternteil, dem im Rahmen der Verpflichtung gegenüber einem betreuungsbedürftigen minderjährigen, unverheirateten Kind lediglich der notwendige Selbstbehalt verbleibt, muss darüber hinaus der angemessene Selbstbehalt verbleiben, wenn es dem betreuenden Elternteil möglich ist, zur Unterhaltszahlung beizutragen, ohne unterhalb seines angemessenen Selbstbehaltes zu gelangen,[32] also bei günstigen Einkommensverhältnissen eines Elternteils der andere Verpflichtete bei Zahlung von Kindesunterhalt seinen **angemessenen Selbstbehalt** nicht wahren kann.[33]

28 Umgekehrt können ausschließlich **wesentlich günstigere Einkünfte eines Elternteils** bei grundsätzlich beiderseitiger Barunterhaltspflicht zu einseitiger Zahlungspflicht eines Elternteils führen. Dies kann aber nur in Ausnahmefällen gegeben sein, etwa, wenn die Einkünfte eines Elternteils **mindestens das Dreifache** des anderen Elternteils übersteigen.[34]

Wann ein solcher Fall vorliegt, ist lediglich im Einzelfall zu klären.[35]

IV. Enkelunterhalt

29 Nach § 1601 BGB sind Verwandte gerader Linie einander unterhaltspflichtig.

1. Die Haftung der Großeltern

30 Nach § 1606 Abs. 2 BGB haften unter den Abkömmlingen und unter den Verwandten der **aufsteigenden Linien die näheren vor den entfernteren**. Dies bedeutet, dass im Falle einer Haftung der Eltern eine Eintrittspflicht der Großeltern gerade nicht gegeben ist. Sollen **Großeltern** haften, sind bestimmte Voraussetzungen erforderlich.

30 BGH FamRZ 2002, 743; BGH FamRZ 2001, 1068 = FuR 2002, 248 m. Anm. *Büttner*; BGH FamRZ 1980, 994 m.w.N.

31 So BGH FamRZ 2002, 743; *Luthin*, FamRB 2004, 39; vgl. dazu die Leitlinien der jeweiligen Oberlandesgerichte Ziff. 12.3.

32 BGH FamRZ 2011, 1041 = FuR 2011, 458.

33 BGH a.a.O.

34 So auch BGH FamRZ 2013, 1558.

35 BGH FamRZ 2013, 1563; OLG Brandenburg FuR 2022, 477 mit Anm. *Viefhues*.

Großeltern haften nur dann, wenn vorrangig unterhaltspflichtige Personen, also die Eltern, nicht oder nicht in vollem Umfang für den Gesamtbedarf eines Kindes in Anspruch genommen werden können, §§ 1606 Abs. 2, 1607 BGB.[36] Eine solche Situation ist gegeben, wenn die **Eltern als vorrangig verpflichtete Verwandte nicht leistungsfähig sind, § 1607 Abs. 1 BGB**.[37] Dieser Haftung steht die Situation gleich, in der zwar die Eltern eigentlich leistungsfähig sind, die **Rechtsverfolgung** gegen solche Eltern im Innenland jedoch entweder ausgeschlossen oder erheblich erschwert ist.[38]

Ausgeschlossen oder erheblich erschwert ist die Rechtsverfolgung, wenn **deutsche Gerichte nicht zuständig** sind, wenn nicht festgestellt ist, wer eigentlich Vater des Kindes ist,[39] wenn die Vollstreckung durch Wohnungswechsel oder Strafhaft unmöglich ist und schließlich, wenn die Zurechnung fiktiver Einkünfte nicht zum Ziel führt, weil die Vollstreckung ohne Ergebnis bleiben muss. Der BGH hat zur Darlegungslast erklärt, dass der Umstand der Leistungsfähigkeit des anderen Verwandten vom Unterhaltspflichtigen darzulegen und zu beweisen ist.[40]

Ist auf diese Weise eine Eigenhaftung oder eine Ersatzhaftung der Großeltern gegeben, richten sich die Ansprüche gegen **alle vier unterhaltspflichtigen Großeltern**, soweit diese noch leben.[41] Dabei ist nicht von Bedeutung, ob etwa ein Elternteil seiner Unterhaltspflicht durch Betreuung des Kindes genügt. Da **das verwandtschaftliche Verhältnis** entscheidend für die Haftung nach § 1607 BGB ist, stehen alle vier Großeltern gleichrangig in der Haftung. Ist der Bedarf des Kindes vorhanden und besteht keine Bedarfsdeckung durch Unterhaltsvorschuss oder durch Sozialhilfe, durch Vermögenseinsatz und/oder BAföG, ist die Haftung der Großeltern gegeben. Die **Leistungsfähigkeit der Großeltern** ist allerdings Voraussetzung für die Haftung. 31

Großeltern haften sodann nach ihren Erwerbs- und Vermögensverhältnissen für den Unterhaltsbedarf des Enkelkindes, § 1606 Abs. 3 S. 1 BGB.[42]

Eine besondere Schwierigkeit hinsichtlich der Haftung „nach den Erwerbs- und Vermögensverhältnissen“ liegt darin, dass es hier nicht nur um die Haftung der Großeltern mit ihrem Einkommen geht, sondern auch eventuell **bei den Großeltern vorhandenes Vermögen** für die anteilige Haftung einzusetzen ist. *Hauß* weist in diesem Zusammenhang zu Recht darauf hin, dass beim Enkelunterhalt ein

36 Vgl. BGH FuR 2022, 95 mit Anm. *Soyka*.

37 Grüneberg/*von Pückler*, § 1607 Rn 5.

38 Dazu im Einzelnen *Hauß*, Elternunterhalt, Rn 813 ff.

39 OLG Brandenburg FamRZ 2004, 560.

40 BGH FuR 2022, 97 in Abkehr zur bisherigen Rechtsprechung, vgl. BGH NJW 1984, 1614; BGH NJW 1982, 590.

41 OLG Frankfurt FamRZ 2004, 1745.

42 BGH FamRZ 2004, 186.

Vermögen nur auf die voraussichtliche Unterhaltsdauer verteilt werden kann. Regelmäßig kann man aber nicht davon ausgehen, dass mit Erreichen der Volljährigkeit die Unterhaltsbedürftigkeit des Enkelkindes endet.[43]

Es stellt sich dann in diesem Zusammenhang die Schwierigkeit, dass auf der einen Seite die Finanzierung einer angemessenen Berufsausbildung geschuldet wird und daher ein **Unterhaltszeitraum von 20 bis 25 Jahren** angenommen werden muss, andererseits aber auch bei einem Vermögenseinsatz der Großeltern anhand von Sterbetafeln ggf. zu ermitteln ist, ob der Zeitraum des Vermögenseinsatzes die gesamte Bedarfszeit des Enkels umfasst.[44]

Im Falle einer Ersatzhaftung normiert **§ 1607 Abs. 2 BGB** sodann einen **gesetzlichen Forderungsübergang** auf den leistenden Verwandten und räumt diesem einen Ersatzanspruch gegen den vorrangig Verpflichteten ein.[45]

2. Vereinbarung zwischen Großeltern

32 Es kann deshalb sinnvoll sein, wenn Großeltern sich darüber verständigen, wie sie notwendige **Unterhaltsbeträge untereinander verteilen**. Eine Vereinbarung könnte wie folgt gefasst werden:

▼

Muster 8.2: Vereinbarung zum Enkelunterhalt zwischen Großeltern

Verhandelt am

Zu

Vor mir, dem unterzeichnenden Notar im Bezirk des Oberlandesgerichts

erscheinen

1. Herr , geb. am , wohnhaft

2. dessen Ehefrau, Frau geb. , geb. am , wohnhaft ebenda,

3. Herr , geb. am , wohnhaft

4. dessen Ehefrau, Frau , geb. am , wohnhaft ebenda,

ausgewiesen durch .

43 *Hauß*, Elternunterhalt Rn 874.

44 So zu Recht *Hauß*, Elternunterhalt Rn 847.

45 *Schausten*, Elternunterhalt Rn 34.

Die Frage des beurkundenden Notars nach einer Vorbefassung im Sinne von §3 Abs. 1 Nr. 7 BeurkG wurde von den Erschienenen verneint. Der beurkundende Notar erläuterte die vorgenannte Vorschrift.

Die Erschienenen baten den Notar um die Beurkundung einer

Unterhaltsvereinbarung

und erklärten vorab:

§1 Ausgangslage

Wir sind die Großeltern des am ____ geborenen, derzeit also 4 Jahre alte Kind K. Die Eltern des Kindes sind vor rd. 6 Monaten mit unbekanntem Ziel in das Ausland verzogen. Es ist nicht gelungen, den Aufenthaltsort der Eltern ausfindig zu machen. Unser Enkelkind K haben sie mit dem Hinweis in der Obhut der Schwester des Kindesvaters gelassen, sie seien nicht in der Lage, im Ausland für das Kind zu sorgen.

Im Hinblick auf die Verpflichtung zur Leistung von Kindesunterhalt für das Kind vereinbaren wir, was folgt.

§2 Kindesunterhalt

1. Wir, die Ersch. zu 1 und 3, verpflichten uns, den Bedarf des Kindes K., geb. am ____, in Höhe von derzeit ____ EUR, in der folgenden Weise zu decken. Auf den Bedarf ist zunächst das Kindergeld in Höhe von derzeit ____ EUR anzurechnen, das der Schwester des Kindesvaters zukommen soll.
2. Den restlichen Bedarf in Höhe von ____ EUR verpflichten wir uns wie folgt zu tragen:
   - der Ersch. zu 1 einen Teilbetrag in Höhe ____ EUR und
   - der Ersch. zu 3 einen Teilbetrag in Höhe von ____ EUR.
3. Die Ersch. zu 2 und 4 werden wegen fehlender Leistungsfähigkeit von der Leistungspflicht befreit.
4. Wir vereinbaren die vorstehende Verteilung der Unterhaltsverpflichtung unabhängig von unseren tatsächlichen Einkommens- und Vermögensverhältnissen.
5. Wir stellen ausdrücklich klar, dass die Vereinbarung das Innenverhältnis zwischen den Großeltern betrifft und die Ansprüche des Kindes nicht berührt.
6. Weitergehende gesetzliche Ansprüche bleiben unberührt.
7. Die Erschienenen stimmen der Vereinbarung wechselseitig ausdrücklich zu.
8. Die Erschienenen behalten sich das Recht vor, diese Vereinbarung ohne Zustimmung des Enkelkindes K, geb. am ____, zu ändern oder zu ergänzen.

§3 Vollstreckungsunterwerfung

Wegen der in §2 der Vereinbarung eingegangenen Verpflichtung zur Zahlung von Unterhalt für unseren Enkel K, geb. am ____, unterwerfen wir, der Ersch. zu 1 und 3, uns der *sofortigen Zwangsvollstreckung*

aus dieser Urkunde in unser Vermögen.

Das Enkelkind K, geb. am , ist berechtigt, sich jederzeit auf einseitigen Antrag auf Kosten des Ersch. zu 1 bzw. 2 eine vollstreckbare Ausfertigung dieser Urkunde erteilen zu lassen, ohne dass es hierzu des Nachweises der Fälligkeit oder sonstiger die Vollstreckung begründender Tatsachen bedarf.

§ 4 Hinweise, Durchführung

Der Notar hat die Erschienenen über die Bedeutung, die rechtliche Tragweite, insbesondere die Rechtsfolgen und die Auswirkungen der Unterhaltsvereinbarung abschließend noch einmal ausführlich belehrt. Sämtliche Erschienenen sind sich der Tragweite der getroffenen Vereinbarungen bewusst und wünschen gleichwohl die Beurkundung der Vereinbarung auch unter Inkaufnahme möglicher zukünftig daraus erwachsener Nachteile.

…(ggf. weitere abschließende Hinweise/Durchführung)…

(Urkundsausgang, Unterschriften)

▲

E. Versorgungsausgleich

33 Die in der Ehezeit erworbenen Rentenanwartschaften sind jeweils hälftig zwischen den Eheleuten zu teilen, § 1 VersAusglG. Bei einer Ehezeit von **bis zu drei Jahren** findet ein Versorgungsausgleich allerdings nur auf Antrag statt, § 3 Abs. 3 VersAusglG.

Nach **§ 6 Abs. 1 VersAusglG** können Vereinbarungen über den Versorgungsausgleich geschlossen werden. Nach S. 2 der Vorschrift können die Eheleute ihn ganz oder teilweise ausschließen sowie Ausgleichsansprüche nach der Scheidung gem. den §§ 29 bis 24 VersAusglG vorbehalten. Nach **§ 7 VersAusglG** ist eine Vereinbarung über den Versorgungsausgleich vor Rechtskraft der Entscheidung über den Wertausgleich bei der Scheidung, **notariell zu beurkunden**.

> *Prüfungshinweis 4:*
>
> Für eine Vereinbarung im Rahmen eines Ehevertrages gilt die **strengere Form des § 1410 BGB** (notarielle Beurkundung bei gleichzeitiger Anwesenheit).

34

> *Prüfungsbeispiel*
>
> Am Tag vor notariell vorgesehener Beurkundung erkrankt die Ehefrau. Sie stellt ihrer Mutter eine handschriftliche Vollmacht aus. Der Ehemann und seine Schwiegermutter beurkunden beim Notar. Rechtswirksam?

Lösung

Ja, da es sich um eine widerrufliche Vollmacht handelt, § 167 Abs. 2 BGB. Die Vollmacht unterliegt nicht der Form der Vereinbarung. Zudem bedeutet gleichzeitige Anwesenheit nicht, dass die Beteiligten persönlich anwesend sein müssen. Sie können sich vertreten lassen. Lediglich der Abschluss durch „Angebot und Annahme“ ist nicht möglich.

Prüfungshinweis 5: 35

Bei Ausschluss des Versorgungsausgleichs tritt **nicht** mehr Gütertrennung nach § 1414 S. 1 BGB a.F. ein.

I. Ausschluss des Versorgungsausgleichs

Der komplette Ausschluss des Versorgungsausgleichs ist – mit äquivalenter Gegenleistung – ebenso möglich wie ein Teilausschluss hinsichtlich einzelner Anrechte.[46] 36

Formulierungsbeispiel des **völligen Ausschlusses** im notariellen Vertrag:

Formulierungsbeispiel

Für den Fall der Scheidung unserer Ehe verzichten wir auf die Durchführung des Versorgungsausgleichs nach § 6 VersAusglG. Die Beteiligten sind sich darüber einig, dass dieser Verzicht sich auch auf eine mögliche spätere Abänderung des Versorgungsausgleichs erstreckt (§ 227 FamFG). Sie nehmen diesen Verzicht wechselseitig an.

Der Notar wird zur Vermeidung eigener Haftung eine **ausführliche Belehrung** anschließen etwa wie folgt: 37

Formulierungsbeispiel

Wir sind auf das Wesen und die Bedeutung sowie die rechtliche Tragweite des Ausschlusses des Versorgungsausgleichs hingewiesen worden, insbesondere darauf, dass im Falle einer Scheidung keiner von uns einen Anspruch auf die Anwartschaften oder Aussicht auf eine Versorgung wegen des Alters oder Berufs- oder Erwerbsunfähigkeit des anderen Ehegatten hat, jeder von uns im Alter oder im Falle der Berufs- oder Erwerbsunfähigkeit also ungesichert ist, sofern er keine eigenen Anwartschaften oder Aussichten begründet hat.

46 Zu den Regelungsmöglichkeiten im Einzelnen ausführlich *Bergmann,* in: Scholz/Kleffmann, Teil M 227.

Der **BGH** hat zu Vereinbarungen zum Versorgungsausgleich allerdings **einschränkend** erklärt:[47]

> *Der vollständige Ausschluss des Versorgungsausgleichs kann … der ehevertraglichen Wirksamkeitskontrolle standhalten, wenn die wirtschaftlich nachteiligen Folgen dieser Regelung für den belasteten Ehegatten durch die ihm gewährten Kompensationsleistungen … ausreichend abgemildert werden.*

Solche **Kompensationsleistungen** müssen aber ggf. vorhanden sein. Ist dies nicht der Fall, kann der notariell vereinbarte Ausschluss des Versorgungsausgleichs gerichtlich scheitern. Dies kann die **notarielle Haftung** zur Folge haben.[48]

II. Teilausschluss des Versorgungsausgleichs

1. Inhaltlicher Ausschluss

38 Auch **Teilverzichte** sind möglich, z.B. der **Ausschluss aller Rechte mit Ausnahmen**:

> *Formulierungsbeispiel*
>
> Für den Fall der Scheidung unserer Ehe verzichten wir auf die Durchführung des Versorgungsausgleichs im Hinblick auf sämtliche Versorgungsanrechte, außerhalb der gesetzlichen Rentenversicherung.
>
> Wir nehmen diesen Verzicht wechselseitig an.

39 Ebenso ist es möglich, **einzelne Versorgungen** herauszunehmen:

> *Formulierungsbeispiel*
>
> Für unsere Ehe soll der Versorgungsausgleich nach dem VersAusglG durchgeführt werden. Die Parteien sind darüber einig, dass im Rahmen des Versorgungsausgleichs lediglich die gesetzlichen Rentenanwartschaften ausgeglichen werden sollen.
>
> Wir verzichten jedoch auf die Durchführung des Versorgungsausgleichs nach § 6 VersAusglG bezüglich der vom Ehemann erworbenen betrieblichen Altersversorgung bei der (…).
>
> Die Ehefrau verzichtet insoweit auf die Durchführung des Versorgungsausgleichs. Der Ehemann nimmt diesen Verzicht an.

47 BGH NZFam 2014, 450.

48 Zur **Komplexität notwendiger Berechnungen** vgl. BGH FuR 2023, 335 mit Anm. *Götsche;* vgl. auch OLG Frankfurt FuR 2023, 284 mit Anm. *Breuers.*

Aber auch der **völlige Ausschluss und der Abschluss einer Lebensversicherung** – als Kompensationsleistung – ist möglich: 40

Formulierungsbeispiel

Für den Fall der Scheidung unserer Ehe verzichten wir auf die Durchführung des Versorgungsausgleichs und nehmen diesen Verzicht wechselseitig an.

Der Ehemann verpflichtet sich, für die Ehefrau als versicherte Person, Rentenbegünstigte und Versicherungsnehmerin eine Rentenversicherung in Höhe einer monatlichen Altersrente von (…) EUR sowie einer monatlichen Berufsunfähigkeitsrente von (…) EUR abzuschließen. Die Altersrente beginnt mit dem vollendeten 60. Lebensjahr der Ehefrau. Die Berufsunfähigkeitsrente wird maximal bis zu diesem Zeitpunkt gezahlt. Beitragszahler der Lebensversicherung ist der Ehemann. Er verpflichtet sich, innerhalb vier Wochen nach Rechtskraft der Scheidung einen Einmalbeitrag in eine von der Ehefrau zu wählende Lebensversicherung einzuzahlen. Sollte dieser Beitrag zur Abdeckung der gesamten Rentenzahlungen nicht ausreichen, ist der Ehemann zum Nachschießen verpflichtet.

Für den Fall des Todes der Ehefrau steht dem Ehemann unwiderruflich das Bezugsrecht zu.

Sollte die Ehefrau vor Rentenbeginn versterben, ist der Versicherungsvertrag so zu konzipieren, dass eine Beitragsrückgewähr erfolgt.

Der Versorgungsausgleich ist im „Ranking“ der Rechtsprechung allerdings sehr hoch angesiedelt. Jeder teilweise oder vollständige **Verzicht muss auf ein Äquivalent treffen**,[49] mit dem der Verzicht begründet werden kann. Da der finanzielle Umfang gerade bei Rentenversorgungen sehr schwierig zu berechnen ist, empfiehlt es sich in solchen Fällen, den Beteiligten die Beratung eines **Rentenberaters oder die Berechnung durch einen Sachverständigen** „aufzunötigen“, um einer möglichen Haftung zu entgehen, falls die Vereinbarung gerichtlicher Nachprüfung nicht standhält. 41

2. Zeitliche Einschränkung

Im Übrigen können von den Beteiligten namentlich bei ehevertraglichen Regelungen auch **zeitabschnittsbezogene Möglichkeiten des Ausschlusses** gewählt werden, z.B. betr. das **Getrenntleben** der Beteiligten: 42

49 BGH DNotZ 2015, 131; BGH NZFam 2014, 450.

Formulierungsbeispiel

Für den Fall der Scheidung unserer Ehe vereinbaren wir, dass die Versorgungsanrechte, die während der Zeit des Getrenntlebens erworben wurden, nicht auszugleichen sind. Wir nehmen diesen Verzicht wechselseitig an.

43 Allgemein kann auch **zeitanteilig** vorgegangen werden:

Formulierungsbeispiel

Für den Fall der Scheidung unserer Ehe vereinbaren wir, dass die Versorgungsanrechte, die in der Zeit ab (…) erworben wurden, nicht auszugleichen sind.

44 Alternativ kann auf ein **Ereignis, z.B. die Geburt eines Kindes**, abgestellt werden:

Formulierungsbeispiel

Für den Fall der Scheidung unserer Ehe verzichten wir auf die Durchführung des Versorgungsausgleichs und nehmen den Verzicht wechselseitig an. Sollte einer der Ehegatten seine Berufstätigkeit während der Ehezeit ganz oder teilweise wegen der Erziehung eines gemeinsamen Kindes aufgeben, soll für den Zeitraum der Kindererziehung jedoch der Versorgungsausgleich durchgeführt werden.

45 Letztlich könnte man auch die **Ausgleichsquote verringern**:

Formulierungsbeispiel

Für den Fall der Scheidung unserer Ehe soll der Versorgungsausgleich durchgeführt werden. In Abweichung von § 1 Abs. 2 S. 2 VersAusglG vereinbaren wir, dass der ausgleichsberechtigten Person nicht die Hälfte des Wertes des jeweiligen Ehezeitanteils (Ausgleichswert) zusteht, sondern lediglich ein Drittel.

III. Verrechnungen

46 Die Beteiligten können selbstverständlich auch **Verrechnungen** vornehmen, sowohl im Rahmen der verschiedenen Versorgungsausgleichsansprüche als auch mit weiteren bzw. sonstigen Ansprüchen. Im Falle **zweier Beamter** bietet sich hinsichtlich der **beiderseitigen Beamtenversorgung** z.B. Folgendes an:

Formulierungsbeispiel

Notarieller Urkundeneingang (…)

Zugunsten des Ehemannes besteht eine Beamtenversorgung beim Land (…) mit einem Ausgleichswert in Höhe von (…) monatlich.

Zugunsten der Ehefrau besteht eine Beamtenversorgung bei der Kommune (…) mit einem Ausgleichswert in Höhe von (…) EUR monatlich.

Abweichend von der gesetzlichen Regelung § 16 VersAusglG vereinbaren die beteiligten Eheleute eine Verrechnung der beiderseitigen monatlichen Ausgleichwerte.

Der verbleibende Ausgleichswert auf Seiten des Ehemannes in Höhe von (...) EUR monatlich, wird durch Begründung einer Rentenanwartschaft in Höhe von (...) EUR monatlich gem. § 16 VersAusglG auf einem noch einzurichtenden Rentenversicherungskonto zugunsten der Ehefrau vorgenommen.

Darüber hinaus verzichten die Eheleute auf die Durchführung des Versorgungsausgleichs und nehmen diesen Verzicht wechselseitig an.

Notarieller Urkundenausgang (...)

Auch eine **Verrechnung bei externer Teilung** im Versorgungsausgleich wäre in gleicher Weise möglich. 47

Ebenso ist eine **Verrechnung mit anderen Ansprüchen, z.B. Zugewinnausgleichsansprüchen** möglich, z.B. wie folgt: 48

Formulierungsbeispiel

Notarieller Urkundeneingang (...)

Für den Fall der Scheidung unserer Ehe verzichten wir auf die Durchführung des Versorgungsausgleichs.

Die Eheleute sind sich darüber einig, dass zugunsten des Ehemannes Zugewinnausgleichsansprüche gegenüber der Ehefrau in Höhe von (...) EUR bestehen.

Die Ehefrau hat ehezeitliche Versorgungsanwartschaften in der gesetzlichen Rentenversicherung in Höhe von (...) Entgeltpunkten erworben. Dies entspricht einem korrespondierenden Kapitalwert in Höhe von (...) EUR.

Der Ehemann hat ehezeitliche Versorgungsanwartschaften in der gesetzlichen Rentenversicherung in Höhe von (...) Entgeltpunkten erworben. Dies entspricht wiederum einem korrespondierenden Kapitalwert von (...) EUR.

Nach interner Verrechnung wäre damit der Ehemann der Ehefrau gegenüber ausgleichsverpflichtet.

Im Hinblick auf die Höhe der korrespondierenden Kapitalwerte und dem Anspruch auf Zugewinnausgleich des Ehemannes gegenüber der Ehefrau sind sich die Eheleute darüber einig, dass sie auf die Durchführung des Versorgungsausgleichs und auch des Zugewinnausgleichs verzichten. Sie nehmen diesen Verzicht wechselseitig an.

Notarieller Urkundenausgang (...)

F. Salvatorische Klauseln

49 Standardisierte Unwirksamkeitsklauseln helfen häufig nicht weiter. Gerade in ehevertraglichen Vereinbarungen kommt es häufig zu „Gesamtlösungen“, bei denen das Nachgeben einer der Beteiligten auf einem Gebiet zu einem Entgegenkommen des anderen Beteiligten auf einem anderen Gebiet führt. Hier kann eine mangelnde individuelle Anpassung wegen des „**Verknüpfungswillens**“ gerade zu einer Verzerrung des Gewollten führen.[50]

Auch die Rechtsprechung betrachtet bei der Wirksamkeits- und Ausübungskontrolle in der „Gesamtschau“, ob die Regelungen zu einer einseitigen Belastung führen. Das Herausbrechen eines Bausteins ohne Ausgleich auf der anderen Seite könnte dann **erst recht zu einer Unwirksamkeit** der Gesamtvereinbarung führen.

In geeigneten Fällen kann aber die – kurz gefasste – **Teilunwirksamkeitsklausel** wie folgt lauten:

> *Formulierungsbeispiel*
>
> Sollten Regelungen in diesem Vertrag – gleich aus welchem Grunde – unwirksam sein oder werden oder sollte eine Berufung hierauf unzulässig sein, oder sollte sich eine von den Beteiligten heute nicht bedachte Lücke in ihren Vereinbarungen herausstellen (auch eine solche, die nicht durch ergänzende Vertragsauslegung behebbar ist), so bleiben die übrigen Bestimmungen dennoch wirksam, eine Berufung auf sie wird nicht unzulässig.

50 Eine solche salvatorische Klausel kann im Rahmen einer **Ausübungskontrolle** eines Ehevertrages von Bedeutung sein. Schädlich ist sie zumindest nicht.[51] Im Gegenteil: Trotz angenommener Teilnichtigkeit eines Vertrages i.S.v. § 139 BGB kann die salvatorische Klausel die **Gesamtnichtigkeit des Vertrages verhindern**, wenn eine auf **ungleichen Verhandlungspositionen beruhende Störung der Vertragsparität nicht** vorliegt.[52]

> *Prüfungshinweis 5:*
>
> Ist der Vertrag nicht unfair zustande gekommen, kann die salvatorische Klausel ihre Wirkung entfalten.[53]

50 BGH NJW 2003, 347.

51 So *Bredthauer*, in: Scholz/Kleffmann, Teil T 39.

52 BGH FamRZ 2013, 269, 272; dazu auch BGH FamRZ 2005, 1444; BGH FamRZ 2006, 1097, 1098; BGH FamRZ 2008, 2011.

53 So wörtlich *Bergschneider*, Anm. zu BGH Urt. v. 21.11.2012 – Az XII ZR 48/11 –, FamRZ 2013, 273, 274; vgl. OLG Celle FuR 2019, 89 mit Anm. *Bergschneider*, in NZFam 2018, 945.

G. Nichtdurchführung der Scheidung

I. Versöhnung der Eheleute

Versöhnen sich die Beteiligten, statt das Scheidungsverfahren durchzuführen, sind **Scheidungsfolgenvereinbarungen ersichtlich gegenstandslos.** 51

Widerruflich sind in diesem Fall Scheidungsfolgenvereinbarungen jedoch **nicht**. Die Auffassung, dass eine Scheidungsfolgenvereinbarung kraft Gesetzes unter der aufschiebenden Bedingung stehe, dass die Ehe geschieden wird und deshalb ebenso wie die Zustimmung zur Scheidung widerruflich sei[54] verkennt, dass es sich bei einer Scheidungsfolgenvereinbarung um eine vertragliche Vereinbarung handelt.

Der **vertragliche Charakter** unterscheidet die Vereinbarung von einem Scheidungsantrag, dessen Zustimmung und der Widerruflichkeit der Zustimmung.

Scheidungsfolgenvereinbarungen können allerdings Regeln enthalten, die **von erheblicher Bedeutung sind, auch für den Fall, dass die Ehe nicht geschieden wird** und die Vereinbarung als wirksam anzusehen ist.

Namentlich hinsichtlich des Güterrechts werden häufig Vereinbarungen zu den Scheidungsfolgen getroffen, die den Zugewinnausgleich regeln und damit **gleichzeitig eine rechtliche Veränderung herbeiführen,** wie etwa die gleichzeitige Vereinbarung der Gütertrennung.

> *Prüfungshinweis 6:*
>
> In jeder Scheidungsfolgenvereinbarung sollte ausdrücklich klargestellt werden, ob die Vereinbarung nur für den Fall der Ehescheidung gilt oder auch dann, wenn es nicht zur Scheidung kommt.[55]

Eine **Vereinbarung kann wie folgt formuliert** werden: 52

> *Formulierungsbeispiel*
>
> Sämtliche in dieser Urkunde getroffenen Vereinbarungen sollen auch dann bestehen bleiben, wenn das Ehescheidungsverfahren nicht durchgeführt wird.

Auch eine **Anknüpfung an die Fortsetzung der Ehe** kann vereinbart werden: 53

> *Formulierungsbeispiel*
>
> Sämtliche in dieser Urkunde getroffenen Vereinbarungen sollen auch dann bestehen bleiben, wenn eine Scheidung nicht stattfindet und die Ehe fortgesetzt wird.

54 Musielak/*Borth*, § 630 Rn 8 m.w.N.

55 So auch Göppinger/Börger/*Kilger/Pfeil*, 5. Teil Rn 172.

II. Die Erschwerung der Scheidung

54 Schließlich ist insgesamt zu fragen, ob Eheleute vereinbaren können, sich nur unter erschwerten Bedingungen, etwa nur nach einer **stark verlängerten Trennungszeit** oder auch **überhaupt nicht scheiden** zu lassen.

Grundsätzlich gilt, dass Eheleute die Scheidung ihrer Ehe nach ständiger Rechtsprechung **nicht** ausschließen können, auch nicht für einen begrenzten Zeitraum. Entgegenstehende Vereinbarungen sind nach **§§ 134 oder 138 BGB nichtig**.[56]

> *Formulierungsbeispiel*
>
> Herr (...) erklärt, dass er sich von seiner zukünftigen Ehefrau (…) nicht scheiden lassen werde. Sofern er dennoch Scheidungsantrag stellen sollte, verpflichtet er sich, an seine Ehefrau (…) eine Abfindungssumme von 100.000 EUR vorbehaltlos zu zahlen. Dieser Anspruch wird fällig bei Rechtskraft der Scheidung.

55 Es ist daher z.B. auch nicht möglich, eine längere als die vom Gesetz vorgesehene Zeit der Trennung zu vereinbaren, bevor ein Scheidungsantrag gestellt werden kann.

Ebenso wenig möglich ist die Vereinbarung, die **Scheidung der Ehe – auf Zeit oder lebenslänglich – auszuschließen**, um damit die für einige Zeit sichere oder aber dauerhafte eheliche Bindung herbeizuführen.

Die **folgende Vereinbarung** wäre aber möglich:

> *Formulierungsbeispiel*
>
> Herr (…) erklärt, dass er sich von seiner Ehefrau (…) nicht scheiden lassen werde. Sofern Herr (…) dennoch Scheidungsantrag stellen sollte, verpflichtet er sich, an seine Ehefrau (…) eine Abfindungssumme von (…) als Zukunftssicherung vorbehaltlos zu zahlen. Dieser Anspruch wird fällig bei Rechtskraft der Scheidung.
>
> Frau (…) und Herr (…) erklären hiermit, dass mit dieser Vereinbarung nicht die Scheidung erschwert, sondern das Auskommen von Frau (…) verbessert werden soll, weil sie die Ehe im Alter geschlossen haben und damit keine ehezeitlichen Rentenanwartschaften mehr entstanden sind. Der zu zahlende Betrag ist deshalb zur Alterssicherung von Frau (…) gedacht.

56 Vereinbarungen sind dann nicht zu beanstanden, wenn sie den **Zweck** haben, nicht etwa die Scheidung zu erschweren, sondern das **Auskommen** des anderen Ehegatten im Falle der Scheidung **zu verbessern**, weil die Abfindungssumme im Fall der Scheidung beispielsweise zur Alterssicherung des Versprechensempfängers bestimmt ist.[57]

56 BGH FamRZ 1986, 655; *Horndasch*, AnwF FamR § 7 Rn 484 f.

57 BGH FamRZ 1990, 372.

§ 9 Fazit

Die Beendigung einer Auseinandersetzung zwischen getrennten und/oder geschiedenen Eheleuten durch – in der Regel notwendig notarielle – Vereinbarung ist immer die bessere Alternative zur Prozessführung, und zwar immer und für alle Beteiligten. 1

Es ist dann aber der beurkundende Notar, der gerade im durchaus nicht unkomplizierten und für die Zukunft der Beteiligten häufig ganz entscheidenden Bereich des Familienrechts gefordert ist, zutreffende und den Beteiligten und dem Rechtsfrieden dienende Formulierungen zu beurkunden.

Es ist zu hoffen, dass derjenige, der die Ratschläge des Buches beherzigt, nicht nur 2
in der Lage ist, zumindest im Bereich des Familienrechts im Rahmen der notariellen Fachprüfung zu bestehen, sondern darüber hinaus seine Amtsführung als Notar mit dem Wissen beginnen kann, das notwendige Rüstzeug für die Praxis erlangt zu haben.

Dies wird ihm helfen, die schönen und befriedigenden Seiten der Tätigkeit als Notar erleben zu können, Beteiligten zu fairen vernünftigen Lösungen zu verhelfen, der Beendigung von Zwietracht und Auseinandersetzungen und damit insgesamt dem Rechtsfrieden zu dienen.

Selbst wenn der Einzelne diese Empfindungen nicht – oder nicht in diesem Maße – 3
nachvollziehen mag, wird er die erlangten Kenntnisse und Fähigkeiten doch zu schätzen wissen, denn letztendlich haftet er für

- die Richtigkeit,
- die Vollständigkeit,
- die Unzweideutigkeit und
- die Angemessenheit der Vereinbarung.

§ 10 Die mündliche Prüfung

A. Die Bestandteile der Prüfung

Nach § 7c Abs. 4 BNotO soll in der mündlichen Prüfung die sach- und situationsgerechte Ausübung der einem Notar obliegenden Prüfungs- und Belehrungspflichten unter Beweis gestellt werden. 1

Der Prüfungsausschuss zur mündlichen Prüfung besteht aus **drei Prüfern**. In der Regel werden vier Prüflinge gleichzeitig geprüft. Mehr als 5 Kandidaten sind bisher in keinem Fall geprüft worden. Für die Leistungen in der mündlichen Prüfung gilt die Noten- und Punkteskala für die erste und zweite juristische Staatsprüfung. Die Bewertungen werden den Kandidaten unmittelbar nach der mündlichen Prüfung bekanntgegeben.

Gem. § 7c Abs. 3 S. 1 und 2 BNotO werden nur bestimmte Personen als **Zuhörer** bei der Prüfung zugelassen. Neben Rechtsanwältinnen und Rechtsanwälten, die zur notariellen Fachprüfung zugelassen worden sind, kann auch Vertretern der Notarkammern, der Bundesnotarkammer, des Prüfungsamtes, des Bundesministeriums der Justiz und für Verbraucherschutz und der Landesjustizverwaltungen die Anwesenheit gestattet werden. Regelmäßig sind aber lediglich zur notariellen Fachprüfung zugelassene Rechtsanwältinnen und Rechtsanwälte als Zuhörer anwesend.

Ein Antrag auf Zulassung kann spätestens eine Woche vor einem Prüfungstermin eingereicht werden. Der Antrag ist an das Prüfungsamt zu richten. Die Prüfung beginnt mit einem **Aktenvortrag** von maximal 12 Minuten für jeden Prüfling. Sodann wird – in der Regel eine Stunde pro Prüfling – die mündliche Prüfung fortgesetzt. Bei mehreren Prüflingen wird eine Pause etwa nach der ersten Hälfte der Prüfung eingelegt.

B. Der Aktenvortrag

Vor dem Gruppen-Prüfungsgespräch ist zu Beginn der mündlichen Prüfung ein Vortrag zu einer notariellen Aufgabenstellung zu halten, § 7c Abs. 1 S. 1 BNotO. Jeder Prüfling bekommt für seinen Vortrag **eine Stunde Zeit**, um die Lösung zu erarbeiten. 2

Für die Erarbeitung sind folgende Hilfsmittel zugelassen:

- Textsammlung Habersack
- BGB-Kommentar Grüneberg
- Textsammlung zum Steuerrecht (z.B. „Steuergesetze“, DTV).

Steuerrechtliche Aspekte spielen aber in den seltensten Fällen in der mündlichen Prüfung eine Rolle. 3

Im Rahmen familienrechtlicher Fragen sollten den Prüflingen jedoch folgende steuerrechtlichen Vorschriften präsent sein:

- § 5 Abs. 2 ErbStG

Die Vorschrift behandelt den Güterbestand der Zugewinngemeinschaft. In Abs. 2 ist geregelt, dass dann, wenn der Güterstand der Zugewinngemeinschaft in anderer Weise als durch den Tod eines Ehegatten beendet oder der Zugewinn nach § 1371 Abs. 2 BGB ausgeglichen wird, diese Ausgleichsforderung nicht zum Erwerb im Sinne von §§ 3 und 7 des ErbStG zählt. Dies bedeutet, dass Erbschaftsteuer auf auszugleichenden Zugewinn nicht zu zahlen ist.

Es ist daher eine Aufgabenstellung für den Aktenvortrag möglich, in der § 5 Abs. 2 ErbStG eine Rolle spielt, nämlich das Rechtsinstitut der Güterstandsschaukel (vgl. § 7 Rdn 23).

- § 23 EStG

Bei Veräußerung des selbst genutzten Eigenheims vor Ablauf der zehnjährigen Spekulationsfrist unterliegt ein Veräußerungsgewinn der Steuerpflicht, § 23 Abs. 1 Ziff. 1 S. 1 EStG. Anderes gilt – nur – dann, wenn die Immobilie im Veräußerungsjahr (und in den beiden vorangegangenen Jahren) selbst bewohnt worden ist, § 23 Abs. 1 Ziff. 1 S. 3 EStG. Bei Auszug eines Ehepartners und Übertragung z.B. des hälftigen Eigentums an einen der beiden Ehepartner ist daher die Frage der Spekulationsfrist bzw. die Frage des Bewohnens im Jahr der Veräußerung zu prüfen.

- § 64 EStG

Nach § 64 Abs. 2 EStG wird das Kindergeld demjenigen Elternteil gezahlt, der überwiegend das Kind in seiner Obhut hat (§ 64 Abs. 2 S. 1: „… das Kind in seinem Haushalt aufgenommen hat.“).

Es kann im Aktenvortrag zu Fragestellungen kommen, bei denen zu klären ist, welchem Elternteil das Kindergeld zusteht.

Bei der Bestimmung der Höhe des zu zahlenden Kindesunterhalts durch den barunterhaltspflichtigen Elternteil, also demjenigen, bei dem das Kind nicht überwiegend wohnt, ist vom Bedarfsbetrag das hälftige Kindergeld (derzeit 125 EUR) abzuziehen.[1]

> *Beispiel*
>
> Einkommen des Unterhaltspflichtigen: 3.200 EUR, 2 Kinder im Alter von 4 und 8 Jahren.
>
> *Lösung:*
>
> Bedarfsbetrag 4-jähriges Kind 552 EUR. Abzuziehen sind 125 EUR, hälftiges Kindergeld. Zahlbetrag: 427 EUR.
>
> Das 8-jährige Kind: 634 EUR, abzgl.125 EUR hälftiges Kindergeld.
>
> Zahlbetrag: 509 EUR.

1 Stand DT 1.1.2024.

Die Gegenstände des Aktenvortrags sind weit gefasst. Häufig spielen aber vor allem **formale Fragen** eine große Rolle. So muss man darauf vorbereitet sein, dass dem beurkundenden Notar formelle Fehler unterlaufen sein können. Häufig wird dann gefragt, auf welche Weise diese Fehler behoben werden können, sowohl von dem beurkundenden Notar selbst als auch für den Fall, dass der Notar, z.B. verstorben ist, von einem anderen Notar. 4

Diese formalen Fragen können die Form der durchgeführten Beurkundung betreffen, z.B. die Frage, ob eine **Sukzessivbeurkundung** (durch Angebot und Annahme) in dem vorgelegten Fall möglich war.

> *Merke:*
>
> Vereinbarungen über nacheheliche Unterhaltsansprüche vor rechtskräftiger Scheidung der Ehe (§ 1585c BGB) sind auch durch Sukzessivbeurkundung möglich, nicht aber Vereinbarungen zum Versorgungsausgleich (§ 7 VersAusglG) und zum Zugewinn (§ 1378 Abs. 3 S. 2 BGB). In den beiden letztgenannten Fällen bedarf es der Anwesenheit beider Beteiligter.

Weitere Möglichkeiten bestehen darin, dass z.B. die Betroffenen sich vor der Beurkundung nicht ausweisen konnten, aber auf einer Beurkundung bestehen. Die Frage ist, welche Auswirkungen eine trotz fehlender Identitätsfeststellung durchgeführte Beurkundung hat und wie die versäumte Identifizierung nachzuholen ist.[2]

Beliebt sind auch Fragen über Ausschließungsgründe zur Beurkundung, **§ 6 BeurkG**, oder zu Beurkundungen zugunsten des Notars oder seinen Angehörigen **§ 7 BeurkG**.

Ebenso beliebt sind Fragen nach der Beratungs- und Belehrungspflicht des Notars gem. **§ 17 BeurkG**. In diesem Zusammenhang ist von Bedeutung, dass der Notar grundsätzlich über die **wirtschaftlichen Folgen** der Beurkundung nicht belehren muss (im Gegensatz zum Rechtsanwalt!), dass er aber dann, wenn er wirtschaftliche Zusammenhänge kennt, auf etwaige Probleme hinweisen muss.

Schließlich können formale Fragen nach den Kenntnissen der deutschen Sprache ebenso eine Rolle spielen wie die Frage der Anwendung ausländischen Rechts.[3]

Schließlich ist zum Aktenvortrag Folgendes zu beachten: 5

Bei dem Vortrag ist in der Regel auf die Wiedergabe des Sachverhalts und/ oder der Aufgabenstellung zu verzichten.

Der Vortrag soll **maximal 12 Minuten** dauern. Dies bedeutet, dass der Vortrag auf keinen Fall eine längere Zeit dauern darf. Es wird positiv akzeptiert, wenn ein Vortrag nur 10 Minuten dauert. Es werden Punktabzüge zur erwarten sein, wenn der Vortrag 12 Minuten überschreitet.

2 Vgl. Prüfungsklausur in § 11 Rdn 49, 52.

3 Vgl § 3 Rdn 17 ff.

Bei der Beschäftigung mit der Zeitvorgabe in der Vorbereitung des Aktenvortrags sollte der Prüfling bedenken, dass die eigene zeitliche Vorstellung zu dem zuvor naturgemäß nicht eingeübten Vortrag häufig unrichtig ist. Aufgrund der Aufregung in der Prüfungssituation benötigt man regelmäßig **mehr Zeit** als zuvor gedacht. Es ist daher wichtig, einen Aktenvortrag einzuüben. Dies ist ohne weiteres für alle Rechtsgebiete dadurch möglich, dass man sich aus Probeklausuren selbst Teilaspekte heraussucht und hierüber einen Vortrag von max. 12 Minuten Zeitdauer hält.

6 An den Aktenvortrag schließt sich die weitere mündliche Prüfung an, in der nach § 7c Abs. 1 S. 3 BNotO der Prüfling unter Beweis stellen soll, dass er die einem Notar obliegenden **Prüfung- und Belehrungspflichten** sach- und situationsgerecht auszuüben versteht.

Das Ergebnis der Prüfung wird nach Beendigung der Prüfung an Ort und Stelle bekanntgegeben.

C. Musterbeispiel Aktenvortrag

7 ▼

Muster 10.1: Prüfungsfall Aktenvortrag:

Frau Ahrens erscheint bei Notar N und legt ihm den folgenden Ehevertrag vor.

Notarieller Urkundseingang

Vor mir, dem unterzeichnenden Notar

Erschienen am 23.6.2012

1. Frau Christa Ahrens,

und

2. Herrn Reimer Ahrens,

Zu 1. ausgewiesen durch Personalausweis Nr.

Zu 2. ausgewiesen durch Personalausweis Nr. .

Die Frage des beurkundenden Notars nach einer Vorbefassung im Sinne von § 3 Abs. 1 Nr. 7 BeurkG wurde von den Erschienenen verneint. Der beurkundende Notar erläuterte die vorgenannte Vorschrift.

Die Erschienen ersuchten um die Beurkundung des nachfolgenden

Ehevertrages

und erklärten, was folgt:

§ 1 Ausgangslage

Wir sind beide von Geburt an deutsche Staatsangehörige und haben am 1.6.2010 vor dem Standesbeamten in die Ehe miteinander schließen. Kinder sind aus unserer Verbindung bisher nicht hervorgegangen. Kinder aus anderer Verbindung sind ebenfalls nicht vorhanden. Ich, die Ersch. zu 2, bin jedoch von dem Ersch. zu 1 schwanger. Der Geburtstermin für unser Kind ist für Ende Juli 2012 errechnet worden.

§ 2 Ehegattenunterhalt

Die Eheleute verzichten gegenseitig auf Trennungsunterhalt und auf nachehelichen Unterhalt in allen Lebenslagen einschließlich des Falls der Not und nehmen diesen Verzicht gegenseitig an. Dieser Verzicht gilt auch für jeden Fall der Änderung der Rechtsprechung oder einer Gesetzesänderung.

Wir erwarten beide hohe Erbschaften und sind daher nicht auf die Zahlung von Unterhalt angewiesen.

§ 3 Versorgungsausgleich

Für den Fall der Scheidung unserer Ehe verzichten wir auf die Durchführung des Versorgungsausgleichs nach § 6 VersAusglG. Die Parteien sind sich darüber einig, dass dieser Verzicht sich auch auf eine mögliche spätere Abänderung des Versorgungsausgleichs erstreckt (§ 227 FamFG). Sie nehmen diesen Verzicht wechselseitig an.

Wir sind auf das Wesen und die Bedeutung sowie die rechtliche Tragweite des Ausschlusses des Versorgungsausgleichs hingewiesen worden, insbesondere darauf, dass im Falle einer Scheidung keiner von uns einen Anspruch auf die Anwartschaften oder Aussicht auf eine Versorgung wegen des Alters oder Berufs- oder Erwerbsunfähigkeit des anderen Ehegatten hat, jeder von uns im Alter oder im Falle der Berufs- oder Erwerbsunfähigkeit also ungesichert ist, sofern er keine eigenen Anwartschaften oder Aussichten begründet hat.

Die Beteiligten erklären dazu, über in etwa gleich hohe Arbeitseinkünfte zu verfügen. Es ergeben sich daher keine wesentlich voneinander abweichenden Versorgungsanwartschaften.

§ 4 Elterliche Sorge

Für den Fall, dass aus unserer Ehe Kinder hervorgehen, vereinbaren wir, dass im Falle der Trennung und Scheidung dem Ehemann die alleinige elterliche Sorge übertragen wird.

§ 5 Zugewinnausgleich

Wir vereinbaren ab sofort Gütertrennung und heben damit den gesetzlichen Güterstand auf.

§ 6 Erklärung zu Scheidung

Der Ersch. zu 1 erklärt, dass er sich von seiner zukünftigen Ehefrau niemals trennen und auch nicht scheiden lassen werde. Um dies zu unterstreichen, erklärt der Ersch. zu 2: Sofern ich dennoch Scheidungsantrag stellen sollte, verpflichte ich mich unwiderruflich, an meine Ehefrau eine Abfindungssumme von 100.000 EUR vorbehaltlos zu zahlen. Dieser Anspruch wird fällig bei Rechtskraft der Scheidung.

§ 7 Salvatorische Klausel

Sollten Regelungen in diesem Vertrag – gleich aus welchem Grunde – unwirksam sein oder werden oder sollte eine Berufung hierauf unzulässig sein, oder sollte sich eine von den Beteiligten heute nicht bedachte Lücke in ihren Vereinbarungen herausstellen (auch eine solche, die nicht durch ergänzende Vertragsauslegung behebbar ist), so bleiben die übrigen Bestimmungen dennoch wirksam, eine Berufung auf sie wird nicht unzulässig. Eine etwaige unwirksame Regelung ist durch eine solche zu ersetzen, die dem Sinn der Vereinbarung am nächsten kommt.

...Urkundsausgang ...

Fall-Varianten:

- Frau Ahrens erklärt dazu, dass sie nicht mit dem Inhalt des Vertrages einverstanden ist und sie den Vertrag auch für sittenwidrig hält. Sie bittet Notar N, einen neuen Ehevertrag mit zulässigen Regelungen zu entwerfen, die allerdings dem bisherigen Ehevertrag nahekommen sollen.
- Notar N entwirft einen neuen Ehevertrag und beurkundet ihn sodann. Er vergisst dabei, die Urkunde zu unterschreiben.
- Beide Eheleute haben ihre Personalausweise vergessen und versprechen, ihn jeweils am nächsten Tag hereinzureichen.
- Am nächsten Tag erscheint Herr Ahrens mit seinem Personalausweis. Notar N kopiert den Ausweis und legt die Kopie in die Akte. Dabei entdeckt Herr Ahrens, dass der Notar die Urkunde noch nicht unterschrieben hat. Inzwischen bereut er auch die Vereinbarung und fordert deshalb den Notar auf, die Urkunde nicht zu unterschreiben. Er trete von der Vereinbarung zurück. Notar N unterschreibt zunächst nicht, weil er nicht weiß, ob er – am Tag nach der Beurkundung – noch unterschreiben darf. Herr Ahrens droht dem Notar für den Fall des Unterschreibens mit Schadenersatzansprüchen in Höhe der finanziellen Differenz zwischen dem alten und dem nicht notariell unterzeichneten Ehevertrag.
- Eine Stunde später erscheint Frau Ahrens. Auch ihr Personalausweis wird kopiert und zur Akte genommen. Von Notar N auf das Verhalten des Ehemannes angesprochen, verlangt Frau Ahrens die sofortige Unterschrift des Notars und droht im Weigerungsfall ebenfalls mit Schadenersatzansprüchen.

Fragestellungen:

- Wie wird der Notar die einzelnen Bestandteile des ursprünglichen Ehevertrages beurteilt haben?
- Welche Veränderungen wird der Notar vorgenommen haben?
- Muss/kann der Notar die Urkunde auch nachträglich unterschreiben?
- Reichen die Feststellungen des Notars zur Feststellung der Personalien aus?

Lösung:

1. Früherer Ehevertrag

- Vom vollständigen Verzicht auf nacheheliche Unterhaltsansprüche:

Ein Verzicht auf die Zahlung von **Trennungsunterhalt** ist nicht möglich. § 1614 BGB ist beim Trennungsunterhalt über §§ 1361 Abs. 4 S. 4, Abs. 3, 1360a Abs. 3 BGB anwendbar, so dass ein vollständiger Verzicht rechtsunwirksam ist. Zwar sind Vereinbarungen über Trennungsunterhalt möglich. Eine Unterschreitung des Trennungsunterhalts bis zu 20 % wird allgemein noch für zulässig gehalten; eine Unterschreitung von 1/3 oder mehr ist allerdings nicht zulässig.[4] In einem Bereich, der zwischen diesen unterschiedlich hohen Unterschreitungen liegt, kommt es auf die Umstände des Einzelfalls an, um beurteilen zu können, ob im konkreten Fall ein unzulässiger Unterhaltsverzicht vorliegt.

Ein vollständiger Verzicht ist allerdings unzulässig.[5]

Das Verbot des Unterhaltsverzichts betrifft allerdings nicht den nachehelichen Unterhalt.[6]

- Vollständiger Verzicht auf **nacheheliche Unterhaltsansprüche**

Ein vollständiger Verzicht auf nacheheliche Unterhaltsansprüche ist im vorliegenden Fall nicht möglich,[7] da die Ehefrau schwanger ist und der Geburtstermin bevorsteht. Nach der Kernbereichslehre des BGH steht auf der ersten Stufe der Wertigkeit des Rechts, auf das nicht geschmälert werden kann, der Unterhalt wegen Kindesbetreuung gem. § 1570 BGB. Der vollständige Ausschluss des nachehelichen Unterhaltsanspruchs ist daher ebenfalls nicht möglich.

- Zum Verzicht auf die Durchführung des **Versorgungsausgleichs**

Der Verzicht auf die Durchführung des Versorgungsausgleichs ist möglich, wenn, wie im vorliegenden Fall, die Beteiligten über etwa gleich hohe Arbeitseinkünfte verfügen. Der Notar wird aber darauf hinweisen, dass sich bei Änderung der Verhältnisse die Notwendigkeit einer Anpassung ergeben kann. Falls später die Versorgungsanwartschaften doch wesentlich voneinander abweichen, wird die Rege-

4 BGH NJW 1962, 2102; OLG Hamm FamRZ 207, 732.

5 So schon BGH FamRZ 1984, 997.

6 BGH NJW 1993, 2105.

7 So schon BGH FamRZ 1984, 997.

lung des Verzichts auch für die Durchführung des Versorgungsausgleichs im Wege der Ausübungskontrolle der vertraglichen Regelungen nicht bestehen bleiben.

- Zur Regelung der **elterlichen Sorge**

Die Vereinbarung über die Frage elterlicher Sorge ist nicht bindend. Im Falle der Trennung und Scheidung kann sich Frau Ahrens die Frage der elterlichen Sorge noch beliebig anders überlegen.

Entweder muss eine solche Regelung entfallen oder aber es ist in der notariellen Vereinbarung darauf hinzuweisen, dass die Vereinbarung in keiner Weise bindend ist.

- Zur Regelung des **Zugewinnausgleichs**

Zwar haben die Eheleute in der notariellen Urkunde Gütertrennung vereinbart. Sie waren jedoch zum Zeitpunkt der Vereinbarung der Gütertrennung bereits seit längerer Zeit verheiratet. Es ist daher ein Zugewinn entstanden, der ungeregelt geblieben ist. Es hätte daher einer Vereinbarung zum entstandenen Zugewinn bedurft.

- Zur **Erschwerung der Scheidung**

Die Erschwerung einer Scheidung ist unzulässig. Die Vereinbarung in § 6 des Ehevertrages ist daher nach § 134 BGB nichtig. Ein Abfindungsbetrag von 100.000 EUR erschwert grundsätzlich die Scheidung. Möglich wäre allerdings eine Vereinbarung, die die Entscheidung nicht erschwert, sondern das Auskommen des anderen Ehegatten im Falle der Scheidung zu verbessern, z.B. bei der Abfindungssumme im Fall der Scheidung zur Alterssicherung des Empfängers bestimmt ist.[8]

- Zur **salvatorischen Klausel**

Aufgrund der salvatorischen Klausel könnte fraglich sein, ober der Ehevertrag sittenwidrig ist oder ob nicht unzulässige Vereinbarungen durch ergänzende Vertragsauslegungen entsprechend veränderbar sind.

Dies kann letztlich auf sich beruhen, da ein neuer Ehevertrag aufgesetzt worden ist.

2. Geänderter Ehevertrag

Der Ehevertrag wird folgende Regelungen enthalten:

(1) Unterhalt

Auf Trennungsunterhalt wird nicht verzichtet. Dieser wird im neuen Ehevertrag nicht erwähnt. Auf nacheheliche Unterhaltsansprüche kann außer auf Betreuungsunterhalt nach § 1570 BGB verzichtet werden.

8 BGH FamRZ 1990, 372.

(2) Versorgungsausgleich

Auf eine Regelung zum Versorgungsausgleich sollte verzichtet werden, da sich einerseits bei gleich hohen Arbeitseinkünften keine wesentlichen Differenzen ergeben und andererseits bei zukünftig unterschiedlichen Arbeitseinkünften ein Versorgungsausgleich ohnehin durchgeführt werden würde. Unterschiedlich hohe Arbeitseinkünfte sind aber wegen der Schwangerschaft der Frau Ahrens schon zu erwarten.

(3) Elterliche Sorge

Die Erklärung zur elterlichen Sorge ist sinnlos, weil nicht bindend. Es kann darauf verzichtet werden.

(4) Zugewinnausgleich

Neben der Vereinbarung der Gütertrennung ist eine Regelung des Zugewinnausgleichs vorzunehmen. Mindestens muss es im neuen Ehevertrag heißen, dass auf entstandene Zugewinnausgleichsansprüche wechselseitig verzichtet wird und der Verzicht gegenseitig angenommen wird.

(5) Erschwerung der Scheidung

Die Erklärung zur Scheidung ist mindestens dahingehend zu formulieren, dass der Anspruch die Alterssicherung regeln soll.

(6) Die salvatorische Klausel

Die salvatorische Klausel kann beibehalten bleiben.

3. Unterschrift des Notars

Wenn der Notar vergisst die Urkunde zu unterschreiben, muss er die Unterschrift unverzüglich nachholen, wenn er die fehlende Unterschrift bemerkt. Der Vertrag war wegen fehlender Unterschrift des Notars keineswegs „nichtig", sondern lediglich schwebend unwirksam.[9] Das Gesetz räumt den Beteiligten nicht die Möglichkeit ein, den Notar anzuweisen, die Vereinbarung zu unterschreiben oder eben nicht zu unterschreiben. Der Notar hat zwar im Rahmen des Beurkundungsvorgangs – zum Abschluss – die Urkunde zu unterzeichnen. Dies schließt aber nicht aus, dass die Unterschrift des Notars „mit Verzögerung" erfolgt.

4. Personalien der Beteiligten

Die Feststellungen des Notars zu den Personalien der Beteiligten reichen nicht aus. Der Notar hat in einer Eigenurkunde die Identität mit den Personen in der Urkunde festzustellen. Tut er dies nicht, mindert dies den Beweiswert der Urkunde.

▲

9 *Winkler*, § 13 Rn 86.

§ 11 Probeklausuren für die notarielle Fachprüfung

A. Musterklausur I – Güterrecht, Rechtswirksamkeit von Eheverträgen

I. Klausuraufgaben

Klausuraufgabe 1: Teil 1 1

Herr Dr. M wendet sich mit folgendem Anschreiben an Sie:

Sehr geehrter Herr Notar/Frau Notarin,

ich bitte Sie darum, notwendige Urkunden für eine Problematik zu entwerfen, die meine Frau und ich zu regeln wünschen. Die Situation ist wie folgt:

Meine Frau und ich sind seit dem 1.2.2004 miteinander verheiratet. Aus unserer Ehe sind zwei Kinder hervorgegangen, 13 und 15 Jahre alt. Wir haben bisher keinen Ehevertrag geschlossen.

Da ich als Unternehmer während der Ehezeit erhebliches Vermögen erworben habe, möchte ich erreichen, dass ein Teil meines Vermögens auf meine Ehefrau übertragen wird, auch, um die Erbschaftssteuer zu sparen, falls mir etwas passiert. Meine Frau ist 20 Jahre jünger als ich. Ich habe gehört, dass der Zugewinnausgleich, den ich im Scheidungsfall zahlen müsste und den unser Steuerberater mit 3 Mio. EUR berechnet hat, bei Abschluss eines Ehevertrages steuerfrei an meine Frau ausgezahlt werden kann.

Im Ergebnis will ich den gesamten Zugewinnausgleich, der auch den Ausgleich für meine Firma einschließt, zahlen. Als Teil des Ausgleichsbetrages soll unser Hausgrundstück, dessen Alleineigentümer ich bin, mit dem Wert von 1 Mio. EUR auf meine Frau übertragen werden. Meine Firma MElectronics soll dann aber für den Fall eines Scheiterns unserer Ehe in einem eventuellen Zugewinnausgleichsverfahren unberücksichtigt bleiben.

Erbrechtliche Nachteile gegenüber der jetzigen gesetzlichen Erbfolge sollen am Ende nicht entstehen.

Freundliche Grüße

Dr. M

Bitte entwerfen Sie:

1. die notwendige(n) Urkunde(n) und
2. erläutern Sie Dr. M in einem Anschreiben die einzelnen Schritte.

2 *Klausuraufgabe 1: Teil 2*

Die notwendigen Schritte/Urkunde(n) werden sodann mit dem Notar besprochen. Zur Beurkundung erscheint Dr. M allerdings mit seiner Mutter. Diese legt dem Notar ein privatschriftliches Schreiben folgenden Inhalts vor:

„Ich, Frau M, geb. am (…), wohnhaft (…), bevollmächtige meine Schwiegermutter, Frau (…), geb. am (...), wohnhaft (...), mich bei der Beurkundung des/der vorbesprochenen Eheverträge zu vertreten und die erforderlichen Erklärungen nach bestem Wissen und Gewissen abzugeben. Ort, Datum, Unterschrift“

Nach ordnungsgemäßer Beurkundung wird der Vertrag unterzeichnet.

Ist der Vertrag (evtl. Verträge) rechtswirksam geschlossen?

3 *Klausuraufgabe 2:*

Ihr Mitarbeiter legt Ihnen das folgende Schreiben der Eheleute Muhamad Al Jaabi und Imke Al Jaabi geb. Meiners nebst anliegendem Ehevertrag vor. Erstellen Sie ein Gutachten, in dem die Fragen der Eheleute geprüft werden.

Sehr geehrter Herr Notar,

vor unserer Eheschließung haben wir den anliegenden Ehevertrag geschlossen. Aus unserer Ehe sind zwei Kinder hervorgegangen (1 + 3 Jahre alt); ich die Ehefrau, habe nach der Geburt unseres ersten Kindes einvernehmlich meine Arbeitstätigkeit aufgegeben. Ich bin darüber hinaus seit einem Jahr auf Dauer erwerbsunfähig erkrankt.

Wir haben zum Ehevertrag folgende Fragen:

1. Ist der Ehevertrag rechtswirksam zustande gekommen?
2. Die Rechtswirksamkeit unterstellt: Wäre der Vertrag nach der jetzigen, veränderten Situation anzupassen und wenn ja, in welcher Weise?

Freundliche Grüße

II. Anlage

4 ▼

Muster 11.1: Ehevertrag

Notarieller Urkundseingang

Vor mir, dem unterzeichnenden Notar

erscheinen

1. Frau Imke Meiners,

und

2. Herrn Muhamad Al Jaabi,

und ersuchten um die Beurkundung des nachfolgenden

Ehevertrages

und erklärten, was folgt:

§ 1 Ausgangslage

Wir sind beide von Geburt an deutsche Staatsangehörige und wollen am 1.6.2012 vor dem Standesbeamten in die Ehe miteinander schließen. Kinder sind aus unserer Verbindung bisher nicht hervorgegangen. Kinder aus anderer Verbindung sind ebenfalls nicht vorhanden.

§ 2 Ehegattenunterhalt

Die Eheleute verzichten gegenseitig auf nachehelichen Unterhalt in allen Lebenslagen einschließlich des Falls der Not und nehmen diesen Verzicht gegenseitig an. Dieser Verzicht gilt auch für jeden Fall der Änderung der Rechtsprechung oder einer Gesetzesänderung.

Dieser Unterhaltsverzicht gilt jedoch nicht, soweit und solange einer der Ehegatten ohne den vorstehenden Verzicht Unterhalt wegen Kindesbetreuung gemäß § 1570 BGB verlangen könnte. In einem solchen Fall gelten die gesetzlichen Vorschriften mit folgender Modifikation:

Wir begrenzen hiermit die Höhe etwaiger Ansprüche eines geschiedenen Ehegatten gegen den anderen auf nachehelichen Unterhalt wie folgt:

Der monatlich geschuldete nacheheliche Unterhalt richtet sich nach der Höhe der Bedarfssätze nach dem Bürgergeld (Grundsicherung für Arbeitssuchende).

Mit der Vereinbarung dieser wertgesicherten Höchstgrenze ist kein Anspruch auf Zahlung von nachehelichem Unterhalt in dieser Höhe verbunden. Vielmehr verbleibt es bezüglich Grund und Höhe eines etwaigen Unterhaltsanspruchs bei den gesetzlichen Bestimmungen. Nur wenn sich danach ein höherer Unterhaltsanspruch eines geschiedenen Ehegatten gegen den anderen ergeben sollte, treten obige Höchstgrenzen in Kraft.

§ 3 Versorgungsausgleich

Für den Fall der Scheidung unserer Ehe verzichten wir auf die Durchführung des Versorgungsausgleichs nach § 6 VersAusglG. Die Parteien sind sich darüber einig, dass dieser Verzicht sich auch auf eine mögliche spätere Abänderung des Versorgungsausgleichs erstreckt (§ 227 FamFG). Sie nehmen diesen Verzicht wechselseitig an.

Wir sind auf das Wesen und die Bedeutung sowie die rechtliche Tragweite des Ausschlusses des Versorgungsausgleichs hingewiesen worden, insbesondere darauf, dass im Falle einer Scheidung keiner von uns einen Anspruch auf die Anwartschaften oder Aussicht auf eine Versorgung wegen des Alters oder Berufs- oder Erwerbsunfähigkeit des anderen Ehegatten hat, jeder von uns im Alter oder im Falle der Berufs- oder Erwerbsunfähigkeit also ungesichert ist, sofern er keine eigenen Anwartschaften oder Aussichten begründet hat.

Die Beteiligten erklären dazu, über in etwa gleich hohe Arbeitseinkünfte zu verfügen. Es ergeben sich daher keine wesentlich voneinander abweichenden Versorgungsanwartschaften.

§ 4 Elterliche Sorge

Für den Fall, dass aus unserer Ehe Kinder hervorgehen, vereinbaren wir, dass im Falle der Trennung und Scheidung der Ehefrau die alleinige elterliche Sorge übertragen wird. Die Beteiligten erklären hierzu, dass dies nach ihrer Überzeugung dem Kindeswohl entspricht, da die gemeinsamen Kinder in christlichem Glauben erzogen werden sollen.

§ 5 Zugewinnausgleich

Für den Fall der Beendigung der Ehe durch den Tod eines Ehegatten soll es beim Zugewinnausgleich durch Erbteilserhöhung oder güterrechtliche Lösung verbleiben. Wird jedoch die Ehe auf andere Weise als durch den Tod eines Ehegatten beendet, so findet kein Zugewinnausgleich statt. Dies gilt auch für den vorzeitigen Zugewinnausgleich. Auf den Ausgleich eines Zugewinns wird insoweit gegenseitig verzichtet. Den Verzicht nehmen wir hiermit gegenseitig an.

§ 6 Erklärung zu Scheidung

Die Ersch. zu 1 erklärt auf ausdrücklichen Wunsch des Ersch. zu 2, dass sie sich von ihrem zukünftigen Ehemann niemals trennen und auch nicht scheiden lassen werde. Um dies zu unterstreichen, erklärt die Ersch. zu 2: Sofern ich dennoch Scheidungsantrag stellen sollte, verpflichte ich mich unwiderruflich, an meinen Ehemann eine Abfindungssumme von 20.000 EUR vorbehaltlos zu zahlen. Dieser Anspruch wird fällig bei Rechtskraft der Scheidung.

§ 7 Salvatorische Klausel

Sollten Regelungen in diesem Vertrag – gleich aus welchem Grunde – unwirksam sein oder werden oder sollte eine Berufung hierauf unzulässig sein, oder sollte sich eine von den Beteiligten heute nicht bedachte Lücke in ihren Vereinbarungen herausstellen (auch eine solche, die nicht durch ergänzende Vertragsauslegung behebbar ist), so bleiben die übrigen Bestimmungen dennoch wirksam, eine Berufung auf sie wird nicht unzulässig. Eine etwaige unwirksame Regelung ist durch eine solche zu ersetzen, die dem Sinn der Vereinbarung am nächsten kommt.

...Urkundsausgang...

▲

III. Lösungsskizzen

1. Klausuraufgabe 1 Teil 1

Vereinbaren die Eheleute **Gütertrennung und beenden damit den gesetzlichen Güterstand der Zugewinngemeinschaft**, löst dies **zwingend die gesetzlichen Zugewinnausgleichsansprüche** nach § 1378 Abs. 3 S. 1 BGB aus. 5

Nach § 1408 BGB ist die Vereinbarung der Gütertrennung jederzeit möglich. Damit haben die Ehegatten die Voraussetzungen des **§ 5 Abs. 2 ErbStG** geschaffen, so dass die Erfüllung der Zugewinnausgleichsforderung **schenkungssteuerfrei** möglich ist.[1] Dies ist eine sichere Möglichkeit, Vermögen schenkungssteuerfrei auf den anderen Ehegatten zu verlagern.[2]

Die Ehegatten müssen es aber nicht bei der Gütertrennung belassen, weil sie vielleicht planen, das Instrumentarium einmal erneut anzuwenden oder aus sonstigen Gründen zum gesetzlichen Güterstand zurückkehren zu wollen. In einer zweiten Urkunde kann dann **erneut die Zugewinngemeinschaft** vereinbart werden.[3]

Die steuerfreie Vermögensverschiebung durch Wechsel des Güterstandes vom gesetzlichen Güterstand in den Güterstand der Gütertrennung und den – kurze Zeit darauf – folgenden Wechsel zurück in den gesetzlichen Güterstand der Zugewinngemeinschaft nennt man **„Güterstandsschaukel“**.[4]

Die erste Urkunde wird wie folgt formuliert: 6

▼

Muster 11.2: Ehevertrag

Die Erschienenen wollen einen **Ehevertrag** errichten.

Sie erklären bei gleichzeitiger Anwesenheit gemeinsam mündlich mit dem Ersuchen um Beurkundung was folgt:

I. Allgemeines

Wir sind in beiderseits erster Ehe verheiratet.

Unsere Ehe haben wir am vor dem Standesbeamten in geschlossen.

Wir sind beide deutsche Staatsangehörige.

Wir haben bisher keinen Ehevertrag geschlossen und sind insoweit im gesetzlichen Güterstand der Zugewinngemeinschaft verheiratet.

1 Grüneberg/*Siede,* § 1378 Rn 2.
2 *Brambring*, ZEV 1996, 248; *Finger*, FuR 2007, 512; *Kieser*, ZErb 2013, 49.
3 *Hayler*, DNotZ 2000, 681: Vertragsgestaltung durch doppelten Güterstandswechsel.
4 Ausführlich *Horndasch,* AnwF FamR § 7 Rn 84 ff.

II. Ehevertragliche Vereinbarungen

Ehevertraglich vereinbaren wir was folgt:

1. Als Güterstand für unsere Ehe soll die Gütertrennung nach Maßgabe des Bürgerlichen Gesetzbuches gelten. Uns ist bekannt, dass durch die Vereinbarung der Gütertrennung
   - keine Haftungsbeschränkung gegenüber Gläubigern eintritt,
   - jeder Ehegatte über sein Vermögen frei verfügen kann,
   - beim Tode eines von uns beiden das Erb- und Pflichtteilsrecht des Überlebenden am Nachlass des Zuerst versterbenden sich vermindern und das Erb- und Pflichtteilsrecht der Kinder oder sonstiger Abkömmlinge sich erhöhen kann,
   - bei Auflösung der Ehe kein Zugewinnausgleich stattfindet.
   - die Privilegierung des § 5 ErbStG keine Anwendung findet.

   Die Gütertrennung soll derzeit nicht in das Güterrechtsregister eingetragen werden. Jeder von uns beiden ist jedoch berechtigt, den Eintragungsantrag jetzt oder künftig allein zu stellen.
2. Der bisher erzielte Zugewinn soll ausgeglichen werden. Hierzu stellen wir fest, dass sich der Zugewinn des Ehemannes seit Eheschließung bis heute unter Anwendung der §§ 1372 ff. BGB auf 6 Mio. beläuft. Der Zugewinn der Ehefrau beträgt im gleichen Zeitraum 0 EUR. Somit hat die Ehefrau einen Anspruch auf Zugewinnausgleich in Höhe von 3 Mio. EUR.
3. Der Ehemann verpflichtet sich hiermit, zur Erfüllung des Zugewinnausgleichsanspruches das in seinem Eigentum stehende Hausgrundstück in ______, eingetragen im Grundbuch des Amtsgerichts ______ auf seine Ehefrau zu übertragen, die dies annimmt. Der Verkehrswert beträgt 1 Mio. EUR.

   Der vorstehend genannte Grundbesitz ist in Abteilungen II und III des Grundbuches lastenfrei vorgetragen.

   Die Erschienen sind über den Eigentumsübergang hinsichtlich des vorgenannten Grundbesitzes einig und bewilligen und beantragen die Eigentumsumschreibung im Grundbuch.

   Vollzugsmitteilung wird erbeten.

   Besitz, Nutzen, Lasten, Haftung und Gefahr gehen mit dem heutigen Tage auf die Ehefrau über.

   ______
4. Die Vertragsteile sind sich darüber einig, dass mit der Übertragung des vorgenannten Grundbesitzes und weiterer Barzahlung in Höhe von 2 Mio. EUR der Zugewinnausgleich vollständig durchgeführt ist und keine weiteren gegenseitigen Ansprüche in Bezug auf den Zugewinnausgleich bestehen.

▲

Sodann kann in einer zweiten – späteren – Urkunde die Gütertrennung wieder aufgehoben werden. 7

Formuliert werden kann dies wie folgt:

> *Formulierungsbeispiel*
>
> …
>
> **II. Ehevertragliche Vereinbarungen**
>
> Wir lebten seit unserer Eheschließung im Güterstand der Zugewinngemeinschaft. Mit Ehevertrag des Notars (…) in (…) vom (…) hatten wir den Güterstand der Gütertrennung vereinbart und den bis dahin angefallenen Zugewinn ausgeglichen. Eine Eintragung in das Güterrechtsregister war nicht erfolgt.
>
> Hiermit heben wir diesen Güterstand der Gütertrennung auf und vereinbaren für unsere Ehe den Güterstand der Zugewinngemeinschaft. Die Aufhebung der Gütertrennung wirkt vom heutigen Tage.
>
> Ein Vermögensverzeichnis wollen wir nach Belehrung nicht erstellen.
>
> Die vorstehenden ehevertraglichen Vereinbarungen nehmen wir hiermit gegenseitig an.

Der **BFH** hat die sog. **Güterstandsschaukel** gebilligt.[5] Im zugrunde liegenden Fall 8
des **FG Köln**[6] war sogar nur eine Urkunde errichtet worden, die sowohl die Vereinbarung der Gütertrennung mit Zugewinnausgleich enthielt als auch die erneute Rückkehr zum gesetzlichen Güterstand. Die Gründe für die gewährte Schenkungssteuerfreiheit liegen für den BFH darin, dass dem begünstigten Ehegatten die **Ausgleichsforderung nicht vertraglich zugewendet** werde, **sondern kraft Gesetzes** mit der Gütertrennung entstehe.

Arbeitet man nicht mit zwei Urkunden, könnte die Güterstandsschaukel **in einer Urkunde** wie folgt formuliert werden:

> *Formulierungsbeispiel* 9
>
> Mit Wirkung von zwei Monaten von heute an heben wir den Güterstand der Gütertrennung auf und vereinbaren für unsere Ehe erneut den Güterstand der Zugewinngemeinschaft. Als Anfangsvermögen eines jeden Ehegatten gilt dasjenige Vermögen, das ihm an diesem Tag gehört. Der Notar hat uns auf die Risiken und Folgen der Vereinbarung von Gütertrennung und zugleich ihrer Aufhebung in einer Urkunde hingewiesen. Wir wünschen aber ausdrücklich diese Vorgehensweise.

5 BFH ZEV 2005, 490 mit Anm. *C. Münch*, a.a.O.

6 FG Köln DStRE 2002, 1248.

10 Grundsätzlich bedarf es keines langen Zeitraumes zwischen den Wechseln der Güterstände. Sicherheitshalber wird in der Literatur jedoch ein **gewisser Zeitabstand** empfohlen.[7]

Im vorliegenden Fall soll der Güterstand der Zugewinngemeinschaft in modifizierter Weise erfolgen. Das Unternehmen des Dr. M soll im Falle der Scheidung bei einem etwaigen Zugewinnausgleichsverfahren außer Betracht bleiben. Dies ist ohne weitere Ausgleichszahlungen möglich, da der gezahlte Zugewinn bereits den Firmenwert erfasst hatte.

11 Die **Herausnahme des Betriebsvermögens** aus dem Zugewinn kann wie folgt vereinbart werden:[8]

▼

Muster 11.3: Ehevertrag/Herausnahme des Betriebsvermögens

Ehevertraglich vereinbaren wir was folgt:

Aufhebung der Gütertrennung und Vereinbarung des gesetzlichen Güterstandes der Zugewinngemeinschaft

Wir modifizieren den gesetzlichen Güterstand der Zugewinngemeinschaft allerdings wie folgt:

1. Der Ehemann ist Inhaber des folgenden Betriebes: -MElectronics
   Dieser Betrieb soll beim Zugewinnausgleich bei Beendigung der Ehe aus anderen Gründen als dem Tod eines Ehegatten in keiner Weise berücksichtigt werden. Dies gilt auch für den vorzeitigen Zugewinnausgleich.
   a. Dieses betriebliche Vermögen einschließlich des gewillkürten Betriebsvermögens und etwaigen Sonderbetriebsvermögens sowie etwaiger bestehender Gesellschafterdarlehen soll also weder bei der Berechnung des Anfangsvermögens noch bei der Berechnung des Endvermögens des Ehemannes berücksichtigt werden, und zwar auch dann nicht, wenn sich ein negativer Betrag ergibt. Gleiches gilt für Wertsteigerungen oder Verluste dieses Vermögens.
   b. Auch die diese Vermögenswerte betreffenden und ihnen dienenden Verbindlichkeiten sollen im Zugewinnausgleich keine Berücksichtigung finden.
   c. Surrogate der aus dem Zugewinnausgleich herausgenommenen Vermögenswerte sollen nicht ausgleichungspflichtiges Vermögen sein. Sie werden also bei der Berechnung des Endvermögens auch nicht berücksichtigt. Jeder Ehegatte kann verlangen, dass über solche Ersatzvermögenswerte ein Verzeichnis angelegt und fortgeführt wird. Auf Verlangen hat dies in notarieller Form zu erfolgen.

7 *Wachholz*, FamRB 2006, 27; *Finger*, FuR 2007, 445.

8 Bergschneider/*Münch*, Form. G. II. 1.

2. Dies gilt in gleicher Weise für jedes Nachfolgeunternehmen oder jede Nachfolgebeteiligung und jedes Tochterunternehmen, unabhängig von der verwendeten Rechtsform, auch bei Aufnahme weiterer Gesellschafter und auch wenn die Nachfolgebeteiligung in Form von Kapitalgesellschaftsanteilen gehalten wird, die ihrerseits zum Privatvermögen gehören.
   a. In gleicher Weise ausgeschlossen ist bei einer etwa bestehenden Betriebsaufspaltung oder auch ohne eine solche dasjenige Vermögen, das an den Betrieb im obigen Sinne langfristig zur Nutzung überlassen und ihm zu dienen bestimmt ist, sofern die entsprechenden Verträge jeweils vor mehr als zwei Jahren vor Rechtshängigkeit eines Scheidungsantrages abgeschlossen wurden.
3. Erträge aus diesem vom Zugewinn ausgeschlossenen Vermögen sind gleichfalls vom Zugewinn ausgeschlossen, sofern sie entweder
   a. den betrieblichen Bereich noch nicht verlassen haben; insofern sind insbesondere ausgenommen Guthaben auf Kapital-, Darlehens-, Verrechnungs- oder Privatkonten sowie stehengelassene Gewinne, Gewinnvorträge oder -rücklagen oder
   b. wieder auf die ausgeschlossenen Vermögenswerte verwendet werden, soweit die Verwendung nicht in den letzten beiden Jahren vor Rechtshängigkeit eines Scheidungsantrages erfolgt ist. Unter Verwendung verstehen wir auch die Tilgung von Verbindlichkeiten sowie Einlagen in das Betriebsvermögen.

   Macht jedoch ein Ehegatte aus seinem sonstigen Vermögen Verwendungen auf die vom Zugewinnausgleich ausgeschlossenen Vermögenswerte, werden diese Verwendungen mit ihrem Wert zum Zeitpunkt der Verwendung dem Endvermögen desjenigen Ehegatten zugerechnet, der Eigentümer dieser Vermögenswerte ist.

   Derartige Verwendungen unterliegen also – ggf. um den Geldwertverfall berichtigt – dem Zugewinnausgleich.

   Entsprechendes gilt für Verwendungen des anderen Ehegatten auf die vom Zugewinnausgleich ausgenommenen Vermögenswerte.
4. Zur Befriedigung der sich etwa ergebenden Zugewinnausgleichsforderung gilt das vom Zugewinn ausgenommene Vermögen als vorhandenes Vermögen im Sinne des § 1378 Abs. 2 BGB.
   a. Eine Vollstreckung in das vom Zugewinnausgleich ausgeschlossene Vermögen ist erst zulässig, wenn die Vollstreckung in das ausgleichspflichtige Vermögen nicht zum Erfolg geführt hat.
   b. Ein Ehegatte ist nicht verpflichtet, seinen Zugewinn auszugleichen, wenn er unter Berücksichtigung des vom Zugewinn ausgenommenen Vermögens des anderen Ehegatten nicht zur Ausgleichung verpflichtet wäre.

5. Die güterrechtlichen Verfügungsbeschränkungen sollen bei zu diesem Vermögen gehörenden Gegenständen nicht gelten.
6. Wir sind uns darüber einig, dass hinsichtlich des vorgenannten betrieblichen Vermögens auch bei Mitarbeit der Ehefrau keine Ehegatteninnengesellschaft vorliegt, sondern eine rein arbeitsrechtliche Gestaltung. Wir verpflichten uns insoweit, eine erschöpfende vertragliche Regelung zu treffen, über die hinaus keine Ansprüche bestehen sollen, egal aus welchem Rechtsgrunde sie hergeleitet werden könnten, insbesondere nicht aus Ehegatteninnengesellschaft und nicht wegen Wegfalls der Geschäftsgrundlage.

▲

12 **Alternativ** kann man in geeigneten Fällen jegliches Betriebsvermögen ausschließen.[9] Dies ist zumal dann sinnvoll, wenn es mehrere Betriebe, mehrere Beteiligungen, eventuell beiderseits Beteiligungen, Praxen oder Einzelunternehmen gibt. Formuliert werden kann sodann wie folgt:[10]

Formulierungsbeispiel

Jegliches Betriebsvermögen eines von uns beiden soll beim Zugewinnausgleich bei Beendigung der Ehe aus anderen Gründen als dem Tod eines Ehegatten in keiner Weise berücksichtigt werden. Dies gilt auch für den vorzeitigen Zugewinnausgleich. Unter Betriebsvermögen in diesem Sinne verstehen wir auch gewillkürtes Betriebsvermögen und Sonderbetriebsvermögen sowie Vermögen, das dem Betrieb langfristig zur Nutzung überlassen und ihm zu dienen bestimmt ist. Zum Betriebsvermögen in diesem Sinne gehören auch steuerlich im Privatvermögen gehaltene Kapitalanteile, soweit sie nicht der reinen Kapitalanlage dienen. Letzteres ist jedenfalls immer dann der Fall, wenn die Kapitalgesellschaft lediglich eigenes Vermögen verwaltet oder wenn die Beteiligungsquote des Ehegatten nicht größer als 10 % ist. Nicht zum Betriebsvermögen gehören Gesellschaftsbeteiligungen an Gesellschaften, die nur eigenes Vermögen verwalten und die lediglich durch ihre gewerbliche Prägung gewerbliche Einkünfte erzielen.

2. Klausuraufgabe 1 Teil 2

13 **Unwirksamkeit des Vertrages wegen Formnichtigkeit, § 125 BGB?**

Güterrecht, § 1410 BGB, erfordert die gleichzeitige Anwesenheit beider Teile zur Niederschrift eines Notars:

- Vertretung möglich? (+), keine Pflicht zum persönlichen Handeln; § 1410 BGB verbietet nur die Sukzessivbeurkundung

9 Ausführlich dazu *Kuckenburg*, FuR 2012, 278; *Viefhues*, FuR 2013, 610.

10 *Horndasch*, AnwF FamR § 3 Rn 171 ff.

- **Vollmacht** unwirksam, da sie nicht die Form des § 1410 BGB einhält? (–)
- Grundsätzlich (–), **§ 167 Abs. 2 BGB**
- Teleologische Einschränkung § 167 Abs. 2 BGB, insbes. wegen Unwiderruflichkeit? (–)

> *Hinweis:*
>
> Gleichwohl hat der Notar das Beurkundungsverfahren so auszugestalten, dass die Beratung und Belehrung beider Vertragsteile gesichert ist, vgl. § 17 BeurkG. Diese Anforderung hat der Notar durch einen Besprechungstermin erfüllt.

3. Klausuraufgabe 2

a) Frage 1

(Siehe Rdn 3) 14

Vereinbarungen über den **Ausschluss** bestimmter gesetzlicher Regelungen im Rahmen der Ehe, der Trennung und Scheidung sind **grundsätzlich zulässig**, unterliegen jedoch namentlich seit der **Entscheidung des Bundesverfassungsgerichts vom 6.2.2001**[11] bestimmten Grenzen.

Das **BVerfG** verlangt für die Frage der Korrekturbedürftigkeit eines Ehevertrages eine **„Gesamtschau" der persönlichen, wirtschaftlichen und sozialen Verhältnisse** der Parteien im Zeitpunkt des Vertragsschlusses und im Zeitpunkt der Scheidung.[12]

Zu den **Risikofaktoren bei Eheverträgen**[13] kann die folgende **Checkliste** als Hilfestellung dienen: 15

> *Checkliste*
>
> **Risikofaktoren ja**:
> - Vertragsschluss in einer **Zwangssituation** (Terminsnot, Schwangerschaft, wirtschaftliche Abhängigkeit, Drohung, Täuschung),
> - für einen Vertragsteil werden **sämtliche Rechte abbedungen**,
> - gemäß der **Gesamtschau** der Verhältnisse wurde ein wesentliches Teilrecht abbedungen,[14]
> - die **notarielle Belehrung** (§ 17 BeurkG) war unterblieben oder mangelhaft, so dass der oder die Beteiligten die Tragweite des Geschäfts **nicht verstanden** haben (oder haben wollen).

11 BVerfG FamRZ 2001, 343.

12 BVerfG FamRZ 2001, 985; zur richterlichen Kontrolle von Unterhaltsverzichten vgl. *Goebel*, FamRZ 2003, 1513.

13 Vgl. zur „Inhaltskontrolle von Eheverträgen" BFH FamRZ 2013, 195; BGH FamRZ 2013, 269; BGH FamRZ 2018, 577; *Münch*, FamRZ 2005, 570; *Münch*, FamRZ 2013, 160.

14 Dazu BGH NJW 2018, 1015.

16 **Die Grundentscheidung des BGH**

Der **Bundesgerichtshof** hat in seinem **Urt. v. 11.2.2004**[15] das **Spannungsverhältnis** zwischen der **grundsätzlichen Disponibilität der Scheidungsfolgen** einerseits und dem nicht akzeptablen **Unterlaufen des Schutzzweckes der gesetzlichen Regelungen durch vertragliche Vereinbarungen** andererseits aufgezeigt. Eine **unzumutbare Lastenverteilung** sei umso eher gegeben, je mehr die vertragliche Abbedingung der gesetzlichen Regelungen in den **Kernbereich des Scheidungsfolgenrechts** eingreife.

Die **Rechtsprechung des BGH** ist insgesamt wie folgt strukturiert:

- objektive Seite
- subjektive Seite
- Gesamtbetrachtung
- Konsequenz.

17 Für die **objektive Seite** ist die Wertigkeit des Rechts maßgebend, auf das verzichtet oder das sonst geschmälert wird. Eine Beanstandung ist danach umso eher anzunehmen, je mehr die Vereinbarung in den **Kernbereich** des Scheidungsfolgenrechts eingreift.

Neben den objektiven Folgen der Vereinbarung sind die von den Vertragschließenden verfolgten **subjektiven Zwecke und Beweggründe** zu berücksichtigen. Zur Prüfung gehört auch die Frage, ob die benachteiligte Vertragspartei wegen subjektiver Unterlegenheit eine erheblich schwächere Verhandlungsposition hatte,[16] z.B. aufgrund einer Zwangslage.[17] Eine Schwangerschaft reicht für sich allein genommen aber nicht aus, eine Nichtigkeit festzustellen, und zwar auch dann nicht, wenn der Pflichtige die Eheschließung vom Vertragsschluss abhängig macht. Indiziert wird aber eine **Disparität bei Vertragsabschluss**. Dies führt zwingend zu einer **verstärkten richterlichen Inhaltskontrolle**.[18] Allerdings hat der BGH in seinen neueren Entscheidungen die Sittenwidrigkeit von Eheverträgen weitgehend in den Hintergrund gedrängt.[19]

Der BGH äußert sich deutlich zu den **unter unfairen Bedingungen** getroffenen Vereinbarungen. Der BGH erklärt, dass eine Beanstandung sich insbesondere aus

15 BGH FamRZ 2004, 601; vgl. dazu auch BGH FamRZ 2005, 26; BGH FamRZ 2005, 185; BGH FamRZ 2005, 691; BGH FamRZ 2005, 1444; BGH FamRZ 2006, 1097; BGH FamRZ 2006, 1359; BGH FamRZ 2007, 1310; BGH FamRZ 2008, 2011; BGH FamRZ 2009, 198; BGH FamRZ 2009, 1041; BGH FamRZ 2010, 1633; BGH FamRZ 2011, 713; BGH FamRZ 2012, 1482; BGH FamRZ 2013, 195 m. Anm. *Bergschneider* S. 201; BGH FamRZ 2013, 269 m. Anm. *Bergschneider* S. 273; BGH FamRZ 2014, 629; BGH FamRZ 2014, 652; dazu *Münch*, FamRZ 2014, 805.

16 BGH FamRZ 2006, 1097.

17 BGH FamRZ 2005, 1449.

18 BGH FamRZ 2008, 386.

19 Z.B. BGH FamRZ 2013, 195.

Umständen **außerhalb der Vertragsurkunde** ergeben kann, die eine ***subjektive Imparität*** insbesondere infolge der Ausnutzung einer Zwangslage, einer sozialen oder wirtschaftlichen Abhängigkeit oder einer intellektuellen Unterlegenheit beweisen.[20] Insofern relativiert der BGH die Rangabstufung im Rahmen der Kernbereichslehre des Scheidungsfolgenrechts unter Heranziehung subjektiver Maßstäbe.[21]

aa) Unterhaltsverzicht

Im vorliegenden Fall wird auf Unterhaltsansprüche außerhalb von Betreuungs- 18
unterhalt verzichtet. Dies ist nach der aktuellen Rechtsprechung des BGH in Grenzen möglich, es sei denn, es treten subjektive Momente, wie die Ausnutzung einer schwächeren Verhandlungsposition hinzu. Dafür gibt es vorliegend keine Anhaltspunkte.

Zu fragen ist allerdings, ob die Reduzierung von Unterhaltsansprüchen auf das Niveau von Bürgergeld akzeptabel ist. Dies wird zu verneinen sein, da der entsprechende Satz mit 563 EUR[22] unterhalb des Existenzminimums von 1.180 EUR (notwendiger Selbstbehalt) nach der Düsseldorfer Tabelle[23] für einen nicht erwerbstätigen Ehegatten liegt.[24] Dies gilt umso mehr, als bei dem Anspruch auf Zahlung von Betreuungsunterhalt das Kindeswohl im Mittelpunkt steht.

Ein anderslautendes Ergebnis ist aber ebenso begründbar.

bb) Versorgungsausgleich

Der komplette Ausschluss des Versorgungsausgleichs ist grundsätzlich ebenso 19
möglich wie ein Teilausschluss hinsichtlich einzelner Anrechte.

Der **BGH** hat zu Vereinbarungen zum Versorgungsausgleich erklärt:[25]

> *Der vollständige Ausschluss des Versorgungsausgleichs kann … der ehevertraglichen Wirksamkeitskontrolle standhalten, wenn die wirtschaftlich nachteiligen Folgen dieser Regelung für den belasteten Ehegatten durch die ihm gewährten Kompensationsleistungen … ausreichend abgemildert werden.*

Im vorliegenden Fall sind Kompensationsleistungen nicht erforderlich, da beide zukünftigen Eheleute etwa gleich hohe Rentenanwartschaften entwickeln.

Der Ausschluss ist daher trotz des hohen Ranges des Versorgungsausgleichs **wirksam**.

20 BGH NJW 2018, 1015; zu weiteren Beispielen hierzu vgl. *Bergschneider*, Richterliche Inhaltskontrolle von Eheverträgen und Scheidungsvereinbarungen, S. 79 ff.

21 „Rangabstufung … für den Berechtigten in seiner jeweiligen Lage“, BGH FamRZ 2013, 269.

22 Gültiger Betrag ab 1.1.2024.

23 Stand 1.1.2024.

24 Vgl. OLG Celle FuR 2019, 89.

25 BGH NZFam 2014, 450.

cc) Alleinige elterliche Sorge

20 Die Vereinbarung alleiniger elterlicher Sorge ist möglich und nicht sittenwidrig, es sei denn, die Vereinbarung **verstößt gegen das Kindeswohl**. Das kann im vorliegenden Fall **nicht festgestellt** werden, da aus der Verbindung (noch) keine Kinder hervorgegangen sind.

Die Vereinbarung nützt dem daran interessierten Ehegatten jedoch nichts. Sie ist jederzeit und frei widerruflich, letztlich also völlig unverbindlich.[26]

Vereinbarungen im Bereich des Sorge- und Umgangsrecht können letztlich nur zur Auslegung dessen herangezogen werden, was Eltern einmal, nämlich zum Zeitpunkt der Vereinbarung, als dem Kindeswohl dienlich angesehen haben. Da die Kinder bei Vertragsschluss nicht geboren waren, ist daraus auch nichts ableitbar.

In diesem Zusammenhang können Eltern grundsätzlich alle möglichen Vereinbarungen treffen, die z.B. Teile des Sorgerechts gesondert regeln.

21 Ein Beispiel für die **alleinige elterliche Sorge mit gemeinsamen Befugnissen betreffend Aufenthaltsbestimmungsrecht**:

> *Formulierungsbeispiel*
>
> Wir, die Eheleute A., sind uns darüber einig, dass nach unserer Trennung und einer späteren Scheidung unsere Kinder B, geboren am (...) und C, geboren am (...), bei der Mutter bleiben und von ihr allein versorgt werden sollen (Gründe werden ausgeführt). Frau A. wird schon jetzt entsprechende Regelungsanträge beim zuständigen Familiengericht stellen. Herr A wird diese Anträge unterstützen/befürworten. Die elterliche Sorge der Mutter soll sich auf alle Angelegenheiten beziehen. Einigkeit besteht zwischen uns aber auch, dass das Aufenthaltsbestimmungsrecht für beide Kinder weiterhin uns beiden als Eltern zustehen soll und (nur) gemeinsam von uns ausgeübt werden kann, obwohl der Lebensmittelpunkt der Kinder bei der Mutter liegen soll.

dd) Zugewinnausgleich

22 In der Rangabstufung ist nach der vom BGH entwickelten Kernbereichslehre[27] der Zugewinnausgleich einer ehevertraglichen Disposition **„am weitesten zugänglich"**.[28]

Dies führt allerdings nicht dazu, dass im Güterrecht eine vollständige Vertragsfreiheit besteht. Es gibt – wenn auch selten – Bereiche, in denen güterrechtliche Rege-

26 Vgl. *Schwab*, FamRZ 1998, 457; MüKo BGB/*Finger*, § 1671 Rn 62 f m.w.N.

27 BGH v. 6.2.2004, FamRZ 2004, 601.

28 BGH FamRZ 2004, 601.

lungen zwischen Ehegatten die **Grenzen der Vertragsfreiheit überschreiten** und sich als eine **unzulässige Rechtsausübung** (§ 242 BGB) oder eine **sittenwidrige Regelung** (§ 138 Abs. 1 BGB) erweisen.[29]

Diejenigen Fälle, in denen eine güterrechtliche Vereinbarung, namentlich die Vereinbarung der Gütertrennung, für sich gesehen sittenwidrig ist oder sich als unzulässige Rechtsausübung darstellt, können nur **extreme Ausnahmefälle** sein.

Dafür liegen hier keinerlei Anhaltspunkte vor. Hier greift die grundsätzliche **Dispositionsfreiheit** hinsichtlich des Vermögensrechts.

ee) Erschwerung der Scheidung

Grundsätzlich gilt, dass Eheleute die Scheidung ihrer Ehe nach ständiger Recht- **23**
sprechung **nicht erschweren** dürfen und nicht ausschließen können, auch nicht für einen begrenzten Zeitraum. Entgegenstehende Vereinbarungen sind nach **§§ 134 oder 138 BGB nichtig**.[30]

Es ist daher z.B. auch nicht möglich, eine längere als die vom Gesetz vorgesehene Zeit der Trennung zu vereinbaren, bevor ein Scheidungsantrag gestellt werden kann.

Ebenso wenig möglich ist die Vereinbarung, die Scheidung der Ehe – auf Zeit oder lebenslänglich – auszuschließen, um damit die für einige Zeit sichere oder aber dauerhafte eheliche Bindung herbeizuführen.

Vorliegend erschwert der vorgesehene Zahlungsbetrag die Scheidung. Dies soll sie nach dem ausdrücklichen Willen der Beteiligten auch und ist deshalb **sittenwidrig**.

Wäre dagegen die Zahlung als Abfindung wegen eines Verzichts auf – weitergehenden – Unterhalt oder eines Verzichts auf Zugewinnausgleichsansprüche vereinbart worden, wäre die hier gegebene **Sittenwidrigkeit** vermieden worden.

Die **folgende Vereinbarung** wäre z.B. ebenfalls möglich: **24**

> *Formulierungsbeispiel*
>
> Herr (...) erklärt, dass er sich von seiner Ehefrau (...) nicht scheiden lassen werde. Sofern Herr (...) dennoch Scheidungsantrag stellen sollte, verpflichtet er sich, an seine Ehefrau (...) eine Abfindungssumme von (...) als Zukunftssicherung vorbehaltlos zu zahlen. Dieser Anspruch wird fällig bei Rechtskraft der Scheidung.
>
> Frau (...) und Herr (...) erklären hiermit, dass mit dieser Vereinbarung nicht die Scheidung erschwert, sondern das Auskommen von Frau (...) verbessert werden

29 Vgl. das Beispiel von *Bergschneider*, FamRZ 2010, 1858.

30 BGH FamRZ 1986, 655; *Bergschneider*, Formularbuch Familienrecht, Ziff. C.I.2.1.

soll, weil sie die Ehe im Alter geschlossen haben und damit keine ehezeitlichen Rentenanwartschaften mehr entstanden sind. Der zu zahlende Betrag ist deshalb zur Alterssicherung von Frau (...) gedacht.

Vereinbarungen sind dann nicht zu beanstanden, wenn sie den **Zweck** haben, nicht etwa die Scheidung zu erschweren, sondern das **Auskommen** des anderen Ehegatten im Falle der Scheidung **zu verbessern**, weil die Abfindungssumme im Fall der Scheidung beispielsweise zur Alterssicherung des Versprechensempfängers bestimmt ist.[31]

Im vorliegenden Fall ist **kein akzeptabler Zweck ersichtlich**, so dass die Erschwernis einer Scheidung durch „Strafzahlung“ sittenwidrig und damit rechtsunwirksam ist.

ff) Salvatorische Klausel

25 Standardisierte Unwirksamkeitsklauseln helfen häufig nicht weiter.[32] Gerade in ehevertraglichen Vereinbarungen kommt es häufig zu „Gesamtlösungen“, bei denen das Nachgeben einer der Beteiligten auf einem Gebiet zu einem Entgegenkommen des anderen Beteiligten auf einem anderen Gebiet führt. Hier kann eine mangelnde individuelle Anpassung wegen des „**Verknüpfungswillens**“[33] gerade zu einer Verzerrung des Gewollten führen.

Auch die Rechtsprechung betrachtet bei der Wirksamkeits- und Ausübungskontrolle in der „Gesamtschau“, ob die Regelungen zu einer einseitigen Belastung führen. Das Herausbrechen eines Bausteins ohne Ausgleich auf der anderen Seite könnte dann **erst recht zu einer Unwirksamkeit** der Gesamtvereinbarung führen.

26 Vorliegend ist festzustellen, dass die salvatorische Klausel zu einer Anpassung, nämlich hinsichtlich des Unterhalts, führen kann, falls man der Auffassung ist, dass der Betreuungsunterhalt zu gering bemessen ist.[34] Ist gewollt, dass eine der gefundenen Regelung als nächst liegende Lösung zu wählen ist, kann das Ergebnis sein, dass Unterhalt z.B. in Höhe des Existenzminimums geschuldet wird, also derzeit 1.180 EUR statt 563 EUR (+ Wohngeld).

Ein Ersatz zur „Erschwernisklausel bei Scheidung“ ist dagegen nicht denkbar. Im Wege der Anpassung durch Anwendung der salvatorischen Klausel kann nicht eine bisher im Vertrag nicht eingeführte Begründung gefunden werden. Die Klausel ist ersatzlos zu streichen.

31 BGH FamRZ 1990, 372; *Bergschneider*, Formularbuch Familienrecht, Ziff. C.I.2.

32 BGH, Urt. v. 17.5.2006, Az. XII ZB 250/03; m. Anm. *Bergschneider* a.a.O., Ren. 186.

33 So *Bergschneider/Kössinger*, Ziff. P.IV.5.

34 Vgl. OLG Celle FuR 2019, 89.

Sodann stellt sich die weitere Frage, ob der in der „Erschwernisklausel" genannte Betrag nicht als Abfindung für den Verzicht auf Zugewinnausgleich und/oder weitergehende Unterhaltsansprüche gesehen werden kann. Dies bedürfte im Streitfall weiterer Aufklärung.

b) Frage 2

aa) Unterhalt

Der Vertrag ist hinsichtlich des **Unterhalts** anzupassen (s.o. Rdn 18), falls man zu der Auffassung gelangt, dass die Vereinbarung insoweit unwirksam (!) ist. Wegen der salvatorischen Klausel in § 7 des Vertrages erfasst die Unwirksamkeit jedoch nicht den gesamten Vertrag. Die unwirksame Klausel ist durch eine solche zu ersetzen, die dem Gewollten möglichst nahekommt. Dies wäre im vorliegenden Fall z.B. eine **Höchstbetragsvereinbarung** auf der Grundlage des Existenzminimums (zzt. 1.180 EUR). 27

bb) Versorgungsausgleich

Die Regelung zum **Versorgungsausgleich** kann nicht bestehen bleiben. 28

Im Wege der **Ausübungskontrolle** ist eine Korrektur vorzunehmen. Durch die Ausübungskontrolle werden jedoch nur **ehebedingte Nachteile** ausgeglichen, so dass nur die Nachteile auszugleichen sind, die durch die **Erziehung der Kinder** und die darauf bezogene Aufgabe der Erwerbstätigkeit entstanden sind. **Nicht auszugleichen** sind danach die Nachteile aufgrund der eingetretenen **Erwerbsunfähigkeit**, weil diese nicht ehebedingt sind.

cc) Elterliche Sorge

Die Regelung der **elterlichen Sorge** ist im Falle eines gerichtlichen Sorgerechtsantrags im etwaigen Scheidungsfall vom **Familiengericht** im Hinblick auf die Wahrung des Kindeswohls und ggf. gemäß den Erklärungen beider Eltern im Verfahren selbst zu entscheiden. 29

dd) Güterrecht

Ob im Rahmen der Ausübungskontrolle Korrekturen an der güterrechtlichen Vereinbarung vorzunehmen ist, ist eine Wertungsfrage. 30

Im Laufe der Entwicklung seit dem Urteil des **BGH** zur Kernbereichslehre im Jahre 2004 betont der BGH tendenziell mehr und mehr die **Anpassung des Ehevertrages an die gegenwärtigen Verhältnisse** und damit den Ausgleich entstandener ehebedingte Nachteile.[35]

35 BGH FamRZ 2011, 1377; BGH FamRZ 2013, 195; KG FamRZ 2012, 1947.

Schließlich hat der **BGH** auch in seinen neuesten Entscheidungen die **Vertragsfreiheit betont** und seinen Standpunkt verdeutlicht, dass namentlich der Zugewinnausgleich einer ehevertraglichen Disposition am weitesten zugänglich und ein Ausschluss des gesetzlichen Güterstandes **regelmäßig nicht sittenwidrig**, also im Wege der Bestandskontrolle nicht zu beanstanden sei.[36]

Es gilt mehr denn je, dass die Ehegatten mit dem Ausschluss des Güterstandes der Zugewinngemeinschaft lediglich von einer **im Gesetz eröffneten Gestaltungsmöglichkeit** Gebrauch machen.

31 Der BGH äußert sich jedoch deutlich zu den **unter unfairen Bedingungen** getroffenen Vereinbarungen. Der **BGH** erklärt, dass eine Beanstandung sich insbesondere aus **Umständen außerhalb der Vertragsurkunde** ergeben kann, die eine **subjektive Imparität** insbesondere infolge der Ausnutzung einer Zwangslage, einer sozialen oder wirtschaftlichen Abhängigkeit oder einer intellektuellen Unterlegenheit beweisen.[37] Insofern relativiert der BGH die Rangabstufung im Rahmen der Kernbereichslehre des Scheidungsfolgenrechts unter Heranziehung subjektiver Maßstäbe.[38]

32 Insgesamt bedeutet dies, dass es nunmehr auch verstärkt auf die subjektive Seite ankommt. Im ersten Leitsatz des Urteils des **BGH vom 31.10.2012**[39] heißt es:

> *Ein Ehevertrag kann sich in einer Gesamtwürdigung nur dann als sittenwidrig und daher als insgesamt nichtig erweisen, wenn konkrete Feststellungen zu einer unterlegenen Verhandlungsposition des benachteiligten Ehegatten getroffen worden sind. Allein aus der Unausgewogenheit des Vertragsinhaltes ergibt sich die Sittenwidrigkeit des gesamten Ehevertrages regelmäßig noch nicht.*

Im vorliegenden Fall würde die Rechtsprechung daher **nicht zu einer Korrektur** im Wege der Ausübungskontrolle gelangen. Für **subjektive Imparität** zum Zeitpunkt des Abschlusses des Vertrages fehlt jeder Anhaltspunkt.

ee) Erschwerung der Scheidung

33 Die Regelung zur **Erschwerung der Scheidung** ist ersatzlos zu streichen oder aber im Hinblick auf den Grund der Zahlungspflicht in nicht sittenwidriger Weise zu formulieren.

36 BGH FamRZ 2013, 269; BGH FamRZ 2018, 577.

37 Zu weiteren Beispielen hierzu vgl. *Bergschneider*, Richterliche Inhaltskontrolle von Eheverträgen und Scheidungsvereinbarungen, S. 79 ff.

38 „Rangabstufung … für den Berechtigten in seiner jeweiligen Lage“, BGH FamRZ 2013, 269.

39 BGH FamRZ 2013, 195.

B. Musterklausur II – Unterhaltsrecht, intern. Recht, Kostenrecht

I. Klausuraufgaben

Beispiel: Fall 1 34

Eheleute Michael und Frauke A. haben sich vor 6 Monaten voneinander getrennt. Herr A. ist aus dem gemeinsamen Reihenhaus ausgezogen, für das er weiterhin an Kreditkosten insgesamt monatlich 700 EUR zahlt. Der Trennungswohnwert für das Haus beträgt monatlich 500 EUR, der angemessene Mietzins netto monatlich 1.000 EUR.

Aus der insgesamt 10-jährigen Ehe ist die 8-jährige Tochter K hervorgegangen, die von Frau A. betreut wird. Die Tochter besucht die sog. verlässliche Grundschule (8–13 Uhr 30 täglich). Eine weitergehende außerhäusliche Betreuung des Kindes ist nicht möglich.

Frau A. arbeitet im angemessenen Umfang in Teilzeit als Lehrerin und verdient nach Abzug berufsbedingter Aufwendungen monatsdurchschnittlich netto 1.400 EUR.

Herr A. ist als Arzt im Krankenhaus tätig und verdient monatsdurchschnittlich netto 4.200 EUR. Abgezogen sind bereits berufsbedingte Aufwendungen und der korrekt gezahlte Kindesunterhalt, der bereits durch Urkunde des zuständigen Jugendamtes tituliert ist.

Die Eheleute A. suchen Sie als Notar(in) auf und legen Ihnen die folgende handschriftliche Vereinbarung vor.

Vereinbarung

Wir, die Eheleute Michael und Frauke A., einigen uns über die Folgen unserer Trennung und angestrebten Scheidung wie folgt:

1. Wir vereinbaren, dass der Trennungszeitpunkt bereits vor 12 Monaten in unserem gemeinsamen Haus erfolgt ist, um nach notarieller Vereinbarung sofort die Scheidung durchführen zu können. Der Trennungszeitpunkt soll mit dem vorverlegten Datum in die notarielle Urkunde aufgenommen werden.
2. Ich, Frau A., verzichte auf die Zahlung von Trennungsunterhalt, da von dem Ehemann weiterhin der monatliche Abtrag für das Haus in Höhe von 700 EUR geleistet wird.
3. Für den Fall der Veräußerung des Hauses und des Auszugs der Ehefrau und des Kindes aus dem Haus verpflichte ich, Herr A., mich zur Zahlung von Trennungsunterhalt, ggf. Nachscheidungsunterhalt in Höhe von 300 EUR bis zum Ablauf von 2 Jahren nach Beurkundung unserer Vereinbarung. Im Anschluss verzichten wir gegenseitig auf die Zahlung von Unterhalt.
4. Zum Zugewinn bestimmen wir, dass der Erlös aus dem Verkauf des Hausgrundstücks zugunsten von Herrn A. ausgekehrt wird, da Herr A. während

der Ehe durch sein hohes Einkommen den Zugewinn ermöglicht hat. Deshalb wird im Übrigen auch auf sonstige etwaige bestehende Zugewinnansprüche verzichtet. Dies soll auch für die Zukunft gelten.

5. Auf die Durchführung des Versorgungsausgleichs wird verzichtet.
6. Die Notar- und Anwaltskosten für die Scheidung werden geteilt. Wir verpflichten uns, einen gemeinsamen Rechtsanwalt mit der Durchführung der Scheidung zu beauftragen.

Frau A. (Unterschrift) Herr A. (Unterschrift)

(1) Nehmen Sie in einem Anschreiben an die Eheleute zu den einzelnen Punkten der Urkunde Stellung. Schlagen Sie ggf. konkrete Veränderungen vor. Erläutern Sie, warum ggf. bestimmte Vereinbarungen nicht möglich/nicht rechtswirksam sind.
(2) Entwerfen Sie die notarielle Urkunde, in der alles aufgenommen werden soll, was in einer notariellen Urkunde zu regeln möglich ist; schließen Sie dabei Ihre Änderungsvorschläge ein.

35 *Beispiel: Fall 2*

Frau Imke M., deutsche Staatsangehörige, sucht Sie in Ihrer Eigenschaft als Notar/in auf und bittet Sie um Beratung hinsichtlich eines Ehevertrages.

Sie erklärt dazu: Mein Verlobter, Ali Y., der ägyptischer Staatsangehöriger ist und ich wollen demnächst in seiner Heimat in Ägypten heiraten. Wir wissen noch nicht, wo wir leben werden, da ich das Angebot habe, für die UNESCO in Frankreich zu arbeiten. Ich möchte aber in jedem Fall für meine Ehe sichern, dass

- für meine Ehe deutsches Recht gilt,
- und etwaige gemeinsame Kinder mir nicht nach Trennung weggenommen werden können; ich möchte dann das alleinige Sorgerecht bekommen, da ich sonst nach moslemischem Recht „rechtlos“ bin.
- Außerdem soll der Ehemann nach etwaiger Trennung und Scheidung keine Ansprüche auf meine Zahnarztpraxis haben, die ich selbstständig betreibe. Ich möchte auch keinen „Rosenkrieg“ über ehelichen Zugewinn. Welche verschiedenen Möglichkeiten gibt es da?

Nehmen Sie zu den einzelnen Punkten hinsichtlich der Möglichkeit entsprechender notarieller Vereinbarung Stellung.

36 *Beispiel: Fall 3*

Ein syrisches Ehepaar sucht Sie als Notar/in auf und bittet darum, eine Generalvollmacht durch die Ehefrau zugunsten des Ehemannes zu beurkunden. Als Grund nennen beide Eheleute, dass die gleichberechtigte Mitbestimmung nach deutschem Recht nicht ihrer Vorstellung von einer Ehe entspricht. Der Ehemann soll nach ihrer Vorstellung über alle Angelegenheiten allein bestimmen können.

Prüfen Sie, ob gegen die Beurkundung Bedenken bestehen.

Beispiel: Fall 4 37

Die Ehegatten M und F, beide 40 Jahre alt, leben im gesetzlichen Güterstand der Zugewinngemeinschaft. Sie treffen im Rahmen eines Ehevertrages die Vereinbarung einer modifizierten Zugewinngemeinschaft dahingehend, dass ein Zugewinnausgleich für den Fall einer Beendigung der Ehe außer im Fall des Todes eines der Beteiligten ausgeschlossen wird und die Verfügungsbeschränkung des § 1365 Abs. 1 BGB aufgehoben werden. M ist Eigentümer eines Hausgrundstücks (Verkehrswert 300.000 EUR), hat sonstiges Vermögen im Wert von 50.000 EUR und Verbindlichkeiten in Höhe von 200.000 EUR. F ist Eigentümerin einer Eigentumswohnung (Verkehrswert 100.000 EUR), hat sonstiges Vermögen im Wert von 20.000 EUR und Verbindlichkeiten in Höhe von 70.000 EUR.

Die Ehegatten sind spanische Staatsangehörige, haben ihren gewöhnlichen Aufenthaltsort aber in Deutschland. Nach § 15 Abs. 2 EGBGB treffen sie eine Rechtswahl, wonach deutsches Ehegüterrecht gelten soll.

Umfang der Urkunde: 12 Seiten; auf Antrag (in Urkunde) gefertigt: zwei beglaubigte Abschriften; Auslagen Grundbucheinsicht: 8 EUR.

Fertigen Sie die Kostenrechnung für den Ehevertrag und begründen Sie diese stichwortartig.

II. Lösungsskizze

1. Fall 1

a) Teil 1: Aufgabenstellung

Es sind die einzelnen Punkte der vorgeschlagenen Vereinbarung darauf zu prüfen, ob sie in dieser Weise notariell abzuschließen sind und ob es ggf. Alternativen durch Abwandlung, Veränderung oder Auslassungen gibt. 38

Ein Anschreiben könnte wie folgt lauten: 39

▼

Muster 11.4: Fall 1 Teil 1

Sehr geehrte Frau A.,

sehr geehrter Herr A.,

zu den einzelnen Punkten der von Ihnen in Aussicht genommenen Vereinbarung darf ich wie folgt Stellung nehmen:

Zu 1: Eine Rückdatierung des Trennungszeitpunktes, wie Sie ihn vorschlagen, ist nicht möglich. Sie verfolgen damit das Ziel, die zwingende Getrenntlebenszeit, die das Gesetz nach §§ 1564, 1565 Abs. 1, 1566 Abs. 1 BGB vorschreibt, zu umgehen. Nach § 1566 Abs. 1 BGB wird das Scheitern der Ehe unwiderlegbar vermutet, wenn die Ehegatten seit einem Jahr getrennt leben und beide Ehegatten die Scheidung beantragen oder der Antragsgegner der Scheidung zustimmt.

Da Sie erst seit 6 Monaten voneinander getrennt leben, sind diese gesetzlichen Voraussetzungen nicht gegeben. Eine frühere Scheidung ist nur im Wege einer sog. „Härtefallscheidung" möglich nach § 1565 Abs. 2 BGB. Leben die Ehegatten noch nicht ein Jahr voneinander getrennt, kann die Ehe dann geschieden werden, wenn die Fortsetzung der Ehe für den Antragsteller aus Gründen, die in der Person des anderen Ehegatten liegen, eine unzumutbare Härte darstellen würde. Diese Voraussetzung ist vorliegend nicht gegeben. Bewusst und gewollt Unrichtiges darf der Notar nicht beurkunden. Dies ergibt sich aus § 14 Abs. 2 BNotO, ebenso aus § 4 BeurkG.

Der Notar hat seine Amtstätigkeit zu versagen, wenn sie mit seinen Amtspflichten nicht vereinbar wäre, insbesondere wenn seine Mitwirkung bei Handlungen verlangt wird, mit denen erkennbar unerlaubte oder unredliche Zwecke verfolgt werden.

Es kann auch strafbewehrt sein, einen falschen Trennungszeitpunkt anzugeben. Selbst wenn dies zunächst nicht der Fall wäre, ist gleichwohl mit den Amtspflichten eines Notars nicht zu vereinbaren, wenn unwahre Behauptungen der Beteiligten beurkundet werden.

Es könnte deshalb in der Urkunde, soweit das gewollt ist, ausschließlich aufgenommen werden, dass Sie sich zu dem tatsächlich zutreffenden Zeitpunkt voneinander getrennt haben.

Ich will Sie in diesem Zusammenhang vorsorgend darauf hinweisen, dass Sie auch bei der Parteivernehmung zum Trennungszeitpunkt im Rahmen der mündlichen Scheidungsverhandlung verpflichtet sind, wahrheitsgemäß auszusagen.

Zu 2: Die Vereinbarung, dass Sie, Frau A., auf die Zahlung von Trennungsunterhalt verzichten, weil von Ihnen, Herr A., weiterhin der monatliche Abtrag für das Haus in Höhe von 700 EUR geleistet wird, ist nicht haltbar.

Die Trennungsunterhaltsansprüche stellen sich bei Ihrem Verbleib, Frau A., im Einfamilienhaus, wie folgt dar, wenn man davon ausgeht, dass während des ersten Trennungsjahres nicht ein der Nettomiethöhe entsprechender Betrag als Wohnvorteil einzusetzen ist, sondern lediglich der auf den wohnenden Ehepartner entfallende Betrag, den dieser aufwenden müsste, wenn er sich eine Wohnung anmieten würde. Dieser Betrag ist hier mit 500 EUR anzunehmen.

Die **Trennungsunterhaltsansprüche** würden wie folgt berechnet:

Einkommen Ehemann	4.200,00 EUR
Hiervon 90 %-Anteil	3.780.00 EUR
abzgl. Kreditverbindlichkeit	700,00 EUR
verbleibendes Einkommen	3.080,00 EUR

Einkommen Ehefrau	1.400,00 EUR
Hiervon 90 %-Anteil	1.260,00 EUR
zgl. Wohnvorteil	500,00 EUR
anzunehmendes Gesamteinkommen	1.760,00 EUR

Unterhaltsberechnung

Einkommen Ehemann	3.080,00 EUR
Einkommen Ehefrau	1.760,00 EUR
Gesamteinkommen	4.840,00 EUR
hiervon $^{1}/_{2}$-Anteil	2.420,00 EUR
hiervon abzuziehendes Eigeneinkommen	1.760,00 EUR
Differenz Trennungsunterhalt	660,00 EUR

Selbst bei Zahlung des gesamten Kredites durch Sie, Herr A., und Berücksichtigung des Nutzungsvorteils für Sie, Frau A., bleibt daher ein zu zahlender Trennungsunterhalt von 660,00 EUR monatlich.

Die Kreditbelastung weggedacht, ebenso der Wohnvorteil weggedacht, würde eine Berechnung dazu führen, dass bei einer Einkommensdifferenz von 2.520 EUR (3.780 EUR – 1.260 EUR) der zu zahlende Unterhalt mit dem $^{1}/_{2}$-Anteil 1.260 EUR betragen würde:

Einkommen Ehemann	4.200 EUR
Hiervon 90 %-Anteil	3.780 EUR
Einkommen Ehefrau	1.400 EUR
Hiervon 90 %-Anteil	1.260 EUR
Insgesamt (3.780 EUR + 1.260 EUR)	5.040 EUR
Hälftiger Anteil	2.520 EUR
Abzüglich Eigeneinkommen	1.260 EUR
Verbleibender Unterhaltsanspruch	1.260 EUR

Die Reduzierung der Zahlungsbeträge von 1.260 EUR bzw. 660 EUR im vorliegenden Fall auf 0 stellt einen unzulässigen Teilverzicht auf Zahlung von Trennungsunterhalt dar. § 1614 BGB ist beim Trennungsunterhalt über §§ 1361 Abs. 4 S. 4, Abs. 3, 1360a Abs. 3 BGB anwendbar, sodass auf Trennungsunterhalt für die Zukunft nicht verzichtet werden kann.[40]

Im Rahmen von Unterhaltsvergleichen darf es daher nicht zu unzulässigem Teilverzicht kommen. Während eine Unterschreitung des Trennungsunterhalts von 20 % noch für zulässig gehalten wird,[41] hält die Rechtsprechung eine Unterschreitung von $^{1}/_{3}$ oder mehr für nicht mehr zulässig.[42]

Wenn auch ein Verzicht auf die Zahlung von Trennungsunterhalt nicht möglich ist, können sich die Parteien im Rahmen unterschiedlicher Auffassungen über die Höhe eines zu zahlenden Trennungsunterhalts selbstverständlich verständigen. Steht jedoch die Höhe des zu zahlenden Trennungsunterhalts fest, sollte eine Einigung nach ständiger Rechtsprechung die Zahlung von $^{4}/_{5}$ des Betrages nicht unterschreiten.[43]

Dies bedeutet, dass es lediglich möglich sein wird, bei der gegebenen Situation eine Zahlung von Trennungsunterhalt in Höhe von 660 EUR vorzunehmen. Entweder wird über Trennungsunterhalt überhaupt keine Vereinbarung geschlossen, oder aber sie wird in rechtswirksamer Form gestaltet. In der Anlage habe ich im Entwurf die Zahlung von Trennungsunterhalt aufgenommen, weil für Sie, Frau A., sonst die folgende Problematik entsteht:

Mit Trennung von Beteiligten wirkt die Zahlung solcher Kreditbeträge für eine gemeinsame Immobilie nicht mehr zugunsten/zu Lasten des anderen Ehepartners, da der Gesamtschuldnerausgleich dies verhindert, § 426 Abs. 2 BGB. Dies würde dazu führen, dass im Falle eines Verkaufs, Sie, Herr A., die hälftigen, für Ihre Frau geleisteten Zahlungen zusätzlich zum hälftigen Anteil erstattet verlangen können. Um dies zu verhindern, habe ich im Entwurf eine Unterhaltsregelung für Trennungsunterhalt aufgenommen.

Zu 3: Im Falle der Veräußerung und des Auszugs aus dem Haus soll Trennungsunterhalt und Nachscheidungsunterhalt in Höhe von 300 EUR gezahlt werden. Dies soll bis zum Ablauf von zwei Jahren nach Beurkundung gelten. Beide hierin enthaltenen Regelungen sind unzulässig.

Wie oben festgestellt wurde, beträgt der gesetzliche Trennungsunterhaltsanspruch 1.260 EUR für Sie, Frau A., sodass der Betrag von 300 EUR weit unterhalb der Grenze zur Reduzierung von Trennungsunterhalt liegt.

40 BGH FamRZ 1984, 997.

41 OLG Düsseldorf FamRZ 2001, 1148.

42 OLG Hamm FamRZ 2007, 732.

43 OLG Bremen FamRZ 2009, 1415.

Der Zeitablauf von zwei Jahren könnte im Wege der Wirksamkeitskontrolle durch das Familiengericht für rechtsunwirksam, weil sittenwidrig, beanstandet werden.

Da Ihr gemeinsames Kind erst acht Jahre alt ist, wird noch über den Zeitablauf von zwei Jahren hinaus Betreuungsunterhalt zu zahlen sein, weil eine weitergehende außerhäusliche Betreuung Ihres Kindes nach 13:30 Uhr nicht möglich ist. Sie, Frau A., können daher nicht vollzeitlich arbeiten. Betreuungsunterhalt ist aber gem. § 1570 Abs. 1 BGB nicht befristbar. Da der Betreuungsunterhalt in der Rangstufe der Unterhaltsansprüche an erster Stelle steht und nach ständiger Rechtsprechung unverzichtbar ist, würde die Befristung beanstandet werden mit der Folge, dass die Regelung, eventuell sogar die gesamte Trennungs- und Scheidungsfolgenvereinbarung, für unwirksam erklärt wird.[44]

Ich habe daher im Entwurf den zu zahlenden Trennungsunterhalt und Nachscheidungsunterhalt in der Höhe von 1.260 EUR aufgenommen und ihn nicht befristet.

Wenn Sie differenzieren wollen zwischen der Zeit der Trennung und der Zeit nach rechtskräftiger Scheidung der Ehe, kann dies selbstverständlich erfolgen. Ebenso kann natürlich eine Befristung vorgenommen werden, wenn diese den Bereich von Betreuungsunterhalt, also noch ca. fünf Jahre, überschreitet. Wir werden dies besprechen müssen.

Zu 4: Gesetzlich gilt grundsätzlich, dass der erworbene Zugewinn zu $^1/_2$-Anteil zu teilen ist. Der Grund liegt darin, dass die Aufgabenverteilung in der Ehe nicht dazu führen darf, dass eine der Beteiligten benachteiligt wird. Von Gesetzes wegen wäre daher der Erlös aus dem Verkauf des Hausgrundstücks zu $^1/_2$ zu verteilen, wenn andere verteilungspflichtige Positionen im Rahmen des Zugewinnausgleichs nicht eine andere Erlösverteilung nach sich ziehen würde.

Hinsichtlich der vermögensrechtlichen Regelungen sind die Beteiligten aber weitgehend frei in der Bestimmung, wie Vermögen verteilt wird. Auch wenn der Gesetzgeber die Begründung für eine anderweitige Verteilung nicht für richtig hält, ist es nicht gesetzwidrig oder etwa sittenwidrig, wenn Sie eine andere Verteilung vornehmen.

Ich will aber wegen des Verzichts auf sonstige Zugewinnausgleichsansprüche darauf hinweisen, dass neben dem Hausgrundstück auch sonstige Positionen, z.B. Sparvermögen, Lebensversicherungen etc., zum Zugewinn gehören und nach der rechtlichen Situation hälftig zu verteilen sind. Ich gehe davon aus, dass es sonstige Zugewinnausgleichsansprüche nicht gibt oder dass ggf. auf entsprechende Ansprüche verzichtet wird.

44 Vgl. BGH FamRZ 2009, 1391.

Da Sie noch mindestens 6 weitere Monate miteinander verheiratet bleiben werden, entstehen auch zukünftig etwaige Zugewinnausgleichsansprüche. Um solche Ansprüche auszuschließen, ist Gütertrennung miteinander zu vereinbaren. Ich habe eine entsprechende Regelung im Vertrag aufgenommen.

Zu 5: Der Verzicht auf die Durchführung des Versorgungsausgleichs wird nicht möglich sein. Der BGH hat zur Vereinbarung zum Versorgungsausgleich erklärt:[45]

„Der vollständige Ausschluss des Versorgungsausgleichs kann … der ehevertraglichen Wirksamkeitskontrolle standhalten, wenn die wirtschaftlich nachteiligen Folgen dieser Regelung für den belasteten Ehegatten durch ihm gewährte Kompensationsleistungen … ausreichend abgebildet werden."

Vorliegend sind Nachteile Ihrerseits, Frau A., vorhanden, die Sie Ihr gemeinsames Kind betreuen und nur eine Teilzeittätigkeit ausüben. Der Verzicht würde daher der Wirksamkeitskontrolle nicht standhalten. Ich habe deshalb darauf verzichtet, eine Regelung zum Versorgungsausgleich einzufügen.

Zu 6: Die Regelung zu Ziff. 6 ist nur zum Teil möglich. Sie können natürlich vereinbaren, dass Notar- und Anwaltskosten für die Scheidung geteilt werden. Sie können sich allerdings nicht wechselseitig verpflichten, einen „gemeinsamen Rechtsanwalt" mit der Durchführung der Scheidung zu beauftragen. Einen sog. gemeinsamen Rechtsanwalt gibt es auch schon deshalb nicht, weil ein Rechtsanwalt nur einen der beteiligten Eheleute vertreten kann. Der andere muss auf die Beauftragung eines eigenen Rechtsanwalts verzichten. Die Verpflichtung auf gesetzlich zustehenden Rechtsbeistand zu verzichten, ist sittenwidrig und damit unwirksam. Ich habe daher Ziff. 6 auf die Teilung der Notar- und Anwaltskosten beschränkt.

Bei Rückfragen stehe ich Ihnen zur Verfügung.

Mit freundlichen Grüßen

Rechtsanwalt

▲

45 BGH NZFam 2014, 450.

b) Teil 2: Urkundsvorschlag

▼ 40

Muster 11.5: Fall 1 Teil 2

Urkundsvorschlag

Verhandelt zu

am

vor mir dem Unterzeichnenden Notar im Bezirk des Oberlandesgerichts

mit dem Amtssitz in

erschienen heute

1. Frau A., wohnhaft , geb. am
2. Herr A., wohnhaft , geb. am .

Die Erschienenen wiesen sich aus durch Vorlage ihrer amtlichen Personalausweise

zu 1) Nr.:

zu 2) Nr.: .

Die Frage des beurkundenden Notars nach einer Vorbefassung im Sinne von § 3 Abs. 1 Nr. 7 BeurkG wurde von den Erschienenen verneint. Der beurkundende Notar erläuterte die vorgenannte Vorschrift.

Die Erschienenen ersuchten um die Beurkundung einer

Trennungs- und Scheidungsfolgenvereinbarung

und erklärten zu notariellem Protokoll:

Ausgangslage

Wir sind deutsche Staatsangehörige und haben am in die Ehe miteinander geschlossen. Aus unserer Ehe ist unsere Tochter K, geb. am hervorgegangen.

Wir leben seit dem (vor sechs Monaten) getrennt voneinander.

Wir wollen die Folgen unserer Trennung und Scheidung wie folgt regeln:

§ 1 Unterhaltspflicht

1. Ich, der Ersch. zu 2, verpflichte mich, ab an meine Ehefrau, die Ersch. zu 1 für die Zeit der Trennung einen monatlichen, monatlich im Voraus fälligen Elementarunterhalt in Höhe von 660 EUR zu zahlen.
2. Bei dieser Vereinbarung gehen die Eheleute davon aus, dass Frau A. über Erwerbseinkünfte in Höhe von monatlich netto 1.400 EUR verfügt und ihr ein Wohnvorteil von monatlich 500 EUR für das Bewohnen der früheren gemein-

samen Ehewohnung zuzurechnen ist. Weiter gehen wir davon aus, dass ich, der Ehemann über ein monatliches Erwerbseinkommen in Höhe von netto 4.200 EUR verfüge und allein die gemeinsamen Kreditverbindlichkeiten für das gemeinsame Hausgrundstück in Höhe von monatlich 700 EUR trage. Vom Erwerbseinkommen des Ersch. zu 2 ist der zu zahlende Kindesunterhalt bereits abgezogen sowie von beiden Einkünften berufsbedingte Aufwendungen und sonstige Belastungen.

3. Die Ersch. zu 1 stimmt dem begrenzten Ehegatten-Realsplitting zu und sie verpflichtet sich, alle hierfür erforderlichen Erklärungen abzugeben, insbesondere die sog. Anlage U zur Einkommensteuererklärung zu unterzeichnen. Herr A. verpflichtet sich, Frau A. alle ihr durch diese Zustimmung entstehenden Nachteile zu ersetzen, insbesondere die entstehende Steuerlast zu erstatten. Die Erstattungspflicht umfasst auch eventuelle Steuervorauszahlungen und die Kosten eines Steuerberaters, wenn dessen Hinzuziehung erforderlich ist.
4. Die Regelung gilt bis zur etwaigen Veräußerung des gemeinsamen Hausgrundstückes und Auszug der Ersch. zu 1 und des gemeinsamen Kindes aus dem Haus.
5. Ich, der Ersch. zu 2, verpflichte mich, vom ersten desjenigen Monats an, der einem Auszug der Ersch. zu 1 und unserer gemeinsamen Tochter aus dem gemeinsamen Hausgrundstück folgt, Trennungsunterhalt und, für den Fall der Scheidung unserer Ehe, nachehelichen Unterhalt in Höhe von monatlich 1.260 EUR zu zahlen.

§ 2 Güterrecht und Zugewinn

Wir wollen von jetzt an in Gütertrennung gem. § 1414 BGB leben und heben deshalb den gesetzlichen Güterstand der Zugewinngemeinschaft für unsere Ehe auf.

Wir vereinbaren, dass der Erlös aus dem Verkauf des Hausgrundstücks zugunsten des Ersch. zu 2 ausgekehrt wird. Auf sämtliche etwaige sonstige Zugewinnausgleichsansprüche wird gegenseitig verzichtet.

Die Erschienenen nehmen den Verzicht wechselseitig an.

Wir beantragen die Eintragung in das Güterrechtsregister zur Gütertrennung zunächst nicht, nachdem der Notar uns auf die lediglich deklaratorische Wirkung der Eintragung hingewiesen hat. Die Eintragung soll jedoch auf einseitigen Antrag eines der Beteiligten erfolgen.

Über die rechtliche Bedeutung der Gütertrennung sind wir von dem beurkundenden Notar belehrt worden. Wir wurden insbesondere auf den Wegfall jeglichen weiteren Zugewinnausgleichs bei Beendigung des Güterstandes einschließlich der Auswirkungen im Erb- und Pflichtteilsrecht, auf den Wegfall der Verfügungsbeschränkungen und die Notwendigkeit hingewiesen, bei Zuwendungen der Ehegatten während der noch bestehenden Ehe eine Rückforderung ausdrücklich vorzubehalten.

§ 3 Allgemeines

1. Der Notar hat auf Inhalt und Rechtswirkung der vorstehenden Vereinbarungen im Vergleich mit der gesetzlichen Regelung eingehend belehrend hingewiesen.
2. Dieser Vertrag soll bei etwaigen Lücken, Unklarheiten oder Veränderungen in seinen Grundlagen so auslegt werden, wie es dem Sinn unserer Gesamtvereinbarungen entspricht. Sollte eine Vereinbarung unwirksam sein oder werden, so ist sie durch eine wirksame Vereinbarung zu ersetzen, die dem Sinn und Zweck der weggefallenen Vereinbarung möglichst entspricht.
3. Die Erschienenen bevollmächtigen den unterzeichnenden Notar mit der Durchführung dieser Urkunde.
4. Die Ersch. zu 1 und 2 geben den Wert dieser Urkunde mit ______ EUR an.
5. Wir, die Ersch. zu 1 und 2, tragen die Kosten dieser Urkunde und deren Durchführung gesamtschuldnerisch. Im Innenverhältnis vereinbaren wir, dass die Kosten der Urkunde und deren Durchführung von uns zu je $^{1}/_{2}$-Anteil getragen werden.
6. Wir verpflichten uns weiter, auch die Kosten für die Durchführung der Scheidung, insbesondere die Kosten zur Beauftragung zumindest eines Rechtsanwalts, ggf. zweier Anwälte, sowie die Gerichtskosten, hälftig zu teilen.

Das Protokoll wurde den Erschienenen vorgelesen, von ihnen genehmigt und eigenhändig wie folgt unterschrieben:

(Unterschriften)

▲

2. Fall 2

Da der Verlobte von Frau Imke M ägyptischer Staatsangehöriger ist (siehe Rdn 35), muss zunächst geprüft werden, ob **ausländisches Recht** zur Anwendung kommt. Besteht diese Möglichkeit, soll der Notar die Beteiligten darauf hinweisen und dies vermerken. Zur Belehrung über den Inhalt ausländischer Rechtsordnungen ist er allerdings nicht verpflichtet (§ 17 Abs. 3 BeurkG). Tut er dies gleichwohl, muss die Belehrung richtig sein, sonst haftet der Notar. **41**

Das im Einführungsgesetz zum BGB geregelte **Kollisionsrecht ist deutsches Recht**, das der Notar kennen muss. So muss er z.B. gem. **Art. 14 EGBGB** prüfen, in welchem Güterstand die Parteien leben, sofern ein ausländischer Staatsangehöriger an der Beurkundung beteiligt ist. Bei Anwendung ausländischen Rechts besteht jedoch gem. **Art. 4 EGBGB** die Möglichkeit der Rückverweisung auf deutsches Recht. Zu den einzelnen Punkten:

1. Die Beteiligten können vereinbaren, dass für die Ehe **deutsches Recht** gilt, weil Frau Imke M. deutsche Staatsangehörige ist und die Beteiligten ihren gewöhnlichen Aufenthalt in Deutschland haben, Art. 14 Abs. 1 Nr. 2 EGBGB.
   Wenn nach dem insoweit „interpretierbaren" Sachverhalt nach Auffassung der Teilnehmer die Voraussetzungen des Art. 14 Abs. 1 EGBGB nicht vorliegen, ist die Rechtswahl möglich nach Abs. 3.[46]
   Die Rechtswahl muss notariell beurkundet werden, Art. 14 Abs. 4 EGBGB.
2. Es ist **nicht möglich, verbindlich zu vereinbaren**, dass die Ehefrau nach Trennung und/oder Scheidung das alleinige Sorgerecht erhält. Grundsätzlich ist vorgesehen, dass es bei der gemeinsamen elterlichen Sorge bleibt, es sei denn, es liegen Ausnahmegründe vor, die dazu führen, dass es dem Kindeswohl widerspricht, wenn es bei der gemeinsamen elterlichen Sorge bleibt.
   Selbst, wenn sich die Beteiligten dahingehend einig sind, dass in einem Scheidungsverfahren und/oder gesonderten Sorgerechtsverfahren der Ehemann das Einverständnis erteilt, die alleinige elterliche Sorge an die Ehefrau zu übertragen, nützt dies der Ehefrau nichts, weil sich der Ehemann dies **jederzeit anders überlegen** kann. Die Sorge der Ehefrau ist ihr daher nicht zu nehmen. Die muslimischen Länder, auch Ägypten, sind dem Haager Rückführungsabkommen hinsichtlich entführter Kinder nicht beigetreten, weil nach deren Rechtsverständnis ein Kind zum Kindesvater gehört, sodass dann, wenn der Ehemann/frühere Ehemann etwa gemeinsam mit dem Kind nach Ägypten ausreist, es nicht möglich sein wird, das Kind zurückzuführen. Anders kann (muss aber nicht) es in solchen Fällen sein, in denen der Kindesmutter die alleinige elterliche Sorge übertragen worden ist.
3. Hat ein Ehepartner eine Praxis oder ein Einzelunternehmen erst **selbst gegründet**, besteht ggf. ein berechtigtes Interesse daran, die Vermögenswerte vom Zugewinnausgleich auszuschließen, um durch einen Ausgleichsanspruch bei Scheidung der Ehe das Unternehmen bzw. die **freiberufliche Existenz nicht zu gefährden**.[47] Überdies muss aus dem Unternehmen bzw. der Praxis nach einer etwaigen Scheidung der **Unterhaltsanspruch** des Ehepartners und ggf. der gemeinsamen Kinder gesichert werden.[48] Dies erscheint häufig nur möglich, wenn der Vermögenswert des Unternehmens vom Zugewinnausgleich ausgeschlossen ist. Schließlich kann ein weiterer Grund darin liegen, dass der Unternehmer/Freiberufler seine **Altersversorgung** ungeschmälert durch einen Ausgleichsanspruch bei Scheidung erhalten will.

Gleichzeitig liegt es im Interesse des Ehepartners, außerhalb der Unternehmensbeteiligung, der Praxis oder des Einzelunternehmens durch Zugewinnausgleich an der Entwicklung der familiären Vermögenssituation beteiligt zu bleiben. Häufig ist

46 PWW/*Martiny*, Art. 14 EGBGB Rn 9.

47 *Viefhues*, FuR 2013, 610.

48 Dazu ausführlich *Kuckenburg*, FuR 2012, 278.

eine solche Situation davon bestimmt, dass der andere Ehepartner den Haushalt versorgt und/oder die gemeinsamen Kinder betreut. Dadurch ist er nicht in der Lage, eigenes Vermögen zu bilden.

1. Möglichkeit: Die Lösung eines solchen Interessenkonflikts liegt darin, eine Un- 42
ternehmensbeteiligung, eine Praxis oder ein Einzelunternehmen **aus dem Zugewinnausgleich herauszunehmen,** ansonsten aber bei dem gesetzlichen Güterstand der Zugewinngemeinschaft zu verbleiben.

Die **Herausnahme des Betriebsvermögens** aus dem Zugewinn kann wie folgt vereinbart werden:[49]

▼ 43

Muster 11.6: Herausnahme des Betriebsvermögens

Ehevertraglich vereinbaren wir was folgt:

Den gesetzlichen Güterstand der Zugewinngemeinschaft wollen wir für unsere künftige Ehe ausdrücklich aufrechterhalten, ihn allerdings wie folgt modifizieren:

1. Die Ehefrau ist Inhaber des folgenden Betriebes:

(Zahnarztpraxis)

Dieser Betrieb soll beim Zugewinnausgleich bei Beendigung der Ehe aus anderen Gründen als dem Tod eines Ehegatten in keiner Weise berücksichtigt werden. Dies gilt auch für den vorzeitigen Zugewinnausgleich.

Dieses betriebliche Vermögen einschließlich des gewillkürten Betriebsvermögens und etwaigen Sonderbetriebsvermögens sowie etwaiger bestehender Gesellschafterdarlehen soll also weder bei der Berechnung des Anfangsvermögens noch bei der Berechnung des Endvermögens der Ehefrau berücksichtigt werden, und zwar auch dann nicht, wenn sich ein negativer Betrag ergibt. Gleiches gilt für Wertsteigerungen oder Verluste dieses Vermögens.

Auch die diese Vermögenswerte betreffenden und ihnen dienenden Verbindlichkeiten sollen im Zugewinnausgleich keine Berücksichtigung finden.

Surrogate der aus dem Zugewinnausgleich herausgenommenen Vermögenswerte sollen nicht ausgleichungspflichtiges Vermögen sein. Sie werden also bei der Berechnung des Endvermögens auch nicht berücksichtigt. Jeder Ehegatte kann verlangen, dass über solche Ersatzvermögenswerte ein Verzeichnis angelegt und fortgeführt wird. Auf Verlangen hat dies in notarieller Form zu erfolgen.

49 *Horndasch*, AnwaltF Familienrecht, § 3 Rn 171 ff.; dazu *Viefhues*, FuR 2013, 610; *Kuckenburg*, FuR 2012, 278.

2. Zur Befriedigung einer sich etwa ergebenden Zugewinnausgleichsforderung im Übrigen gilt das vom Zugewinn ausgenommene Vermögen als vorhandenes Vermögen im Sinne des § 1378 Abs. 2 BGB.

Eine Vollstreckung in das vom Zugewinnausgleich ausgeschlossene Vermögen ist erst zulässig, wenn die Vollstreckung in das ausgleichspflichtige Vermögen nicht zum Erfolg geführt hat.

Ein Ehegatte ist nicht verpflichtet, seinen Zugewinn auszugleichen, wenn er unter Berücksichtigung des vom Zugewinn ausgenommenen Vermögens des anderen Ehegatten nicht zur Ausgleichung verpflichtet wäre.

3. Die güterrechtlichen Verfügungsbeschränkungen sollen bei zu diesem Vermögen gehörenden Gegenständen nicht gelten.

Die vorstehenden ehevertraglichen Vereinbarungen nehmen wir hiermit gegenseitig an.

▲

44 **2. Möglichkeit:** Der Hinweis der Frau M., sie wolle **keinen Rosenkrieg über den Zugewinn**, könnte jedoch auch bedeuten, dass sie evtl. nicht nur den Vermögensgegenstand „Zahnarztpraxis" aus dem Zugewinnausgleich herauszunehmen möchte, sondern den gesetzlichen Güterstand dahingehend zu modifizieren wünscht, dass ein **Ausschluss des Zugewinns für den Fall der Auflösung der Ehe** aus anderen Gründen als dem Tod, erfolgt. Diese Gründe, die eine Auflösung der Ehe betreffen, sind die Aufhebung der Ehe aus den Gründen des § 1314 BGB sowie die Scheidung der Ehe nach §§ 1564 ff. BGB.

Der **Kernsatz einer solchen Urkunde** lautet:

> *Formulierungsbeispiel*
>
> Für den Fall, dass unser Güterstand auf andere Weise als durch den Tod eines von uns beendet wird, insbesondere durch Scheidung der Ehe, schließen wir den Ausgleich des Zugewinns vollständig aus. Dies gilt auch bei einem vorzeitigen Ausgleich des Zugewinns oder einer vorzeitigen Aufhebung der Zugewinngemeinschaft.

Es ist zu besprechen, welche der Alternativen hier beurkundet werden soll.

45 **3. Möglichkeit:** Die **dritte Möglichkeit** besteht darin, von vornherein **Gütertrennung** miteinander zu vereinbaren.

Die Gütertrennung hat insgesamt die folgenden Konsequenzen:

- vollständiger Ausschluss des Anspruchs auf Zugewinnausgleich bei Scheidung der Ehe
- Ausschluss des Zugewinns bei Tod eines Ehegatten

- Pflichtteilsansprüche von Abkömmlingen können sich entsprechend erhöhen
- der überlebende Ehegatte verliert den steuerlichen Zugewinnausgleichsbetrag nach § 5 ErbStG
- Lebensversicherungen auf Kapitalbasis gehen für die Altersvorsorge des anderen Ehegatten verloren.

Die Vereinbarung der Gütertrennung nimmt für sich den Vorteil der **Einfachheit und Klarheit** in Anspruch.

Die Kernformulierungen lauten:

> *Formulierungsbeispiel*
>
> Ehevertraglich vereinbaren wir Folgendes:
>
> Als Güterstand für unsere Ehe soll die Gütertrennung nach Maßgabe des Bürgerlichen Gesetzbuches gelten. Uns ist bekannt, dass durch die Vereinbarung der Gütertrennung
> - keine Haftungsbeschränkung gegenüber Gläubigern eintritt,
> - jeder Ehegatte über sein Vermögen frei verfügen kann,
> - beim Tode eines von uns beiden das Erb- und Pflichtteilsrecht des Überlebenden am Nachlass des Zuerst versterbenden sich vermindern und das Erb- und Pflichtteilsrecht der Kinder oder sonstiger Abkömmlinge sich erhöhen kann,
> - bei Auflösung der Ehe kein Zugewinnausgleich stattfindet.
> - die Privilegierung des § 5 ErbStG keine Anwendung findet.
>
> Die Gütertrennung soll derzeit nicht in das Güterrechtsregister eingetragen werden. Jeder von uns beiden ist jedoch berechtigt, den Eintragungsantrag jetzt oder künftig allein zu stellen.

Vereinbarungen zum Güterstand müssen im Übrigen notariell beurkundet werden, Art. 14 Abs. 1 S.3 EGBGB.

3. Fall 3

Die Pflicht zur Amtsverweigerung ergibt sich aus **§ 14 Abs. 2 BNotO und § 4 BeurkG**. 46

Danach hat der Notar seine Amtstätigkeit zu versagen, wenn sie mit seinen Amtspflichten unvereinbar ist. Dies ist insbesondere dann der Fall, wenn seine Mitwirkung bei Handlungen erwartet wird, mit denen **erkennbar unerlaubte oder unredliche Zwecke** verfolgt werden.

Unerlaubte oder unredliche Zwecke wären vorliegend nur dann anzunehmen, wenn die Beurkundung der Generalvollmacht gegen wesentliche Grundsätze der innerstaatlichen Ordnung, also gegen den *ordre public* verstößt. Dies ist hier nicht der Fall. Es ist den Eheleuten unbenommen, zu entscheiden, dass innerhalb der Ehe nur einer der Eheleute bestimmt. Über die eigenen Wertvorstellungen des Notars hat dieser nicht zu belehren, wohl aber über die Konsequenzen der Entscheidung, **§ 17 BeurkG**.[50]

4. Fall 4

47 *Berechnung für Fall 4 (Rdn 37)*

I. Geschäftswert

insgesamt 305.500 EUR (Summe, § 35 Abs. 1 GNotKG):

(1) 235.000 EUR (Güterrechtliche Vereinbarung), §§ 100 Abs. 1, 46 Abs. 1 GNotKG

(2) 70.500 EUR (Rechtswahl), §§ 104 Abs. 1, 100 GNotKG

II. Kostenrechnung zum Ehevertrag

KV 21100 Beurkundungsverfahren 2,0 Gebühr	1.270,00 EUR
KV 32001 Dokumentenpauschale 24 Seiten	3,60 EUR
KV 32005 Post- Telekommunikationspauschale	20,00 EUR
KV 32011 Auslagen Grundbucheinsicht	8,00 EUR
Zwischensumme netto	1.301,60 EUR
KV 32014 Umsatzsteuer 19 %	247,30 EUR
KV 32015 Gebühren für Zentrales Testamentsregister, 2 Erblasser à 15,00 EUR	30,00 EUR
zu zahlender Betrag	1.578,90 EUR

48 **Erläuterungen:**

Für das Beurkundungsverfahren entsteht eine 2,0 Gebühr, KV 21100. Der Geschäftswert für einen Vertrag, der güterrechtliche Regelungen (hier: Modifikation in der Zugewinngemeinschaft) enthält, bestimmt sich nach § 100 Abs. 1 GNotKG.

§ 100 GNotKG erfasst sämtliche Eheverträge im Sinne von § 1408 BGB, d.h. Verträge, die die güterrechtlichen Verhältnisse betreffen. Nicht nur der Wechsel des Güterstandes fällt unter diese Regelung, sondern auch jegliche Modifikation, hier die Vereinbarung einer Modifikation der Zugewinngemeinschaft. Geregelt wird hier der Ausschluss des Zugewinnausgleichs für den Fall der Beendigung der Ehe (außer durch Todesfall), sodass das gesamte Vermögen der Ehegatten betroffen ist. Dieses Vermögen ist somit gem. § 100 Abs. 1 GNotKG vollständig anzusetzen.

Ist, wie hier, auch eine dingliche Verfügungsbeschränkung (§ 1365 Abs. 1 BGB) Gegenstand der Vereinbarung, ist deren Wert nicht etwa nach § 51 Abs. 2 GNotKG separat zu bewerten, sondern ist im Wert nach § 100 Abs. 1 GNotKG bereits enthal-

50 Vgl. dazu *Winkler*, § 17 Rn 271.

ten. Geschäftswert für den güterrechtlichen Teil der Vereinbarung ist demnach die Summe der Werte des gegenwärtigen Vermögens der Ehegatten, wobei gem. § 100 Abs. 1 S. 4 GNotKG Verbindlichkeiten eines Ehegatten nur von seinem Vermögen abgezogen werden, und zwar bis zur Hälfte des jeweiligen Vermögens (§ 100 Abs. 1 S. 3 GNotKG). Daraus ergibt sich:

1. Ehemann:

Vermögen in Höhe von 350.000 EUR, Verbindlichkeiten in Höhe von 200.000 EUR; Abzug nur bis zur Hälfte des Vermögens (§ 100 Abs. 1 S. 3 GNotKG), daher hier 175.000 EUR.

2. Ehefrau:

Vermögen in Höhe von 120.000 EUR; Verbindlichkeiten in Höhe von 70.000 EUR; Abzug nur bis zur Hälfte des Vermögens (§ 100 Abs. 1 S. 3 GNotKG), d.h. hier 60.000 EUR.

Gesamtgeschäftswert also 235.000 EUR.

Hinzu kommt der Geschäftswert für die Rechtswahl, die nach § 111 Nr. 4 GNotKG gegenstandsverschieden mit beurkundeten Erklärungen des Ehevertrages und daher gesondert zu bewerten ist. Nach § 104 Abs. 1 GNotKG beträgt der Geschäftswert für die Rechtswahl 30 % des in entsprechender Anwendung des § 100 GNotKG (güterrechtliche Vereinbarung) ergebenden Wertes, hier also 30 % von 235.000 EUR = 70.500 EUR).

Die beiden Geschäftswerte sind, da mehrere Beurkundungsgegenstände vorliegen, zusammenzurechnen, § 35 Abs. 1 GNotKG.

In das Zentrale Testamentsregister sind nicht nur letztwillige Verfügungen einzustellen, sondern auch Eheverträge mit Wirkung auf die Erbfolge, etwa wie hier die Vereinbarung einer Rechtswahl. Nach § 3 Abs. 1 S. 3 der ZTR-Gebührensatzung entsteht bei Erhebung durch den Notar für die Registrierung einer Person eine Gebühr in Höhe von 15 EUR, bei zwei Personen also 30 EUR.

C. Musterklausur III – Güterrecht, Kindesunterhalt, Erbrecht, Kostenrecht

I. Klausuraufgaben

Aufgabe 1 49

Notar N betreibt mit Notar B eine gemeinsame Sozietät. Nachdem Notar B durch einen Verkehrsunfall ums Leben gekommen ist, legt ihm die gemeinsame Mitarbeiterin eine Akte von Notar B vor, aus dem sich Folgendes ergibt:

(1) Aktenvermerk

Die Eheleute Schmidt leben seit einem Monat voneinander getrennt. Sie wollen sich nach Ablauf des Trennungsjahres scheiden lassen.

Aus der Ehe ist der gemeinsame Sohn Michael, 16 Jahre alt, hervorgegangen. Michael soll im Haushalt der Kindesmutter verbleiben.

Die Eheleute Schmidt sind beide Gymnasiallehrer und voll berufstätig. Die Ehefrau hat nur kurzzeitig für die Betreuung des Sohnes mit der beruflichen Tätigkeit aufgehört. Nachteile sind ihr dadurch nicht entstanden.

Herr Schmidt verfügt über ein monatliches Nettoeinkommen in Höhe von 3.000 EUR, Frau Schmidt über ein monatliches Nettoeinkommen von 2.800 EUR.

Die Eheleute wünschen einen wechselseitigen und sofortigen Unterhaltsverzicht.

Sie wünschen weiter, dass jeder sein Vermögen in Höhe von jeweils ca. 100.000 EUR behält.

Die Eheleute sind Eigentümer einer Immobilie im Wert von 300.000 EUR, die sie bewohnen. Die Immobilie ist vor neun Jahren angeschafft worden. Sie ist damals für 150.000 EUR gekauft und umfassend renoviert worden, sodass sie jetzt einen Wert von 300.000 EUR hat. Die Eheleute Schmidt sind zu je $^{1}/_{2}$-Anteil als Eigentümer im Grundbuch eingetragen.

Die Immobilie soll durch die Ehefrau übernommen werden. Der hälftige Wert soll an den Ehemann ausgezahlt werden. Die Immobilie ist nicht mehr belastet.

Der Kindesunterhalt für den Sohn soll geregelt werden, auch für die Zeit des erwartenden Studiums.

Die Rentenanwartschaften sind etwa gleich hoch.

Die Eheleute wünschen nach Möglichkeit umfassende Regelungen. Der Kaufpreis für die Immobilie soll 350.000 EUR sein.

Die Eheleute bitten um die Beachtung von Steuerfragen.

Außerdem wünschen die Eheleute eine Absicherung für den Todesfall. Keiner soll von dem anderen irgendwelche Zahlungen im Erbfall verlangen können oder irgendwelche erbrechtliche Ansprüche haben.

(2) Weiterer Akteninhalt

Sodann befindet sich in der Akte die Urkunde. In der Akte wird weiter festgestellt, dass die Ehegatten im Termin ohne Ausweis erschienen sind. Der Ehemann war am Folgetag noch einmal in der Kanzlei. Der Notar hat darauf den Personalausweis kopiert und zur Akte genommen. Weiteres findet sich nicht. Die Ehefrau ist offensichtlich im Büro nicht mehr erschienen.

Auf Bitten von Notar A erscheint nunmehr Frau Schmidt. Die Mitarbeiterin bestätigt, dass es sich bei Frau Schmidt um diejenige handelt, die auch in der Beurkundung mitgewirkt hat.

1. Nehmen Sie zu den aufgeworfenen Fragen Stellung und erläutern Sie den Inhalt der notwendigen und möglichen Urkunde.
2. Nehmen Sie weiter zu den formalen Fragen Stellung.

Aufgabe 2 50

Die Eheleute Dörte und Martin B. wenden sich an Sie als Notar/Notarin und erklären: Wir sind seit 2005 miteinander verheiratete Eheleute. Aus unserer Ehe sind keine Kinder hervorgegangen. Wir wünschen die Übertragung unserer Eigentumswohnung im Wert von 100.000 EUR, die uns zu gleichen Teilen gehört, auf die Ehefrau.

Dabei soll der Zugewinn, der in unserer Ehe entstanden ist, in die Ausgleichsberechnung einbezogen werden.

Ich, der Ehemann, war zu Beginn der Ehe mit 80.000 EUR verschuldet. Diese Schulden sind bis auf 10.000 EUR abgebaut. Vermögen besitze ich außer einem Lebensversicherungsvertrag auf Rentenbasis nicht. Die Lebensversicherung weist einen Rückkaufwert incl. unverfallbarer Gewinnanwartschaften in Höhe von 20.000 EUR auf. Gemeinsam besitzen wir einen gemeinsam privat genutzten Pkw im Wert von 20.000 EUR bei dem ich, der Ehemann, als Halter eingetragen bin. Das Restdarlehen für den Pkw valutiert noch in Höhe von 5.000 EUR.

Ich, die Ehefrau, habe zu Beginn der Ehe über ein Sparguthaben in Höhe von 30.000 EUR verfügt. Das haben wir während unserer Ehe verwendet, um die vorehelichen Schulden meines Mannes abzubauen. Auch ich verfüge über einen Lebensversicherungsvertrag mit einem entsprechenden Wert von 20.000 EUR, jedoch auf Kapitalbasis, für das ich ein Rentenwahlrecht habe. Dies habe ich bisher nicht ausgeübt. Ich besitze noch ein Mofa im Wert von 500 EUR.

Die Eheleute bitten Sie, den Übertragungsvertrag an die Ehefrau zu entwerfen und dabei als Gegenleistung denjenigen Wert einzusetzen, der sich unter Berücksichtigung der Zugewinnausgleichsansprüche ergibt.

Bestimmen und erläutern Sie den von Ihnen einzusetzenden Wert.

Aufgabe 3 51

Frau Müller verkauft eine Eigentumswohnung. Die Auflassung wird im Kaufvertrag erklärt. Der Kaufpreis der Wohnung beträgt 350.000 EUR. Die Wohnung ist noch mit einer Grundschuld von 150.000 EUR der A-Bank belastet, die noch mit 100.000 EUR valutiert. Die Kaufpreiszahlung wird über ein Notaranderkonto abgewickelt. Der Käufer hat den vollständigen Kaufpreis auf das Notaranderkonto einzuzahlen.

Der Notar holt auftragsgemäß eine Löschungsbewilligung der A-Bank hinsichtlich der eingetragenen Grundschuld (mit Entwurf) sowie die Verwalterzustimmung zur Veräußerung der Wohnung (mit Entwurf). Die Löschungsbewilligung wird von Seiten der A-Bank erteilt, wobei der Notar die Löschungsbewilligung erst verwenden darf, wenn die Zahlung des Betrages in Höhe von 100.000 EUR an die A-Bank sichergestellt ist.

Der Notar ist mit der Vollzugsüberwachung beauftragt.

Der Notar nimmt auftragsgemäß zwei Auszahlungen vom Anderkonto vor, nämlich 100.000 EUR an die A-Bank sowie den Restbetrag in Höhe von 150.000 an Frau Müller.

Umfang der Urkunde:

- 14 Seiten; auf Antrag (in Urkunde) erstellt
- 8 beglaubigte Abschriften; Auslagen Grundbucheinsicht: 16 EUR.

Fertigen Sie die Kostenrechnung und begründen Sie diese stichwortartig.

II. Lösung

52 *Aufgabe 1*

Die Beteiligten wollen ihre Verhältnisse für die Trennungszeit und zugleich für den Fall der Scheidung regeln.

(1) Güterrechtliche Regelung

Ohne Regelungen leben die Beteiligten bis zur Rechtskraft der Scheidung in Zugewinngemeinschaft, §§ 1363, 1375 Abs. 1 BGB.

Am Ende der Zugewinngemeinschaft werden unterschiedliche Vermögenszuwächse der Ehegatten ausgeglichen, § 1363 Abs. 2 BGB.

Um den Zugewinn der Ehegatten und mögliche Ausgleichsansprüche zu berechnen, wäre das Anfangs- und Endvermögen zu bestimmen, um den Vermögenszuwachs und die Differenz der Zuwächse zu berechnen.

Die Ehegatten machen zum Anfangsvermögen keine Angaben. Sie wollen überdies „sofort alles getrennt“ haben. An diese Vorgabe ist der Notar gebunden, es sei denn, der Wunsch der Beteiligten ist sittenwidrig oder greift in den Kernbereich des Scheidungsfolgenrechts ein. Dies ist hier nicht der Fall.

Geeignet ist in diesem Fall keine Modifizierung des Güterstandes; es ist vielmehr angezeigt, den Ehegatten zu einer Gütertrennung zu raten. Sie tritt ein, wenn die Ehegatten den gesetzlichen Güterstand aufheben, § 1414 BGB.

Die Aufhebung des gesetzlichen Güterstandes stellt eine Regelung der güterrechtlichen Verhältnisse dar und ist daher ein Ehevertrag. Er ist nach § 1409 BGB bei gleichzeitiger Anwesenheit der Beteiligten vor einem Notar zu beurkunden, § 1410 BGB.

Die Ehegatten waren offensichtlich anwesend. Es ist daher Gütertrennung eingetreten.

(2) Unterhaltsrechtliche Regelungen

Die Ehegatten erklären, dass ab sofort auf gegenseitige Unterhaltsansprüche verzichtet werden soll. Ein sofortiger umfassender Unterhaltsverzicht ist jedoch nicht möglich, da auf Trennungsunterhalt nicht verzichtet werden kann. Der BGH hat in seiner Entscheidung vom 29.1.2014 ausgeführt, dass das Verbot des Verzichts auf Trennungsunterhalt, §§ 1361 Abs. 4 S. 4, 1360a Abs. 3 i.V.m. § 1614 BGB auch nicht durch ein „pactum de non petendo“, also eine Vereinbarung zur Nicht-Geltendmachung umgegangen werden kann.

Ein förmlicher Verzicht auf die Zahlung von Trennungsunterhalt ist daher nicht möglich.

Die Ehegatten verfügen aber über nahezu gleich hohe Einkünfte. Es ist daher möglich, zu beurkunden, dass derzeit keine wechselseitigen Unterhaltspflichten bestehen.

Die notarielle Belehrung hätte allerdings in der Weise zu erfolgen, dass eine solche Vereinbarung nicht dazu führt, dass bei plötzlich verändernder Einkommenssituation, z.B. Krankheit, Arbeitslosigkeit etc., Unterhaltsansprüche nicht bestehen.

(3) Kindesunterhalt

Nach seinem Einkommen ist der Ehemann in die 4. Einkommensstufe der Düsseldorfer Tabelle einzugruppieren. Da die Tabelle unter Zugrundelegung von zwei Berechtigten abgestimmt ist, ist eine Höherstufung um eine Stufe vorzunehmen, sodass eine Unterhaltsverpflichtung in Höhe von 120 % des Mindestunterhalts (Einkommensgruppe 5) vorzunehmen ist. Das hälftige Kindergeld (125 EUR) ist abzuziehen, sodass sich nach dem Bedarfsbetrag in Höhe von derzeit 706 EUR ein Zahlbetrag in Höhe von 581 EUR ergibt. Das Kindergeld steht der Ehefrau daneben in voller Höhe zu.

Die Titulierung ist mit einer Zwangsvollstreckungsklausel zu versehen, damit die Ehefrau jederzeit vollstrecken kann.

Die Eheleute sind darauf hinzuweisen, dass sich die Unterhaltspflicht ab Vollendung des 18. Lebensjahres dahingehend ändert, dass grundsätzlich beide Eltern barunterhaltspflichtig sind. Die Eltern schulden sodann dem Sohn anteilig nach ihrem Einkommen den Unterhalt, der sich aus derjenigen Stufe der Düsseldorfer Tabelle errechnet, der sich aus dem zusammengerechneten Einkommen der Eltern ergibt. Das Kindergeld ist vom daraus ermittelten Bedarf des Kindes voll abzuziehen. Das Einkommen beider Eltern übersteigt die höchste Stufe der Düsseldorfer Tabelle. Für einen höheren Bedarf des Sohnes bestehen aber keine Anhaltspunkte, sodass sein Bedarf entweder nach der höchsten Stufe der Düsseldorfer Tabelle zu bemessen ist, falls er weiter im Haushalt der Kindesmutter lebt.

Lebt er während des Studiums in eigener Wohnung, besteht eine anteilige Unterhaltspflicht gem. Anm. A.7. der Düsseldorfer Tabelle in Höhe von derzeit insgesamt 930 EUR.

(4) Versorgungsausgleich

Da die Ehegatten in etwa gleicher Weise während der Ehe für das Alter vorgesorgt haben, kann ein Verzicht auf die Durchführung des Versorgungsausgleichs vorgenommen werden. Dies würde das Scheidungsverfahren auch beschleunigen.

(5) Immobilienregelung

Die Ehegatten sind auf die steuerliche Problematik hinzuweisen. Grundsätzlich schuldet ein Notar zwar keine steuerliche Beratung. Es ist aber darauf hinzuweisen, dass die Urkunde von einem Steuerberater auf die steuerlichen Auswirkungen überprüft werden sollte. In der Urkunde ist eine entsprechende Belehrung vorzunehmen. Hier besteht die Problematik, dass die Immobilie vor 9 Jahren gekauft wurde und in der Zwischenzeit eine erhebliche Wertsteigerung entstanden ist. Bei der Übertragung würde Frau Schmidt möglicherweise einen Gewinn erzielen, der als Veräußerungsgewinn der Einkommensteuer unterliegen könnte. Der Gewinn ergibt sich aus der Differenz der Anschaffungskosten zzgl. weiterer Investitionskosten und dem späteren Verkaufserlös. Da die Höhe der Investitionen zur Wertsteigerung nicht bekannt ist, kann der Veräußerungsgewinn nicht genau bestimmt werden. Dies ist auch nicht Aufgabe des Notars. Die Beteiligten sind aber auf die aus § 23 EStG resultierenden steuerlichen Risiken hinzuweisen. Entweder wird also die Immobilie noch im Kalenderjahr des Auszugs von Herrn Schmidt auf seine Frau übertragen oder die Beteiligten warten auf die Spekulationsfrist von 10 Jahren nach der Anschaffung der Immobilie ab.

(6) Erbrechtliche Regelungen

Die Ehegatten wünschen eine erbrechtliche Lösung, die ihr Erbrecht ausschließt. Sie können daher einen Pflichtteilsverzicht vereinbaren, § 2346 Abs. 2 BGB. Er bedarf der notariellen Form und der persönlichen Anwesenheit des Erblassers, §§ 2347 Abs. 2, 2348 BGB.

(7) Formale Fragen zur erfolgten Beurkundung

Nachträgliche Identitätsfeststellung des Herrn Schmidt

Nach § 10 Abs. 2 BeurkG soll sich aus der Niederschrift ergeben, wie sich der Notar Gewissheit über die Identität der Beteiligten verschafft hat. Wenn er dies nicht kann, ist es in der Niederschrift anzugeben. Nach § 26 Abs. 1 DONot ist die Identität durch den Notar sorgfältig festzustellen. Ohne die Identitätsfeststellung ist der Beweiswert der Urkunde gemindert.

Als Herr Schmidt nach der Beurkundung erschienen war, hätte Notar B zur Identitätsfeststellung eine Eigenurkunde erstellen und in dieser die Identitätsfeststellung nachholen können. Dies hat er nicht getan. Das Einheften einer Kopie des Personalausweises reicht nicht aus.

Eine nachträgliche Feststellung der Identität der Ehefrau unter Bestätigung durch die Mitarbeiterin kann nicht erfolgen.

Notar N selbst hat keinerlei Erkenntnisse über die Identität der Frau Schmidt.

Die Verträge sind dadurch zwar nicht unwirksam. Ihr Beweiswert ist jedoch dauerhaft gemindert. Eine Nachgenehmigung kann nicht erfolgen.

Um den vollen Beweiswert zu erreichen, müsste notfalls eine neuerliche Beurkundung erfolgen, die jedoch unter Bezugnahme auf die bereits bestehende Urkunde erfolgen kann, § 13a Abs. 1 BeurkG.

Aufgabe 2

Zugewinn Ehemann	
Anfangsvermögen Ehemann	
Voreheliche Schulden	**– 80.000 EUR**
Endvermögen Ehemann	
Anteil Eigentumswohnung	50.000 EUR
Restschulden	*– 10.000 EUR*
Endvermögen insgesamt	**40.000 EUR**
Abzüglich Anfangsvermögen	– 80.000 EUR
Zugewinn	**120.000 EUR**

Erläuterung:

1. Verbindlichkeiten sind in vollem Umfang vom Vermögen abzuziehen.[51] Lediglich „Zuverlust" statt Zugewinn in der Saldierung ist nicht auszugleichen und wird mit 0 bewertet.

2. Die Lebensversicherung auf Rentenbasis ist Teil des Versorgungsausgleichs.[52] Sie ist bei der Bestimmung der zu übertragenden Rentenanwartschaften im Scheidungsfall von Amts wegen zu berücksichtigen.

51 Zu den Einzelheiten vgl. *Viefhues*, Fehlerquellen im familiengerichtlichen Verfahren, Rn 1888 ff.

52 Vgl. *Bergmann*, in Scholz/Kleffmann Teil M 7.

3. Ein privat genutzter Pkw ist Haushaltsgegenstand und ist deshalb nicht im Rahmen des Zugewinnausgleichs zu berücksichtigen, sondern bei der Verteilung der gemeinsamen Haushaltsgegenstände einzubeziehen. Die Zuordnung ist davon unabhängig, wer Halter des Fahrzeugs ist.[53]

Zugewinn Ehefrau	
Anfangsvermögen	
Sparguthaben	**30.000 EUR**
Endvermögen	
½ Anteil Eigentumswohnung	50.000 EUR
Lebensversicherung	20.000 EUR
Endvermögen insgesamt	**70.000 EUR**
Abzüglich Anfangsvermögen	30.000 EUR
Zugewinn	**40.000 EUR**

Erläuterung:

1. Die Ehefrau hat zwar ihr Anfangsvermögen verwendet, um die Schulden des Ehemannes abzubauen. Eine Rückforderung des Gesamtbetrages von 30.000 EUR ist aber nur nach den Grundsätzen zur Rückforderung erbrachter Zuwendungen nach bereicherungsrechtlichen Vorschriften möglich. Eine Rückforderung ist aber nur dann möglich, wenn die Zuwendung „im Vertrauen auf den Fortbestand der Lebensgemeinschaft" getätigt wurde. Dies bedarf aber einer entsprechenden Zweckabrede anlässlich der Zuwendung. An einer solchen Zweckabrede fehlt es im Regelfall, auch im vorliegenden Fall. Ausnahmsweise gilt etwas anderes, wenn es sich um bedeutsame Zuwendungen handelt; davon ist hier nicht auszugehen. Eine andere Lösung dieser Frage im Rahmen der Klausur ist aber in gleicher Weise akzeptabel. Dann müsste der volle Betrag zugunsten der Ehefrau berücksichtigt werden und nicht nur der im Wege des Zugewinnausgleichs entstehende hälftige Anspruch.

2. Die Lebensversicherung ist im Zugewinnausgleich zu berücksichtigen, da sie – bisher – auf Kapitalbasis abgeschlossen ist.

3. Das Mofa gehört zu den – übrigens nicht verteilungsfähigen – Haushaltsgegenständen. Fahrräder, ebenso Fahrräder mit Hilfsmotor oder sog. Elektrofahrräder, da solche Gegenstände zum persönlichen Gebrauch bestimmt sind.[54]

53 BGH FamRZ 1991, 43; *Grandke*, in: Scholz/Kleffmann Teil D 73.

54 Grüneberg/*Götz*, § 1361a Rn 20.

Berechnung der Gegenleistung zur Übertragung des 1/2 Anteils:

Zugewinnausgleich	
Zugewinn Ehemann	120.000 EUR
Zugewinn Ehefrau	40.000 EUR
Differenz	**80.000 EUR**
1/2 Anspruch Ehefrau	**40.000 EUR**
Übertragung 1/2 Anteil Ehewohnung:	
Wert Wohnung	50.000 EUR
Anspruch Zugewinn Ehefrau	40.000 EUR
Verbleibender Betrag	**10.000 EUR**

Die Gegenleistung für die Übertragung des 1/2 Anteils der Eigentumswohnung lautet daher auf 10.000 EUR.

Gleichzeitig ist von den Eheleuten der Verzicht auf die Geltendmachung weiterer Zugewinnausgleichsansprüche – auch für die Zukunft – zu erklären oder alternativ ggf. auch in derselben Urkunde Gütertrennung zu vereinbaren.

Aufgabe 3 53

Kostenrechnung zum Kaufvertrag vom (...) zur UR-Nr.: (...)

KV-Nr.	Kostentatbestand	Gebühr	Geschäftswert (EUR)	Betrag (EUR)
21100	Beurkundungsverfahren	2,0	250.000 (§§ 97 Abs. 1, 3; 47 S. 1)	1.070,00
22110	Vollzug	0,5	250.000 (§ 112 S. 1)	267,50
22200	Betreuung	0,5	250.000 (§ 113 Abs. 1)	267,50
22201	Treuhand	0,5	100.000 (§ 113 Abs. 2)	136,50
25300	Verwahrung von Geld	1,0	100.000 (§ 124 S. 1)	273,00
25300	Verwahrung von Geld	1,0	150.000 (§ 124 S. 1)	354,00
32001	Dokumentenpauschale	112 Seiten		16,80
32005	Auslagen Post/Telekommunikation (Pauschale)			20,00

KV-Nr.	Kostentatbestand	Gebühr	Geschäftswert (EUR)	Betrag (EUR)
32011	Auslagen Grundbuch-einsicht		2 Einsichten à 8,00	16,00
Zwischen-summe (netto)				2.421,30
32014	Umsatzsteuer 19 %			460,05
Rechnungs-betrag				2.881,35

54 **Erläuterungen:**

Die Beurkundungsverfahrensgebühr von 2,0 ergibt sich aus Nr. 21100 KV. Der Geschäftswert für den Kaufvertrag bestimmt sich nach § 97 Abs. 1, 3 GNotKG (Austauschvertrag), die Bewertung der Leistung des Verkäufers richtet sich nach dem Kaufpreis, § 47 S. 1 GNotKG (250.000 EUR).

Die auftragsgemäße Anforderung und Prüfung der Löschungsbewilligung und die Verwalterzustimmung löst eine (§ 93 Abs. 1 S. 1 GNotKG) 0,5 Vollzugsgebühr Nr. 22110 KV aus. Ob der Notar hierfür einen Entwurf erstellt hat, ist nach Vorbemerkung 2.2 Abs. 2 KV unerheblich. Der Geschäftswert der Vollzugsgebühr ist der des Beurkundungsverfahrens, § 112 S. 1 GNotKG.

Der Notar erbringt Betreuungstätigkeiten i.S.v Nr. 22200 Nr. 2 und 3 der Anmerkung (Fälligkeitsüberwachung und Vorlagesperre). Auch die Betreuungsgebühr entsteht nur einmal, § 93 Abs. 1 GNotKG. Der Geschäftswert ist der des Beurkundungsverfahrens, § 113 Abs. 1 GNotKG. Anders als nach der KostO entsteht die Betreuungsgebühr nach Vorbemerkung 2.5.3 Abs. 1 auch dann, wenn die Zahlungsabwicklung über ein Notaranderkonto erfolgt.

Bei Übernahme der Treuhandauflagen der Gläubiger durch den Notar entsteht die 0,5 Treuhandgebühr jeweils gesondert (KV Nr. 22201 GNotKG). Der Geschäftswert bestimmt sich nach der jeweiligen Haftsumme, d.h. dem Sicherungsinteresse des Gläubigers (§ 113 Abs. 2).

Für jede Auszahlung des Notars vom Notaranderkonto entsteht nach § 124 S. 1 eine Verwahrungsgebühr 25300 KV. Das frühere Recht sah in § 149 Abs. 1 KostO eine gestaffelte Hebegebühr vor; im Zuge der Einführung einer Wertgebühr sind die Gebühren deutlich abgesenkt worden. Deutlich wird das am Fallbeispiel: Entstand nach § 149 Abs. 1 KostO für die Auszahlung von 100.000 EUR eine Hebegebühr von 287,50 EUR, sind dies nun nach Nr. 25200 KV lediglich 273 EUR. Bei höheren Beträgen fällt die Absenkung drastisch stärker aus.

Stichwortverzeichnis

fette Zahlen = Paragrafen, magere Zahlen = Randnummern